그리스도인의 도덕적 각성은 의지적인 자기 규율이 아닌 영적 변화의 열매일 것이다. 그러나 인간의 본성과 눈이 죄에 오염돼 있는 한 이기심과 공포 그리고 교만이 우리의 가장 선한 행위에도 개입된다. 그리하여 성서의 무오성 주장이 자칫 인간 행위의 오류 가능성마저 부인하는 오류에 빠져서는 안 될 터인데, 성서가 제한적인 인간의 언어로 기록되고 번역되어 우리 앞에 펼쳐지는 한, 해석과 소통의 과정은 불가피하기 때문이다. 더욱이 성서는 수많은 공적 주제들과 개별 정책들에 관해 단도직입적인 답변을 들려주지 않는다. 이 책은 국가, 정의, 전쟁, 복지 등 인간의 공적 삶과 관련한 주요 쟁점들을 다양한 신앙적 입장과 신학적 관점을 동원해 조명한다. 논자들 간의 공유 지대도 작지 않으며, 차이를 부각하면서도 엄정함뿐 아니라 따뜻함을 시종 잃지 않는다. 이 책은 공적 주제와 관련한 논의에서 거시적·철학적 담론 및 다양하고 구체적인 경험적 정책들을 논의한다. 그뿐 아니라 세속 학문의 범주와 신학적 범주들이 어떻게 융합·분기하고, 혹은 피차 용인·배척하는지, 일반 은총과 특별 은총의 영역은 어디에서 접목되고 갈등하는지 등에 관한 문제의식을 진지하고도 흥미롭게 다룬다. 물론 이 책이 공공 문제를 보는 그리스도인의 태도에 대해 단일의 지침을 주는 것은 아니다. 그러나 이 책을 통해 우리는 공적 문제를 보는 그리스도인의 태도에 관한 소통의 현장을 볼 수 있고, 공적 문제들의 도전에 정직하게 대면하려는 그리스도인들의 신앙적 삶은 그것을 이해하는 만큼 더 자유롭고 풍요로워질 것이다.

고세훈 고려대학교 공공행정학부 명예교수

우리는 개신교의 교파주의적 특성 때문에 때때로 기독교가 하나의 종교인가를 의심하게 될 때가 있다. 특히 국가와 교회, 혹은 정치와 그리스도인의 관계와 관련된 문제에 대해서는 더더욱 그렇다. 올바른 신앙을 위해 신자들은 교회에서 듣는 신앙적 메시지를 절대시하기보다 성서에 대한 다른 해석들을 직접 찾아 고민해볼 필요가 있다. 이 책은 신앙인의 공적 삶에 대해 다섯 가지 관점에서 체계적인 성서 해석의 길을 보여준다. 그리스도인이 중요한 정치적 순간에 실수하지 않도록 도움을 주는 내용이 가득하며, 따라서 우리가 정치적 실천을 하는 데 꼭 필요한 소중한 지침서가 될 것이다. 아울러 이 책의 서론은 미국적인 맥락에서 교회와 국가의 관계가 어떻게 정립과 재정립의 지난한 과정을 거쳐왔는지를 탁월하게 정리해놓은 유익한 자료다. 미국의 새 대통령으로 도널드 트럼프가 취임한 이후 또 다시 예상되는 역동적 변화를 적절하게 이해하기 위해서도 이 책은 요긴하다.

김선욱 숭실대학교 철학과 교수

1945년 이후, 분단과 냉전의 특수한 정치적 현실에서 한국교회는 반공의 중추세력으로 기능하며 정부와 밀월 관계를 유지해왔다. 정교분리가 헌법에 명시되어 있음에도, 정부와 교회는 김대중-노무현 정부 시절을 제외하곤, 한국 사회의 중심과 정상에서 "필요충분"의 관계를 긴밀히 이어온 것이다. 하지만 한국교회의 역사가 축적되면서, 또 한국 사회의 정치적·경제적 분화가 심화되면서, 한국 사회 내에서 교회의 위치와 역할에 대한 비판과 반성의 폭과 깊이도 꾸준히 확장되었다. 물론 아직도 가야 할 길은 멀고 험하다. 교회와 교인들이 처한 경제적 지위와 정치적 입장 그리고 신학적 성향의 차이가 한국 사회와 교회의 관계를 유연하고 풍성하게 발전시키는 대신, 극단적 대립과 갈등으로 채색하며 분열과 혼란의 원인으로 기능하기 때문이다. 이런 맥락에서 교회, 국가, 공적 정의에 관한 기독교 전통의 다섯 가지 입장을 충실히 서술하고, 각 입장에 대한 다른 저자들의 논평을 함께 소개하는 이 책은 한국교회에 시의적절하고 유용한 신학적 선물이 될 것이다. 일차적으로 독자들은 교회와 국가의 관계에 관한 역사가 얼마나 길고 복잡하며 다양한지 확인할 수 있다. 동시에 이 과정에서 발생한 차이와 갈등이 치유할 수 없는 불치병이 아니라, 얼마든지 이해와 협력이 가능한 현실임을 발견할 것이다. 또한 이것이 하나의 지배적 입장으로 통합되는 것이 아니라, 치열하게 논쟁하고 경쟁하면서 서로 배우고 상생할 수 있음도 깨닫게 될 것이다. 바로 이것이 현재 한국교회에 필요한 지혜와 덕이 아닐까. 부디 이 책이 한국교회 안에서 널리 읽혀, 뜨거운 논쟁과 심화된 연구 그리고 창조적 참여로 이어지길 바란다.

배덕만 기독연구원 느헤미야 교회사 교수

"그리스도인이 국가와 사회 속에서 어떻게 살아야 하는가?"라는 질문은 아우구스티누스의 『신국론』 이후 줄기차게 기독교 신학의 주요 주제가 되어왔다. 이 책은 교회와 국가의 관계에 대한 현대적 고찰을 다섯 가지로 나누어 비교하면서 각각의 장단점을 제시해주고 있다. 서양의 여러 민주 국가들에 비하면 우리나라는 민주화 역사도 너무 짧고 교회의 역사도 역시 짧다. 이런 상황에서 한국의 그리스도인들은 "시민"으로서 국가와 정치의 오작동으로 고통스러워하고 있으며, "신자"로서 어떻게 공적 영역에서 책임감 있게 살아야 할지 몰라 우왕좌왕하고 있다. 들려오는 정치 뉴스마다 암담함을 더해주는 요즘, 교회가 빛이 되어 외적 민주 제도의 확립뿐 아니라 민주주의 문화의 내적 축적에 있어서도 기여할 수 있다면 얼마나 좋을까! 하지만 안타깝게도 현실의 한국교회는 정치적 무관심, 일관성 없는 행동주의, 극단적인 계파주의 등에 빠져서 신자가 진정 추구해야 할 하나님 나라 운동을 사회 속에서 제대로 보여주지 못하고 있다. 그리스도인들이 이러한 문제를 극복하기 위해서는 교회의 사회 참여 방식들을 깊이 연구하고, 그중에서 가장 성서적이고 일관성 있는 관점에 근거하여 공적 영역에서 책임감 있게 살아가는 것을 추구해야 한다. 이 책은 바로 그런 삶의 토대를 풍부하게 제공한다. 다섯 가지 관점은 저마다 장단점이 있지만, 우리가 공적으로 더욱 책임감 있는 그리스도인으로 살아가도록 유도한다는 점에서는 일치한다. 요즘 같은 시기에 이렇게 소중한 책이 나온 것을 크게 환영하면서 모든 그리스도인에게 일독을 권한다.

우병훈 고신대학교 신학과 교수

최근 들어 한국 사회 속에서 공적 종교로서 교회의 역할에 대한 논의들이 활발히 전개되고 있다. 곧 정치, 경제, 사회, 문화를 비롯한 다양한 영역에서 교회의 책임 있는 자세가 요청되고 있다. 이 책은 이 시대와 교회가 직면한 교회와 국가 그리고 공적 정의라는 주제들과 관련하여 각 진영을 대표하는 저명한 학자들의 소개를 통해 각각 다른 기독교 전통들이 간직해온 견해들을 확인할 수 있는 특별한 경험을 제공해준다. 우리는 이 과정을 통해 기독교 안에 있는 풍성한 유산들의 전경을 만끽하면서 서로에 대한 오해와 갈등을 뛰어넘어 건설적 대화의 장에 마주할 수 있음을 확인할 것이다. 이 시대에 책임 있는 그리스도인이 되는 길에 대해 열린 마음으로 논의할 수 있는 길을 멋지게 보여준 폴 케메니와 새물결플러스에 감사의 마음을 전한다.

임성빈 장로회신학대학교 총장

Church, State and Public Justice
Five Views

Clarke E. Cochran / Derek H. Davis / Corwin E. Smidt
Ronald J. Sider / J. Philip Wogaman

edited by
P. C. Kemeny

Originally published by InterVarsity Press as *Church, State and Public Justice: Five Views* by P. C. Kemeny © 2007 by P. C. Kemeny. Translated and printed by permission of InterVarsity Press, P.O. Box 1400, Downers Grove, IL 60515, USA. www.ivpress.com. License arranged through rMaeng2, Seoul, Republic of Korea.

This Korean Edition Copyright © 2017 by Holy Wave Plus, Seoul, Republic of Korea.

이 한국어판의 저작권은 알맹2 에이전시를 통하여 InterVarsity Press와 독점 계약한 새물결플러스에 있습니다. 신 저작권법에 의하여 한국 내에서 보호 받는 저작물이므로 무단 전재와 무단 복제를 금합니다.

교회, 국가, 공적 정의 논쟁

클락 E. 코크란 / 데릭 H. 데이비스 / 코윈 E. 스미트
로날드 J. 사이더 / J. 필립 워거먼 지음

P. C. 케메니 편집

김희준 옮김

► 차례 ◄

인사말 _P. C. 케메니   13
서론 _P. C. 케메니   15

1. 로마 가톨릭 관점 _클락 E. 코크란   59
    논평 : 고전적 분리주의   104
        : 원리적 다원주의   112
        : 재세례파   116
        : 사회정의   120

2. 고전적 분리주의 관점 _데릭 H. 데이비스   127
    논평 : 로마 가톨릭   180
        : 원리적 다원주의   184
        : 재세례파   190
        : 사회정의   194

3. 원리적 다원주의 관점 _코윈 E. 스미트 201
    논평 : 로마 가톨릭 244
          : 고전적 분리주의 248
          : 재세례파 256
          : 사회정의 260

4. 재세례파 관점 _로날드 J. 사이더 267
    논평 : 로마 가톨릭 318
          : 고전적 분리주의 324
          : 원리적 다원주의 332
          : 사회정의 338

5. 사회정의 관점 _J. 필립 워거먼 345
    논평 : 로마 가톨릭 384
          : 고전적 분리주의 388
          : 원리적 다원주의 394
          : 재세례파 398

인명 색인 400

인사말
P. C. 케메니

마침내 출간된 책을 보는 기쁨보다 더 큰 기쁨은 여러 친구와 동료를 포함해 이 작업에 참여한 사람들에게 공개적으로 감사를 전하는 것이다. 작업 내내 클락 코크란(Clarke Cochran), 데릭 데이비스(Derek Davis), 코윈 스미트(Corwin Smidt), 론 사이더(Ron Sider), 필 워거먼(Phil Wogaman)이 보여준 인품과 인내에 감사한다. 또한 출판을 기다려주면서 적절한 시기에 조언을 아끼지 않은 개리 디도(Gary Deddo)에게도 감사를 전한다.

매트 비티(Matt Beatty), 빌 버밍햄(Bill Birmingham), 마이크 쿨터(Mike Coulter), 길 하프(Gil Harp) 개리 스캇 스미스(Gary Scott Smith), 개리 스프래들리(Garey Spradley)는 책의 서문을 신중하게 읽고 건설적인 비평을 해주었다. 그들이 나의 동료인 것은 행운이고 그들을 친구라고 부를 수 있어 행복하다. 릭 다운스(Rick Downs), 에이미 굿(Amy Good), 로레인 크롤(Lorraine Krall)도 각각의 단계에서 매우 유용한 제안과 수정을 해주었다. 나의 조교인 린제이 카(Lindsay Karr)와 벤 웨첼(Ben Wetzel)은 수차례에 걸쳐 각 장을 읽고 검토하면서 유용한 제안을 해주었다. 또한 2006년 봄 학기에 내가 강의했던 "문명과 사변적 이성"(Civilization and the Speculative

Mind)이라는 과목을 수강한 "인문학 201 과정"(Humanities 201 course)의 학생들에게 감사를 표하고 싶다. 그들은 이 서론을 주의 깊게 읽어주었을 뿐만 아니라 셀 수 없이 많은 건설적인 피드백을 주었다.

나는 나의 아내 베스티와 두 아이, 헬렌과 윌에게 가장 큰 빚을 졌다. 그리고 특별히 나의 선친이신 윌리엄 A. 케메니와 나의 모친인 베시 버킹엄 케메니에게 무한히 깊은 감사를 드리고 그분들에게 이 책을 바친다.

▶ 서론
▶ P.C. 케메니

20년도 더 오래 전에 리처드 존 노이하우스(Richard John Neuhaus)는 미국의 시민 생활이 종교적인 목소리를 제거했다고 탄식했다. 그는 "벌거벗은 공적 광장은 종교와 종교에 기초한 가치들을 사회 문제로부터 멀어지게 하는 정치적 강령과 실천의 결과"라고 지적했다.[1] 지난 20여 년 동안 "벌거벗은 광장"은 다소 소란스러운 장소로 변모해왔다. 미국인의 공적 생활에서 종교의 역할에 관한 논쟁은 시민 담론을 몹시 어렵게 만든다. 부시(George W. Bush) 전 대통령의 2001년 "신앙 기반 정책"(faith-based initiatives) 논쟁이 이에 잘 들어맞는 사례일 것이다. 그는 취임 후 일주일이 약간 더 지난 시점에서 두 개의 행정 명령에 서명했다. 하나는 "백악관 신앙 정책실"(the White House Office of Faith-Based and Community Initiatives)을 두기 위한 것이고, 다른 하나는 여러 부서 내에 신앙 기반 정책에 관한 보조 부서를 두기 위한 것이었다.[2] 부시의 신앙 기반 정책 때문에 1996년

---

[1] Richard John Neuhaus, *The Naked Public Square: Religion and Democracy in America*, 2nd ed. (Grand Rapids: Eerdmans, 1984), 9.

[2] White House Office of Faith-Based and Community Initiatives, "Executive Order

클린턴(William J. Clinton) 대통령이 "개인의 책임 및 근로 기회 조정법"(the Personal Responsibility and Work Opportunity Reconciliation Act)과 함께 서명했던 "자선 기관 지정 사업법"(the Charitable Choice)에 관한 수정 법안의 적용 범위는 더욱 확장되었다. 교회나 다른 종교적 신앙 기관이 설립한 사회 복지 기구는 1996년에 발효된 자선 기관 지정 사업법으로 인해 정부 보조금을 더 쉽게 받을 수 있다. 연방 정부가 종교적 신앙에 근거하여 설립된 사회복지 기관을 지원한 일은 새로운 일이 아니었다. 미국 정부는 빈민층에 사회복지 서비스를 제공하기 위해 종교 기관들과 함께 일해왔다.[3] 부시의 신앙 기반 정책은 연방 기금의 지출 범위를 최대 80억 달러까지 확대했으며, 이로 인해 정부와 종교적 성향을 띤 기관까지 포함한 사회복지 기관 간에 더욱 가까운 파트너십을 구축할 수 있었다. 2001년 3월, 백악관 신앙 정책실 책임자였던 존 딜룰리오 주니어(John DiIulio Jr.)는 다음과 같이 말했다.

온정적 보수주의는, 교회, 정부, 시민 사회의 다원성을 관리하는 현명하고 자애로운 헌법 전통을 실패 없이 존중하고 지켜왔으며, 경건한 신앙인들이 공적

13199," January 29, 2001, www.whitehouse.gov/news/releases/2001/01/20010129-2.html(2006-04-03); "Executive Order 13198," January 29, 2001 〈www.whitehouse.gov/news/releases/2001/01/20010129-3.html〉(2006-04-03). Bush의 신앙 기반 정책 중 하나는 2001년 7월 하원을 통과했다. 또 다른 정책 신앙 기반 정책은 "구호, 원조, 복구, 권한 이양에 관한 시행령"(CARE Act라고도 불린다)이었고 이것은 2002년 상원에서 거부되었다. 2002년 12월 Bush 대통령은 논란이 될 만한 CARE Act의 많은 조항을 시행했다. 2003년 4월, 상원은 CARE Act를 통과시켰지만 2005년 3월까지도 아직 시행되지 않고 있다.

3_ 예를 들어 Clinton 대통령의 복지 개혁법이 효력을 발휘하기 이전의 회계 연도에 미국 가톨릭 자선단체(Catholic Charities U.S.A)는 정부 기관들로부터 13억 달러의 기금(자신들의 전체 수익금의 64%에 해당하는)을 지급받았다(Amy Black, Douglas L. Koopman and David K. Ryden, *Of Little Faith: The Politics of George W. Bush's Faith-Based Initiatives* [Washington, D.C.: Georgetown University Press, 2004], 21).

영역으로 돌아온 것을 가슴 깊이 환영한다.[4]

그러나 모든 사람이 공적 영역으로 종교가 회귀하는 것을 환영한 것은 아니다. 비평가들은 신앙 기반 정책이 종교의 자유를 약화시키고 고용의 영역에서 연방 정부의 지원으로 인한 종교적 차별을 승인하며, 결과적으로 수정헌법 제1조를 위반하게 될 것을 우려했다. 버지니아 주 하원 의원인 로버트 스캇(Robert C. Scott)은 부시 대통령의 계획이 "시민권에 대한 근본적인 공격을 보여준다"고 불평했다.[5] "교회와 정부의 분리를 위한 미국인 연합"(Americans United for Separation of Church and State)의 사무총장인 배리 린(Barry Lynn)은 신앙 기반 정책이 "교회와 정부의 구분에 대한 심각한 공격"이라고 말했다.[6] 그러나 이를 옹호하는 사람들은 신앙 기반 정책이 종교적 차별을 승인하며 수정헌법 제1조를 위반하는 것이라는 그들의 비난을 반박한다. 사실 그들은 신앙 기반 정책이 종교 단체들에 대한 부당한 차별을 제거한다고 주장한다. "공적 정의 센터"(the Center for Public Justice) 사무총장인 제임스 스킬렌(James Skillen)은 다음과 같이 주장했다.

반대자들은 모든 개인이 신앙을 자신의 가방 안에 확실히 감추었는지를 출입

4_ John J. DiIulio Jr., "Compassion 'In Truth and Action': How Sacred and Secular Places Serve Civil Purposes, and What Washington Should-and Should Not-Do to Help," March 7, 2001〈www.whitehouse.gov/news/releases/2001/03/20010307-11.html〉(2006-04-03).

5_ Robert C. Scott, "Bush's Faith-Based Action Plan Contains Civil Rights Poison Pill" 〈www.house.gov/scott/legislative/charitable_choice/rcs_op_ed_01_30_01.html〉(2006-04-03).

6_ Barry W. Lynn, "Pro: Is Bush Violating the Separation of Church and State?" *The Wichita Eagle*, January 7, 2003 〈www.kansas.com/mld/eagle/news/editorial/4886899.htm〉(2005-02-05).

구에서 철저히 조사하길 원하며 공적 기금이 들어가는 프로그램은 오직 소위 "세속적인" 근거에 의해 참여하는 것에만 동의한다. 이러한 가장 지독한 형태의 시민 차별이 시행된 이후에도 린과 스캇 의원은 모든 "세속적" 시민에 대한 평등 조치와 차별의 철폐가 유지되길 원한다.

스킬렌은 공적 영역이란 "오직 '세속적' 이름표를 가진 사람들에게만 열려 있고, 자칭 종교적 성향의 시민들은 둘러쳐진 펜스 뒤에서 그저 게임만 구경하라고 허락받는 그런 곳이 아니다"라고 주장한다.[7] 허드슨 연구소의 선임 연구원인 에이미 셔먼(Amy Sherman)은 몇몇 "완고한 교회-정부 분리주의자들은 왜 그런지 모르겠지만 가난하고 연약한 사람들에게는 마약이나 총알보다 종교가 훨씬 더 해로운 것처럼 행동한다"고 주장한다.[8] 미국인의 공적 생활에서 종교의 적절한 역할에 대한 논쟁은 공적 광장을 매우 소란스럽게 만들었다.

신앙 기반 정책과 낙태, 안락사, 동성 결혼, 배아 줄기세포 연구와 같은 주제에 대한 미국인들의 논쟁의 기원은 상호 연관된 네 가지 사안으로 거슬러 올라갈 수 있다. 이 논쟁은 교회(그리고 다른 신앙 단체)의 임무, 정부의 목적, 이 둘 사이의 적절한 관계, 그리고 교회나 정부가 사회적 병폐에 대해 주된 역할을 해야만 하는가에 중점을 둔다. 이러한 복잡한 안건들은 자동차 범퍼에 붙이는 스티커와 인상적인 말 한마디나, 논평으로 쉽게 해결되지 않는다.

7_ James Skillen, quoted in "The Growing Impact of Government Partnerships with Faith Based Organizations: Research Findings from the States" (허드슨 연구소[Hudson Institute]와 공적 정의 센터가 내셔널 프레스 클럽에서 공동 주최한 기자 회견), April 24, 2002, 26.
8_ Amy Sherman, "Integrating Religious Faith in Public Life Without Trivializing It," *Philanthropy* (November-December 2002) ⟨www.hudson.org/index.cfm?fuseaction=publication_details&id=2121⟩(2006-04-03).

이 책의 한 가지 목적을 간단히 밝히자면, 그것은 다른 기독교 전통이 간직하고 있는 교회, 국가, 공적 정의 사이의 관계에 대한 분류를 펼쳐놓는 것이다. 만연한 무지와 오해를 고려해볼 때, 각각의 입장을 제시하는 일은 그 자체로 의미가 있다. 또한 이 책은 신중한 그리스도인들을 연합시키기보다 종종 분열시키는 주제와 관련해 적어도 미국의 몇몇 주요 기독교 전통들 사이에서의 건설적인 대화를 장려한다.

책 제목이 말하는 것처럼, 이 책은 교회, 국가, 공적 정의와 관련된 의문들에 대한 다섯 가지 주요 기독교 전통을 대표하는 사람들이 쓴 글로 구성되어 있다. 각 기고자는 이 주제에 관해 광범위하게 집필해온 저명한 학자들이다. 워거먼(J. Philip Wogaman)은 워싱턴 D.C.에 위치한 웨슬리 신학교의 전직 학장이자 기독교 윤리학 교수였고, 지금은 같은 지역에 있는 파운드리(Foundry) 연합감리교회의 은퇴한 목회자로서 전통적인 주류 개신교가 고수하는 사회정의의 관점을 대표한다. 데이비스(Derek H. Davis)는 베일러 대학교에 있는 도슨 교회-국가 연구소(J. M. Dawson Center of Church-State Studies)의 전직 책임자였고, 지금은 메리 하딘-베일러(Mary Hardin-Baylor) 대학교의 인문대학 학장으로서 많은 침례교인이 고수하는 분리주의 관점을 제시한다. 스미트(Corwin Smidt)는 캘빈 대학교 폴 헨리 연구소의 책임자로서 신카이퍼주의 전통의 원리적 다원주의 관점에 관한 전반적인 개요를 서술한다. 사이더(Ronald J. Sider)는 팔머 신학교의 교수이자 "사회적 행동을 위한 복음주의자들" 단체의 대표로서 복음주의 재세례파의 관점을 대표한다. 코크란(Clarke E. Cochran)은 텍사스 공과대학교의 정치학 교수로서 미국 가톨릭교회의 관점을 설명한다.

각 저자는 다음과 같은 여러 질문을 다룬다. 곧 교회의 임무는 무엇인가? 정부의 목적은 무엇인가? 둘 사이의 적절한 관계는 무엇인가? 교회와 정부는 사회적 불평등을 해결하기 위해 어떤 노력을 해야 하는가? 각

기고자는 이러한 질문들에 대해 자신의 전통에 기초해서 답변을 제시하기 때문에, 이에 대한 성서적 근거는 서론에서 논의되지 않을 것이다. 각 장마다 나머지 다른 기고자 네 명이 간단하게 그 답변에 대해 논평할 것이다. 논평은 합의점에 대해 간결하고 압축된 요약이자 각 사안에 대한 반대 의견에 신중히 초점을 맞추고 있다. 반대 의견이 중요한 합의점들을 모호하게 하지는 않을 것이다.

비록 이 다섯 관점이 많은 부분에서 합의점을 공유하더라도, 독자들은 미묘하면서도 중요한 불일치에 민감해야 할 것이다. 확실히 각각의 관점은 성서적·신학적·역사적 자료에 근거한다. 그러나 독자들은 특정한 견해가 성서적·신학적·역사적 배경을 바탕으로 설명하는 다양한 방법뿐만 아니라, 각 논의의 출발점에도 주의를 기울여야 한다. 예를 들어 원리적 다원주의 관점은 고전적 분리주의 관점보다 더 깊숙이 문화 명령(cultural mandate)에 강조점을 둔다. 각 기고자는 교회와 정부의 분리와 같은 주요 사안에 대한 논지를 다룬다. 그런데도 그들은 그러한 주요 개념의 세부적인 의미를 매우 다른 방법들로 서술한다. 동시에 자신의 전통이 주요 주제에 대해 고수하고 있는 관점을 제공한다. 각주들은 충분한 문헌 증거를 제공할 뿐만 아니라, 각각의 관점에서 다루는 특정 사안에 대해 지속적으로 살펴보길 원하는 독자에게 나아갈 방향을 제시한다.

순서는 다음과 같다. 첫째, 코크란 교수는 몹시 까다로운 작업을 하고 있다. 왜냐하면 그는 사회정의에 대해 굉장히 폭넓은 의견들을 아우르는 전통을 대변하기 때문이다. 미국 가톨릭교회는 하나의 거대한 단일 조직이 아니다. 미국 가톨릭교회는 미국 개신교만큼이나 사회정의에 대해 광

9_ 루터교회의 관점에 대해서는 다음의 자료를 보라. John R. Stumme and Robert W. Tuttle, eds., *Church and State: Lutheran Perspectives* (Minneapolis: Fortress, 2003).

범위한 견해를 가지고 있다.

둘째, 루터교회처럼 사회정의에 관해 매우 분명하게 설명하는 많은 기독교 전통들이 이 작업에 포함되지 못했다.[9] 여기에 포함되지 못한 다른 전통들이 미약하거나 덜 중요한 것은 아니다. 간단히 말하자면 그들은 지면의 제약이라는 불행한 현실로 인해 이 작업에 참여하지 못했다.

마지막으로 오늘날 **사회정의**라는 용어는 다양한 방법으로 사용된다. 그것은 가장 넓은 의미로 공정한 시민 사회 질서의 창조를 뜻한다. 하지만 여전히 이 용어는 분배적 정의(또는 사회의 혜택과 부담에 대한 공정한 분배)와 법률적 정의를 모두 다룰 때 구체적인 의미를 지닌다. 분배적 정의는 혜택의 분배에 있어 모든 사람을 평등하게 다루어야 한다는 것을 의미하고, 법률적 정의는 자연법에 따른 시민의 기본권을 보호하는 것을 말한다.[10] 서론에서는 이 용어를 느슨하게 사용하지만, 각 저자는 그들 나름대로 이 용어에 대한 정의를 내릴 것이다.

서론의 나머지 부분은 이후에 나오는 글을 이해하도록 돕기 위해 폭넓은 역사적 맥락을 서술하고자 한다. 오늘날 많은 그리스도인은 지역 무료 급식소에 기부하기 위해 교회에서 통조림 제품들을 모으는 것에서부터 미국 상원 의원 후보자의 선거 운동에 이르기까지 다양하고 광범위한 형태의 사회 활동에 참여한다. 그들은 미국 사회의 여러 문제를 개혁하기 위한 자신들의 노력을 고취하기 위해 미국의 역사에서 종종 영감을 얻는다. 노예 제도 폐지 운동은 기독교 신앙에서 영감을 받은 가장 자주 인용되는 성공적인 사회 개혁 운동의 예일 것이다. 비록 노예 제도 폐지 운동이 성공을 거뒀지만, 그 운동은 여러 방향으로 그리스도인들 사이의 분열을 가져왔다.

10_ 이 토론에 대한 뛰어난 입문 자료는 *Christian Scholar's Review* 37 (1987)에 실린 Nicholas Wolterstorff의 "Christianity and Social Justice"와 그에 대한 논평을 보라(211-48).

노예 제도 폐지 운동은 그리스도인들에게 영감을 줄 뿐만 아니라, 그들에게 이것이 왜 그렇게도 많은 논란을 가져왔는지 잠시 멈춰서 생각하게 한다. 서론에서는 간단히 노예 제도 폐지 운동의 역사에 대해 다시 살펴보고, 교회의 임무, 정부의 목적, 미국의 공적 생활에서 더 큰 정의를 구현하기 위해 일하는 각 주체의 적절한 역할에 대해 종종 다른 의견이 존재했다는 사실을 언급할 것이다. 비록 논의의 참여자들이 역사 기록이나 그것이 오늘의 현실을 어떻게 형성했는지에 대해 의식하지 못한다 할지라도, 교회, 국가, 공적 정의에 관한 현재의 논의들은 역사와 밀접한 관련을 맺고 있다. 미국인들은 역사의 기억 상실로부터 종종 고통받는다. 만약 이것이 사실이라면 현대의 많은 그리스도인들, 특히 복음주의자들은 아마 심각한 기억 상실증 환자들일 것이다. 이러한 사안들에 대해 그리스도인들이 취했던 다양한 관점을 독자들이 더 잘 이해할 수 있도록 돕기 위해 서론에서는 미국의 기독교 역사에 대해 다룰 것이다. 마지막으로 현재의 상황에 맞는 교회, 국가, 공적 정의에 대한 논의를 다룰 것이다. 오늘날의 논의는 그리스도인들이 60년 전 또는 160년 전에 논의했던 것과는 완전히 다른 환경에서 발생한다. 오늘날 공적 종교의 가능성은 과거와 근본적으로 다른 방식으로 의심받고 있다. 현대 미국 종교 지형도의 변화에 대한 인식의 실패는 건설적인 논의를 약화시킬 수 있다. 이러한 현실에 대한 무시가 교회, 국가, 공적 정의에 관한 논의는 왜 사태를 오히려 악화시키는가에 대한 이유를 설명한다.

19세기 노예 제도 폐지 운동:
기독교 사회 개혁의 역사에 관한 사례 연구

정치 이론가인 마이클 왈저(Michael Walzer)는 영국 청교도들이 "성도는—

중세의 사람들과 달리—세상에 대해 책임이 있고, 무엇보다도 지속적인 개혁에 대해 책임이 있음을 믿었다"고 진술한다. 또한 그는 "그들의 열성적이고 목적이 분명한 활동은 그들의 신앙생활의 일부였지, 유별나고 분리된 것이 아니었다"고 말한다.[11] 거의 400년 동안 미국의 많은 그리스도인은 기독교 신앙이 사회 개혁에 실질적인 영향을 끼쳐왔다고 여겼다. 19세기의 기독교 사회 행동주의는 이에 대해 놀라운 사례 연구를 제공한다. 역사가 로버트 핸디(Robert T. Handy)에 따르면, 19세기의 그리스도인은 전도, 도덕적 신조, 그리고 필요한 경우 합법적 압력을 통해 "기독교 사회"를 만들기를 간절히 원했다.[12] 더 구체적으로 말하자면 정치적 노력은 사회 개혁에 관한 개신교 이론에서 중대한 역할을 했다. 종교와 공적 생활을 완전히 분리했던 제퍼슨주의 전통과는 달리, 19세기의 휘그당-공화주의자 전통은 부흥주의 개신교와 아주 잘 맞아떨어지는 방법으로 자기 수양, 합리적 체계, 사회적 책임을 강조했다.[13] 역사가인 티모시 스미스(Timothy L. Smith)는 "내세적 신념들은 국가의 문화를 신성하게 하고 세상을 기독교 원칙에 따라 개조시키기 위한 복음주의 개신교 운동에 신성한 능력을 수여했다"고 언급했다.[14]

핸디가 언급했듯이 미국의 "기독교화"를 위한 개신교의 노력에 대한 뛰

11_ Michael Walzer, *The Revolution of the Saints: A Study in the Origins of Radical Politics* (Cambridge, Mass.: Harvard University Press, 1965), 12.

12_ Robert T. Handy, *A Christian America: Protestant Hopes and Historical Realities*, 2nd ed. (New York: Oxford University Press, 2002), 24-56.

13_ D. G. Hart, "Mainstream Protestantism, 'Conservative' Religion, and Civic Society," *Religion Returns to the Public Square: Faith and Policy in America*, ed. Hugh Heclo and Wilfred M. McClay (Baltimore: Woodrow Wilson Center and Johns Hopkins University Press, 2003), 199-203.

14_ Timothy L. Smith, *Revivalism and Social Reform: American Protestantism on the Eve of the Civil War* (1957; reprint, Baltimore: Johns Hopkins University Press, 1980), 44.

어난 역사적 예는 19세기의 노예 제도 폐지 운동이다. 1787년 장로교회는 노예 제도를 규탄하고, 모든 교회가 "노예 제도를 폐지하기 위해, 시민 사회의 권리를 위해 가능한 모든 것을 해야만 한다"는 제안을 통과시켰다.[15] 1818년 장로교 총회는 다음과 같은 더욱 분명한 결의안을 통과시켰다.

> 다른 이에 의해 한 인간이 다른 인간의 노예가 되는 것은 가장 소중하고 신성한 인간 본연의 권리에 대한 중대한 침해로서…명백히 오늘날 문명의 빛을 즐기는 모든 그리스도인의 명백한 의무로서…지난 시간 속에서 자행된 잘못들을 바로잡아야 하며, 가능한 한 신속히 우리의 거룩한 신앙에 근거해 이러한 얼룩을 지우고 기독교 국가들 내에서, 가능하다면 전 세계에 걸쳐 노예 제도의 완전한 폐지를 이룩해야 한다.[16]

반노예제 운동가이자 명망 있는 뉴헤이븐 제1교회(회중교회) 목사였던 레너드 베이컨(Leonard Bacon)은 이러한 정서가 널리 퍼지고 나서 거의 삼십 년 후에 다음과 같은 글을 쓴다. "만약 정부 형태와 사회 질서 체계가 잘못된 것이 아니라고 한다면—만약 남부 주들에 노예 제도 관련법이 여전히 존재하고 그러한 법이 잘못된 것이 아니라면—세상에 잘못된 것이라고 말할 수 있는 것은 아무것도 없다."[17] 폐지론자들은 자신들을 성서에 나오는 예언자로 여겼다. 반노예제 운동을 조사한 역사가에 따르면, "폐지

15_ *Minutes of the Presbyterian Church in America*, 1706-1788, ed. Guy S. Klett (Philadelphia: Presbyterian Historical Society, 1976), 627.

16_ Presbyterian Church, United States of America, *Extracts from the Minutes of the General Assembly, of the Presbyterian Church, in the United States of America*, 1818 (Philadelphia: Thomas and William Bradford, 1818), 28-29.

17_ Leonard Bacon, *Slavery Discussed in Occasional Essays from 1833 to 1846* (New York: Baker & Since, 1846), x.

론자들은 '모든 악행'에 대해 침묵하는 교회를 깨워서 최후의 심판일로부터 교회를 구하기 위한 캠페인을 시작했다"고 말했다.[18]

노예무역 및 노예 제도의 폐지는 19세기에 일어났던 가장 성공적이고도 격렬한 개혁 운동이었지만, 그리스도인들은 다른 많은 것에도 관여했다. 그들은 도덕적 신조, 재정 지원 및 입법을 통해서 안식일의 신성함을 보존하고, 음란 서적의 유통을 제재하며, 미국 인디언 원주민에 대한 학대를 멈추게 하고, 가혹한 노동 환경으로부터 여자들과 아이들을 보호하며, 빈곤을 완화하고, 도시의 아이들을 위한 운동장을 조성하며, 선거에서 여성의 참정권을 획득하고, 무절제한 음주를 근절시키려고 노력했다.

"황금기" 오류

비록 사회 행동주의가 종종 기독교 신앙에서 출현했지만, 계몽되고 자애로운 그리스도인들이 사회악을 없애고자 조화롭게 협력했던 "황금기"는 존재하지 않는다. 사실 19세기 미국 사회를 개혁하려는 각각의 노력은 치열하게 경쟁했다. 노예 제도 폐지 운동은 또 다른 사례 연구를 제공한다. 베이컨은 노예 제도에 완강히 반대했음에도 불구하고 식민지 체제를 선호했고, 그는 남부의 노예 제도 옹호론자 및 북부의 개혁 반대론자들과 싸우는 데 소모했던 노력만큼이나 급진적 폐지론자들의 즉각적 노예 해방 요

18_ John R. McKivigan, *The War Against Proslavery Religion: Abolitionism and the Northern Churches*, 1830-1865 (Ithaca, N.Y.: Cornell University Press, 1984), 14. 또한 다음을 보라. Douglas M. Strong, *Perfectionist Politics: Abolitionism and the Religious Tensions of American Democracy* (Syracuse, N.Y.: Syracuse University Press, 1999).

구와 싸우는 데도 많은 힘을 사용했다.[19] 비록 1818년에 장로교인들이 명백히 노예 제도를 비판했지만, 다음 40여 년 동안 그들은 성서가 실제로 노예 제도를 반대하는지, 교회가 이 사안에 대해 문제를 제기하는 것이 적절한지를 놓고 공공연하게 토론을 벌였다. 노예 제도는 부흥 운동을 지지하는 뉴스쿨 장로교와 그들의 반대자인 신조주의 올드스쿨 사이에 있었던 1837-1838년의 분열에서 중요한 역할을 했다. 전자는 일반적으로 즉각적인 폐지를 지지하는 쪽이었고, 후자는 노예 제도를 옹호하거나 점진적 폐지를 주장하는 쪽이었다. 1861년 올드스쿨과 뉴스쿨 내에서 장로교인들은 파벌이 나뉜다. 1836년에 하나의 교단으로 존재했던 장로교회는 이제 4개의 분파로 나뉜다. 논란을 일으킨 뉴스쿨 장로교 사역자인 알버트 반즈(Albert Barnes)는 1857년 다음과 같이 선언했다. "신약의 원칙"은 "노예 제도를 철폐하는 것"이다. 반즈는 노예 제도의 지속적인 존재는 "지상에서 순수한 기독교가 확장되는 데 있어 가장 심각한 장애물 중 하나가 될 것이다"라고 결론지었다.[20] 한때 "노예 제도는 죄가 아니다"라고 주장했었던 프린스턴의 찰스 하지(Charles Hodge)처럼 많은 올드스쿨 장로교들은 남부인들이 노예 제도를 점점 더 격렬하게 옹호하자, 불가피하게 폐지론 쪽으로 나아갈 수 밖에 없었다.[21] 올드스쿨 남부 장로교의 저명한 신학자인 제임스 손웰(James Henley Thornwell)에 따르면, 노예 제도는 죄도 아니

19_ Hugh Davis, *Leonard Bacon: New England Reformer and Antislavery Moderate* (Baton Rouge: Louisiana State University Press, 1998), 42-91.

20_ Albert Barnes, *The Church and Slavery* (Philadelphia: Parry & McMillan, 1857), 42, 185.

21_ Charles Hodge, "Slavery," *Princeton Review* 7 (1836): 277. Hodge의 노예 제도에 대한 관점의 변화에 대해서는 다음의 글을 보라. Mark A. Noll, *America's God: From Jonathan Edwards to Abraham Lincoln* (New York: Oxford University Press, 2002), 386-401, 417-21; Allen C, Guelzo, "Charles Hodge's Antislavery Movement," *Chales Hodge Revisited: A Critical Appraisal of His Life and Work*, ed. John W. Stewart and James H. Moorhead (Grand Rapids: Eerdmans, 2002), 299-325.

고 교회의 근심거리도 아니었다. 1861년 남부인들이 장로교회에서 탈퇴한 이후, 그는 다음과 같은 글을 썼다.

> 교회의 능력 안에서 살펴볼 때 우리는 노예 제도에 대한 친구도 적도 아니다.…우리는 그것을 전하거나 폐지할 위원회를 가지고 있지 않다. 노예 제도의 존속 또는 폐지에 관한 정책은 전적으로 정부의 소관 사항이다. 우리는 교회로서, 그것을 의무로서 즐기거나 죄로서 비난할 어떠한 권리도 가지고 있지 않다.[22]

장로교인들과 마찬가지로, 국가의 가장 큰 두 개의 개신교 교단인 감리교인과 침례교인도 노예 제도로 인해 각각 1844년과 1845년에 분리되었다.

비록 북부와 남부가 "같은 성서를 읽었음"에도 불구하고, 에이브러햄 링컨(Abraham Lincoln)이 재취임 연설문에서 밝혔던 것처럼, 그리고 역사학자인 마크 놀(Mark A. Noll)이 후에 언급했듯이, "같은 방향으로 읽었음"에도 불구하고 미국 그리스도인들은 성서과 노예 제도 문제에 대해 네 가지 다른 방법으로 답했다. 일부는 성서가 노예 제도를 허가했기 때문에 그리스도인들은 성서의 권위를 존중하면서 그것을 받아들여야만 한다고 주장했다. 다른 극단의 사람들은 성서가 노예 제도를 허용하고 있다는 것에는

---

[22] James Henley Thornwell, "Address of the General Assembly of the Presbyterian Church in the Confederate States of America to All the Churches of Jesus Christ Throughout the Earth" (Augusta, Ga.: General Assembly, 1861), 10. 남북 전쟁 후 기록된 것으로, 한 저명한 북부 올드스쿨 장로교 사역자는 Thornwell의 입장을 "현재의 장로교 전체에서 사용되는 용법, 전통과 배치되는 새롭고 놀라운 교리"로 묘사하고 있다(Samuel Miller, "Historical Review of the Church (Old School Branch)," *Presbyterian Reunion: A Memorial Volume*, 1837-1871 [New York: De Witt C. Lent, 1870], 28).

동의하면서도 노예 제도를 공격하기 위해 성서(그리고 기독교 신앙)를 버려야만 한다고 결론내렸다. 세 번째 입장은, 성서는 특정한 형태의 노예 제도를 허용했으나 그것이 미국 내에서 시행되는 노예 제도의 존속을 정당화할 수 없다고 주장했다. 마지막 의견은 노예 제도를 허용하는 것처럼 보이는 성서의 문자적 내용과 노예 제도의 실행을 반대하는 성서의 진의를 구별했다.[23] 이와 같은 의견의 다양성을 고려할 때, 그리스도인들이 다른 여러 "구체적인 제도"를 해결책으로 제시했다는 사실은 결코 놀라운 일이 아니다. 급진적 폐지론자들은 노예 제도의 즉각적 폐지를 요구했지만, 다른 이들은 노예 제도의 실행을 보호했다. 이러한 각각의 입장 안에서도 다양한 의견이 존재했다. 예를 들어 몇몇 급진적 폐지론자들은 군사 활동을 통해서 노예 제도를 폐지하자는 의견에 동의했고, 반면 다른 급진론자들은 폭력을 반대하면서 평화적 방법으로 노예들에게 자유를 주고자 했다. 19세기에 있었던 노예 제도를 향한 폭넓고 다양한 태도들에 더해, 그리스도인들은 일요일 우편배달, 금주, 미국 인디언 원주민의 처우, 미국의 식민지화 등에 대해 반대하는 태도를 보였다.[24] 간단히 말해 대체로 그리스도인들은 심각한 사회적 불평등 구조를 반대했다. 심지어 그리스도인들이 도

---

[23] Mark A. Noll, "The Bible and Slavery," *Religion and the American Civil War*, ed. Randall M. Miller, Harry S. Stout and Charles Reagan Wilson (New York: Oxford University Press, 1998), 43-73. 노예 제도에 대한 성서적 정당성에 대해서는 다음을 보라. Stephen R. Haynes, *Noah's Curse: The Biblical Justification of American Slavery* (New York: Oxford University Press, 2002).

[24] 나열된 주제에 대한 문헌들은 다음과 같다. K. Austin Kerr, *Organized for Prohibition: A New History of the Anti-Saloon League* (New Haven, Conn.: Yale University Press, 1985); Alison M. Parker, *Purifying America: Women, Cultural Reform, and Pro-Censorship Activism*, 1873-1933 (Urbana: University of Illinois Press, 1977); Gaines M. Foster, *Moral Reconstruction: Christian Lobbyists and the Federal Legislation of Morality*, 1865-1920 (Chapel Hill: University of North Carolina Press, 2002); Wayne E. Fuller, *Morality and the Mail in Nineteenth-Century America* (Urbana: University of Illinois Press, 2003); Handy, *Christian America*, 24-158.

덕적으로 옳지 못한 특정한 관습들에 동의할 때조차, 기독교 공동체가 책임지는지, 정부가 책임지는지, 또는 둘 다 책임을 부담하는지에 관해 의견이 나뉘었다.

새로운 역사적 상황

교회와 국가가 추구하는 타당한 사회정의란 무엇인가에 관해 그리스도인 사이에 벌어진 논쟁은 그다지 이색적이지 않았던 반면, 최근 발생한 논쟁의 맥락은 새로웠다. 낙태, 동성 결혼 또는 안락사와 같은 주제처럼 입장이 첨예하게 대립하는 논쟁의 경우, 논의가 다루는 구조의 역사적 맥락을 이탈하면 누구도 그 주제를 완전히 이해할 수 없다. 비록 각각의 기고자들이 미국 문화 안에서 교회의 역할에 대해 서로 다른 기독교 전통의 이해를 대변할지라도, 그들은 모두 어느 정도 공동의 기독교 유산을 공유한다. 더욱이 종교와 미국 문화를 공부하는 학생은 약간 도움이 될 만한 역사적 배경 지식을 갖게 될지도 모른다. 결론적으로 미국인의 공적 생활에서 기독교의 역할 변화에 관한 역사적 개관은 이러한 논쟁이 벌어지고 있는 현재 상황 속에서 어떻게 기독교의 역할이 극적으로 변화했는지에 대한 이해를 도울 수 있을 것이다. 미국 문화 안에서 종교는 세 단계를 지나왔다. 먼저 개신교가 동부 13개 식민지 대부분의 제도권 교회로 자리잡았으며, 다음 단계에서는 개신교가 사실상 국교 역할을 했으며, 마지막으로 다원주의적 후기 개신교 국가로서의 미국에 이르렀다.[25]

---

[25] 미국 문화와 개신교의 관계에 대한 전반적인 개관으로는 다음을 보라. William R. Hutchison, *Religious Pluralism in America: The Contentious History of a Founding Ideal* (New Haven, Conn.: Yale University Press, 2003); 그리고 Handy, *Christian American*.

제도권 종교로서의 개신교

1791년 수정헌법 제1조가 발효되기 전부터 유럽인들은 신세계로 건너와 영구적으로 거주하기 시작했다. 처음부터 개신교 기독교는 제도권 종교로서 미국 내의 여러 식민지(후에 "주"[states]가 됨) 안에 존재했다. 서구에서는 천 년 이상 교회와 정부가 이러한 관계를 유지했다. 뉴잉글랜드 지역의 회중교회로부터 남부의 성공회에 이르기까지, 개신교 기독교는 식민지 내의 공식 종교였다. 오직 로드아일랜드와 펜실베이니아만이 예외였다. 17세기에는 여러 식민지가 "교회세"라는 세금으로 성직자들을 지원했다. 또한 많은 식민지가 공직을 얻으려는 시민들에게 신앙 서약을 요구했다. 더욱이 기성 교회들과 함께 식민지들은 종교적 경쟁을 제한하려고 노력했다. 이러한 여러 요인은 정통 그리스도인, 자유사상가, 이신론자들에게 수정헌법 제1조의 제정의 필요성을 강하게 주장하는 계기가 되었다. 1689년 삼위일체 교리에 동의하는 개신교 비국교도들에게 신앙의 자유를 보장하는 관용법이 의회에서 통과되고 이에 더하여 회중교회나 성공회에 속하지 않은 이민자들이 증가했다. 그들은 각 식민지에 있던 기존 교회의 치리에 도전했다. 게다가 종교적 관용과 정부의 본질에 대한 특정 계몽주의 개념들은 기존의 교회가 지지하던 근거를 약하게 만들었다. 결국 1740년대에 있었던 가장 중요한 제1차 대각성 운동은 뉴잉글랜드의 회중교회와 남부 성공회의 영향력을 약화시키는 데 영향을 끼쳤다. 그 결과 헌법과 권리장전의 입안자들은 신앙의 자유, 그리고 교회와 정부의 분리가 필요하다는 것을 인식했다. 수정헌법 제1조는 "연방 의회는 국교를 정하거나, 자유로운 종교 활동을 금지할 수 없으며" 연방 정부는 국가 교회를 설립함으로써 종교 기관과 연관되어서는 안 된다고 규정했다. 모든 이가 열정적으로 국교 폐지를 수용한 것은 아니다. 일부 뉴잉글랜드 주는 교회-정부 관계에 대한 기존의 관례적 양식을 19세기까지 고집스레 고수했다. 매사추세츠는 회중교회 지원을 위한 세금을 1833년까지 징수했으며, 이 제도를 유지한 최후의 지역이 되었다.²⁶

사실상 국가 종교로서의 개신교

수정헌법 제1조가 종교의 자유를 보장하고 국가 교회의 수립을 금지하는 반면, 개신교 기독교는 1791년부터 20세기까지 사실상의 국가 종교로서 기능한다. 1830년대와 1840년대에 제2차 대각성 운동이 일어나 수천 명을 복음주의 기독교로 개종시켰고, 미국 사회를 "기독교화"하기 위한 노력에 영감을 불러일으켰다. 더욱이 대다수의 부흥사가 받아들였던 후천년설적 종말론은 사회 개혁이 이 땅에 천년왕국의 도래를 앞당길 수 있다는 기대치를 올려놓았다. 핸디는 다음과 같이 말했다. "국가의 기독교적 특징은 자발적 참여를 통해서 유지되어야만 했다. 왜냐하면 국교 설립의 형

26_ 메릴랜드는 사실 1632년 영국 가톨릭의 식민지로서 인정을 받았다. 그러나 1688년 명예혁명 이후 영국 의회는 성공회를 식민지의 정식 교회로 만들었다. 국가 수립 당시 종교의 역할에 대해 수정헌법 제1조와 그 해석에 관한 역사에 대해서는 다음을 보라. Derek H. Davis, *Religion and the Continental Congress*, 1774-1789 (New York: Oxford University Press, 2000); Thomas J. Curry, *The First Freedoms: Church and State in America to the Passage of the First Amendment* (New York: Oxford University Press, 1986); Mark A. Noll, Nathan O. Hatch and George M. Marsden, *The Search for Christian America*, rev. ed. (Colorado Springs: Helmers & Howard, 1989), 1-124; John M. Murrin, "Religion and Politics in America from the First Settlements to the Civil War," in *Religion and American Politics*, ed. Mark A. Noll (New York: Oxford University Press, 1986), 19-43; Daniel L. Dreisbach, *Thomas Jefferson and the Wall of Separation Between Church and State* (New York: New York University Press, 2002); Philip Hamburger, *Separation of Church and State* (Cambridge, Mass.: Harvard University Press, 2002); and John C. West Jr., *The Politics of Revelation and Reason: Religion and Civil Life in the New Nation* (Lawrence: University Press of Kansas, 1996).

태가 용인할 수 없는 부적절한 것으로 판명되었기 때문이다."[27] 종교의 자유가 허락된 사회에서 복음주의자들은 국가 전체적으로 개신교 기독교의 영향력을 확대하기 위해 자발적인 협회들을 설립하기 시작했다. 미국 성서협회(American Bible Society), 여성 기독인 금주 연합(Women's Christian Temperance Union), 뉴욕 악덕 금지 협회(New York Society for the Suppression of Vice), 헐 하우스(the Hull House, 미국의 사회봉사가 제인 애덤스[Jane Addams]가 1889년 시카고에 세운 복지 시설-역자 주) 등과 같은 수백 개의 전국적인 단체 및 수천 개의 지역 자원 단체들은 성서 문맹, 무절제한 음주, 음란 서적, 빈곤과 같은 특정 사회악을 완화시키려고 노력했다. 1850년대 동안 유입된 이민자의 수가 미국의 전체 가톨릭 신자 수의 두 배를 넘으면서 개신교도들은 확실한 다수를 형성했다. 그뿐만 아니라 더 중요한 점은 그들이 고등 교육과 같은 19세기 미국 사회의 주요한 문화 형성 기관들을 지배했다는 사실이다.[28] 이상주의적 개신교인들은 미국인의 공적 생활을 위한 통합적인 틀과 일반적인 도덕적 담론을 제공했다. 역사학자인 윈스롭 허드슨(Winthrop Hudson)은 1865년의 미국을, "문화 자체를 배양하고 기독교 신앙으로 양육하는 기독교적 분위기가 이상, 신념, 언어, 관습, 사회의 기관들에 가득 차 있었던" 사회로 묘사하고 있다.[29]

27_ Handy, *Christian America*, 27.

28_ Roger Finke and Rodney Stark, *The Churching of America, 1776-1990: Winners and Losers in Our Religious Economy* (New Brunswick, N.J.: Rutgers University Press, 1997), 110-15; George M. Marsden, *The Soul of the University: From Protestant Establishment to Established Nonbelief* (New York: Oxford University Press, 1994), 29-96.

29_ Winthrop Hudson, *The Great Tradition of the American Churches* (New York: Harper & Brothers, 1953), 108.

"제2차 국교 폐지"

미국의 공적 생활에서 비공식적인 개신교의 지배는 20세기 중반에 이르러 "제2차 국교 폐지"를 맞이했다.[30] 개신교의 문화적 헤게모니가 몰락하는 증거는 1920년대에 시작해서 첫 번째 로마 가톨릭 출신의 존 케네디(John F. Kennedy)가 대통령에 당선된 1960년대에 절정을 이룬다. 케네디의 당선은 미국 문화에 대한 개신교의 비공식적 지배가 끝났음을 상징적으로 암시하는 사건이었다. 이러한 몰락의 기원은 19세기 후반으로 거슬러 올라간다. 비개신교 이민자들의 급속한 증가, 비영어권 특히 로마 가톨릭 국가들, 미국 내 유대교와 동방 정교회 전통의 성장과 같은 외부 압력들이 개신교의 지배에 영향을 주었다. 이와 동시에 근본주의자와 근대주의자 간의 신학 논쟁, 오순절파와 성결교 교회의 성장과 도시 산업의 복잡한 문제에 대해 어떻게 대답해야 하는지에 관한 분열 등이 주류 개신교 기득권층에 균열을 가져왔다. 자유주의 개신교인들은 전통적인 신학 개념들이 성서의 해석과 권위에 대한 19세기 말의 세속적 도전들 속에서 근대화를 따랐다고 주장했다. 그들은 신성의 내재, 특히 역사의 진보 안에서 하나님의 개입, 그리고 하나님 나라를 그대로 복제할 사회를 창조할 수 있는 인간의 능력에 대해 깊은 믿음을 표출했다.[31] 이와 반대로 근본주의자들은 교회와 문화 영역이 근대화되는 것에 투쟁적으로 반대했다.[32] 20세기 초

30_ Robert T. Handy, *Undermined Establishment: Church-State Relations in America*, 1880-1920 (Princeton, N.J.: Princeton University Press, 1991). 20세기 중반 주요 개신교 기득권층에 대해서는 다음을 보라. William R. Hutchison, ed., *Between the Times: The Travail of the Protestant Establishment in America*, 1900-1960 (Cambridge: Cambridge University Press, 1989).

31_ William R. Hutchison, *The Modernist Impulse in American Protestantism* (Cambridge, Mass.: Harvard University Press, 1976).

32_ George M. Marsden, *Fundamentalism and American Culture: The Shaping of Twentieth*

부터 복음주의자와 사회운동가 사이의 동반자 관계에 금이 가기 시작했다. 더 보수적인 개신교인들은 오로지 전도에만 집중했고, 많은 자유주의 개신교인들은 미국 사회를 개혁하기 위한 노력에 초점을 맞추었다. 19세기 초반 대다수 개신교인들, 특히 북부 개신교인은 미국을 "기독교화"하기 위해 복음주의자와 사회운동가를 파트너로 고려했지만, 20세기의 두 번째 10년이 지나가기도 전에 "심각한 분리"가 일어난다.[33] 기독교를 더 근대화된 형식으로 표현하려는 노력 속에서 몇몇 주장은 분명한 사회복음으로 발전되어 갔으며, 자유주의 개신교인들은 20세기 초 사회 개혁에 관한 주장들을 지지하기 시작했다.[34] 반면 19세기 후반의 몇몇 보수주의자들은 그들의 전천년설적 종말론에 대한 믿음 때문에 사회 개혁을 사소하게 여기는 경향이 있었다. 1910년도에 접어들면서 이러한 다른 경향들은 기독교의 이해에 있어 두 가지 뚜렷한 모양으로 발전되어갔다. 사회복음주의자들은 사회 개혁을 무시하는 근본주의자들을 비난했다. 사회복음의 주도적 옹호자였던 월터 라우쉔부쉬(Walter Rauschenbusch)는 1917년에 이렇게 말했다.

> 개인주의적 복음은 우리가 모든 인류의 죄악을 볼 수 있도록 가르쳤고, 또 하나님께 나아오는 모든 사람을 구원하기 위해 하나님의 힘과 의지를 믿는 믿

Century Evangelicalism, 1870-1925 (New York: Oxford University Press, 1980).

33_ Gary Scott Smith, *The Search for Social Salvation and America*, 1880-1925 (Lanham, Md.: Lexington Books, 2000); Norris Magnuson, *Salvation in the Slums: Evangelical Social Work*, 1865-1920 (Grand Rapids: Baker 1977); Donald W. Dayton, *Discovering an Evangelical Heritage* (New York: Harper & Row, 1976).

34_ 사회복음의 발흥에 관해서는 다음을 보라. Ronal D. White Jr. and C. Howard Hopkins, *The Social Gospel: Religion and Reform in Changing America* (Philadelphia: Temple University Press, 1976); 그리고 Charles Howard Hopkins, *The Rise of the Social Gospel in American Protestantism*, 1865-1915 (New Haven, Conn.: Yale University Press, 1940).

음을 갖도록 우리를 격려했다. 그러나 그것은 우리에게 사회 체제의 죄악과 그 안에 있는 개인의 죄에 대해서 이해할 수 있는 적절한 가르침을 주지 못했다.[35]

근본주의 운동의 지도자인 윌리엄 라일리(William Bell Riley)는 자유주의자들이 복음을 "사회복지 기독교"의 형태로 축소했다고 불평했다.[36] 근본주의자들은, 특별히 금지하지는 않았지만, 자유주의 신학이 추구했던 근대화의 충동에 대한 반응으로 사회 개혁을 거부했다. 19세기 후반 들어 보수주의 신학과 자유주의 신학 사이에 틈이 벌어지기 시작했지만, 1910년과 1920년대에 있었던 근본주의 신학과 근대주의자 논쟁이 19세기부터 시작되었다고 보는 것은 실수다. 비록 19세기 후반에 보수주의 신학과 자유주의 신학 사이에 심각한 차이점이 존재했지만, 이러한 반대 의견들이 교회의 분열로 이어졌던 것은 아니었다. 그리고 복음전도와 사회 개혁에 관한 안건이 대두되었을 때, 보수주의와 자유주의 사이의 신학적 차이점들이 복음전도 찬성이나 사회 개혁 찬성의 양 갈래로 정확히 나뉘지도 않았다. 19세기 후반의 자유주의 신학을 지지하던 사람들이나 20세기에 근대 신학을 지지하던 사람들이 모두 복음전도를 무시하고 사회복음만을 옹호한 것은 아니었다. 또한 모든 19세기의 신앙적 보수주의자들이 사

35_ Walter Rauschenbusch, *A Theology for the Social Gospel* (1917; reprint, Nashville: Abingdon 1978), 5. Rauschenbusch에 관한 문헌은 다음을 보라. Christopher H. Evans, *The Kingdom is Always Coming: A Life of Walter Rauschenbusch* (Grand Rapids: Eerdmans, 2004).

36_ William Bell Riley, "The Great Commission," in *God Hath Spoken* (Philadelphia: Bible Conference Committee, 1919). 이 발췌문은 다음 자료에서 인용했다. Robert D. Linder, "The Resurgence of Evangelical Social Concern," in *The Evangelicals: What They Believe, Who They Are, Where They Are Changing*, ed. David Wells and John Woodbridge (New York: Abingdon, 1975), 198.

회 개혁을 무시한 것도 아니었다. 그러나 20세기 초에 접어들면서 심각한 분리가 일어났다. 신앙적 근본주의자들은 복음전도를 계속했지만, 20세기의 대부분을 차지했던 미국인의 공적 생활에 적극적으로 개입하는 것을 그만두었다.

근본주의자들이 물러났지만, 주류 개신교는 신학적 차이에도 불구하고 근본주의자들이 공유했던 가치를 유지하며 20세기 첫 50여 년 동안 미국의 공적 영역에서 세력을 확장해갔다. 그러나 1960년대 들어 미국 내 문화적 주도권을 가지고 있던 개신교의 지위에 중요한 변화가 일어났다. 아마도 이와 관련해 1960년대 이전에 일어났던 가장 중요한 사건들은 "제2차 국교 폐지"를 성문화하는 데 도움을 준 연방대법원의 판결들이었다. 1940년에 있었던 캔트웰 대 코네티컷 판결(Cantwell v. Connecticut)에서 연방대법원은 수정헌법 제1조의 자유로운 종교의 행사를 주(州) 정부에게도 명백하게 적용했다. 곧 여호와의 증인이 코네티컷 주 정부의 허가 없이도 기부를 목적으로 종교 서적을 배포할 권리를 가진다는 판결이었다. 그로부터 7년 후, 뉴저지 주가 법률로서 교회 교구 학교에 가는 학생들에게 교통편을 제공하기로 결정했을 때, 연방대법원은 에버슨 판결(Everson v. Board of Education)을 통해 국교 금지 조항을 주 정부 차원에 적용했다. 대법관들은 주 정부가 신앙 때문에 아이들을 공공복지의 혜택에서 제외시켜서는 안 된다고 결정했다. 그럼에도 5대 4라는 근소한 차로 만들어진 다수 의견을 대표하는 휴고 블랙(Hugo Black) 대법관은 교회와 정부의 분리에 대한 토마스 제퍼슨(Thomas Jefferson)의 유명한 문구를 상기시키며 이 결정을 지지했다. 블랙 대법관은 "수정헌법 제1조는 교회와 정부 사이에 벽을 세워놓았다. 이 벽은 반드시 높고 견고하게 지켜져야만 한다. 우리는 이것에 대한 아주 작은 위반도 허용할 수 없다"[37]라고 말했다. 수정헌법 제1조에 대한 더욱 완고한 종교-국가 분리주의적 해석의 경향은 공교육에서 "제2차 국교 폐지"를 제도화하는 데 도움을 준 대단히 중요한 두 가지 결정을 끌어냈다. 1962년에 있었던 엥겔 판결(Engel v. Vitale)에서 연방대법원은 학교 내에서 뉴욕 주 평의원회가 1962년에 작성한 기도문을 사용 및 낭독하는 등의 행위를 헌법에 위반된다고 보고 이를 금지했다. 왜냐하면 국교 금지 조항(establishment clause)과 관련된 조항을 위반하는 것이었기 때문이다. 이듬해 애빙턴 판결(Abington Township School District v. Schempp)에서 연방대법원은 성서 읽기를 필수 항목으로 지정한 펜실베이니아 주의 법률을 무효화시켰다. 왜냐하면 그것도 국교 금지 조항을 침해했기 때문이었다.[38]

1960년대에 있었던 개신교 체제의 종말

연방대법원의 이러한 결정들은 새로운 세력들이 미국 문화에서 종교의 형태를 활발하게 변화시키고 있을 때 일어났다. 1965년의 "하트-셀러 이민법"(Hart-Celler Immigration Law)은 1924년 이민법이 배제했던 아시아 및 비유럽국가 사람들에게 이민의 문을 다시 열게 한 결정이었다. 역사가인 피터 윌리엄스(Peter W. Williams)는 1965년의 이 법에 대해 다음과 같이 평가한다. "이 법은 20세기에 있었던 미국의 종교적 구조에 대한 연방 정부의 어떤 법률보다도 가장 심오한 영향을 끼쳤다."[39] 1960년과 1990년 사

37_ *Everson v. Board of Education*, 330 U.S. 15-16 (1947).

38_ John F. Wilson and Donald L. Drakeman, eds., *Church and State in American History*, 2nd ed. (Boston: Beacon Press, 1987), 195-96, 223-33.

39_ Peter W. Williams, *America's Religions: From Their Origins to the Twenty-First Century* (Urbana: University of Illinois Press, 2002), 457.

이에 1천5백만 명이 넘는 사람이 미국으로 이민왔다. 외국 태생의 미국인 비율은 이민이 절정에 달했던 백 년 전보다 오늘날 더 높다.[40] 당연히 이민자들은 자연스럽게 자신들의 종교를 가지고 들어왔다. 물론 불교, 힌두교, 시크교, 이슬람교, 기타 종교의 인구를 정확히 파악하기는 어렵다. 그러나 그들은 지난 40여 년이 넘는 시간 동안 놀라울 정도로 증가했다. 시리아의 무슬림들이 19세기의 마지막 25년 동안 미국으로 이민오기 시작한 것에 비해 무슬림 사회는 비교적 작은 규모로 유지되고 있었다. 1960년에는 대략 10만의 미국인들이 이슬람교를 믿고 있었다. 1966년과 1980년 사이, 무슬림 국가들에서 165,472명이 미국으로 이주해왔다. 오늘날 대략 250만에서 440만의 무슬림들이 미국에 살고 있는 것으로 추산된다.[41] 또한 세계의 다른 주요 종교들과 마찬가지로 이슬람도 하나의 단일 조직으로 이루어져 있는 대신 놀라울 정도로 매우 넓은 범위의 신앙과 전통을 가지고 있다. 무슬림, 불교 신자, 힌두교인, 남미 가톨릭 신자의 증가는 다수를 차지했던 개신교의 비중이 감소하는 데 일조했으며, 미국 문화를 형성하는 기관에 대한 개신교의 지배력은 더욱 약해졌다. 이와 동시에 시민권 운동을 둘러싼 혼란, 극심한 빈곤, 베트남 전쟁 때문에 주류 개신교 교회들은 첨예하게 대립했다. 미국의 많은 젊은이가 국내 및 국제 문제들에 대한 해결 방안으로 기독교를 찾기보다, 오히려 주류 개신교 사회를 문제로 여기며 교회를 떠났고 다시는 돌아오지 않았다.[42] 더욱이 1960년대와 1970년대에 많은 수의 새로운 종교적 운동은 흘러넘치듯 번창하기 시작

40_ Diana L. Eck, *A New Religious America: How a "Christian Country" Has Become the World's Most Religiously Diverse Nation* (San Francisco: Harper, 2001), 28, 2.

41_ Mohamed Nimer, *The North American Muslim Resource Guide: Muslim Community Life in the United States and Canada* (New York: Routledge, 2002), 21-27.

42_ Wade Clark Roof, *Spiritual Marketplace: Baby Boomers and the Remaking of American Religion* (Princeton, N.J.: Princeton University Press, 1999).

했다. 18세기 후반의 셰이커교(Shakers)와 19세기 중반의 모르몬교의 예를 통해 증명되었듯이, 새로운 종교적 운동들은 항상 미국 종교의 일부분이었다. 그러나 1965년에 이민 및 국적에 관한 법률이 통과되면서 그 결과 많은 수의 아시아인이 미국으로 유입되었는데 특히 그중에는 국제크리슈나의식협회(the International Society for Krishna Consciousness)를 설립한 스와미 박티베단타(Swami A. C. Bhaktivedanta) 같은 다수의 영적 교사들도 포함되어 있었다. 새로운 종교적 운동들이 모두 외부에서 유입된 것은 아니었다. 미국 내에서 시작한 새로운 종교적 운동의 대표적인 예로는 예수 운동, 짐 존스, 뉴에이지 운동 등이 있다. 새로운 종교적 운동의 실제 수를 가늠하기란 미국 내의 실제 무슬림의 수를 알아내는 것보다 더 어렵다. 고든 멜톤(J. Gordon Melton)은 실제 활동하고 있는 미국 내 종교 기관의 수를 대략 2,300개 정도로 추산한다. 그러나 이 숫자는 주류 단체들만을 포함한 것이고 수천 개의 독립적인 성서 학교들이나 가족 단위 정도로 운영되는 작은 사이비 종교 집단은 간과한 숫자다. 캔자스 대학교의 종교학과 교수인 티모시 밀러(Timothy Miller)는 만약 12명 정도의 소수 그룹까지 센다면 그 수가 수만에 이를 것이라고 예상한다.[43] 이러한 의미 있는 발전이 합쳐진 결과, 미국의 공적 생활에서 개신교가 차지하고 있던 지배력은 사라졌다. 이에 대해 다이애나 엑(Diana L. Eck)은 "미국은 전 세계에서 종교적으로 가장 다양한 국가가 되었다"라고 말한다.[44]

43_ J. Gordon Melton, *Encyclopedia of American Religion*, 6th ed. Detroit: Gale Research, 1999), p. xiii; Timothy Miller, "Religious Movements in the United States: An Informal Introduction," The Religious Movements Homepage Project 〈http://religiousmovements.lib.virginia.edu/essays/miller2003.htm#many〉(2006-04-03).

44_ Eck, *New Religious America*, 4.

복잡한 현대 상황

과거에는 교회, 국가, 공적 정의에 관한 토론들이 개신교의 영향력 아래에 있는 미국의 공적 생활이라는 상황에서 발생했다. 그러나 오늘날 개신교 전체는 미국의 공적 생활에 합의된 기준을 제공하지 않는다. 도덕 담론에 관한 모든 주장을 아우를 수 있는 개신교의 일반적인 틀은 존재하지 않는다. 결국 교회, 국가, 공적 정의와 관련된 사안에 대해 건설적 합의에 도달하는 일은 과거보다 오늘날 더 어려운 일일 수 있다. 이 시대의 중요한 두 가지 현안에 해당하는 "종교적 기본권"의 부활과 공적 종교에 관한 논쟁은 교회, 국가, 공적 정의와 관련된 사안에 대한 건설적인 대화를 더욱 복잡하게 만든다. 만약 한 가족이 여름 휴가를 맞아 서부 펜실베이니아에서 출발하여 노스캐롤라이나의 해안선까지 자동차로 여행하는 계획을 세운다면, 그 가족은 가장 완벽한 최신 지도를 원할 것이다. 그러나 많은 그리스도인과 비그리스도인은 오늘날 부분적이거나 미국의 오래된 종교 지형도를 가지고 있다. 그리스도인과 비그리스도인이 미국인의 공적 생활에서 종교가 차지하는 역할에 대해 자주 첨예하게 대립하는 이유를 이해하기 위해서는 앞에서 언급한 두 현안의 영향을 인식하는 것이 중요하다. 더욱이 사안에 대한 시대적 상황이 미국의 종교적 환경에 어떤 영향을 미치는지에 관한 이해는 그리스도인과 비그리스도인이 이러한 토론에서 자신들의 위치를 정할 수 있게끔 도와주며, 또한 사회정의와 그것을 이루기 위한 교회와 국가의 적절한 역할에 관한 대화에 건설적으로 참여하도록 도울 수 있다.

종교적 기본권의 부활

미국의 문화를 형성하고 주도하는 주요 기관에 대한 주류 개신교의 제도적 지배력이 막바지에 달할 때쯤, 종교적 기본권에 대한 논의가 수면 위로 떠올랐다.[45] 이에 대한 가장 중요한 예는 1979년 침례교 근본주의자인 제리 파웰(Jerry Falwell)이 세운 "도덕적 다수"(Moral Majority)와 관련한 내용이다. 파웰의 단체는 1980년대 아주 중요한 정치적 역할을 하게 되는데, 주로 평등권에 관한 수정 조항과 낙태에 대한 권리를 비롯한 많은 공공 정책 사안에 대해서 보수 그리스도인들의 반대를 대표했다. 그러나 기독교 근본주의자들만이 미국의 공적 생활에 다시 흥미를 갖게 된 유일한 보수적 신앙인들은 아니었다. 1980년대가 되자 많은 복음주의 그리스도인들은 복음전도와 사회 개혁을 재결합했다. 이 재결합의 지적 토대는 칼 헨리(Carl F. H. Henry)가 1947년 세미나를 위해 작업했던 『복음주의자의 불편한 양심』(The Uneasy Conscience of Fundamentalism, IVP 역간)으로 거슬러 올라간다. 그는 이 작업을 통해 근본주의가 "지지부진하게 끌어온 역사 속에서 처음으로 위대한 사회 개혁 운동들로부터 등을 돌린 채" 서 있다고 비판했다.[46] 상당수의 복음주의자가 공적 생활로 돌아가도록 내몰리기까지는 그로부터 20년이 넘는 시간이 걸렸다. 비록 근본주의자, 복음주의자, 주류 개신

45_ William Martin, *With God on Our Side: The Rise of the Religious Right in America* (New York: Broadway Books, 1996); Robert Booth Fowler, *A New Engagement: Christian Evangelical Political Throught,* 1966-1976 (Grand Rapids: Eerdmans, 1982); Michael Lienesch, *Redeeming America: Piety & Politics in the New Christian Right* (Chapel Hill: University of North Carolina Press, 1993); John C. Green, Mark J. Rozell, and Clyde Wilcox, eds., *The Christian Right in American Politics: Marching to the Millennium* (Washington, D.C.: Georgetown University Press, 2003).

46_ Carl F. H. Henry, *The Uneasy Conscience of Fundamentalism* (Grand Rapids: Eerdmans, 1947), 36.

교 신자들이 수많은 주요 신학적 쟁점에서 서로 다른 의견을 취했지만, 공산주의와 포르노물의 패악성, 결혼과 가족의 신성함, 인간의 성 문제 등 여러 사안에서 비슷한 관점을 공유했다. 주류 개신교가 20세기의 첫 몇십 년간 공적 생활 영역에 지속적으로 큰 영향력을 끼쳐왔기 때문에, 복음주의자와 근본주의자들은 그들의 하위문화에 머무를 수 있었다. 그들은 공적 사안들에 나설 필요가 없었다. 왜냐하면 주류 개신교의 문화적 헤게모니가 그들이 인정하는 가치를 지켜오고 있었기 때문이다.[47] 하지만 1970년대가 시작되면서 복음주의는 이미 미국의 공적 생활에서 자신들의 역할을 재고하기 시작했다. 예를 들어 1973년에는 매우 다양한 보수적인 신앙 전통을 대표하는 50여 명의 복음주의 지도자들이 "복음주의적 사회 참여를 위한 시카고 선언"(the Chicago Declaration of Evangelical Social Concern)을 주창했다. 선언문에 서명한 사람 중에는 칼 헨리, 짐 월리스(Jim Wallis), 버논 그라운즈(Vernon Grounds), 론 사이더 등이 포함되어 있었다. 이 선언문의 주장은 다음과 같다.

> 하나님은 그분의 백성의 삶에 있어 전체적인 소유권을 갖고 계신다. 그러므로 우리는 그리스도 안에 있는 우리의 삶과 하나님이 미국과 세계 가운데서 감당하도록 한 우리의 상황을 분리해 생각할 수 없다. 우리는 우리의 삶에 관한 하나님의 온전한 권리를 인식하지 못했음을 고백한다.

그들은 복음주의자들이 "사회적 학대로 고통받는 사람들에게 하나님의 사랑을, 불의한 미국 사회를 향한 그분의 정의를 행동으로 보여주지 못

---

[47] Hart, "Mainstream Protestantism," 201-3.

해왔음을" 애통해했다.⁴⁸ 복음주의 지도자들이 사회와 보수 기독교의 관계에 대해 재평가하는 동안, 1973년 연방대법원이 판결한 로 대 웨이드 판결(Roe v. Wade)은 많은 복음주의와 근본주의 신앙인을 정적주의(quietism)에서 벗어나게 했으며 크게 분노케 했다. 1976년 지미 카터(Jimmy Carter)는 복음주의 그리스도인임을 천명하며 대통령 선거에 뛰어들었다. 「뉴스위크」(Newsweek)는 1976년을 "복음주의자들의 해"로 묘사했다.⁴⁹ 비록 파웰의 단체는 1989년 해산했지만, 오순절교회의 텔레비전 전도자였던 팻 로버슨(Pat Robertson)이 같은 해에 정치적 행동과 로비 등의 교섭을 할 수 있는 "기독교 연합"(Christian Coalition)이라는 단체를 세웠다. 보수 그리스도인들은 다시 공적 영역에 참여했고 사회 문제에 대해 목소리를 높이기 시작했다.

미국 종교의 재구성과 문화 전쟁

기독교 우파는 미국의 공적 영역에서 보수 그리스도인들이 지닌 기존의 관심을 넘어선 주제를 놓고 목소리를 내기 시작했고, 이는 문화 전쟁의 도화선을 당기는 데 도움을 주었다. 프린스턴 대학교의 사회학자인 로버트 우스노(Robert Wuthnow)는 제2차 세계대전 이후 미국 종교에 주요한 재구성이 일어났다고 주장한다. 과거에는 너무 중요했던 교단의 차이가 이제

48_ Ronald J. Sider, ed., *The Chicago Declaration* (Carol Stream, Ill.: Creation House, 1974), 1; Michael L. Cromartie, "The Evangelical Kaleidoscope: A Survey of Recent Evangelical Political Engagement," *Christians and Politics Beyond the Culture Wars: An Agenda for Engagement*, ed. David P. Gushee (Grand Rapids: Baker, 2000), 21.

49_ Kenneth L. Woodward, "Born Again! The Year of the Evangelicals," *Newsweek*, October 25, 1976, 68.

는 더 이상 현대의 문제들과 관련이 없어 보였다. 대신 우스노는 오늘날의 분리가 "반대편과 심각한 긴장 관계에 있음을 인식하고 있는 자칭 종교적 '보수주의'와 자칭 '자유주의' 사이"에서 일어난다고 말한다.[50] 제임스 헌터 (James Davison Hunter)는 『문화 전쟁: 미국을 정의하기 위한 고민』(Culture Wars: The Struggle to Define America)에서 우스노의 해석을 확대한다. 개신교와 로마 가톨릭이 19세기에 공립 학교에서의 킹제임스 역 성서의 사용을 두고 벌였던 싸움과 같은 과거의 갈등과는 달리, 새로운 갈등은 두 개의 극단인 정통주의와 진보주의의 "근원에서 파생되는 서로 다르고 반대되는 도덕적 권위와 세계관의 토대들" 사이에서 발생한다. 비록 어느 한쪽의 시각이 항상 설득력 있고 완전하게 다듬어진 세계관 위에 자리 잡고 있지 않음에도 불구하고, 정통주의는 "외적이고 정의할 수 있는 초월적 권위"를 옹호하는 경향을 띠며, 진보주의는 "근대의 정신, 곧 이성주의(rationalism) 와 주관주의(subjectivism) 정신에 의한" 도덕적 권위를 고수한다.[51] 이러한 충돌은 각각의 다른 종교적 전통을 가진 사람들에서부터 동일한 신앙을 가졌지만 정반대되는 의견을 지닌 사람들에 이르기까지 모두 자유주의와 보수주의에 가담하면서 개신교, 가톨릭, 유대교 사이에 존재해온 오랜 분열에도 영향을 미쳤다. 기독교 우파의 대두는 자유주의 신앙에 대항해서 자리 잡은 보수 신앙의 관점을 체계화하는 데 도움을 주었다. 헌터는 교육, 법, 오락, 매체, 정치 등을 포함한 미국의 공적 영역의 모든 측면은 결과적으로 문화 전쟁에 극적인 영향을 받아왔다고 주장한다.

그러나 여전히 몇몇 학자들은 헌터가 묘사한 문화 전쟁이 중대한 영향

50_ Robert Wuthnow, *The Restructuring of American Religion: Society and Faith Since World War II* (Princeton, N.J.: Princeton University Press, 1988), 133.

51_ James Davison Hunter, *Culture Wars: The Struggle to Define America* (New York: Basic Books, 1991), 43-44.

을 미쳤는지 의문을 품어왔다. 그들은 다른 의견도 포용할 능력이 있는 양 극단의 이념 축을 헌터가 너무 단순화했음을 지적하면서, 대부분의 미국인은 대체로 자신의 성향을 드러내지 않는 양극단의 중간 지대에 있다는 점을 중요한 사회학적 증거로 제시한다. 양 진영의 엘리트 계층들은 "문화 투쟁"(Kulturkampf)에 갇혀 있지만, 많은 연구는 대다수 미국인이 어느 한 쪽의 진영을 이념적으로 신봉하지는 않을 것이라고 말한다.[52] 사회학자인 크리스천 스미스(Christian Smith)의 일반 미국 복음주의자의 신앙과 삶의 방식에 관한 광범위한 연구도 복음주의 신앙인들이 미국의 공적 영역 안에서 종교의 적절한 역할에 대해 화합하기보다 분열한다는 사실을 보여준다. 다시 말하자면 기독교 우파가 지닌 리더십은 자칭 복음주의 또는 근본주의라고 불리는 대다수 신앙인의 믿음을 정확히 대변하지 않는다.[53] 또한 일부 사람들은 문화 전쟁이 불행한 오해의 한 단면이라고 말한다.[54]

종교 사회와 세속 사회의 엘리트들이 대중 매체를 통해 자주 보여주는 증오와 독설이 가득한 분위기에서는 문화 전쟁의 사고방식을 지닌 많은 보수 그리스도인이 느끼는 불편함을 간과하기 쉽다. 일부 보수 그리스도인들은 그들 자신을 문화 전쟁에 대한 "양심적 반대자"라고 선언했다. 반면에 또 다른 그리스도인들은 신학적 범위를 뛰어넘어 정중함을 요청하고 미국의 공적 영역에서 시민 참여를 위한 더욱 건설적인 계획들을

52_ Rhys H. Williams, ed., *Culture Wars in American Politics: Critical Reviews of a Popular Myth* (New York: Aldine De Gruyter, 1997).

53_ Christian Smith, *Christian America? What Evangelicals Really Want* (Berkeley: University of California Press, 2000).

54_ David A. Hoekema, "Introduction: Christianity and Culture in the Crossfire," *Christianity and Culture in the Crossfire*, ed. David A. Hoekema and Bobby Fong (Grand Rapids: Eerdmans, 1997), 1-11.

제안한다.[55] 여전히 다른 이들은 패배를 인정하고, 공적 영역을 외면했으며, 그들의 근본주의적 하위문화로 되돌아갔다. 예를 들어 자유 의회 재단(Free Congress Foundation)의 대표이자 파월과 함께 1979년 도덕적 다수를 함께 세웠던 폴 웨이리치(Paul Weyrich)는 1999년 그리스도인들이 정치로부터 떠날 때가 왔다고 말했다. 그는 "아마도 우리는 문화 전쟁에서 패배한 것 같다"라고 애통해했다. 그리고 마침내 그는 정치적 올바름(Political Correctness)의 이데올로기나 우리의 전통적 문화를 가진 다른 적들이 점령한 기관들에서 우리 자신을 분리해야 할" 시간이 왔다고 결론지었다.[56]

---

[55] Gregory Wolfe, "Editorial Statement: Why I Am a Conscientious Objector in the Culture Wars," *Image* 6 (1994): 3-4. 문화 전쟁의 주장과 안건에 대한 복음주의적 저항의 다른 방법들은 다음을 보라. Lawrence E. Adams, *Going Public: Christian Responsibility in a Divided America* (Grand Rapids: Brazos, 2002); John Bolt, "The 'Culture War' in Perspective: Lessons from the Career of Abraham Kuyper," Witherspoon Lecture (Washington, D.C.: Family Research Council, 2001); John Fischer, "Demagnetizing Christianity," *Relevant*, July-August 2005, 38; Editorial, "Worship as Higher Politics," *Christianity Today*, June 23, 2005, ⟨www.christianitytoday.com/ct/2005/007/16.22. html⟩(2006-04-03); Paul Marshall, *God and the Constitution: Christianity and American Politics* (Lanham, Md.: Rowman & Littlefield, 2002); Richard J. Mouw, *Uncommon Decency: Christian Civility in an Uncivil World* (Downers Grove, Ill.: InterVarsity Press, 1992); Timothy R. Sherratt and Ronald P. Mahurin, *Saints as Citizens: A Guide to Public Responsibilities for Christians* (Grand Rapids: Eerdmans, 1995). 수많은 비복음주의 개신교인들도 문화 전쟁의 호전성에 대해서 대안을 제안했다. 예를 들어 다음을 보라. Azizah Y. Al-Hibri, Jean Bethke Elshtain and Charles C. Haynes, *Religion in American Public Life: Living with Our Deepest Difference* (New York: Norton, 2001); Jackson Caroll and Wade Clark Roof, eds., *Beyond Establishment: Protestant Identity in a Post-Protestant Age* (Louisville, Ky.: Westminster John Knox Press, 1993); Stephen L. Carter, *God's Name in Vain: The Wrongs and Rights of Religion in Politics* (New York: Basic Books, 2000); Parker J. Palmer, *The Company of Strangers: Christians and the Renewal of America's Public Life* (New York: Crossroads, 2001); Oliver O'Donovan and Joan Lockwood O'Donovan, *Bonds of Imperfection: Christian Politics, Past and Present* (Grand Rapids: Eerdmans, 2004); Ronald F. Thiemann, *Religion in Public Life: A Dilemma for Democracy* (Washington, D.C.: Georgetown University Press, 1996).

[56] Paul Weyrich, "The Moral Minority," *Christianity Today*, September 6, 1999, 44.

도덕적 다수의 전 지도부였던 저널리스트 칼 토마스(Cal Thomas)와 목회자인 에드 돕슨(Ed Dobson)은 『권력에 눈이 멀다: 신앙적 우파는 미국을 구할 수 있을까?』(Blinded by Might: Can the Religious Right Save America?)라는 책에서 사회 문제에 대해 순전히 정치적으로 해결책을 모색하는 것을 거부한다. 그들은 기독교 우파가 세속 문화를 거부하는 데 주의를 기울이기보다는 복음전도를 위한 노력에 다시 초점을 맞출 것을 촉구한다.[57] 다른 이들은 그러한 재평가를 "터무니없고 황당한 것"으로 여기며 생각해볼 가치도 없는 것이라고 무시한다. 그리고 그들은 "그리스도를 위한 미국을 되찾자"는 싸움을 벌이기 위해 모든 것을 버리고 떠나야 할 시간이 도래했다고 보수 그리스도인들에게 호소했다.[58] 심지어 미국 내에 신정국가를 염원하는 작은 운동도 존재한다. 그러나 대부분의 기독교 우파 지도자는 그러한 열망을 품고 있지 않다.[59] 문화 전쟁의 현실은 약간 과장되었을지도 모르지만, 일반 대중은 문화 전쟁을 현실로 받아들인다. 언론은 마치 각 주가 만장일치로 한 후보자나 다른 후보자에게 투표하는 것처럼 공화당 지지 주와 민주당 지지 주를 단순하게 구분한다. 언론은 2004년 대통령 선거에서도 많은 유권자에게 "도덕적 가치"가 얼마나 중요한지 마치 놀라운 발견을 한 것처럼 떠벌렸다. 이러한 언론의 모습은 오직 두 개의 평등한 힘을 가지고 서로를 향해 겨루는 신랄하고 거친 분열 안에 전국이 갇혀 있다는

57_ Cal Thomas and Ed Dobson, *Blinded by Might: Can the Religious Right Save America?* (Grand Rapids: Zondervan, 1999).

58_ Tom Minnery, *Why You Can't Stay Silent: A Biblical Mandate to Shape Our Culture* (Wheaton, Ill.: Tyndale House, 2001), 97-106.

59_ 신정국가에 관한 좋은 입문서로는 다음을 보라. Greg Bahnsen, *Theonomy in Christian Ethics*, 2nd ed. (Phillipsburg, N.J.: Presbyterian & Reformed, 1984). 유용한 비평으로는 다음을 보라. William S. Barker and W. Robert Godfrey, eds., *Theonomy: A Reformed Critique* (Grand Rapids: Zondervan, 1990). 예를 들면 Pat Robertson은 어떠한 형태의 신정 통치 형태도 미국에 세워지는 것을 반대한다. (Thomas and Dobson, *Blinded by Might*, 252-53).

자각을 고조시켰을 뿐이었다. 더욱이 문화 전쟁과 관련된 지도자들은 과장된 언행을 취하는 데 있어 아주 약간의 머뭇거림만을 보여준다. 2004년 11월 부시의 재선에 뒤이어 파웰은 "신앙과 가치관 연합"(Faith and Values Coalition)의 설립을 발표했다. 그는 "우리가 알고 있듯이, 만약 변덕스러운 사회에서 일하는 통제 불능의 입법자와 극단적인 법관들에게 미국의 도덕적 근간을 바꾸도록 허용한다면 나라가 더 이상 존속할 수 없을 것이다"라고 주장했다.[60] "하나님을 위해 미국을 되찾기 위한" 파웰의 열정을 모두가 공유한 것은 아니었다. 개리 윌스(Garry Wills)는 부시 대통령의 재선 다음 날 「뉴욕타임스」(New York Times)의 사설을 통해 전날의 사건을 "계몽의 날은 지났다"고 서술했고, 또한 "지하드(Jihad)는 무서운 것이다"라고 경고했다.[61]

기독교 우파의 재기와 그보다 더 중요하게 뒤따르는 문화 전쟁은 교회, 국가, 공적 정의에 관한 현시대의 중요한 대화를 복잡하게 만들었다. 기독교의 사회적 적용에 관한 새로워진 관심사는 그 자체만으로는 문제가 되지 않는다. 물론 그것이 비록 순전히 세속적인 공적 영역을 지지하는 사람들에 대한 것일지도 모르지만 말이다. 현대 미국 문화 안에서 종교의 발전은 매우 중요하다. 왜냐하면 그것은 그리스도인, 심지어는 모든 시민 사이의 건설적인 대화를 훨씬 더 어렵게 만들기 때문이다. 그들의 사상적 적들을 악마화하는 문화 전쟁의 최전방에 있는 다수 그리스도인들의 경향은 기독교의 겸손을 언급하지 않기 위해 정중한 태도를 법적 책임으로 만들었다. 왜냐하면 겸손이 확신에 대한 타협처럼 보이기 때문이다.[62] 이에

60_ Jerry Falwell, "What We Are All About" ⟨www.faithandvalues.us⟩(2005-02-05).

61_ Garry Wills, "The Day the Englightenment Went Out," *New York Times*, November 4, 2004, A25.

62_ 관용에 대해서는 다음을 보라. Daniel Taylor, "Deconstructing the Gospel of Tolerance," *Christianity Today*, January 11, 1999, 43-52; Brad Stetson and Joseph G. Conti, *The Truth About Tolerance: Pluralism, Diversity and the Culture Wars* (Downers Grove,

더하여 다른 종교의 시각에 대한 관용은 종종 상대주의로 잘못 해석된다. 지난 여러 세대를 통해 형성된 미국 안에서의 종교적 다양성의 증대는 많은 혼란을 일으켜왔다. 이러한 다양성은 많은 사람이 "다양성"이라는 용어를 사용할 때 서술적 의미와 규범적 의미의 차이를 구별할 수 없게 만들었다.[63] 이 격렬한 양극단이 제시하는 질문은 다음과 같다. 과연 다양한 종교적 신앙을 가진 사람들 또는 심지어 신앙이 아예 없는 사람들이 서로 공유할 수 있는 공통 기반을 찾을 가능성은 존재하는가?

종교의 탈사사화

사회학자인 조제 카사노바(José Casanova)는 1980년대에 "종교의 숨겨진 이면을 보여주지 않은 전 세계 어느 곳에서도 심각한 정치적 갈등을 찾지 못했다"고 논평한다. "우리는 근현대사회에서 종교의 '탈사사화'(de-privatization)를 목격하고 있다."[64] 달리 말하자면, 종교의 사사화 때문에 서양 문화에서의 종교의 불가피한 세속화를 연구하는 종교사회학자들 사이에서 관습적 지혜에 대한 강한 의구심이 제기되었다. 예를 들어 어느 저

Ill.: InterVarsity Press, 2005); J. Budziszewski, *True Tolerance: Liberalism and the Necessity of Judgment* (New Brunswick, N.J.: Transaction, 1992); S. D. Gaede, *When Tolerance Is No Virtue* (Downers Grove, Ill.: InterVarsity Press, 1993).

63_ 예를 들어 다음을 보라. Joel Belz, "Tolerance vs. Pluralism," *World Magazine*, October 27, 2001 〈www.worldmag.com/displayarticle.cfm?id=5470〉(2006-04-03).

64_ José Casanova, *Public Religions in the Modern World* (Chicago: University of Chicago Press, 1994), 3, 5. Casanova는 탈사사화란 "종교가 사적 영역 안에 있는 자기의 할당된 장소를 저버리고 시민 사회의 차별되지 않는 공적 영역으로 들어가는 과정"이라고 정의한다(ibid., 65-66). 또한 다음을 보라. Peter L. Berger, ed., *The Desecularization of the World: Resurgent Religion and World Politics* (Grand Rapids: Eerdmans, 1999).

명한 사회학자는 "종교의 진화론적 미래는 멸종이다"라고 주장했다. 이에 더하여 기독교 우파와 그 뒤를 잇는 문화 전쟁의 부활은 두 번째로 더 크고 복잡한 문제를 불러일으켰는데, 이는 교회, 국가, 공적 정의에 관한 현대의 논의에 더욱 큰 도전을 가져다주었다.[65] 가장 폭넓은 의미에서 문제를 제기하기 위해, 어떤 이는 국교를 인정하지 않고 종교의 자유를 헌법으로 보장하고 있는 민주적·종교적 다원주의 국가에서 교회가 사회정의와 연관된 문제에 대해 목소리를 내야 하는가 의문을 제기할지도 모른다. 바꿔 말하자면 그리스도인과 교단은 의회에 로비 활동을 해야만 하고, 다른 특별 이익 집단이 워싱턴과 주 정부에 그들의 대표 기관을 두고 있는 것처럼, 교회의 대표자로서 기능할 수 있는 초교파적 기구를 만들고, 명백하게 기독교적 신념에 의해 이끌리는 정치인만을 뽑아야 하는가? 더욱 좁게 말하자면 우리는 그리스도인이 특별히 기독교 가치에 근거해서 공공 정책의 기반을 놓는 것이 적절한가 질문할 수도 있다. 예를 들어 만약 근본주의 신앙인이 줄기세포 연구를 제한하는 근거로 성서를 제시한다면, 비그리스도인도 공공 정책을 홍보하기 위해 설득력 있는 기초를 찾아야만 하는가? 복음주의자는 자선 기관을 선택하는 정책을 지지하기 위한 유력한 증거를 모르몬경에서 모르몬의 증거 본문을 찾거나, 근본주의 그리스도인이 스쿨 바우처(school voucher, 학부모는 자녀가 취학할 학교를 직접 방문하여 학교를 평가, 선택하고, 선택한 학교에 지불 보증 증서[바우처]를 제출하면, 학교는 바우처를 수합하여 이를 교육 행정당국에 제출하고 공교육비를 배분받는다—편집자 주)를 지원하기 위한 적법한 근거를 수니파 무슬림이 사용하는 코란의 기도문에서 찾아

65_ Anthony Wallace, *Religion* (New York: Random House, 1966), 265. 탈사사화를 고려한 세속화 구성적 대안이론에 대해서는 다음을 보라. Christian Smith, "Introduction," in *The Secular Revolution: Power, Interests, and Conflict in the Secularization of American Public Life* (Berkeley: University of California Press, 2003), 1-96.

야 하는가? 노이하우스는 1984년 미국의 공적 생활이 종교에 적대적이었다고 경고하면서 다음과 같이 덧붙인다. "공공의 결정들은 반드시 공공에 적합한 논의에 의해 만들어져야만 한다.…대중의 이성으로 조사할 수 없는 믿음에서 파생된 근본주의적인 도덕률은 본래 사적인 도덕이다."[66]

공적 종교의 가능성? 세 가지 답변

문화 전쟁이 매우 극적으로 보여주는 바, 종교를 공적 생활의 주변부로 몰기 위한 노력, 즉 카사노바가 소위 "무능화시키기 위한 '언론 통제 명령'"으로 불렀던 법의 시행은 실패했지만, 공적 종교의 가능성은 아직 해결되지 않은 문제로 남아 있다. 비록 이 책이 공적 종교 자체에 초점을 맞춘 작업이 아니라 할지라도, 이 책은 공적 종교와 관련된 대화가 발생하는 큰 맥락을 인식하기 위해 중요하다. 오늘날은 이 문제에 대해 주목할 만한 다양한 의견이 산재해 있다. 에모리 대학교의 법학과 교수인 마이클 페리(Michael J. Perry)는 이 질문에 대한 답변의 범위를 이해하기 위해 유용한 유형 분류 체계를 제공한다. 페리에 따르면, 공적 생활에서 종교의 역할에 관한 질문이 생길 때, 사람들은 불가지론자, 배타주의자, 포괄주의자로 나뉜다. 페리의 유형 분류 체계에서 불가지론자는 "정치와 관련한 종교의 적절한 역할에 대해 뚜렷한 확신이 없다." 신의 존재를 믿거나 믿지 않을 수 있고, 정치의 영역에서 종교의 알맞은 역할에 대한 확신이 없을 수 있다. 반대로 배타주의자와 포괄주의자는 종교의 적절한 역할에 대해 굳은 확신을 가지고 있다. 배타주의자는 그 이름이 말해 주듯이 종교적 믿음은 국가

66_ Neuhaus, *Naked Public Square*, 36-37.

의 공적 영역으로부터 가능한 한 배제되어야 한다고 믿는다. 반면에 포괄주의자는 종교가 공적 영역에 포함될 수 있음을 주장한다.[67] 신앙인과 비신앙인 모두 각각의 범주에서 발견될 수 있다. 불가지론자는 공적 종교와 관련된 안건들에 있어 주요한 역할을 차지하지 않기 때문에 이어지는 분석은 배타주의자와 포괄주의자에 한해서 이뤄질 것이다.

배타주의자: 종교는 "대화를 중단시킨다."

포스트모던 철학자인 리처드 로티(Richard Rorty)는 "종교가 사사화되어야 하는 가장 큰 이유는 종교와 상관없는 단체와 정치적 토론을 하고 있을 때 종교에 관한 발언은 대화를 중단시키기 때문이다"라고 말한다. 배타주의자의 관점에 따르면, 예를 들어 본인의 기독교적 헌신 때문에 낙태를 반대한다고 말하는 신앙인은 "포르노물을 읽는 것이 요즘 자신의 삶에서 유일한 낙이다"라고 말하는 사람과 같다. 로티는 두 사람 모두 공적 영역에서 사람들에게 동일한 반응을 불러일으킬 것이라고 말한다. "그래서 뭐가 어떻다는 것입니까? 우리는 당신의 사생활에 대해서 논의하고 있는 것이 아닙니다."[68] 하버드 대학교 철학과 교수이자 자칭 무신론자였던 존 롤스(John Rawls)는 종교적 믿음이 다원주의 문화에 심각한 분열을 초래하고 사회의 안정성을 해칠 수 있다고 주장한다. 그의 주장에 따르면, 결론적

67_ Michael J. Perry, *Under God? Religious Faith and Liberal Democracy* (Cambridge: Cambridge University Press, 2003), 9-10.

68_ Richard Rorty, "Religion as Conversation-Stopper," *Common Knowledge* 3 (1994): 3. Rorty는 그의 호전적인 배타주의를 완화해왔다. Richard Rorty, "Religion in the Public Square: A Reconsideration," *Journal of Religious Ethics 31* (2003): 141-49.

으로 정부는 오직 "공적 이성"에 기초한 가치 판단만을 해야만 한다. 롤스는 다음과 같이 설명한다. "공적 이성의 이상(the ideal of public reason)에 대한 핵심은 다음과 같다. 곧 시민 각자는 자신들이 정치적 정의관(political of justice)으로 간주한 틀을 가지고 토론에 참여해야 한다. 이 정의는 다른 사람들이 승인할 것을 합리적으로 예상할 수 있어야 하며, 그렇게 이해한 개념을 보호하기 위해 각자가 옳다고 믿는 신념 안에서 준비되는 가치들에 기초한다."[69] 종교는 개인의 가치 판단에 기초한 것이기 때문에 "공적 이성"에 포함되지 않는다. 이에 대해 기독교 철학자인 로버트 아우디(Robert Audi)는 공공 정책에 대한 판단에 능숙한 종교적 이성이 미국의 공적 영역 안에 들어설 자리가 없다는 데에 동의한다. 그는 종교적 신앙을 가진 사람들은 신앙에 근거한 이유로 동기를 부여받는다고 주장한다. 그러나 공공 정책에 직면했을 때, 신앙인은 "증거로 제시할 수 있는 적어도 몇 가지 설득력 있는 분명한 세속적 이유"를 가져야 한다. 아우디는 그리스도인이 시민들과 토론할 경우에 자신의 종교적 믿음을 나타낼 권리가 없지는 않다고 주장한다. 그러나 인간의 행동을 제한하는 법과 공공 정책에 관한 사안을 마주했을 때, 그리스도인은 반드시 세속적 용어를 통해 합리적 이유 또는 근거의 틀을 마련해야만 한다. 그렇게 할 때 신앙이 없는 사람들과 정책을 공유하고 공감할 수 있다고 주장한다. 신앙인은 "인간의 행동을 제한하는 법이나 공공 정책을 주장하거나 지지하지 말아야 할 명백한 의무를 가지고 있다. 만일 그가 이러한 법이나 정책에 대한 세속적 근거를 가지고 있거나 제안하려는 것이 아니라면 말이다."[70]

---

[69] John Rawls, *Political Liberalism* (New York: Columbia University Press, 1993), 226. 『정치적 자유주의』(동명사 역간). 그가 쓴 또 다른 책 *A Theory of Justice*, rev. ed. (Cambridge, Mass.: Belknap Press, 1999)을 보라. 『사회정의론』(서광사 역간).

[70] Robert Audi, "Liberal Democracy and the Place of Religion in Politics," *Religion in the*

포괄주의자: "모든 꽃이 활짝 피어나도록"

배타주의자는 신앙인들이 자유 민주주의 사회에 참여하기 위해서 종교적 근거를 제시하는 것을 삼가야 한다고 주장한다. 반면에 포괄주의자들은 그것이 철학적으로 부당하며 궁극적으로 비민주주의적인 침묵을 강제하는 것이라고 주장한다. 시카고 대학교의 정치철학 교수인 진 엘쉬타인(Jean Bethke Elshtain)은 한 사람이 종교를 갖는다는 의미에 대해 다음과 같이 말한다. "신앙을 혼자만 간직하는 것은 경건한(독실한) 신자가 결코 할 수 없는 일이다. 왜냐하면 신앙은 사적인 문제가 아니기 때문이다."[71] 예일 대학교 법학과 교수인 스티븐 카터(Stephen Carter)도 그의 저서 『불신의 문화』(The Culture of Disbelief)에서 비슷한 주장을 하고 있다.

> 모두를 환영하는 공공의 광장을 상상하기보다, 현대 자유주의 철학자들은 대화의 규칙을 정할 방법을 찾고자 한다. 대화의 규칙이란 한 개인이 자신의 종교적 전통에 의해 형성된 도덕적 양심을 파괴하고 새로운 도덕적 양심을 형성하는 것이다. 이 양심은 본래 그의 신앙적 전통이 그에게 요구하는 것으로서 그에게 핵심적인 면이다. 즉 그는 다른 시민들과 함께 나누는 대화에 참여할 권리를 얻기 위해 자신이 인간으로서 가진 가장 중요한 면을 파괴할 것을 요구받고 있다.

Public Square (Lanham, Md.: Rowman & Littlefield, 1997), 138, 25. Kent Greenawalt는 종교적 이유는 공적으로 접근할 수 있도록 용어나 언어가 바뀌어야 한다고 주장한다(Kent Greenawalt, *Private Consciences and Public Reasons* [New York: Oxford University Press, 1995]).

71_ Jean Bethke Elshtain, "The Bright Line: Liberalism and Religion," *New Criterion* 17 (1999): 10.

카터는 다음과 같이 주장한다. "독실한 신앙인의 경우 자유주의자들이 수용하는 대화의 형식을 반드시 선택해야만 하는 것은 아니다. 오히려 자유주의자들이 공공의 구성원이 제공하는 어떠한 형태의 대화 형식이라도 그 형식을 수락해야 한다." 그리고 그는 다음과 같이 결론을 내린다. "인식론적 다양성은 다른 다양성처럼 소중히 다루어져야 하고, 무시되지 말아야 하며, 그리고 명백히 폐지되어서도 안 된다."[72] 카터와 마찬가지로, 예일 대학교의 철학신학 종신교수인 니콜라스 월터스토프(Nicholas Wolterstorff)는 자유 민주주의 사회에서 롤스와 아우디 같은 배타주의자들이 종교적 이성 위에 기초한 규제가 안정적이고 지속가능한 사회를 만들려는 정치적 목표를 훼손한다고 주장한다. 배타주의자들은 종교를 사사화하고, 대립하고 양극화되는 정치적 견해를 야기하는 증오의 감정을 형성하기 때문이다. 월터스토프에 따르면, 배타주의자들은 수정헌법 제1조가 종교와 공적 생활을 분리하는 것으로 잘못 이해한다. 오히려 수정헌법 제1조는 정부가 종교에 대해 공정하지 않게 억압하지 말아야 한다는 것을 명시하는 것으로 이해되어야 함에도 불구하고 말이다. 이런 분리주의 해석은 신앙인들이 자신들의 정치적 견해에 대한 근거로 비종교적 근거를 받아들이도록 하면서 인식론적 규제를 신앙인들에게 부과한다. "신앙인들에게 정치적 사안과 관련해서 그들의 결정과 토론을 그들의 종교에 근거하지 못하도록" 요구하는 것은 "종교에 관한 자유로운 표현을 불공평하게 침해하다." 반면 포괄주의자들은 그리스도인들이 특정한 공공 정책에 대해 성서적 근거를 찾을 수도 있지만, 자신과 기본적 신앙 성향을 공유하지 않는 다른 사람들이 성서적 근거를 다소 불필요하게 여기더라도 놀라서는

---

[72] Stephen Carter, *The Culture of Disbelief: How American Law and Politics Trivialize Religion* (New York: Anchor, 1996), 229-30.

안 될 것이라고 말한다. 따라서 포괄주의자들은 신앙인들이 자연 신학이나 일반계시에 근거해 특정 법률이나 정책에 대한 근거를 제시하는 방법을 고려해야만 한다고 제안한다. 마지막으로 월터스토프와 같은 포괄주의자들은 공적 삶에 더욱 개방적으로 접근할 것을 주장한다. 사람들이 정중함을 가지고 광장에 참여한다면, 월터스토프는 그 동기를 부여한 이유가 어찌됐든 간에 모든 이들에게 정치적 선택을 제시하고 정당화할 수 있도록 하자고 다음과 같이 제안한다. "시민들이 적절하다고 생각하는 모든 이성을 사용할 수 있도록 하자. 종교적인 이성까지 포함해서 말이다."[73]

분열된 집안: 공적 종교에 관한 합의의 부족

종교의 탈사사화는 공적 종교의 가능성에 관한 핵심적인 질문들을 제기해왔다. 정확히 말하자면, 이러한 질문의 표출은 미국 역사에서 처음 있는 일이 아니다. 비록 지난 세대의 그리스도인들이 적법한 공적 정의에 관

---

[73] Nicholas Wolterstorff, "The Role of Religion in Political Issues," *Religion in the Public Square*, 105, 112. 비슷한 의견으로는 다음을 보라. Michael J. Perry, *Morality, Politics, and Law: A Bicentennial Essay* (New York: Oxford University Press, 1988), 그리고 *Under God? Religious Faith and Liberal Democracy* (Cambridge: Cambridge University Press, 2003); Michael W. McConnell, *Accommodation of Religion: An Update and a Response to the Critics*, 60 George Washington Review 685 (1992). 미국의 증가하는 다종교 문화에서 Diana L. Eck이 제시한 것처럼, 공공의 광장 안에 종교를 포함해야 한다고 주장하는 사람들은 다음과 같은 중요한 질문을 자주 한다. 누구의 종교인가? 비록 Wolterstorff와 같은 많은 수의 지지자들은 모두가 미국의 공적 생활에 참여해야 한다고 격려하지만, 다른 지지자들은 실제로 보수 기독교에 관해 이야기할 때 완곡한 표현으로 **종교**라는 단어를 사용한다고 Eck은 주장한다. Neuhaus와 Carter와 같은 이들은 여전히 유대-기독교 전통의 지지자만을 말하고 있고 공공의 광장 안에 이미 존재하는 다른 전통을 무시한다(Diana L. Eck, "The Multireligious Public Square," in *One Nation Under God? Religion and American Culture*, ed. Marjorie Garber and Rebecca L. Walkowitz [New York: Routledge, 1999], 3-20).

한 사안을 구성하는 것이 무엇이며 교회나 국가는 공적 정의에 관한 사안을 어떻게 다뤄야 하는지에 대해 심각하게 분열해왔다고 할지라도, 압도적인 대다수는 역사적인 고찰을 통해 살펴본 것처럼 그리스도인으로서 사회정의와 관련된 문제들에 대해 의견을 피력하는 것이 타당하다는 사실에 분명히 동의했다. 우리는 교회, 국가, 공적 정의 사안에 관한 현시대의 토론과 관련해서 이제 그리스도인으로서 (또는 다른 종교를 믿는 사람으로서) 말하고 행동할 수 있다는 바로 그 가능성 때문에 문제가 발생하고 있음을 인식하는 것이 매우 중요하다. 이 서론이 제시한 것처럼 미국의 공적 생활에서 종교의 역할에 대해 모두를 아우르는 합의는 존재하지 않는다. 각각의 그리스도인은 여러 공적 생활의 진영에서 다른 관점을 지닌 그리스도인을 만나볼 수 있다. 이 책의 기고자들이 공적 종교의 문제에만 관심을 기울이는 것은 아니지만, 그들은 다양한 포괄주의적 관점들을 대표한다. 사실 이번에 "교회, 국가, 그리고 공적 정의"라는 주제를 가지고 토론했던 심포지엄은 이런 중요한 사안에 대해 대립하는 태도를 보이지 않고 건설적인 대화가 가능하다는 것을 보여준다. 아마도 오늘날 미국의 그리스도인이 직면하고 있는 가장 심각한 어려움은 종교의 자유를 보장하고 국교를 금지하는 헌법을 지닌 채 점점 더 다원화된 국가에서 그리스도인이 어떻게 하면 신실한 그리스도인이자 책임감 있는 시민으로 살 수 있는지를 배우는 것이다.

1

로마 가톨릭 관점

_클락 E. 코크란

우리 모두는 서로 다른 등장인물의 익살스러운 행동 때문에 주인공이 점점 더 좌절하며 다양한 변화를 보여주는 만화를 한 번쯤 보았다. 워너 브라더스사가 선보인 애니메이션 〈루니 툰〉에 나오는 엘머 퍼드(Elmer Fudd)와 벅스 버니(Bugs Bunny)의 경우를 생각해보라. 긴장, 분노, 좌절하면서, 엘머의 안색은 점점 붉어져간다. 이마에서 김이 모락모락 피어나기 시작하다가 결국 폭발한다. 긴장의 한 단면은 이러하다.

그리고 또 다른 비유를 생각해보자. 테니스 라켓의 틀은 라켓의 줄을 양 끝에서 긴장감 있게 붙들어주므로 가장 적절한 팽팽함을 유지한다. 라켓의 줄이 너무 약하거나 너무 강해 적절한 팽팽함을 유지할 수 없다면 공이 제대로 튀지 않는다.

가장 좋은 상태에서 교회, 국가, 공적 정의의 관계를 다루는 가톨릭 교리는 두 번째 비유와 비슷하다.[1] 교회와 국가는 긴장 관계에 있다. 사회정의의 추구는 직선의 형태로 표현할 수 없고 반드시 봉사, 복음전도, 인간의 지유와 균형을 유지하는 상태여야 한다. (여러 모습에도 불구하고) 교리와 제도의 모든 측면에 걸쳐 여러 갈래로 뻗어 나가며 서로 얽히는 모습이 교회에 어울리는 것처럼, 가톨릭 교리도 서로 다른 윤리적 원칙이 얽혀 있으

---

[1] 이 글을 개선하는 데 도움을 준 David Carroll Cochran과 Paul C. Kemeny의 논평과 제안에 대해 감사한다.

면서 그 사이에 긴장도 있고, 진행되는 토론 과정에서 교회와 사회의 문제를 아우른다. "가톨릭 사회 교리"(Catholic social teaching, CST)는 이러한 혼란스러운 공간에서 작용한다.

다른 글에서 나는 종교와 정치의 관계를 국경으로 묘사한 적이 있다. 국경에는 합법적인 거래를 위한 검문소가 있고, 불법 거래를 위한 숨겨진 길도 산재해 있다.[2] 가톨릭 사회 교리와 그 교리를 교회, 국가, 공적 정의, 공공 정책에 적용하는 방식을 소개하는 이 글에서는 두 가지 핵심, 곧 가톨릭 사회 전통의 확립된 영역과 그로부터 파생된 합법적 다양성 모두를 묘사하기 위해 이 비유를 사용한다.[3] 『간추린 사회 교리』(Compendium of the Social Doctrine of the Church) 개정판이 증언하는 것처럼, 이 작업은 가톨릭 사회 교리의 폭넓음 때문에 복잡해진다. 바티칸에서 2004년에 발행한 이 교리집은 250페이지에 달하며, 세 부분으로 구분되어 전체 12장과 583개의 소제목으로 구성되었다.[4] 이 작업은 다음과 같은 세 가지 이유로 복잡하다. 첫째, 상대적으로 긴 가톨릭 사회 교리의 역사 때문이다. 둘째, 신학자

---

[2] Clarke E. Cochran, "Catholic Healthcare in the Public Square: Tension on the Frontier," in *Handbook of Bioethics and Religion*, ed. David Guinn (New York: Oxford University Press, 2006); Clarke E. Cochran, *Religion in Public and Private Life* (New York: Routledge, 1990).

[3] 가톨릭 사회 교리의 원칙들을 설명하기 위해 널리 받아들여진 축약된 CST라는 표현을 사용한다. 다른 빈번하게 사용되는 용어들로는 "가톨릭 사회 사상"(Catholic social thought)과 "가톨릭 사회 이론"(Catholic social theory) 등이 있다(일반적으로 teaching을 교리라고 하지 않지만, 한국 가톨릭에서는 이 영어 표현을 가톨릭 사회 교리로 부르고 있기 때문에 이 책에서는 교리로서, doctrine은 이 글에 한해서 "신조"로 사용한다—역자 주). 각 용어 또한 편의를 위해 CST라는 약어를 사용했다(이 책에서는 가톨릭 사회 교리라는 전체 명칭을 그대로 사용한다—역자 주). 물론 이러한 용어들은 다른 수준의 권위를 의미한다. 사상과 이론은 교리에 비해 덜 교조적이다. 2004년 바티칸의 "교황청 정의 평화 평의회"(Pontifical Council on Peace and Justice)는 가톨릭 사회 교리의 첫 요약본을 발행했으나 두드러질 정도로 신조(doctrine)라는 용어를 사용했다.

[4] Pontifical Council for Peace and Justice, *Compendium of the Social Doctrine of the Church* (Washington, D.C.: United States Conference of Catholic Bishops, 2005).

와 가톨릭 정치 행동가 사이에 이해의 차이가 있다. 마지막으로 교회 권징 및 "자유주의" 가톨릭과 "보수주의" 가톨릭 신학 전통 사이에 존재하는 올바른 해석에 관한 의견의 불일치 때문이다.[5] 각 진영을 제대로 평가하기란 불가능한 일이지만, 그렇다고 이를 무시하는 것은 무책임한 일이다.

가톨릭 사회 교리는 마치 각기 다른 파벌들이 서로 배를 조정하겠다고 다투는 거대한 원양 어선과 같다. 비록 모두가 공동선(common good), 사회정의(social justice), 보완성의 원리(subsidiarity, 1931년 교황 비오 11세가 회칙 「40주년」[*Quadragesimo anno*]에서 가르친 사회 교서 – 역자 주), 청지기적 자세

---

[5] 책 공간은 제약되어 있고 독자의 인내심에 한계가 있기 때문에 참고 도서를 모두 제시할 수 없다. 그래서 가장 중요하고 유용한 자료들만은 언급한다. 각각 매우 다른 방식으로 쓰였지만, 종합적인 설명서로는 *Compendium*; Judith A Dwyer, ed., *The New Dictionary of Catholic Social Thought* (Collegeville, Minn.: Michael Glazier, 1994); Kenneth R. Himes, ed., *Modern Catholic Social Teaching: Commentaries and Interpretations* (Washington, D.C.: Georgetown University Press, 2005) 등이 있다. 유용하고 간단한 개론서로는 다음을 보라. Roger Charles, *An Introduction to Catholic Social Teaching* (San Francisco: Ignatius, 1999); Clarke E. Cochran and David Carroll Cochran, *Catholics, Politics, and Public Policy: Beyond Left and Right* (Maryknoll, N.Y.: Orbis, 2003); Michael J. Himes and Kenneth R. Himes, Fullness of Faith: *The Public Significance of Theology* (Mahwah, N.J.: Paulist, 1993); Thomas Massaro, *Living Justice: Catholic Social Teaching in Action* (Franklin, Wis.: Sheed & Ward, 2000); Thomas Massaro and Thomas A. Shannon, eds., *American Catholic Social Teaching* (Collegeville, Minn.: Liturgical Press, 2002). 가톨릭 사회 교리는 종종 사회 문제에 관한 교황의 회칙(넓게는 전 세계 또는 전체 교회에 보내어 회람하는 교황의 편지)의 전통과 관련해서 그 자체를 정의한다. Himes는 (*Modern Catholic Social Teaching*에서) 1891년부터 현재까지의 회칙들을 정리하고 있다. 가톨릭 사회 교리의 역사에 관한 좋은 자료로는 다음을 보라. Roger Aubert, *Catholic Social Teaching in Historical Perspective* (Milwaukee, Wis.: Marquette University Press, 1998); Joe Holland, *Modern Catholic Social Teaching: The Popes Confront the Industrial Age*, 1740-1958 (Mahwah, N.J.: Paulist, 2003); Marvin L. Krier Mich, *Catholic Social Teaching and Movements* (Mystic, Conn.: Twenty-Third Publications, 1998); Michael J. Schuck, *That They Be One: The Social Teaching of the Papal Encyclicals*, 1740-1989 (Washington, D.C.: Georgetown University Press, 1991). 특정한 미국의 상황에 대해서는 다음을 보라. Massaro and Shannon, *American Catholic*; Patrick W. Carey, *American Catholic Religious Thought: The Shaping of a Theological and Social Tradition* (Milwaukee, Wis.: Marquette University Press, 1987); John T. McGreevy, *Catholicism and American Freedom: A History* (New York: W. W. Norton, 2003).

(stewardship), 인간의 자유와 존엄(human freedom and dignity) 등과 같은 핵심 원리들(배에 실린 화물처럼)에는 동의할지라도, 각자 다른 별을 바라보며 항해하기를 원한다. 일반적으로 좌파는 세계 평화, 노동자 권익의 보호, 정부의 빈민 지원, 경제 정의라는 별을 좌표로 삼는다.[6] 좌파 중에서도 일부는 사회생활에 대한 어설픈 개혁을 거부하면서, 그것을 대안 공동체로서의 교회에 대한 비전으로 대체한다.[7] 대부분 일반적인 우파는 자유로운 기업 활동과 정치적 자유의 추구, 국내외의 경제 발전 등을 추구하는 방향으로 나아가길 원한다.[8] 마지막으로 또 다른 우파는 낙태, 동성애, 안락사에 반대하는 가톨릭의 도덕 강령을 항성(fixed stars)으로 보면서 이 배를 조종해나가길 원한다.[9]

다양한 항해 시스템은 수많은 정치적 도전에 맞서 가톨릭 사회 교리의 안정적인 핵심 사항을 적용하려는 접근을 "합법적 다양성"으로 표현한다. 교회-국가 사이의 경계에 대한 의견의 차이는 이러한 경계가 필연적으로 복잡하게 얽힐 수밖에 없는 현실을 드러낸다. 교회-국가의 경계에 관한 여러 의견은 결코 영구적이지 않고 잘 정돈된 해결책도 아니다. 이

---

[6] John A. Coleman, ed., *One Hundred Years of Catholic Social Thought: Celebration and Challenge* (Maryknoll, N.Y.: Orbis, 1991).

[7] Michael J. Baxter, "'Blowing the Dynamite of the Church': Catholic Radicalism from a Catholic Radicalist Perspective," in *Paths That Lead to Life: The Church as Counterculture*, ed. Michael L. Budde and Robert Brimlow (Albany, N.Y.: State University of New York Press, 1999); Michael J. Baxter, "*Reintroducing Virgil Michel: Towards a Counter-Tradition of Catholic Social Ethics in the United States,*" Communio 24 (1997).

[8] Michael Novak, *The Catholic Ethic and the Spirit of Capitalism* (New York: Free Press, 1993); Michael Novak, *Catholic Social Thought and Liberal Institutions: Freedom with Justice* (New Brunswick, N.J.: Transaction, 2001).

[9] The widely distributed *Voter's Guide for Serious Catholics in the* 2004 *election* ⟨www.catholic.com/library/voters_guide.asp⟩(2005-11-16).

글은 가톨릭교회가 세상에서 그들의 임무에 충실한 가운데 다른 "얼굴들"을 보여준다고 주장한다. 가톨릭교회는 정치, 문화, 사회를 다루면서 때때로 네 개의 다른 모습을 취한다. **협력**(cooperation), **도전**(challenge), **경쟁**(competition), **초월**(transcendence)이 그것이다.[10]

협력은 교회와 교회의 대리 기관들이 기아, 가족부양, 국제 구호 등과 같은 사안에서 사회의 필요를 충족하기 위한 정부 프로그램과 공동으로 일하는 것을 의미한다. 그 예로 가톨릭 구제회(Catholic Charities)와 같은 단체와 가톨릭 구제회 프로그램들의 네트워크를 들 수 있다. 이들은 광범위하게 정부의 재정 지원을 받거나 정부와 계약을 체결했지만, 교회로서의 사명을 명백히 드러내는 데 집중한다.

도전은 가톨릭 단체와 모임 또는 개인이 로비 활동을 하면서 의견을 개진하고, 압력을 행사하며, 때때로 부당함을 바로잡거나 정의로운 결정을 내리도록 국가의 명령에 불복종하는 수많은 방법을 의미한다. 이라크 전쟁에 대한 시위나 정신적으로 장애가 있는 사람들을 위한 메디케이드(Medicaid, 미국의 저소득층 의료보장제도-역자 주)를 유지하기 위한 로비 활동 등을 예로 들 수 있다.

경쟁은 정부의 제도와 직접 경쟁하는 가톨릭 기관을 말한다. 예를 들어 가톨릭 학교 네트워크처럼 말이다.

초월은 정부의 어떠한 임무도 초월하는 것을 의미하는데 바로 영원한 구원을 말한다. 교회는 교회의 핵심적인 방향을 다음의 위임령에서 찾는다. "그러므로 너희는 가서 모든 민족을 제자로 삼아 아버지와 아들과 성령의 이름으로 세례를 베풀고 내가 너희에게 분부한 모든 것을 가르쳐 지키게 하라"(마 28:19-20). 영혼 구원은 정부의 과제가 아니다. 그러므로 교

10_ Cochran, "Catholic Healthcare."

회는 정부와 거리를 유지하고 법과 문화가 기대하는 경계의 바깥에서 교회의 능력을 보호하는 일을 한다. 초월에 대한 인식은 정부가 침범하지 못하는 영역이며, 인위적인 계획과 기술력을 통해 구원을 찾으려고 하는 인간의 교만을 드러낸다. 가톨릭 사회 교리(teaching)는 특정한 사회 및 정치적 질문들에 대한 적용의 다원화를 인식하는 위의 네 가지 유형을 통합한다. 이러한 다원화된 적용은 가톨릭 사회 신조(doctrine)에 특수한 힘과 유연성을 부여한다.

가톨릭 신조에 담긴 교회의 임무

가톨릭교인 역시 그리스도인이다. 이는 기본적인 사실이지만 어떤 그리스도인들은 이런 사실을 자주 놓치거나 오해한다. 특히 미국 남부의 근본주의 신앙인들이 그런 모습을 보여준다. 정확하게는 이 글이 기독교 전통 사이의 차이점을 강조하기 때문에, 가톨릭은 모든 그리스도인과 임무를 공유한다는 사실을 강조할 필요가 있다. 그 임무는 예수 그리스도가 성부, 성자, 성령으로 계시하는 하나님을 예배하고 이 진리를 살아내는 그리스도의 제자로서 열심을 다하며 모든 사람에게 복음을 전하는 것이다. 가톨릭 그리스도인은 "정의를 행하며 인자를 사랑하며 겸손하게 네 하나님과 함께 행하기"(미 6:8) 위해 부름을 받았다.

세상을 전적으로 자신의 본향이라고 생각하는 그리스도인은 없다. 그러나 우리 모두가 세상에서 사는 것만은 분명하다. 그리스도인은 때때로 "권력"에 협력하기도 하고, 그것에 도전하기도 하며, 언제나 그것 너머에 있는 하나님 나라를 바라본다. 가톨릭 신자들은 하나님 나라가 지금과 아직 사이의 긴장 가운데 존재하고, 온전히 현존하지만 아직 완전히 실현되지 않았으며, 그리스도의 제자는 교회 생활과 시민 생활에서 하나님 나라의 시민으로 열심히 살고자 노력한다고 믿는다.

하지만 가톨릭은 타 기독교와 구별되는 특징이 있으며, 하나님 나라의 순례자로서 이 세상에서의 삶이 무엇을 의미하는지에 관한 해석에서 차이를 드러낸다. 기독교 임무에 관한 이해에서 가톨릭은 성육신적이고 성례적이며 사회적으로 가난한 사람에게 헌신적이라는 독특성을 갖는다. 가톨릭 신학은 "방법론" 중 전통과 이성, 그리고 유비 논증이라는 방법론에 의존하는데, 이러한 방법론들은 교회의 도덕적·사회적 원리들이 보편적으로 적용된다는 주장을 뒷받침하는 특성이 있다. 이러한 특징이 원칙적으로 가톨릭교회를 "공적 교회"로 만든다.[11]

성육신적

모든 그리스도인은 하나님이 예수 안에서 인간이 되신 것을 확증한다. 삼위일체의 제2위격은 모든 면에서 인간이 되었으나, 죄를 짓지 않고, 인간과 물질 세계를 구원한다.

급진적인 성육신 교리는 가톨릭 교인들을 다음과 같은 가톨릭 신앙으로 안내한다. 모든 사람이 "공통된 인간성을 공유하고 하나님처럼 살기 위해서는 우리가 할 수 있는 한 완전한 인간이 되어야만 한다."[12] 인간 그대로의 모습을 포함한 자연 세계를 평가하는 작업은 명백하게 가톨릭적이다. 토마스 아퀴나스(Thomas Aquinas)의 유명한 경구를 사용하여 설명하자

11_ Richard P. McBrien, *Catholicism*, new ed. (San Francisco: Harper, 1994), chap. 1. José Casanova는 그의 책, *Public Religions in the Modern World* (Chicago: University of Chicago, 1994)을 통해 공적 교회 개념을 충분히 설명하고 있다.

12_ Michael J. Himes, "'Finding God in All Things': A Sacramental Worldview and its Effects," in *As Leaven in the World: Catholic Perspectives on Faith, Vocation, and the Intellectual Life*, ed. Thomas M. Landy (Franklin, Wis.: Sheed & Ward, 2001), 101.

면, 은혜는 자연을 무효화하지 않으며 오히려 그것을 완전하게 만든다. 그러므로 교회는 세상을 급격히 반대하지 않으며, 근본적으로 하나님이 의도했던 수준으로 창조 세계를 끌어올리는 것을 목표한다. 은혜는 인간의 필요, 욕구, 염원을 폐지하지 않고 오히려 새로운 수준으로 상승시킨다.

이러한 신학적 약속은 자연적 정의와 공동선의 존재를 포함한다. 자연적 정의와 공동선을 존중하고 그것을 추구하는 것이 정치와 정부의 임무다. 정의와 공동선은 가톨릭 사회 교리의 주요 원칙이다.

성례적

가톨릭교회는 성례적 공동체다. 신앙생활은 일주일 단위의 (누군가에게는 하루 단위의) 성찬식을 중심으로 돌아간다. 제2차 바티칸 공의회(1962-1965)에 참여한 주교들은 이 성찬식을 교회의 생명의 "원천이자 정점"으로 묘사한다.[13] 세례와 견진성사는 사람이 교회를 통해 그리스도의 생명 안으로 완전히 들어가는 특별한 은혜의 순간으로 치러진다. 고해성사는 예수가 행하신 임무의 핵심으로서 용서를 성례화한다. 병자성사는 환자가 그리스도를 만나 치유받는 것을 구체화한다. 혼배성사와 신품성사는 세상을 향한 섬김의 성례적 표징이 된다.

가톨릭 신학에서는 이러한 성례를 통해 특별히 그리스도와 만난다. 그러나 다른 표징, 상징, 예식 등은 매우 현실적인 의미에서 성례적이다. 묵주, 성자의 조각상, 메달, 성수 등은 그리스도와의 만남을 매개한다. 같은 의미로 매일의 삶에서 일어나는 일들, 즉 물질적인 것(사진, 자연 풍경, 사람과의 신체적 접촉, 사랑이 담긴 선물)들도 그리스도와의 친밀함을 위한 매개가

13_ "The Constitution on the Sacred Liturgy" 10, in Austin Flannery, ed., *Vatican Council II: The Conciliar and Post Conciliar Documents* (Northport, N.Y.: Costello, 1975).

될 수 있다. 이러한 성례적 원칙의 강렬함과 중심성이 가톨릭을 다른 형태의 기독교와 구별한다. 그러므로 모든 사물은 잠재적으로 성스럽다. 모든 것은 잠재적으로 거룩하다. 왜냐하면 모든 사물과 모든 사람은 하나님의 사랑을 매개하기 때문이다.

성례성(sacramentality)은 존재에게 긴장을 불러일으키는 사회 신학(social theology)에서 필수적이다. 왜냐하면 인간이 느끼는 긴장감은 규칙이나 언어를 초월하는 감정, 헌신, 행동을 불러일으키기 때문이다. 성례들은 주로 비언어적으로 소통한다. 말 그대로 그것은 의미를 상징한다. 단어, 문장, 문단은 단어가 구성하고 있는 규칙, 법, 원리 등과 같이 인간과 사회의 복잡성을 정확히 담아내는 일에 실패했다. 그러나 한 번의 눈길, 접촉, 미사 또는 상징적 교환은 언어가 가지는 능력 너머의 다양한 의미와 인간의 복잡성을 담아낼 수 있다.

성례성은 가톨릭 사회 교리가 정치 생활에서의 긴장, 타협, 진술할 수 없는 것들(inexpressibilities)을 수용할 수 있도록 한다. 더욱이 가톨릭 사회 교리는 종종 단체 행동과 기관을 통한 진술과 성명으로 구현된다.

사회 인류학

가톨릭 사회 교리에 대한 실질적 영향과 함께 가톨릭 교리의 세 번째 근본적 헌신은 인간이 처한 상황에 대한 사회적 이해다. 가톨릭 신앙은 구원이 하나님의 자비로운 초대를 향한 개별 인간의 응답에 달려 있다는 개념을 모든 그리스도인과 공유한다. 그러나 개별 인간이 살아가는 사회관계가 항상 그 응답에 영향을 미친다. 하나님은 공동체를 위해 인간을 창조하셨다 ("사람이 혼자 사는 것이 좋지 아니하니"). 우리의 삶과 헌신, 우리의 능력과 약함은 우리의 삶에 형상과 본질을 부여하는 공동체에 반영된다.

비록 개인의 책임을 부정하는 것은 아니지만, 가톨릭 사회 교리는 인간이 서로에게 빚지는 상호 책임을 강조한다. 그들의 상당한 차이점에도 불구하고, 가톨릭 사회 교리의 다양한 "학파"는 근본적으로 세상의 사회 비전을 공유한다.[14] 이러한 사회적 성향은 가톨릭 신자가 대다수 그리스도인과 세속 정치를 괴롭히는 자유-보수 이분법을 초월하여 다양한 정치적 입장을 끌어안을 수 있게 하는 수렴 지점이 된다. 가톨릭 사회 교리는 자궁 안에 있는 고귀한 인간의 생명이 법적 보호를 받을 자격이 있음을 가르친다. 왜냐하면 우리 모두는 서로 약자를 지켜야 할 상호 책임이 있기 때문이다. 모든 시민은 건강 보험에 가입되어야 한다. 왜냐하면 연대라는 사회적 가치가 그것을 요구하기 때문이다.

가난한 이들에 대한 우선적 선택

"가난한 이들에 대한 우선적 선택"이 사회적·정치적으로는 하나의 구체적인 원칙에 불과하지만 그것은 가톨릭 신앙생활에서는 아주 중요한 주제다. 가톨릭 신앙은 가난의 가치와 가난으로부터의 구제 사이에서 기독교적 긴장을 반영한다. 이 두 가지 사항과 관련해서, 가난과 가난한 사람들은 가톨릭 신앙의 중심에 있다.

"가난한 사람은 복이 있나니"라는 구절은 모든 그리스도인에게 울림을 주는 말씀이다.[15] 가톨릭 신앙은 자주 문자 그대로 가난에 대한 축복을 약속했다. 하나님 나라를 위한 자발적 가난은 오랫동안 가톨릭 신앙의 핵심이었다. 자발적 가난의 모습은 모든 소유를 포기한 사막의 교부와 교모들로부터 시작해서 직접 손으로 노동하며 검소하게 사는 수도사들의 삶을 지나, 중세 후기에 세워진 탁발 수도회(예를 들어 프란체스코 수도회나 도미니

14_ John A. Coleman, "Neither Liberal nor Socialist: The Originality of Catholic Social Teaching," in Coleman, *One Hundred Years*, 25-42.
15_ 이것은 누가가 말하는 팔복이다(눅 6:20). 마태는 "심령이 가난한"이라고 말하고 있다(마 5:3).

크 수도회)와 모든 남녀 가톨릭 수도회들이 행한 가난(그리고 순결과 복종)의 서약에 이르기까지 다양하다. 도로시 데이(Dorothy Day)의 "가톨릭 노동자 운동"과 같은 평신도 운동도 그러한 동기에서 영감을 받아왔다. 그런 운동은 가난한 사람들과 함께, 그리고 그들을 위해 가난하게 사는 동기를 부여한다.

동시에 이러한 많은 수도회들(그리고 그들이 세운 병원, 고아원, 학교)은 빈곤 완화의 형태로(식량 배급과 무료 급식소) 또는 가난의 고리를 끊을 수 있도록(예를 들어 교육과 의료 서비스를 통해) 빈곤을 구제하는 데 헌신해왔다. 외과 의사인 폴 파머(Paul Farmer)는 "가난한 이들에 대한 우선적 선택"을 세상의 실패자들과 공동의 노력을 기울이는 것으로 묘사한다.[16] 그러므로 20세기 후반까지 "가난한 이들에 대한 우선적 선택"이 가톨릭 사회 교리의 핵심 요소였다는 사실은 그리 놀라운 일이 아니다. 비록 이러한 헌신이 가톨릭 진보 진영의 가장 주요한 특징일지라도, 가톨릭 보수 진영 역시 가난을 극복하는 것이 근본적 헌신의 일부분임을 강조한다. 그러나 가난을 해결하기 위한 필수적 수단이 무엇인지에 대해서는 가톨릭 좌우진영 사이의 의견이 일치하지 않는다.

공적 기관으로서의 교회

성육신적·성례적이며 사회 빈곤에 초점을 맞추는 가톨릭 신앙의 특징은 바라는 것을 항상 행동에 옮기지 않아도 반드시 공적 교회(public church)를 구성한다. 다시 말하면 공적 교회는 공적 생활과 분리할 수 없는 교회를 말한다. 이러한 연결이 비록 과거에는 신정주의적(theocratic) 경향이 있었음을 부인할 필요는 없지만, 오늘날은 그렇게 이해할 필요도 없고 또 그

16_ Tracy Kidder, *Mountains Beyond Mountains* (New York: Random House, 2003), 288-89.

렇게 이해하지도 않는다. 1971년 바티칸에서 열린 주교대의원회의에 따르면, 이것이 의미하는 바는 "정의를 위한 행동과 세상의 변화를 위한 참여가 복음 선포의 **구성적 차원**(constitutive dimension)으로서 우리에게 온전히 그 모습을 드러냈다. 다시 말하면 인류의 구원과 모든 압제로부터의 해방을 위해 교회가 완수해야 할 사명의 구성적 차원이라고 할 수 있다."[17] 세상에서의 정치적·사회적 삶을 살아갈 때에 참여를 통한 정의의 추구 없이는 교회가 교회될 수 없다.

왜냐하면 만일 인간 본성이 사회적이면, 정의(하나님과의 올바른 관계)와 구원도 사회적이기 때문이다. 만일 말씀이 육신이 되었다면, 선포된 구원의 말씀은 반드시 세상에서 행해져야만 하기 때문이다. 마지막으로 만일 교회가 성례라면, 교회는 오로지 교회됨으로 인해 세상과 세상의 권력 구조를 판단하기 때문이다.[18]

비록 교회를 묘사하는 신학적 언어가 비교적 최근의 것이라 해도, 그것은 특히 기관을 설립하는 데 능숙한 가톨릭 신자들의 역사적 현실을 반영한다. 여기서 기관은 교구, 지역 교회, 로마 교황청과 같은 더 엄격한 교회 기관뿐만 아니라 수도회, 병원, 학교, 고아원, 자선사업 등도 포함한다.

17_ "Justice in the World" §6, Roman Synod (1971), in *Proclaiming Justice and Peace: Papal Documents from Recrum Novarum Through Centesimus Annus*, Revised and Expanded, ed. Michael Walsh and Brian Davies (Mystic, Conn.: Twenty-Third Publications, 1991), 강조는 덧붙여진 것이다.

18_ 마지막 주장은 복음을 구체화하는 데 실패한 교회 자신을 판단한다. 특히 복음이 불평등과 불의한 정치적·경제적 구조에 반대할 때, 그 주장은 교회를 판단한다. 가톨릭 "급진주의자"는 세상과의 관계에 있는 교회를 향한 그들의 비판에 초점을 둔다. 예를 들어 다음을 보라. Baxter, "Reintroducing Virgil Michel"; Baxter, "Review Essay: The Non-Catholic Character of the 'Public Church,'" *Modern Theology* 11 (*April* 1995); Michael Budde, *The (Magic) Kingdom of God: Christianity and the Global Culture Industries* (Boulder, Colo.: Westview, 1997); Michael L. Budde and Robert W. Brimlow, *Christianity Incorporated: How Big Business Is Buying the Church* (Grand Rapids: Brazos, 2002); Budde and Brimlow, eds., *The Church as Counterculture*.

자원봉사와 치유를 위한 기관은 대체로 교회를 사회적·정치적 문제가 발생하는 세상에 위치하게끔 한다. 그래서 교회는 항상 세상과 관련해서 일한다. 그러나 교회는 이러한 일을 감당하면서도 세상과 긴장 관계에 있다.[19] 예를 들어 가톨릭 병원을 운영하는 일은 가톨릭과 병원, 둘 다가 되는 것을 의미한다. 전자(가톨릭)는 가톨릭 신앙의 도덕적·신앙적 헌신으로 정의된다. 후자(병원)는 의료상의 문화와 공공 법규에 의해 정의된다. 둘의 의미는 떼어놓을 수 없는 관계로 연결되어 있으나, 항상 조화롭지는 않다.

이러한 방식으로 가톨릭 기관들이 공공 기관으로서 존재하기 때문에, 그것들은 성례적이다. 그것들은 의미를 구현하고, 일하며 봉사하는 사람들 안에서 의미를 유지하고, 다음 세대에게 전하기 위한 매개체가 되며, 더 큰 세상 속에 모습을 드러낸다. 세상이 가톨릭 병원이나 가톨릭 구제회 소속 단체 또는 가톨릭 학교와 서로 교류할 때 세상은 그리스도를 만난다. 간단히 말하자면 교회는 국가, 경제, 사회, 문화와 연결될 수밖에 없다. 이 선택은 그것들과 어떻게 연결될 수 있는지에 대한 문제를 포함한다. 가톨릭 사회 교리는 교회의 참여를 긴장 관계로 이끈다. 왜냐하면 그것은 단편적인 관계를 허용하지 않기 때문이다. 오히려 교회의 공적 교류는 협력적·도전적·경쟁적·초월적이어야 한다.[20]

19_ J. Bryan Hehir, "Identity and Institutions," *Health Progress* 76 (1995).

20_ 나는 이러한 개념들을 다음의 글에서 더욱 온전히 발전시켰다. Clarke E. Cochran, "Institutional Identity; Sacramental Potential: Catholic Healthcare at Century's End," *Christian Bioethics* 5 (1999); "*Sacrament and Solidarity: Catholic Social Thought and Healthcare Policy Reform,*" *Journal of Church and State* 41 (1999); "*Taking Ecclesiology Seriously: Catholicism, Religious Institutions, and Healthcare Policy,*" in The Re-Enchantment of Political Science: Christian Scholars Engage Their Discipline, ed. Thomas W. Heilke and Ashley Woodiwiss (Lanham, Md.: Lexington Books, 2001). 또한 다음을 보라. David Hollenbach, *The Global Face of Public Faith: Politics, Human Rights, and Christian Ethics* (Washington, D.C.: Georgetown University Press, 2003). 미국 공공 교회의 진화는 다음의 글에 서술되어 있다. Casanova, *Public Religions*, chap. 7.

국가의 목적

더욱 구체적으로 이야기하자면, 가톨릭 사회 교리는 국가와 공공 정책에 참여하여 수많은 원칙, 개념, 이론을 발전시켜왔다.[21] 정부는 창조 질서의 한 부분이며, 정부의 우선적인 목표는 공동선과 정의를 추구하는 것이다. 그리고 모든 인간을 결속시키고 인간의 자유와 존엄을 보호하는 것이 정부의 주요 임무다. 더욱이 정부는 사회와 자연의 질서를 유지할 책임을 지니고 있다. 이런 이유로 하나님의 자비로운 선물에 대한 청지기로서의 역할은 정부의 주된 책무다. 결국 가톨릭 사회 교리는 "보완성의 원리"를 받아들인다. 이것은 앞서 언급한 정부의 책임이 중앙 정부만의 배타적인 영역이 아니라 지방 정부를 포함한 정부 전체, 그리고 가정, 교회, 기업, 자원봉사 단체들까지 아우르는 모든 기관의 연대 책임을 의미한다는 것이다.

정부와 자연의 질서

"인간은 정치적 삶의 토대이자 목적이다."[22] 아리스토텔레스와 토마스 아퀴나스를 따라서 인간은 본래 사회적·정치적 존재이기에, 정부와 정치는 인간의 죄와 나약함에서 발생하는 영향을 바로잡기 위해 인위적으로 추가된 것이 아니라, 인간의 삶에 자연스러운 측면이기 때문이다. 실제로 정부는 죄에 대해 반드시 답해야만 한다. 그러나 정부는 인류 본래의 목적을 증진하기 위해 하나님이 **필연적으로** 작정하신 창조 질서의 일부분일 뿐이다. 이 목적은 인류의 번영, 사회생활의 적절한 질서와 전체 공동체를 위한 공동선의 추구를 말한다.

21_ 정치적·사회적·문화적·경제적 안건에 원칙을 적용할 때 상당한 차이점이 있는 것처럼 용어와 선행 개념에 있어 약간의 변화가 존재한다.

22_ *Compendium of the Social Doctrine of the Church*, 166. 8장에서 이 논의를 다루고 있다.

집단 인간의 행동이 충분하고 선한 의지와 숭고한 도덕적 특징의 조건 아래에 있다 하더라도 목표를 선택하기 위해서는 결정을 내리는 권위가 필요하다. 새로운 초등학교를 어디에 지어야 하는가? 새로운 도로를 어디에 확충하는 것이 공동선을 증진하는 최선의 방안일까? 이러한 종류의 결정은 인간의 죄악이 아닌 인간의 본성 그 자체에서 기인한다. 정치적 권위는 올바르고 정의로운 공동체를 지향하려고 노력한다.

개인의 죄와 공동의 죄(전쟁, 인종 차별, 경제적 압박)를 해결하려면 위험한 행위를 제거하고 처벌하기 위한 정치적 결사체가 필요하다. 또한 이것은 잘못을 바로잡고 오직 이기적인 개인을 올바른 방향으로 이끌기 위한 법의 계몽적 힘을 실현하기 위해서도 필요하다.

원칙적으로 모든 사람은 행동을 감독하고 악의 영향을 제지할 법과 권위의 필요를 깨달을 수 있으므로, 가톨릭 사회 교리는 전통적으로 그 원칙의 보편성과 이성적 접근성을 강조해왔다. 일반적으로 사회 문제에 대해 가톨릭 사회 교리가 말하는 교회에 관한 공식적 진술과 적용은 가톨릭 신자에게뿐만 아니라 선한 의지를 가진 모든 사람을 대상으로 발표되었다. 다른 말로 하자면 가톨릭 사회 교리는 단지 가톨릭적이기만 한 것도 아니고 주로 가톨릭 신자 또는 국가에만 적용이 가능한 것도 아니다. 오히려 이것은 정부 조직과 정치 시스템이 가지고 있는 공공의 목적에 근거한 인간 이성의 원리들이다.

방법론적으로 보면, 보편성은 가톨릭 도덕 신학의 토대가 되는 "자연법" 이론에서 가장 잘 표현됐다. 최근 수십 년간 가톨릭 사회 교리에 대한 교황과 주교들의 성명은(학술적 결과물과 함께) 보편성 개념을 포기하지 않고, 인격주의와 성서적 논의를 강조해왔다. 대륙 철학 특히 후설(Husserl)과 현상학자들을 연구한 교황 요한 바오로 2세는 이와 관련하여 큰 영향을 끼쳤다. 이러한 영향은 교황청의 정의평화평의회가 2004년 발간한

『간추린 사회 교리』의 구조를 통해서도 볼 수 있다.[23]

비록 인간 중심적 토대가 이성을 향한 자연법의 호소와 양립 가능한 것이기는 하지만, 성서에 더 많은 비중을 두는 접근법은 가톨릭 사회 교리 내에 약간의 긴장을 야기한다. 가톨릭 사회 교리가 성서를 더 강조할수록, 비그리스도인에게는 더욱 분파주의로 보일 수 있다. 그러나 가톨릭 사회 교리의 성서적 측면이 유익한 긴장 상태를 만들어내는 것일지도 모른다. 여기서 유익한 긴장 상태란 도전과 초월이라는 형태로 교회-정부 간 상호 관계가 더욱 강화되는 상태를 의미한다.

정의와 공동선을 향한 정부의 성향은 모든 시기의 정부가 사실 이런 원칙을 위한 도구가 될 것을 당연히 내포하지 않는다. 또한 정부는 독재를 추구하고 불의할 수 있으며 인간의 도덕적·종교적 가치를 억압할 수 있다. 이와 같은 상황에서 교회는 불의한 법령에 저항할 수 있는 자연권과 양심을 거스르는 결정에 저항할 종교적 의무를 강하게 요구한다. 비록 그러한 저항이 보통은 정치적 운동, 비폭력 시민 불복종과 같은 평화롭고 "수동적인" 모습을 취하지만, 예외적 상황에서는 폭력적 방법을 포함한 저항권을 수반하기도 한다.[24]

최근 동향은(1950년대 후반 이후로) 세계 정부를 포함한 세계 공동체, 그리고 평화 증진에 초점을 맞추고 있다. 만약 인간이 사회적·정치적 공동체를 통해 본래 선한 질서와 사회정의 및 공동선을 지향한다면 국경의 범

23_ 인격주의와 성서관에 대한 가톨릭 사회 교리 운동에 대해서는 다음을 보라. Charles E. Curran, "Catholic Social Teaching and Human Morality," in Coleman, ed., *One Hundred Years*, chap.5; Boileau, ed., *Principles of Catholic Social Teaching*, 9-24. 미국 주교 제도와 함께하는 비슷한 운동으로는 다음을 보라. Michael Warner, *Changing Witness: Catholic Bishops and Public Policy*, 1917-1994 (Washington, D.C.: Ethics and Public Policy Center, 1995). 인격주의 정치 이론에 대해서는 다음을 보라. Thomas R. Rourke and Rosita A. Chazarreta Rourke, *A Theory of Personalism* (Lanham, Md.: Lexington Books, 2005).

24_ *Compendium of the Social Doctrine of the Church*, 172-73.

위를 제한할 아무런 이유가 없다. 또한 현대 기술은 통신 수단을 발달시켰고 그런 통신 수단은 전 지구적으로 효과적인 행동을 불러왔기에 가톨릭 사회 교리는 이제 전 지구적 공동선, 가난한 나라들을 향한 부유한 국가들의 의무, 정의와 평화를 지향하며 적법한 국제기구들이 감시하는 국제 질서에 관해 이야기한다.[25] 더욱이 히로시마와 나가사키에서 드러난 대량 살상 무기의 진화와 핵 폭력의 공포는 전쟁 자체와 전쟁의 인간적·사회적·경제적 원인에 대해 새롭게 생각할 것을 요구했다. 1950년대의 요한 23세로부터 1970년대의 바오로 6세를 지나 1980년대와 90년대의 요한 바오로 2세, 오늘날의 베네딕트 16세(2017년 현재는 프란치스코 교황—편집자 주)에 이르기까지 교황들은 대체로 전쟁을 비난하고 국제 분쟁들을 해결하기 위해 사용되는 다수의 특정한 군사력에 도전하는 수많은 성명을 발표해왔다.[26]

공동선

앞부분에서는 "공동선"을 국가의 목적 중 가장 일반적인 것으로 언급했다.[27] 공동선의 추구는 하나님이 국가에 권위를 주신 명백한 이유다. 정부는 다양한 사회 집단과 개인 가운데서 공동체를 촉진시켜야 할 책임이 있

25_ Ibid., chap. 9.

26_ Ibid., chap. 11; National Conference of Catholic Bishops, *The Challenge of Peace: God's Promise and Our Response* (Washington, D.C.: United States Catholic Conference, 1983).

27_ 이번 항목은 다음을 다루고 있다. *Compendium of the Social Doctrine of the Church*, pp. 72-75; David Hollenbach, "Common Good," in *New Dictionary*, ed. Dwyer, pp. 192-97; Cochran and Cochran, *Catholics, Politics, and Public Policy*, 8-9. 또한 다음을 보라. Hollenbach, *The Global Face of Public Faith*; Hollenbach, *The Common Good and Christian Ethics* (New York: Cambridge University Press, 2002); James W. Skillen, "*The Common Good as Political Norm*," in *In Search of the Common Good*, ed. Dennis P. McCann and Patrick D. Miller (New York: T. & T. Clark, 2005).

다. 그러나 국가의 책임은 정치적 공동체를 구성하는 개인과 모임의 참여를 거부하기보다는 요구한다("연대", "자유와 인간의 존엄성", "보완성 원리" 부분을 보라).

가톨릭 사회 교리에서 공동선은 **집합적** 개념이 아니다. 비록 가톨릭 사회 교리가 온전한 인간의 번영을 추구하는 "사회 생활 조건의 총화"를 말하고 있지만,[28] 공동선은 "공동"의 것이다. 왜냐하면 그것은 전체 공동체의 모든 구성원에게 속해 있기 때문이다. 공동선은 서로를 잇는 공동체의 유대를 의미하며, 이 유대는 도로, 학교, 주택, 보건과 같은 아주 특정한 재화에 의지한다. 가톨릭 사회 인류학은 인간이 사회적 존재임을 주장하기 때문에 공동선은 모두가 속해 있는 공동체를 향한 각자의 독특한 개인적 특징을 연결하는 관계적 개념이다.

그러므로 공동선의 개념은 개인주의와 집단주의 사이에서 가톨릭 사회 교리의 방향을 잡고 이끌어간다. 개인주의는 개인이 유일한 재판관이자 재화의 소유자라고 주장하는 자유주의의 유혹을 의미하며, 집단주의는 모든 재화가 협동적인 관계에서 비롯된다고 주장하는 사회주의의 유혹이다. 반대로 가톨릭 사회 교리에서 존재란 하나님과 이웃과의 관계 안에서의 **존재**를 의미한다. 그러므로 만일 상호 간의 번영을 위해 돕지 않거나 번영의 한 부분으로서 각 사람과 하나님의 개별적 만남이 가능하지 않다면 공동선은 의미를 잃는다. 또한 고립된 상태로는 한 개인의 완성된 삶을 이룰 수도 없다. 이웃의 번영과 자기 자신의 번영은 분리할 수 없다. 관계 안에서 정의되는 존재를 지향하면서 극단적 개인주의의 유혹을 피해갈 수 있고, 개인의 구원과 보완성을 지향하면서 집단주의의 유혹을 피해갈 수 있다.

28_ 예를 들어 *Compendium of the Social Doctrine of the Church*, 72.

또한 공동선에 대한 가톨릭의 주장은 가톨릭 사회 교리가 "모든 재화의 보편적 목적"이라고 부르는 것에 기대고 있다. "하나님은 인류를 위해 땅과 땅에 살고 있는 모든 창조물을 예정하셨기 때문에, 정의로운 하나님이 인도하고 돌보시는 전체 인류는 창조된 모든 것을 공정하게 공유해야 한다."[29] 이 원리는 모든 인간이 자기 자신과 가족, 자신이 속한 공동체의 번영을 위해 지구가 가지고 있는 필요한 재화를 공유할 권리를 가진다는 점을 지적한다. 사적 재산의 사용도 궁극적으로는 이 재화의 보편적 목적과 공동선의 원칙에 부합해야만 한다. 이런 특징으로 인해 가톨릭 사회 교리는 자본주의와 물질적 번영을 촉진하기 위해 시장과 민간이 주도하는 사업에 무한한 신뢰를 보내는 사람과 (심지어는 교회와도) 갈등 관계에 처한다. 사적 재산은 세금이 부과되고, 용도에 따라 규제되며, 가끔은 심지어 공동선을 추구하기 위해 전용되기도 한다.

재화의 보편적 목적은 개별 단일 민족 국가의 공동선이 보편적 또는 전 지구적 공동선에 의해 궁극적으로 제한된다는 사실을 의미한다. 만일 지구가 **모두**를 위한 것이고 인간 존재가 관계적이라면, 특정 국가가 자국의 이익을 위해 제한 없는 특혜나 재화를 비축하는 것은 정당하지 않다. 정치적·경제적 권리가 심각하게 위협받고 있는 가장 가난한 국가들은 가장 부유한 국가들의 상품에 대한 실질적인 권리가 있다.

연대

연대의 미덕은 공동선의 중심에서 가톨릭 사회 교리로 흐른다. 연대는 "그렇습니다. 나는 내 형제를 지키는 자입니다"라는 공유 가능한 인간성의 유대를 확인한다. 연대는 다른 이의 필요와 권리를 자신의 것과 동일시하면

29_ Ibid., 75(제2차 바티칸 공의회의 문서를 인용함).

서, 정의와 공동선에 대한 능동적인 보살핌을 의미한다.

연대는 어떤 상태나 목표가 아니라 행동하도록 압박하는 미덕이다. 비록 이 개념이 초기 가톨릭 사회 교리에 근거하지만, 이것은 요한 바오로 2세가 1987년에 발표한 회칙「사회적 관심」(Solicitudo rei socialis)에서 가장 중요하게 다루고 있는 용어다. 그는 다음과 같이 말한다. 연대란 "친밀한 사람이나 친밀하지 않은 사람을 포함하여 많은 인간이 겪는 불행을 보면서 막연한 동정심이나 피상적인 근심을 느끼는 것이 아니다. 그것과 반대로 연대란 **공동선**에 헌신하겠다는 **확고하고 항구적인 결단**이다. 다시 말해 연대란 우리 모두는 서로에게 책임이 있는 만큼 전 인류의 이익과 각 개인의 이익에 헌신함을 의미한다."[30] "비견할 수 없는 연대의 정점은 '십자가에 죽는'(빌 2:8) 순간까지도 인류와 하나가 되신 새로운 인간(New Man), 곧 나사렛 예수의 생명이다."[31]

가장 최근에 있었던 연대 사건은 1980년대 후반 폴란드에서 있었던 연대 운동이지만, 증가하는 전 지구적 상호 의존과 여러 국가 내외에 존재하는 부, 의료, 자유의 냉혹한 불평등 사이의 모순과 긴장 속에서 연대가 강조되었다. 이러한 불평등은 단순히 개인의 악한 선택으로 인한 결과만을 의미하지 않는다. 불평등은 근대적 사회 방식에 들어 있는 "죄의 구조"인 것이다.[32] 이러한 구조는 규제되지 않은 시장 경제 체제 아래서 자본에 의한 노동의 착취일지도 모르며, 또는 사상과 종교에 의해 분열된 세상 속

30_ Pope John Paul II, *Solicitudo rei socialis* (Washington, D.C.: United States Catholic Conference, 1987), §38. 또한 다음을 보라. Charles E. Curran, Kenneth R. Himes and Thomas A. Shannon, "Solicitude Rei Socialis," in Himes, et al., *Modern Catholic Social Teaching*, esp. 426-30. 또한 연대에 대한 설명은 다음을 이용하고 있다. *Comendium of the Social Doctrine of the Church*, 84-87. 그리고 Matthew L. Lamb, "Solidarity," in *New Dictionary*, ed. Dwyer, 908-12.

31_ *Compendium of the Social Doctrine of the Church*, 87.

32_ Ibid., 85.

에서 핵무기나 다른 무기들에 대한 의존 또는 전쟁 그 자체에 의존하는 것이거나, 인류애를 갈라놓는 인종 또는 민족 차별의 내재적 구조일지도 모른다.

더욱이 연대는 개인주의, 집단주의, 국가주의 (그리고 자유주의와 보수주의) 같은 사상과 교회가 채택하는 사회 윤리를 구분하려고 노력하는 한 측면이기도 하다. 그것은 문화적·민족적·국가적 형태를 반영하며, 너무나 고귀해서 인정할 수밖에 없는, 인간의 특이성과 다양성의 다른 형태들이 매개하는 공통의 인간성뿐만 아니라 가톨릭 신학의 중심에 위치한 사회 인류학도 반영한다. 따라서 연대의 미덕은 국경 내부의 영역과 평화에 대한 유일한 보증인 전 지구적 연대로 인도하는 국경 너머의 국제적 영역, 둘 다에 적용되어야만 한다.

사회정의

정의로운 사회는 공동선을 가치 있게 여기고 그것을 추구하며 사회적 행동이 가능한 영역까지 가치를 실현하는 사회다. 정의의 개념에 대한 가장 광범위한 적용은 전 세계에 있는 재화를 분배해야 하는 경제적 영역에서 일어나며, 이것은 보편적 인간성과 인권을 인정하는 것이다.[33]

공동체의 구성원을 사회적·경제적으로 착취하거나 구성원들이 서로 아주 멀리 떨어진 곳에 있는 경우 진정한 공동체는 존재할 수 없다. 비록 각각의 개인, 회사, 교회가 그 자체로 재화의 공정한 분배를 이룩하기 위한 책임을 지고 있지만, 정부는 불의한 사회적·경제적 여건을 제거하고

33_ 이 논의는 다음의 자료를 따른다. Cochran and Cochran, *Catholics, Politics, and Public Policy*. 가톨릭 사회 교리와 경제에 대한 논평은 아마도 다음의 글에서 찾아 볼 수 있을 것이다. Albino F. Barrera, *Modern Catholic Dcuments and Political Economy* (Washington, D.C.: Georgetown University Press, 2001).

공정성을 유지하기 위해 반드시 노력해야만 한다. 경제적 재화의 결핍은 많은 사람을 평범한 구성원의 범위를 넘어 사회의 변두리로 몰아넣기 때문에 가난하고 소외된 사람들의 환경은 사회정의를 가늠할 수 있는 시금석과 같다.

사회정의는 미국 내의 빈부 격차와 제3세계에서 계속되는 지독한 빈곤에 특별히 초점을 맞추고 있다. 심각한 불평등과 빈곤은 사람들이 인권 침해, 경제적 착취, 약물 중독, 범죄와 폭력에 취약하게 만든다. 게다가 기업가 정신과 자본주의적 규범에 대한 지나친 집중에서 비롯된 소비 지상주의적이고 물질주의적인 문화는 가족과 도덕적 가치를 약화시키고, 과도하게 성(性)에 집착하는 사회, 순간의 만족을 추구하는 문화, 정체성의 상실, 불만족, 그리고 인간의 한계에 대한 자연스러운 저항으로 인도한다. 가톨릭 사회 교리는 저개발과 "엄청나게 과도한 개발"을 동시에 걱정한다.

가톨릭 사회 교리는 사유 재산과 개인이 노력한 결과에 대한 권리를 인정하지만 동시에 모든 사유 재산은 교회가 "사회적 담보"라고 부르는 것도 포함하는 것임을 인정한다. 다시 말해 사유 재산은 반드시 재화의 보편적 목적과 공동선에 의해 궁극적으로 결정되어야만 한다. 더욱이 개인 투자 사업의 성공 여부는 지원을 아끼지 않는 사회 구조와 다른 구성원들의 (종종 보이지 않는) 노력과 희생에 항상 달려 있다. 그러므로 가톨릭 사회 교리는 어느 특정 경제 이론을 무조건 지지하지 않는다.

경제적 정의에 관해 가톨릭 사회 이론가 사이에서 일어난 심각한 분열은 전혀 놀랄 일이 아니다. "자유주의" 사상가들은 정의를 위한 행동, 특히 정치적·경제적으로 억눌린 자들의 자유를 위한 행동은 복음의 "구성 요소"이므로 교회가 수행해야 할 임무의 구성 요소라고 주장한다. 정치적·경제적 평등을 위한 투쟁에 참여하지 않는 교회는 가톨릭교회라고 할 수 없다. "가난한 이들을 위한 우선적 선택"은 이러한 가톨릭 사상의 분파 내에서 특히 강하게 나타난다. 좌파 진영에는 경제적으로 자유주의적인 성향을 보일 때도 교회가 교회 자체의 근간을 흔드는 자본주의적·소비 지상주의적 사회에 지나치게 집중하고 있다고 비판하는, 작지만 매우 중요한 사상가들의 모임도 존재한다.[34]

다른 한편으로는, 특히 미국 가톨릭 이론가 중에는 자유시장 경제 원칙의 실천을 가톨릭의 도덕 원칙의 구현에 대한 최선책으로 보고, 이를 옹호하는 보수적인 주장도 증가하고 있다. 이와 관련해 중요한 점은 어떤 경제 제도가 실제로 더 큰 평등, 경제적 개발, 자유로 인도하느냐다. 가톨릭 보수주의자들과 신보수주의자들의 판단에 의하면, 자유 시장 자본주의(free-market capitalism)가 바로 그 정답이다. 그들의 시각에서 이 제도는 안정적인 경제 원칙이면서 동시에 자유, 인간의 존엄성, 책임, 근검절약, 관용과 같은 가톨릭 신앙이 담고 있는 가치에 부합하는 도덕 체계를 드러낸다.

자유와 인간의 존엄성

인권(Human rights)은 하나님의 형상으로서 성육신하신 고귀한 하나님의 아들 예수의 고난, 죽음, 부활 때문에 구원받은 인간의 존엄성에 기반한다. 인간의 존엄성은 침해될 수 없다. 인권은 폭력이나 착취로 타인의 존엄성을 훼손하지 않는 것, 자신과 가족을 부양하기 위한 권리, 사회생활에 온전히 참여하기 위한 시민권과 정치적 기본권 등을 포함한다. 그 책임은 공동선을 증진하기 위한 참여, 타인의 존엄성과 권리에 대한 존중, 약자와 취약계층의 보호를 포함한다.[35]

34_ Budde, *The (Magic) Kingdom of God*; Budde and Brimlow, *Christianity Incorporated*; Budde and Brimlow, eds., *The Church as Counterculture*.

35_ 다음을 보라. *Compendium of the Social Doctrine of the Church*, chap. 3; Dwyer, *New Dictionary*; Herminio Rico, *John Paul II and the Legacy of Dignitatis Humanae*

다시 말하지만 가톨릭 사회 교리는 인간의 권리와 그에 대한 책임의 해석에 있어 개인주의와 집단주의 사이의 갈등을 중재하려고 애쓰고 있다. 존엄성을 지닌 인간의 본성은 사회적이다. 그러므로 권리와 책임은 둘 다 개인주의적이면서 공동체적이다.

인간은 반드시 초월을 지향하기 때문에 가톨릭 사회 교리는 종교의 자유와 관용을 촉진한다. 종교 탐구의 자유와 신에게 응답할 자유는 초월의 전개를 위해 필요하다. 양심은 침범할 수 없다. 종교적 신념과 행동은 결코 강제되어서는 안 된다. 종교적인 양심을 보호하기 위해 믿음의 구조와 정부의 구조를 분리해야 한다. 그러나 이 분리는 교회와 국가 사이의 연결을 금지하거나 둘 사이의 협력을 금하지 않는다. 이러한 가르침은 정부, 정의, 공동선의 추구에 참여하기 위한 가톨릭 그리스도인의 권리와 책임을 포함한다. 비록 이러한 책임은 민주주의가 **유일하게** 적법한 정치 체제라는 사실을 담보하지는 않지만, 정부가 존엄성을 존중하고 기본적 권리를 보호하며 공동선을 증진할 때 민주주의는 가장 중요한 위치를 차지한다.

자유와 민주주의는 **수단**이지, 목적이 아니다. 인간의 존엄성은 공동선과 연대, 정의가 자라나는 토양이다. (투표, 출판, 집회, 경제 사업 등과 같은) 특정한 자유와 민주적 기관들은 그 자체가 목적이 아니다. 그것들은 오용되고 악용될 수 있다. 만일 이기적 개인이나 계층 또는 국가가 자기들의 목표를 추구하고, 공동선을 좌절시키거나 사회정의를 손상시키기 위해 그런 기관들을 사용한다면 말이다.

자유와 존엄성에 대한 가톨릭 사회 교리의 헌신이 담고 있는 특정한 측면은 역사적으로 최근의 일로서, 제2차 바티칸 공의회가 1965년에 발표한 「신앙의 자유에 대한 선언」(Declaration on Religious Liberty)에 **인간의 존**

(Washington, D.C.: Georgetown University Press, 2002).

엄성(Dignitatis humana)이 아주 극적으로 표현되어 있다. 그러나 그 이후로 세상의 많은 영역에서 인간의 존엄성을 주장한 교회 지도자들은 인권을 대변하고, 인권을 침해하는 정부를 강하게 비판했다. 교회 안팎의 많은 사람은 사제 서품이 여성에 대한 제한과 교회의 계층 구조를 통해 인권을 침해하며, 세속적인 삶에 있어서 교회의 참여를 제한한다고 믿는다. 정치 영역에서의 가톨릭 사회 교리의 발전을 위해서 사제가 아닌 **평신도**의 역할이 중요하다고 강력히 주장하는 공식적 교회 문건들 역시 추가적 갈등을 불러일으킨다. 그럼에도 실제로는 인권, 의료 복지, 사형 제도, 낙태, 다른 사회 현안들에 대한 가장 강력한 의견을 담은 성명에서도 주교 제도에 관한 문제만은 그대로 남겨둔다.

마지막 한 가지 갈등은 반드시 언급되어야만 한다. 가장 기본적 인권과 자유는 생명 그 자체에 대한 권리이며, 이는 모든 다른 권리의 기초다. 부당하게 한 사람의 생명을 빼앗는 일은 인간의 존엄성과 취약계층에 대한 책임, 그리고 공동선에 대한 가장 심각한 폭력이다. 가톨릭 사회 교리에 대한 모든 학파가 확실히 이것만큼은 공유한다. 그러나 이러한 합의는 해석의 다음 단계에서 무너지고 정치 관행과 실천에서 사라진다.

신학자들, 주교들, 평신도 운동가들 가운데 소수이지만 매우 영향력 있는 의견은 가톨릭 사회 교리가 생명과 관련된 교리에 있어 체계를 담고 있다는 것이다. 이것은 절대적이며 예외가 없고, 협상의 여지도 없다. 가장 주된 내용은 무방비한 상태에 놓인 무고한 이를 살해하는, 인간의 생명과 존엄성을 공격하는 행위에 대한 도덕적 금령으로서 낙태 금지에 대한 것이다. 동일한 기초 위에서 여기에 더 포함할 수 있는 것으로는 안락사, 인간 배아 줄기세포 연구, 인간 복제 등에 대한 부당함이다. 이러한 모든 행위를 금지할 도덕적 책임이 정부에게 있다는 원칙은 너무나도 본질적이다.

주교와 신학자 대부분은 이러한 문제들의 심각성에 다들 동의하지만,

그것이 도덕성에 있어서 구별되며 가장 높은 범주에 속해 있다는 것에는 동의하지 않는다. 인간의 생명, 존엄, 권리에 대한 다른 공격들도 고문, 사형 제도, 전쟁과 전쟁의 위협, 빈곤, 의료 복지에 대한 접근성 결여 같은 사회 문제와 깊숙이 연결된다.

실질적 단계에서 정치인과 공무원은 가톨릭의 도덕적 가르침에 대한 모든 원칙을 일관되게 지지하지는 않는 딜레마에 처한다. 더욱이 명확한 **도덕적** 원칙이 항상 **법과 공공 정책**으로 반드시 구현되어야만 하느냐에 관한 불일치도 존재한다. 인간 생명의 쟁점에 관한 이론적 차원의 동의가 어떠하든지, 가톨릭 신자들이 책임 있게 선거에 참여하도록 가르치는 가톨릭 사회 교리의 결과와 관련해서 평신도와 사제들은 심각하게 불일치한다.[36]

명령과 청지기

앞선 논의에서는 가톨릭 사회 교리가 정의, 공동선, 인권의 추구에 대한 한계를 인식하는 방식을 언급했다. 이러한 한계들은 두 종류로 나뉜다. 인간의 선함에 대한 한계와 천연자원의 한계다. 죄의 무질서가 부과한 인간 행동의 제한은 정부가 사회 질서를 확립하고 유지하도록 한다. 또한 유한한 자원들로 인한 불가피한 한계들은 지구의 자원에 대한 청지기로서 정부 정책들을 필요로 한다.

비록 기독교 정치사상이 악을 징벌하기 위한 정부의 권위와 명령에 대한 책임을 우선시할지라도, 가톨릭은 정의와 공동선을 추구하기 위한 책임을 통합하는 데 관심이 있다. 정부는 인간 본성에서 비롯된 인간 본래의 상태와 죄로 인해 손상된 상태에서 나오는 목적들을 가진다. 또한 비록 개

36_ 물론 이것은 이 문제를 아주 부드럽게 표현한 것이다.

념적으로는 생명을 번성케 하라는 목적에서 명령을 준수하는 것을 분리하는 것이 가능할지라도 실질적으로는 서로 얽혀 있다. 예를 들어 형법은 죄를 예방하고 죄의 결과를 처벌하기 위한 목적이 있지만, 옳고 그름에 대해 가르치기도 한다. 범죄자에 대한 처벌은 죄에서 비롯하지만, 모든 사람 안에 있는 선을 발판으로 그들을 교화시키는 것을 목표로 한다.

가톨릭 전통은 재화의 사용과 소유권을 구분한다. 사적 재산에 관한 소유권은 공공복리를 위해 사용되어야 한다. 이런 원칙은 인간이 지구를 소유한 것이 아니라 다만 하나님의 권위 아래 있는 청지기일 뿐임을 궁극적으로 보여준다. 따라서 정치적 논쟁과 타협이라는 절차는 천연자원에 대한 경쟁적 수요를 조정하고 하나님의 선물을 먼 미래까지 보존하는 것을 반드시 포함해야 한다.

교회와 국가

앞서 언급한 가톨릭 사회 교리의 원칙들은 교회와 국가의 경계를 분명하게 보여주지는 않는다. 이러한 원칙들은 정부가 특정 방침과 행동들을 취하라고 요구하지만, 그것들은 시민들과 교회 자체가 그에 상응하는 행동을 보여줄 것을 요구한다. 정부와 교회 (그리고 기업들과 시민 단체들도) 모두 공동선과 사회정의에 관한 깊은 고민과 책임이 있다. 그러므로 가톨릭 사회 교리의 관점에서 교회와 국가 그리고 다른 기관들 간의 경계는 넓은 영역에 걸쳐서 교류하는 모습, 곧 영토와 국경 그리고 책임을 공유하며, 협상이나 분쟁이 복잡하게 얽힌 분쟁 지역의 모습으로 가장 잘 묘사될 수 있다. 1장에서는 이러한 관계를 갈등이라는 비유로 적절하게 표현했다.

교회와 국가를 나누려는 시도는 그것이 세속적 동기든 분리주의적 동기든, 교회와 국가 사이에 필요한 건강한 긴장 상태를 제거해버리기 위한 노력이다. 가톨릭 사회 교리에서는 교회와 국가 **기관들**이 정확히 구분되어야만 한다. 교회는 시민들의 세속적 삶을 규제할 법을 제정할 수 있는 권리는 없다. 국가도 예배의 적절한 형식을 정할 권리를 가져서는 안 된다. 그러나 이러한 분업은 교회와 국가의 분리를 의미하지는 않고, 오히려 교회가 자신의 임무와 원칙을 추구할 수 있도록 교회를 자유롭게 하는 것을 의미한다. 이것은 다시 교회가 국가와 지속적인 관계를 유지할 수 있게 한다.

가톨릭 사회 교리가 인지하고 옹호하는 국가-정치의 긴장 관계는 일반 그리스도인의 삶에 이질적이지 않다. 실제로 기독교 신앙의 핵심 교리에는 "긴장" 관계가 가득하다. 기독교 신앙의 핵심적인 신비와 역설은 무엇인가? 인간의 언어로 최종 해결책을 제시할 수 없는 긴장의 형태들도 있지 않은가? 예를 들어 삼위일체 교리는 한 분이신 하나님 안에 세 위격이 있는 모순이다. 우리가 하나님의 유일성을 강조하는 순간, 우리는 삼위라는 난관에 부닥친 우리 자신을 발견한다. 이와 비슷하게 우리는 성육신 교리에서 신성과 인성이라는 두 본성을 지닌 한 인간 예수를 만난다.

초월과 협력 사이의 이러한 긴장으로 인해 그리스도인은 그들이 시민권을 주장하는 어느 나라에서도 상주하는 외래인, 반대하는 지지자, 그리고 제한적인 애국자가 될 수밖에 없다. 어떤 국가 또는 국가의 정책은 협력과 초월보다 더 많은 것을 요구한다. 그것들은 그리스도인들에게 능동적으로 불의한 정책들에 도전하고 공동선을 추구하기 위해 국가와 경쟁할 수 있는 단체들을 설립할 것을 요구한다. 만일 오직 협력과 초월이라는 오직 두 가지 가능성뿐이라면, 교회와 국가(또는 교회와 세상) 사이에는 약간의 긴장이 발생할 것이다. 하지만 네 가지 역동적인 측면(협력, 경쟁, 도전과 초월)이 동시에 작용할 때는 완전한 긴장이 나타날 것이다. 이러한 높은 차원의 긴장과 명료하지 않은 상태를 불편해하는 사람들이나 교단들은 의식적으로 혹은 무의식적으로 경쟁과 도전을 피하여 초월 또는 협력으로 인해 붕괴할 것이다. 아니면 그들은 그리스도인들에게 하나 또는 그 이상의 역동적 측면을 제외시키라고 할 것이다. 가톨릭 사회 교리는 네 가지 역동적 측면을 모두 유지하라고 요구한다.

이러한 관계들은 언제나 변화한다. 협력 또는 도전의 단계는 달라질 것이다. 한 역사적 기간에서 그다음 기간까지, 하나의 정책 부문에서 또 다른 정책(형사 사법에서 보건 복지, 전쟁과 평화에 이르기까지)으로, 그리고 하나의 국가에서 다른 국가에 이르기까지 말이다. 초월과 경쟁에 대해서도 동일하다. 여기에 정해진 정도는 없다. 핵심은 시간과 장소의 요구에 맞게 적절하게 응답하는 것이다. 예를 들어 19세기 미국에서는 사회복지를 위한 가톨릭 기관들이 대부분 정부와 멀리 떨어져 존재했다. 그 당시의 상황을 고려할 때 가톨릭 학교와 고아원들은 종종 반가톨릭의 정부 학교들과 분리주의적인 고아원들에 경쟁적 대안을 제공했다. 20세기에 이르자 가톨릭을 대하는 태도들이 변했다. 정부의 사회복지 사업은 극적으로 팽창해 왔고 고도로 전문화되었다. 이러한 새로운 환경에서 가톨릭 사회복지 사업 기관들, 특히 자선 및 구호단체들과 보건 복지 단체들은 빈민을 돕고 공동선을 추구하기 위한 합작 투자 사업에서 거액의 도급을 맡는 등 곧잘 정부의 협력자가 되었다. 동시에 그러한 협력적 관계 속에서도, 가톨릭 기관들은 정부의 정책이 더 큰 정의를 이룰 수 있게끔 하는 강력한 지지자들로 남아 있었다.[37] 종교 기관들이 몇몇 공통의 목표와 원칙들을 공유하면서, 나른 부분에 대해서는 세속 기관들이 나뉘는 것과 마찬가지로, 미

---

[37] 가톨릭 사회복지 사업과 보건 복지 사업의 발전 흐름을 위해서는 다음을 보라. Dorothy M. Brown and Elizabeth McKeown, *The Poor Belong to Us: Catholic Charities and American Welfare* (Cambridge, Mass.: Harvard University Press, 1997); 그리고 Christopher J. Kauffman, *Ministry and Meaning: A Religious History of Catholic Health Care in the United States* (New York: Crossroad, 1995).

국 사회복지 사업의 현재 모습은 광범위하게 다양한 공립 및 사립 기관들과 일하기 위해 가톨릭 기관들을 필요로 한다. 이러한 변화의 복잡성과 지속성을 고려할 때, 가톨릭의 접근 방법은 구조적 형태보다 정치적·사회적 덕목들을 더 강조한다. 후자(정치적·사회적 덕목)는 유연하다. 전자(구조적 형태)는 융통성이 없는 방향으로 간다. 가톨릭 전통이 지닌 탁월한 정치적 덕목은 사려 깊음이다. 사려 깊음(prudence)이란 일시적인 상황에 맞게 원칙을 적용하는 실천적 지혜다. 정부 기관이 한 가지 정책 분야와 맺는 적절한 관계는 다른 시기에 다른 정책과 맺는 적절한 관계와 아주 다를 것이다. 사려 깊음에 더해서, 모호성에 대한 관용의 미덕, (가톨릭 내부 또는 가톨릭과 다른 외부 의견들 사이의) 다른 관점과 의견에 대한 존중, 인내, 그리고 복잡성에 대한 관용은 필수 덕목이다. 마지막으로 기관의 분리에 대한 원칙들과 광범위한 종교의 자유는 협력, 경쟁, 도전, 초월과 관련된 전략들에 대해 최대한 유연하게 대처하는 것을 가능케 한다.

보완성의 원리

교황 비오 11세는 1931년 발표한 회칙「40주년」[38](*Quadragesimo anno*)에서 보완성 개념에 대해 분명하게 언급했으며, 이후 가톨릭 사회 교리에 기본 원리로 확립된 보완성 개념은 가톨릭의 정치적·사회적 사상의 사려 깊은 특징을 구체화하는 데 도움을 준다.

38_ Christian Firer Hinze, "*Quadragesimo anno*," in Himes et al., *Modern Catholic Social Teaching*, 151-74; *Compendium of the Social Doctrine of the Church* §§185-88; Michael E. Allsopp, "*Subsidiarity, Principle of*," in *New Dictionary*, ed. Dwyer, 927-29; Jonathan Chaplin, "*Subsidiarity and Sphere Sovereignty: Catholic and Reformed Conceptions of the Role of the State*," in *Things Old and New: Catholic Social Teaching Revisited*, ed. Francis P. McHugh and Samuel M. Natale (Lanham, Md.: University Press of America, 1993), 175-202.

보완성의 원리는 사회생활의 주요 기관(가족, 노동조합, 사업, 다른 자원봉사 단체 등)이 책임을 다할 수 있도록 도움(subsidium)을 주는 것이 국가의 첫 번째 목적이라고 조언한다. 더욱 포괄적인 국가 기관(예를 들면 연방 정부)은 주 정부와 지방 정부들이 공동선에 대한 책임을 완수할 수 없을 때에 그들을 지원해야만 한다.

보완성은 긍정적·부정적 명령을 모두 만들어낸다. 긍정적으로는, 인간의 자연 이성을 사용해서 결성하고 조직화한 자발적 단체들이 자신들의 적법하고 필수적인 기능을 하는 데 장애물들을 만났을 때, 정부는 그런 장애물을 제거해야 할 도덕적 의무가 있다. 재계와 노동계, 가정과 학교는 각기 다른 영역에 속해 있으면서 독립된 활동을 위한 적법한 영역과 독립성을 가지고 있다. 그러나 가톨릭 사회 교리는 죽든지 살든지 알아서 하라는 식으로 자발적 단체를 내버려 두지 않는다. 대신 정부와 기관은 협력 관계를 유지해야 한다. 이 관계 안에서 자발적 단체들은 정부의 목적을 존중하고, 정부는 자발적 단체들이 도움을 필요로 할 때 돕는다.

부정적으로는, 정부는 가정, 학교, 다른 단체들의 적법한 기능을 침해하지 말아야 한다. 그리고 중앙 정부는 지방 정부에 고유한 책임을 침해할 수도 없다. 대신 정부의 역할을 **지원하는** 것이다. (물론 정부는 지원하는 것만이 아닌 그 자신만의 고유한 역할이 있다. 예를 들어 형사 사법과 국방 정책과 같은 역할이 있다.) 중앙 정부와 같은 "높은" 기관들이 "낮은" 기관들이 나름대로 할 수 있는 업무를 인수하는 것은 옳지 못하다. 그러나 필요할 때 "높은" 기관들이 지원을 철회하는 것도 옳지 않다.

그러므로 명시된 것과 같이, 보완성은 인간의 존엄성에 대한 인식, 결사의 자유, 사회정의와 공동선을 추구하는 시민 사회 기관들에 없어서는 안 될 공헌을 한다. 동시에 보완성은 오해를 불러일으킬 여지가 충분한 추상적인 원리다. 경제적 보수주의자들은 시장을 향한 "간섭금지" 원칙을 옹호하기 위해 중앙 정부보다는 각 주와 지방 정부 주도의 사업을 활성화시키기 위해 보완성의 원리를 언급한다. 경제적 자유주의자들은 강력한 국가 정책과 마찬가지로 정부의 개입과 규제를 변호하기 위해 보완성의 원리를 언급한다. 그들에 따르면 노동조합, 이웃 주민, 지방 정부와 같은 단체들이 너무 자주 자신들의 강력한 이해관계들에만 둘러싸여 있으므로, 그들의 본래 목표를 이루기 위해 그러한 이해관계들을 제재할 국가의 도움이 필요하다는 것이다.

보완성의 원리는 독립된 원리이기보다는 사려 깊음을 위한 안내자로서 가장 잘 이해된다. 특정한 정책 분야와 구체적인 상황을 떠나서 얼마나 많은 지원이 어떤 형태로 필요한지는 판단할 수 없다. 교회-국가 간 상호 작용의 네 가지 역동적 요소와 관련지어 생각해본다면, 보완성의 원리는 특정한 정책 분야에 필요한 협력의 형태에 관해 판단하는 데 주로 적용된다. 예를 들어 가정은 그 구성원들에게 교육, 의료 복지, 물질적 필요를 공급하는 책임을 다하기 위해 종종 지원을 필요로 한다. 사립 사회복지 기관과 지방 정부, 주 정부, 중앙 정부 사이에서의 협력(그리고 가끔 경쟁)의 형태들은 대략 구체화될 수 없지만 반드시 정책 입안과 정치적 토론, 그리고 신중한 평가를 위해 조정하는 노력을 매일 수행해야만 한다.

교회 그리고 더 큰 문화

교회와 국가의 관계는 더 큰 문화적 맥락에서 작용하며 그 영향을 절대 간과해서는 안 된다. 콘스탄티누스 황제 시대 이래로 기독교 신앙에 대한 문화의 가장 큰 위험은 동화(assimilation)였다. 이는 교회의 사명을 문화의 지배적 힘과 너무 쉽게 동일시한 것이었다.[39] 가톨릭교회는 역사상 오랫동

39_ 물론 이것은 이 글에서 구체적으로 설명할 수 없는 매우 포괄적 일반화다. 그리고 교회는 더 나

안 이 죄에 대한 책임을 피할 수 없었다.

동화는 긴장의 상실을 의미한다. 신앙과 문화의 밀고 당기는 긴장 관계는 불편하지 않은 공존과 상호 간의 지원을 위한 방법을 가져다준다. 긴장을 상실하면 교회는 그 날카로움을 잃는다. 반면에 국가는 적법성을 종교에 의존한다. 교회와 국가의 목표가 지금처럼 대부분 일치할 때, 동화가 가장 큰 위험을 야기한다. 정부의 정책과 신앙에 근거한 서비스 제공자들의 협력은 비판의 날을 무디게 할 수 있고, 지배 정권을 옹호하는 방향으로 교회를 교묘하게 형성해갈 수 있다.

도전과 경쟁은 비록 동화에 덜 영향을 받더라도, 동화를 피하기 위한 수단으로는 불충분하다. 이 두 가지 요소는 더 큰 문화가 감시하는 영역에서 발생하기 때문이다. 교회는 국가 기관의 운명과 행정에 도전할지도 모른다. 하지만 교회는 국가에 도전하면서 문화가 정립한 언어, 이미지, 용어에 자주 의존한다. 예를 들면 생명권 운동(The Right to Life movement)은 문화적 자유주의가 사용하는 개인의 권리라는 언어를 차용하고 그 언어를 여성의 자궁 안에 있는 아이에게 적용하면서 낙태의 법제화를 강력하게 반대한다. 이것은 효율적이고 필수적인 정치 전략이지만, 심지어 교회가 지배적인 문화 패러다임에 속한 하나의 징후를 공격하는 바로 그 순간에도 지배적인 문화 패러다임은 손상되지 않은 상태로 그대로 둔다.

경쟁은 국가의 영역에서 자주 발생한다. 교회가 후원하는 학교들은 그들이 경쟁하는 공립 학교들과 매우 비슷하게 보인다. 이 결과는 놀랄 일이 아니다. 서로 합의한 목표(교육 또는 의료)를 종교적 기관이나 세속적 기관

은 것을 위해 셀 수 없이 많은 방법으로 문화를 형성해왔다. 이에 대해서는 다음을 보라. John W. O'Malley, *Four Cultures of the West* (Cambridge, Mass.: Harvard University Press, 2004). 동화에 대한 가장 강력한 형태의 비판적 주장에 대해서는 다음을 보라. Budde and Brimlow, *Christianity Incorporated*.

들이 추구할 때, 경쟁은 적절한 원동력이 된다. 필연적으로 그 목적을 성취하려는 행동은 많은 부분을 공유할 것이다. 교회와 연관된 기관들은 동화라는 문화적 흡인력에 저항하며 정체성을 지키기 위해 상당한 노력을 반드시 쏟아야만 한다.

그러므로 어쩔 수 없이 초월이라는 역동성은 동화에 저항하는 것에 대해 상당한 책임을 떠맡았다. 우리가, 예수가 당대의 지배적 문화에 복종하는 것을 거부한 것(예수가 사막에서 경험한 세 가지 유혹에 대해 복음서 기록이 상징하는 것)을 기억하고, 초월을 지속해서 실천하고(예를 들어 예배, 피정, 갱신 운동과 수도회), 문화의 교묘한 유혹을 알아차리는 것은 그리스도인의 의무다. 따라서 모든 기독교 신앙 공동체는 신앙과 세상의 차이점을 계속해서 상기해야 한다. 가톨릭 기독교와 관련해서는 이러한 기억이 교회의 성례적 삶에서 가장 두드러진다. 성례적 신품성사를 통해 안수 받은 성직자들이 경험하는 성례적 환경뿐만 아니라 주일 예배, 세례, 견진, 혼인, 병자성사와 같은 삶의 과정에서 성례적으로 표현하는 예수에 관한 기억은 사회적 기억 상실을 치료하고 교회가 문화에 동화되는 것에서 자유롭게 해주는 잠재력이 있다.[40]

성례적 삶은 기독교 신앙의 핵심인 신비, 곧 하나님의 초월과 내재의 신비, 죽음을 생명으로 반전시키는 신비, 정의와 자비의 일치와 같은 신비를 강화한다. 구체적으로 말하자면 성례적 삶, 일반화하자면 초월은 교회와 국가, 그리고 신앙과 문화 사이에 있는 성도의 적절한 긴장이 결코 없어지지 않을 것이라는 것을 보장하지 않는다. 초월이 가진 위험은 교회와 국가, 신앙과 문화를 서로 무관한 것으로 분리시키는 데 있다. 신앙의 신

40_ Russell A. Butkus, "Dangerous Memory: The Transformative Catholic Intellectual," in Landy, ed., *Leaven in the World*, 49-64.

비와 초월은 신앙인을 완전히 압도해서 그들로 하여금 세상을 사탄의 영역으로 일축하여 경멸하고 거부하거나 기껏해야 무시하도록 만든다.

동시에 적용되고 실행되는 이 **네 가지** 역동성은 존재의 긴장을 유지한다. 가톨릭 사회 교리의 원리들과 그런 원리들의 기초가 되는 가톨릭교회의 특별한 성육신적·성례적 신학과 실천은 국가와 문화가 만나게 할 수 있는 능력을 교회에 부여한다. 그들은 정부에 "비판적 참여"를 하도록 도구들을 제공한다.[41]

실천 내의 긴장

앞 부분에서는 수많은 정책적 사안에 대해 얘기했다. 이번에는 가톨릭 사회 교리의 영향을 보여주는 가톨릭 보건 복지와 가톨릭 사회복지 사업에 대해 이야기하고자 한다. 보건 복지와 사회복지 사업은 매우 큰 액수의 기금, 광범위한 정부 규제와 강력한 정책 토론을 포함한다. 가톨릭 기관들은 보건 복지와 사회복지 사업에 대한 정부 정책에 참여하는 주요 참가자들이다. "신앙 기반 정책"은 이들 기관에 새로운 것이 아니다. 그런 기관들은 수십 년 동안 공공 정책에 아주 밀접하게 참여해왔다.

가톨릭 보건 복지와 사회복지 사업은 협력과 도전의 역동성을 가장 명백하게 드러낸다. 경쟁의 역동성은 그런 기관에 내포되어 있으나 전면에 나타나지 않는다. 이 기관들이 맞닥뜨리는 내부의 도전은 어떻게 초월적으로 살아갈 것이며, 어떻게 비슷한 활동을 하는 다른 기관들과 함께 행동하도록 요구하는 문화적·경제적·대중적 압박에도 불구하고 독특하게 구

41_ Skillen, *Common Good*.

별되는 임무를 구현해낼 것인가다.

가톨릭 기관들은 보건 복지 분야에서 강한 존재감을 드러낸다. 병원 부문만 보더라도, 600개가 넘는 가톨릭 시설들이 전체 지역 병원의 12%를 차지하고 전체 병원의 침실, 수익, 피고용인, 입원의 15%를 구성하고 있다.[42] (종교를 불문하고) 한 해에 5백만 명 이상의 환자들이 가톨릭 병원에 찾아온다. 더욱이 가톨릭 병원에는 의료적 도움을 필요로 하는 사람들을 위한 1,400개의 일일 서비스와 확장된 하루 돌봄 제공 사업과 또 다른 1,400개의 지속적 요양 시설들(유료 요양 및 간호의 집과 같은)이 있다. 수천의 지역 교회, 선교원, 목회 센터들은 의료 복지 봉사 활동 사역을 수행하고 있다.

이와 비슷하게, 미국 가톨릭 구제회에 가입된 수백여 지역 기관들인 교회 부설 어린이집과 입양 기관들, 주택 건설 계획, 직업 훈련, 중독 치료와 노약자를 위한 프로그램들은 수십 년간 그들이 제공하는 서비스에 대해 정부 보조금을 받아왔고 계약을 체결해왔다. 2013년 미국 가톨릭 구제회는 종교적·사회적·경제적 배경과 상관없이 전국적으로 약 6,500,000명에게 도움을 제공해왔다. 137개의 주요 가톨릭 구제 기관들과 1,341개의 분점과 제휴 기관들은 2003년에 대략 10,500,000회의 무수히 많은 지역 기반 서비스를 제공했다.[43]

42_ 이 자료는 2003년 또는 2004년의 것이며, 미국 가톨릭 건강 협회(Catholic Health Association of the United States)의 자료다. 가톨릭 보건 복지에 있어서 교회와 국가 간 역동성에 대한 역사적 관점과 현대적 설명에 대해서는 다음을 보라. Cochran, "Another Identity Crisis: Catholic Hospitals Face Hard Choices," *Commonweal*, February 25, 2000; Cochran, "Catholic Healthcare in the Public Square"; Cochran, "Institutional Identity; Sacramental Potential"; Cochran, "Taking Ecclesiology Seriously"; Hehir, "Identity and Institutions"; 그리고 Kauffman, *Ministry and Meaning*.

43_ 다음을 보라. ⟨www.catholiccharitiesusa.org/news/stats.cfm⟩(2006-02-13).

협력

보건 복지는 지역 사회에 필요한 서비스다. 정부의 계획들은 지역 사회 서비스에 접근하는 일에 정당성을 촉구한다. 가톨릭 시설들은 병자를 고치고 가난한 자를 돌보는 복음적 임무를 갖고 있다. 정부와 가톨릭 기관들이 협력하는 과정에서 세부 사항과 관련해 갈등이 있는 것은 전적으로 자연스럽고 적합하다.

보건 의료비 재원 조달의 형태(주로 메디케어[Medicare, 65세 이상의 시민을 위한 미국의 공공 의료 보험 제도-역자 주]와 메디케이드[Medicaid, 저소득 노인과 장애인, 피부암 어린이가 있는 저소득 가구를 위한 미국의 공공 의료 보험 제도-역자 주])나 안전, 복지의 질, 자본의 독립성을 고려하면서 지역, 국가, 연방 법규 형태와 관련한 공공 제도들은 미국 의료 제도를 지배한다. 보건 복지와 관련해서 교회와 국가 간 상호 작용의 주요한 형태가 협력이다. 가톨릭 의료 시설들은 특정 계층에게 제공하는 의료 서비스와 관련해서 의료비 지불의 형태로, 그리고 정도는 덜하지만 정부 보조금과 정부와 협정 체결을 맺는 방식으로 수십억 달러를 받는다. 비영리법인 병원에 지원되는 세금 면제 혜택을 받는 대신에 가톨릭 의료 시설들은 빈민 구제, 지역 사회 의료 지원 봉사 및 예방 프로그램, 그리고 "지역 사회 편익"을 위한 여러 형태의 사업에 수억 달러를 사용한다. 그 시설들은(복잡하고 불필요한 규제에 대해 상당히 불평하면서) 수천 쪽에 달하는 서비스 프로그램 요구 사항 및 수반된 재정 지원과 지켜야 할 보건 안전법 보고서를 준수한다.

가톨릭 사회복지 사업 기관들도 마찬가지다. 청소년과 가정 상담, 식업 훈련, 중독 치료 지원, 그러한 종류의 여러 가지 일을 위한 정부 보조금과 협정 체결에서 발생하는 높은 예산 비율과 함께, 협력 관계는 일반적이다. 가톨릭 의료 사업과 마찬가지로 복지 기관들은 종교적인 소속보다는 전문 자격증과 업무에 대한 동의에 기초해서 사람들을 고용한다. 그들은 교리나 신조에 관계없이 어려움에 직면한 사람들을 돕는다. 그들은 지원을 받는 조건으로 개종이나 예배 참석을 요구하지도 않는다. 따라서 그들은 오랫동안 공적 기금에 대한 자격 요건들을 충족해왔다. 부시 행정부의 백악관 신앙 정책실은 가톨릭 프로그램들에 생긴 새로운 기회 및 정부와 함께 일하는 기관들이 취해온 사업 방식에 대해 관여하지 않는다.

이런 면에서 미국의 주교들과 미국 가톨릭 구제회가 원칙적으로 백악관 신앙 정책실을 지지했던 것, 다양한 종류의 입법 및 행정 제안을 지지했던 것은 놀라운 일이 아니다. 동시에 만약 백악관 신앙 정책실이 공공 보조금과 사회복지에 대한 연방 기금 지원을 축소했거나, 수많은 종교 기관 또는 기타 비영리 기관들이 전체 기금에서 동일하게 기금을 나눠 받는 것이라면 미국의 주교들과 미국 가톨릭 구제회는 백악관 신앙 정책실에 호의적이지 않았을 것이다.[44]

경쟁

가톨릭 의료 기관과 정부 의료 기관들 사이에는 어느 정도 경쟁이 존재한다. 특히 같은 지역 사회에 가톨릭 병원과 그 지역의 공공 의료 기관이 함께 있는 곳에서 경쟁이 더 치열하다. 그러나 일반적으로 의료 수요는 많으므로 그러한 경쟁이 좀처럼 가톨릭 또는 공공 의료 기관들이 행하는 간호 서비스나 의료 행위에 대한 불만족으로 나타나지는 않는다. 그보다 경쟁은 의료 기관들을 어느 곳에 세울 것인가에 관한 독립적 결정들에 의한 역

---

[44] Amy E. Black, Douglas L. Koopman and David K. Ryden, *Of Little Faith: The Politics of George W. Bush's Faith-Based Initiatives* (Washington, D.C.: Georgetown University Press, 2004); Jo Renee Formicola and Mary C. Segers, "The Bush Faith-Based Initiative: The Catholic Response," *Journal of Church and State* 44 (2002); Jo Renee Formicola, Mary C. Segers and Paul Weber, *Faith-Based Initiatives and the Bush Administration: The Good, the Bad, and the Ugly* (Lanham, Md.: Rowman & Littlefield, 2003).

사적 부산물이다.

공공 사회복지 기관과 가톨릭 기관 사이의 직접적 경쟁은 보기 드물다. 정부가 그러한 기관들을 직접 많이 운영하지 않기 때문이다. 그보다 조금 더 일반적인 경쟁은 가톨릭 기관과 다른 종교 및 비영리 기관들 사이에서 일어난다. 각각의 기관은 정의, 구제, 공동선이라는 이름으로 특정한 서비스들을 제공하기 위해 공적 기금을 지원해줄 것을 요청한다.

도전

비록 가톨릭 기관들과 함께 협력하는 정부의 사업 계획이 공동선과 정의 및 빈민 구제를 지향한다 할지라도, 그러한 계획에는 심각한 문제점과 오류들이 존재한다. 가톨릭 의료 복지 사업은 의료 복지 수요를 충족시키기 위해 정부의 사업 계획을 수정하거나, 새로운 공공 정책 사업들을 지지하는 데 상당한 노력을 쏟아붓고 있다. 예를 들어 저소득층 의료 지원 사업인 메디케이드는 빈곤 계층과 저임금 노동자의 의료 보건 수요를 가까스로 맞추고 있는데, 그것들은 종종 의회와 주 정부의 예산 삭감의 대상이 된다. 가톨릭 주교들과 가톨릭 의료 보건 시스템은 더 나은 행정과 재정 지원을 위한 입법 및 사업계획 담당자들을 지지한다. 가톨릭 시설들은, 전체 미국인 중 의료 보험 비가입자가 15%라는 사실을 대중들에게 환기시키면서 전 국민 의료 보험(Universal health insurance)을 위해 지난 30여 년 동안 힘들게 로비 활동을 벌여왔다.

이러한 예들은 "공격적" 노선이라고 불릴지도 모르는 사례늘이다. 말하자면 이런 예들은 정부가 가톨릭 사회 교리의 이해대로 책임을 다하지 못할 때, 가톨릭교회가 어떻게 정부에 맞서는지에 대한 예시들이다. 교회는 이러한 도전을 감행한다. 교회에 대한 재정지원이 정부의 손에 달려 있음에도 불구하고 말이다.

그러나 가톨릭 의료 복지 사업은 공공 사업에 대한 "방어적" 도전에도 상당한 노력을 기울인다. 즉 때때로 공공 정책은 가톨릭 기관들이 임무를 수행하는 데 있어 그 기관들의 능력을 직접적으로 간섭하거나 침해한다. 예를 들어 이러한 도전들은 메디케어와 관련해서 청구인들이 치료비에 대해 적절한 상환을 해야 한다는 주장을 지지하는 형태로 나타난다. 또는 가톨릭 의료 복지 시설들은 그들의 신앙 정체성을 침해하는 의료 행위(대부분 낙태와 피임에 대한 행위)를 제공하도록 요구하는 입법 제안들에 대해 저항하는 형태를 취할지도 모른다.

이러한 상황은 미국 가톨릭 구제회에 대한 상황과 정확히 일치한다. 이곳(그리고 이보다는 규모가 작은 다른 가톨릭 기관들)은 위에서 언급한 것과 같은 공격적이고 방어적인 로비 활동과 지지 활동을 벌인다. 공공 기금에 대한 의존에도 불구하고, 가톨릭 구제회는 공공 기금의 지원을 확충할 것을 요구하면서도 각 기관들이 기금을 사용하는 것에 대해서는 더욱 유연성을 가질 수 있도록 주장하는 데 있어 조금도 부끄러워하지 않는다. 동시에 가톨릭 구제회는 자신의 소속 기관들의 임무를 방해하거나 신앙 양심을 침해하는 입법안들로부터 그 기관들을 반드시 보호해야만 한다.

초월

초월은 앞에서 언급한 것처럼 주로 신앙이 국가와 문화에 저항(도전)이나 거부하는 형태가 아니라 오히려 숭고한 무관심이나 고통과 죽음을 초월하는 형태로 분리될 것을 요구한다.[45] 교회는 반드시 (좋거나 나쁘거나, 무관심한) 정부의 활동과 관계없이 계속 추구해야 하는 임무가 있다. 의료와 사회복지 분야들에 있는 난제는 (앞서 제시한 것처럼) 정부 또는 문화와 함께

45_ Glenn Tinder가 제시한 주장이다.

하는 협력이 종교 기관들을 너무 자주 동화(assimilation) 쪽으로 몰고 간다는 점이다. 각 종교 기관은 협력을 통해 자기들의 임무에 필요한 재원을 마련하는 공익 사업의 주도권과 방향에서 적극적인 위치를 선점해야 한다. 그렇게 된다면 가톨릭 기관은 그날그날 진행되는 협력과 갈등의 한가운데서도 자신들이 나아가야 하는 비전을 잃지 않고 쉽게 일을 진행할 수 있다.

어쨌든 이러한 의견들은 공익 사업이나 전문직 의료 종사자들, 또는 사회 사업 제공자들을 폄하하려는 것이 아니다. 그것들은 아마도 (그리고 확실히 대부분의 경우) 존중할 만하며 가톨릭의 규범과 원칙에 입각한 것이다. 그러나 그것들은 동일한 것이 아니고 또 같아서도 안 된다. 교회는 치유와 구제의 영역에서 여타의 선한 원리들을 초월하는 임무를 갖고 있다. 이러한 초월성을 잊어버리거나 일반적인 선을 초월적 임무와 동일시하는 것은 위험하다.

결론

초월적 임무와 내재적 임무 사이의 긴장은 시대에 따라 변해왔다. 비록 가톨릭 전통이 초월성과 내재성 모두를 가치 있게 여긴다 할지라도, 초월성과 내재성은 항상 편안한 관계로 있지는 않았다. 그러나 건강한 가톨릭 사회 교리는 내재와 초월의 차이점을 완화하거나 그 차이점을 매우 강조해서 신상을 없앨 수는 없다.

그리스도인의 삶에 대한 다음과 같은 고대의 묘사는 아주 훌륭하게 그 긴장과 역설을 그려내고 있다.

그리스도인들은 국적, 언어, 풍습 등에 의해 다른 사람들과 구별되지 않는다.

그들은 그들 각자의 분리된 도시에서 거주하거나 낯선 언어로 말하는 사람들이 아니며, 괴상한 삶의 방식을 따라 사는 사람들도 아니다.…일반적인 의복, 음식, 삶의 태도 등과 관련해서 그들은 자신들이 사는 곳이 어디든 간에 그곳의 풍습을 따라 살아간다.

그럼에도 거기엔 무언가 그들의 삶에 관한 아주 비범한 것이 존재한다. 그리스도인들은 각자의 국가에서 살지만, 마치 단지 거쳐 지나가는 것처럼 산다. 그들은 시민으로서 온전히 활동하지만, 외부인이라는 장애를 떠안으며 일을 한다. 어느 나라든지 그들의 고국이 될 수 있지만, 그 어느 곳이 되었든지 간에 그들에게는 외국이나 다름없다. 다른 사람들과 마찬가지로, 그리스도인들도 결혼하고 아이들을 낳지만, 아이들을 유기하지 않는다.…그들은 이 땅에서 살아갈 뿐이며 그들의 시민권은 하늘에 있다. 국가의 법에 복종하지만, 그들은 그 법을 초월하는 차원의 삶을 살아간다.[46]

기독교 신앙이 가진 다양한 역동성 사이의 긴장에 대한 이해는 교회와 국가의 경계 위에 놓인 삶에 대한 가톨릭적 접근을 특징짓는다. 자비와 정의가 하나님 안에서만 온전히 가능한 것처럼, 구제를 위한 임무와 정의를 수호하는 임무는 이 땅의 삶에서는 완전히 일치할 수 없다. 그럼에도 이 한 쌍을 이루는 각각의 요소는 그리스도인의 사랑에 있어 필수적인 요소로 남아 있다.[47] 그리스도인의 사랑은 하나님이 사랑이시며 사랑 안에 거하는 자는 하나님 안에 거한다는(요일 4:16) 예수가 계시하신 가르침을 본받아 형성된 삶의 방식인 교회적·정치적 규율에 따르는 삶이기 때문이다.

46_ "Letter to Diognetus," in *The Liturgy of the Hours According to the Roman Rite*, vol. 2 (New York: Catholic Book Publishing, 1976), 840-41.
47_ 가톨릭 사회 교리 가르침의 주목할 만한 지속성과 관련해서는 교황 Benedict 16세의 첫 번째 회칙인 「하나님은 사랑이십니다」(*Deus caritas est*, 2006년 초 발행)가 이 주제를 특징으로 삼는다.

논평
고전적 분리주의 관점

데릭 H. 데이비스

사회정의에 관한 가톨릭 관점에 대한 클락 코크란(Clarke Cochran)의 훌륭한 글은 우리에게, 교회-국가의 관계에 대해 지난 세기 가톨릭교회가 보여줬던 것보다 오늘날 가톨릭교회가 훨씬 더 복잡하고 세밀한 관점을 가지고 있음을 환기해준다. 교회-국가 분리주의자들은 종종 교회와 국가의 중세 가톨릭 연합(소위 콘스탄티누스 연합)을 교회와 국가의 분리가 가져다주는 이점에 관한 논의의 시발점으로 생각한다. 그러한 중세의 경험은 이단에 대한 처벌, 종교 재판, 종교 전쟁 등과 같이 익히 잘 알려진 끔찍한 일련의 일들을 생산해냈고, 상대적으로 쉽게 종교의 자유를 근대가 이룬 위대한 진보로 찬양했다.

특히 제2차 바티칸 공의회 이후, 미국의 가톨릭교회들은 교회-국가의 관계에 대해 철저히 근대적 관점을 받아들였고 이는 미국의 경험과도 일치한다. 그런데도 이전 시대의 관점들이 남긴 영향력은 지금도 여전히 잔존해 있다. 이런 흔적들은 교회와 정부 기관들을 밀접한 관계로 순응시키는 것이다. 이런 순응은 적어도 내게는 미국의 건국자들의 계획을 어기는 방식으로 국가를 신성시하는 것처럼 보인다. 그러므로 자선 기관 지정 사업법과 같은 정부 계획들이 추진될 때, 가톨릭교회는 그러한 계획을 지지하는 데 별다른 어려움을 갖지 않는다. 하지만 가톨릭교회들의 경우 그 지지는 필수적이지 않다. 왜냐하면 코크란이 명확히 밝혔듯이, 가톨릭 교회는 인류의 고통을 경감시키기 위해 국가 기관들과 함께 일해온 오랜 역사를 간직하고 있기 때문이다. 정부가 자선을 본격적으로 추진하기 전부터 가톨릭교회는 다양한 사회 복지 서비스 계획을 위해 정부로부터 기금을 지원받으면서 국가 기관들과 오랫동안 함께 일했다. 그러나 기금의 수혜 단체들은 교회 건물이나 다른 종교의 예배 장소와 분리해야 한다는 사실이 법으로 정해졌기 때문에 수혜 단체 고객을 자신들의 종교로 개종시키거나 직원을 고용할 때 종교에 기반해서 차별하면 안 된다. 이러한 규칙들은 서비스 수혜자들에게 종교의 자유를 보호하고, 정부 기금을 받아 운영되는 사업들이 그 어떤 차별도 허용하는 것을 금지하는 국가적 원칙을 고수하기 위해 고안되었다. 가톨릭 구제회와 루터교 사회 서비스와 같이 성공적으로 운영되는 단체들은 여러 해 동안 이러한 규칙들을 지키며 효율적으로 일해왔다. 자선 기관 지정 사업법의 영향으로 종교 단체들은 독립적인 사회복지 사업 단체를 설립하기보다는 정부 기금을 직접 받을 수 있는 길을 선택했다. 심지어 가톨릭교회도 불행하게 이 계획을 지지했다. 왜냐하면 이론상 이러한 자선 기관의 선택과 정부 기금을 직접 수령하는 것이 사회 복지 서비스의 공급을 증가시키기 때문이다.

사회복지 서비스 공급 사업을 운영하려는 교회와 다른 종교 기관들에 성부가 최대한 협조해야 한다는 개념은 미국의 건국 이념 중 하나인 교회와 정치는 분리되어야 한다는 생각을 완화시켜왔다. 많은 이들이 이런 생각의 완화를 환영할 만한 변화라고 생각했다. 법학자인 칼 에스백(Carl Esbeck)은 다음과 같이 말한다. "종교와 정치의 엄격한 분리는 고통을 가져오는 차별적인 공공 기금 혹은 강요된 세속화 중 하나를 선택할 수 있는 선택지를 많은 미국인에게 제시한다."[1] 정부 기금을 많이 받고자 하는 종교 기관일수록 일반적으로 교회와 국가의 분리가 강제적이고 차별적인 요소라고 생각한다.[2] 하지만 교회와 국가의 분리는 미국인들의 종교적 생명력에 해를 끼치기보다는 유익을 줬다. 더 나아가 교회와 국가의 분리가 가져온다는 의심스러운 해로움을 경감시키려는 노력은 결국 수정헌법 제1조가 보장하는 종교의 신성한 영역을 무너뜨리고 궁극적으로 종교 기관들을 사회복지 기관들로 전락시킨다. 확실히 종교 기관들을 정부 기금으로 돕겠다는 정부 관계자들의 친절한 의도는 해결할 수 없는 복잡한 상황을 초래한다. 그리고 그런 의도는 사람들이 세속 사회를 지배하는 정부 관계자들의 도덕적 결함에 대항하는 문화적 견제 세력으로 의지하는 종교 기관들의 영성을 없앤다.

정부가 베풀어주는 자선이 미국인의 종교적 생명력에 미치는 잠재적 해로움을 온전히 이해하기 위해서는 우선 국가의 정신이 유지되는 것이 두 가지 형태의 중요 기관, 곧 정치 기관과 종교 기관들이 서로 분리되어 존속한다는 사실에 크게 좌우된다는 것을 반드시 인식해야만 한다. 18세기 프랑스의 정교일치의 원칙이 가져온 끔찍한 경험이 무엇인지를 분명히 알고 있었던 정치이론가 몽테스키외(Baron de Montesquieu)는 정부가 종교에 "호의"를 베풀면 종교의 생명력을 확실히 없앨 수 있다는 사실을 알아챘다. 이와 비슷하게 알렉시 드 토크빌(Alexis de Tocqueville)도 당

---

[1] Carl Esbeck, "Equal Treatment: Its Constitutional Status," in *Equal Treatment of Religion in a Pluralistic Society*, ed. Stephen V. Monsma and J. Christopher Soper (Grand Rapids: Eerdmans, 1998), 13.

[2] 자선 기관 지정 사업법(Charitable Choice)과 같이 종교단체들이 조직한 사회복지 기관들에 제공되는 정부의 보조금과 다른 지원을 공급하는 정부의 계획들을 환영하는 지지자들은 분리가 가져올 예견된 차별적 결과들에 대해 우려한다. 이 주제에 대한 더욱 자세한 논의를 위해서는 다음을 보라. Derek Davis and Barry Hankins, eds. *Welfare Reform and Faith-Based Organizations* (Waco, Tex.: J. M. Dawson Institute of Church-State Studies, 1999).

대 미국의 문화적 지평을 조망하면서 자신의 통찰력을 다음과 같이 표현했다. "종교의 힘이 정서적 감정, 본능, 열정에서 나오는 한…그것은 시간이라는 적을 용감하게 대면할 수 있을 것이다." 그러나 "종교가 이 세상의 관심에 기대기를 선택하는 순간, 그것은 거의 모든 세속의 권력처럼 무너진다."[3] 토크빌에 따르면 미국에서 기독교가 시민들의 영혼에 실제적으로 가장 큰 힘을 불어넣어주고 있다는 사실은 결코 우연이 아니었다.[4]

토크빌과 또 다른 사람들은 미국인들이 기독교에서 가장 큰 힘을 얻는 독특한 사유 습성을 갖고 있다는 사실을 알아챘다. 우리가 미국의 헌법 체계는 유일하게 제도적 세부 사항들, 특히 국가 기금을 통해 종교에 유익을 끼치려는 제도적 사항에 쉽게 영향을 받을 수 있다는 사실을 인식한다면, 우리는 자선 기관 지정 사업법이 이런 미국인들의 독특한 사유 습성에 끼칠 잠재적 유해성을 인식할 수 있다. 미국의 교회와 국가 구조는 남북전쟁과 베트남 전쟁 동안에 촉발되었던 미국 문화의 거대한 분열과 같은 치명적인 공격을 이겨냈다는 사실과, 1950년대 미국 사회를 특징짓는 매카시 시대(McCarthy era)에 정부가 자유주의자와 평화주의자들에게 가했던 폭행을 이겨낼 수 있다는 사실에 역설이 있다.[5] 하지만 이런 국가적 폭력으로부터 회복될 수 있는 특징을 가진 것과 반대로, 근대 다원주의 사회에 존재하는 미국의 체제와 모든 교회-국가 기관은 취약성을 갖고 있다. 현대 유럽 국가들이 채택하고 있는 교회-국가 순응 정책을 살펴볼 때, 우리

3_ Alexis de Tocqueville, *Democracy in America*, ed. J. P. Mayer, trans. George Lawrence (1835; reprint, Garden City, N.Y.: Doubled, 1969), 296.

4_ Ibid., 291.

5_ Robert S. Ellwood는 매카시즘(McCarthyism)이 공산주의에 동정적인 태도를 보였던 교회들을 전복시키려는 시도였을 뿐만 아니라 "반공 국가 교회"를 설립려는 시도였다고 주장했다. Robert S. Ellwood, *The Fifties Spiritual Marketplace: American Religion in a Decade of Conflict* (New Brunswick, N.J.: Rutgers University Press, 1997).

는 미국의 교회-국가 기관의 취약성을 잘 볼 수 있다. 유럽 국가들은 종교에 "평등한 대우"를 보장한다. 하지만 유럽 국가들의 종교에 대한 차별 금지(평등한 대우) 원칙과 미국이 전통적으로 고수하는 정교분리 원칙이 시민들의 종교에 끼친 영향을 비교한 통계 자료들은 유럽 국가 시민들이 종교에 거의 관심이 없다는 사실을 보여준다.

우리는 지난 수십 년, 심지어 수 세기 동안 유럽의 많은 부분을 특징지어왔던 중립 원칙들을 받아들이면서 종교의 쇠퇴라는 비슷한 위험에 처해 있지는 않은가? 미국 내 종교의 역동성과 생명력은 정교분리 원칙에 기인하는 것이 사실일까? 미국 정부가 종교 기관들을 돕는 것을 거부했기 때문에 미국 시민들이 자발적으로 자신들이 관여하는 종교 기관을 돕고 있는 게 아닐까? 미국에서 종교는 여전히 활력이 넘친다. 엄밀하게 이를 이해하자면 정부의 지원과 규제로부터 독립되어 있기 때문이다. 미국인들은 자신들의 종교 기관들을 지원할 의지가 있다. 정부가 종교 기관을 도와주지 않기 때문이다. 정부가 종교에 이익을 제공하는 새로운 시대는 미국 종교의 생명력과 역동성을 유지하는 자발적 정신을 죽일 수 있다.

만일 우리가 유럽의 친구들로부터 교훈을 얻기를 주저하지 않는다면, 우리는 정부의 원조와 지원이 종교를 돕기보다 해를 끼친다는 사실을 알게 될 것이다. 불행하게도 오늘날 많은 유럽인은 종교를 단지 정부가 펼치는 프로그램 정도로 여기고 있다. 대부분의 유럽 교회의 출석률은 최악이다. 유럽인들은 아주 심각한 정도로 자신들의 종교 기관을 지원할 의지를 상실했다. 정부가 교회를 지원하기 때문이다. 생명력이 넘치고 건강한 종교를 가진 미국이 점진적인 종교의 쇠퇴를 경험하고 있는 대부분의 유럽 국가들의 종교 정책, 곧 정부가 종교 기관들에 기금을 제공하는 정책을 기본 정책으로 받아들인다면, 그것은 미국에 엄청난 비극을 가져올 것이다.

나는 유럽 국가들의 종교-국가 순응 정책보다 미국의 종교-국가 분리 정책에 훨씬 더 월등한 종교적 생명력을 가져다주는 역동적인 요소들을 다 이해하지는 못한다. 하지만 드러난 증거는 강력하다. 종교는 정부의 지원으로 유지되는 삶의 다른 것들과 종류가 완전히 다르다. 종교의 본질은 인간과 관련된 세속적인 측면보다 오히려 성스러운 측면을 다루기 때문이다. 종교의 본질에 대한 인식은 수정헌법 제1조에서 볼 수 있는 미묘하면서도 독창적인 표현을 사용하는 데 건설적인 지혜를 제공했다.

미국이 교회-국가 관계에서 유럽 국가들이 채택하고 있는 "평등한 대우"와 같은 원칙을 일단 도입하면, 나중에 미국 정부가 이런 원칙이 미국 종교들의 생명력에 심각한 해를 끼쳤다는 것을 깨닫는다 하더라도 원래 교회-국가의 분리 원칙으로 되돌아오는 것은 상당히 어려울 것이다.

공적 기금을 받는 신앙 단체들은 자신들이 법적으로 정부의 관찰과 감시의 대상이 되리라는 사실도 일반적으로 간과한다. 이것은 종교가 정부에 건강하지 않은 방식으로 의존하고 있는, 종교와 정부의 매우 복잡한 관계를 초래할 것이다. 종교를 정부의 노예로 만드는 것은 정부의 잘못된 정책들에 반대하며 예언자적 목소리와 양심으로서의 종교의 역할에 쇠퇴를 가져올 것이다. 정부의 기금을 받은 종교는 사회에서 예언자적 역할을 결코 수행할 수 없다. 자선 기관 지정 사업법은 미국에 있는 많은 자선 기관들이 종교가 정부의 지원금을 받지 않을 때 더 건강하다는 사실을 여전히 깨닫지 못하고 있는 모습을 보여준다.

미국인들은 이데올로기적 다양성을 정말로 두려워하고, 미국 사회를 구성하는 것 중 가장 독특한 특징이라 할 수 있는 종교적 활력을 기꺼이 위험에 빠트릴 수 있는 도덕적 쇠퇴를 지각한 것일까? 우리는 교회-국가 분리 원칙이라는 미국의 정체성과 사유 습성을 형성하면서도 미국의 설립 원칙에 동의하지 못하는 우리의 무능함을 다음과 같은 윌리엄 리 밀러

(William Lee Miller)의 생각에서 확인할 수 있다. "종교의 자유는 미국이라는 국가가 근본적으로 자신의 도덕성을 인식하는 데 있어 지금 우리가 이해하는 것보다 훨씬 더 중요한 역할을 감당했다." 우리가 미국이 건국된 시점에서 더욱 멀어질수록, 국가 제도를 변경하고, 정부의 강제력을 사용해서 시민들의 사유 습성을 재형성하려는 우리의 성향은 더욱더 커진다.

자선 기관 지정 사업법의 지지자들은 종교 기관들의 협력을 통해 가난하고 궁핍한 이들의 필요를 성취할 수 있다고 확신하는 것 같다. 왜 그들은 실질적·헌법적 문제를 초래하는 정부의 재정 투입을 요구할까? 국회는 종교 기관들에 기부하는 기업들에 (세금 우대와 부채 탕감과 같은) 혜택을 제안할 수 있다. 이에 대한 가능성을 나열하자면 끝이 없으나, 사회 프로그램을 집행하고 운영하는 데 필요한 자선 단체들, 교회들, 회당들, 다른 신앙에 의해 세워진 단체를 위한 재정적 수단을 받아들이고 채택하는 기업 개념은 가능하다. 이는 실질적으로 정부가 해결하지 못하는 문제들을 해결하기 위해 새로운 종류의 동반자 관계를 창조한다.

그러나 이러한 가능성과는 별개로 그리고 심지어 자선 기관 지정 사업법의 시행으로 창조된 새로운 세상에서조차도, 교회 및 그 밖의 다른 종교 기관들은 자기들을 향해 언제나 열려 있는 같은 선택을 할 수 있다. 그것은 명확한 종교적 환경에서 그들 자신의 재정적 자원들을 사용하며, 기관의 도움을 받는 사람들은 개종할 수도 있고 그들 나름대로 종교적 신념을 가르치는 데 완전한 자유를 누리면서 가난하고 궁핍한 이들을 돕는 것이다. 이보다 더 정확하면서도 효과적으로 종교의 자유라는 미국의 전통을 수행할 수는 없을 것이다.[6]

6_ 이 글을 쓸 수 있도록 지원해준 베일러 대학교의 Chuck McDaniel에게 감사드린다.

논평
원리적 다원주의 관점
코윈 E. 스미트

이 책에서 다루는 각각의 기독교적 관점들과 관련해서 내가 주장하려는 어떤 기본적인 논점들을 반복하기보다는, 나는 독자들에게 고전적 분리주의 관점에 대한 나의 논평 첫 부분을 먼저 읽을 것을 권한다. 그 문단에서 주장한 것은 로마 가톨릭 관점에도 적용된다.

원리적 다원주의 관점은 많은 점에서 가톨릭 관점에 동의한다. 물론 가톨릭 사회 교리는 수없이 많은 화제와 주제들을 다룬다는 점에서 본질적으로 아주 광범위하고, 그 신학 전통을 적합하게 해석하기 위해 출현한 다양한 견해들로 이루어진 오랜 역사를 가지고 있다. 그 결과 다양한 정치적 관점을 가진 가톨릭 교인들은 자신들이 가톨릭교회의 사회적 가르침에 동의하거나 순응하고 있다고 주장할 수 있다. 결과적으로 원리적 다원주의자들이 가톨릭 사회 교리에 동의할 만한 부분이 많다는 주장은 아마도 놀랍지 않은 주장일 것이다.

원리적 다원주의 관점과 가톨릭 관점 모두 시민 사회가 시민들의 삶에서 행하는 역할에 대해서는 의견이 일치한다. 가톨릭 교리는 보완성의 원리를 통해서 시민 사회의 역할을 이해한다. 반면에 원리적 다원주의는 영역 주권 개념을 통해서 시민 사회의 역할을 이해한다. 결과적으로, 가톨릭 사회 교리는 적어도 신앙 기반 정책과 같은 입법적 수단들을 허용한다(그리고 많은 가톨릭 교인이 이를 지지한다.) 원리적 다원주의자들도 이러한 입법적 노력을 지지한다.

원리적 다원주의자들은 다음과 같은 가톨릭 사회 교리에 동의한다. 곧 하나님 나라는 "지금과 아직 사이의 긴장 가운데 존재하고, 온전히 현존하지만 아직 완전히 실현되지 않았으며, 그리스도의 제자는 교회 생활과 시민 생활 모두에서 하나님 나라의 시민으로 열심히 살고자 노력한다"(66-67쪽). 그리고 원리적 다원주의자와 가톨릭은 다음과 같은 것에 대해서도 의견이 일치한다. 교회의 임무는 공적 참여와 관련해 근본적인 목표나 원리들로서 역할을 하는 정의나 공동선을 가지고 있기에 본성상 성육신적이고, 하나님은 인간들을 사회적 존재로 창조하셨다(비록 "하나님이 공동체를 위해 인간을 창조하셨다"는 말을 어떻게 이해할지와 관련해서 두 가지 관점 사이에 차이가 있을 수 있지만 말이다).

이 두 가지 관점이 서로 의견이 달라지는 부분(반드시 서로 간의 의견이 반대되는 것은 아니다)은 크게 두 가지다. 가톨릭은 그리스도인의 임무와 관련된 일곱 가지 성사(또는 성례)와 "가난한 이를 위한 우선적 선택"을 강조한다. 원리적 다원주의는 가톨릭의 일곱 가지 성사를 인정하기보다는 단 두 가지 성례(세례와 성찬)를 인정하는 개혁주의를 따른다. 마찬가지로 "가난한 이를 위한 우선적 선택"은 정의를 강조하는 것과 관련이 있지만, 정의와는 완전히 다른 것이다. 물론 가톨릭과 원리적 다원주의는 정의를 목표나 원리로 이해하는 것에는 일치한다. 원리적 다원주의는 "하나님 나라를 위한 자발적 가난"에 반대하지는 않지만, 그런 자발적 가난이 원리적 다원주의의 주된 특징은 아니다(자발적 가난에 대한 동참이 결국 그리스도인들이 가난한 이들을 위해 정치에 참여하는 일을 반대하는 것이라는 주장이 원리적 다원주의에서는 고유한 주장이 아니다).

아마도 원리적 다원주의자와 가톨릭 사회 교리는 "자연법" 개념과 관련해서 의견이 가장 크게 갈릴 것이다. 자연법은 가톨릭 사회 교리의 "보편성과 이성적 접근성", 그리고 이성 안에 있는 자연법의 토대를 강조한다(클락 코크란은 최근 수십 년간 가톨릭 사회 교리에 대한 교황의 회칙이나 가르침은 보편성이라는 생각을 반드시 포기하지는 않지만 성서의 주장들을 강조한다는 것을 주목한다). 개혁주의 전통 역시 감정과 지성을 가지고 하나님을 경배해야 한다는 역사적 가르침을 부분적으로 반영하면서 이성의 역할을 오랫동안 강조했다. 그러나 개혁주의 전통에서 이성의 작용은 주로 특정한 사고 체계에서 발생한다. 그래서 사회정의 관점과 관련해서 주목한 것처럼, 원리적 다원주의자들은 세계관(예를 들어 완전히 다른 전제들 위에 세워진 사고 체계)의 존재를 자주 강조해왔다. 세계관이라는 개념은 원리적 다원주의자라는 명칭에서 "다원주의자"라는 부분과 관련이 있고, 자연법과는 논리적으로 반대된다.

성서에 근거한 논증을 점점 더 많이 적용하고 있는 가톨릭 사회 교리에 관한 교황의 회칙이나 가름침의 경향이 자연법으로부터 세계관으로의 이동을 반영하는지는 좀 더 지켜볼 필요가 있다.

논평

재세례파 관점

로날드 J. 사이더

나는 가톨릭 사회 교리에 대한 클락 코크란의 탁월한 개요 대부분에 찬성한다. 물론 때때로 반대하는 것도 있지만 말이다.

만일 기준이 성서적 계시라면, 가톨릭 사회 교리의 대부분은 선하고 또 성서에 근거한 정통 기독교 가르침으로 보인다. 로마 가톨릭 사상가와 문헌들이 설명했겠지만, 가톨릭 사회 교리의 아주 많은 부분이 모든 그리스도인이 긍정할 수 있는 것들이다.

실제로 어떤 점에서 나는 가톨릭 사회 교리가 다른 복음주의 사상이나 실천보다도 성서에서 말하는 균형에 훨씬 더 가깝다고 생각한다. 가톨릭 사회 교리는 인간 존재의 개별적인 특성과 공동체적인 특성을 결합하는 다른 어떤 방식보다도 더 분명한 방식을 제시한다. 가톨릭의 가르침은 한편으로 하나님과 인격적 교제를 맺으라는 부르심을 받은 개개인의 인격이 가진 독특함을 강조하며, 다른 한편으로는 인간이 공동체를 위해 창조되었고 그래서 고립된 개인들은 완전함에 도달할 수 없다는 인간 공동체의 본성을 강조한다. 코크란은 이런 두 가지 강조점이 어떻게 통합될 수 있는지를 설명한다.

우리는 다음과 같은 여러 부분에서 이런 통합을 볼 수 있다. 곧 인권에 대한 가톨릭의 이해는 개인의 권리와 사회의 권리를 포함한다. 공동선이라는 개념은 서양의 개인주의와 동양의 집단주의를 조화시킨다(초월한다). "재화의 보편적 목적"이라는 개념(79쪽을 보라)은 사적 재산권과 시장 경제에 권리를 부여하고 이를 활성화시킨다. 정부는 타락의 결과로 출현한 것이 아니라 하나님이 공동체적 본성을 가진 것으로 인간을 창조하신 것에 기인한다. 그뿐 아니라 국가는 인간의 타락 때문에 악을 억제해야만 한다.

복음주의자들—특히 미국의 복음주의자들—은 이와 관련해서 많은 것을 배울 수 있다. 우리는 서구의 개인주의를 너무 쉽게 그리고 무비판적으로 수용했다. 우리는 모든 개인이 존엄하고, 중요하며, 그리고 자유를 가지고 있다는 강력한 진리를 포기하지 않으면서도, 인간 존재가 모두 사회적 존재이고 따라서 국가를 포함해서 공동체로 구성된 기관들이 중요한 긍정적인 역할을 갖고 있다는 (성서적) 진리를 더 완전하게 이해할 필요가 있다.

그렇다고 나는 복음주의자들이 가톨릭 사회 교리의 모든 주장을 받아들여야만 한다고 주장하는 것은 아니다. 나는 피임과 관련해서 가톨릭이 분명히 틀렸다고 생각한다. 역사적으로 인간 이성은 시민들의 삶을 다스리는 데 적합한 방식으로 자연법을 이해할 수 있다는 가톨릭의 주장은 죄가 인간의 지성을 얼마나 많이 부패시켰는지를 고려하지 못한 것이다. 우리의 양심에는 (신성한 자연)법이 기록되어 있다. 하지만 죄는 신실한 그리스도인들이 공적 활동에 기여할 수 있는 비전과 규범들을 이해하기 위해서는 근본적으로 성서 계시에 의존해야 하는 정도로 인간의 양심을 아주 심각하게 손상시켰다(다행히도 가장 최근에 교황의 회칙과 가톨릭 주교들의 가르침은 특별 계시, 곧 성서 계시에 훨씬 더 많이 의존한다).

마지막 논평을 하겠다. 코크란은 신앙 기반 정책에 대한 최근의 논의에서 가톨릭은 수십 년간 존속했던 가톨릭 사회봉사 기관들과 정부의 협력을 지지했을 뿐만 아니라 또한 대부분 만족스러웠다고 말한다. 미국 가톨릭 구제회 같은 가톨릭 단체들은 종교에 기초해서 직원을 고용하지 않고 또 도움을 받는 조건으로 사람들에게 개종이나 예배에 참석할 것을 요구하지 않는다. 이러한 사실은 아래에 제기되는 기본적인 질문을 이해하기 어렵게 만든다. 가톨릭 사회복지 단체들이 하는 일은 기독교 고유의 일인가? 어떤 프로그램이 가톨릭교회 후원을 받고, 가톨릭적인 이름을 가지고 있고, 몇몇 가톨릭교회 고위 간부들을 위원으로 두고 있지만, 그 활동과 사업이 사회적인 결과물(예를 들어 약물 중독으로부터의 해방, 직업 훈련을 통한 성공적인 노동자 양성 등)을 위한 것이라면, 그 프로그램을 세속 기관들과 구별짓는 것이 과연 무엇이란 말인가? 사람들을 변화시키기 위해서는 영적이지 않은 요소들이 절대적으로 적절한 것일 수 있을까? 만약 사람이 육체적인 존재이면서 동시에 영적 존재라면, 기도, 그리스도를 믿는 믿음, 성령의 거하심도 기독교 사회복지 기관과 매우 관련이 깊지 않을까? 그렇다고 해서 이것이 기독교 기관으로부터 사회복지 서비스를 받기 전에 고객에게 기도나 예배를 요구함을 의미하는 것은 아니다. 그러나 직원들은 사람들이 양질의 물질적 도움(예를 들어 음식, 의료 복지)뿐만 아니라 영적인 변화도 필요하다는 것을 반드시 알아야만 한다. 그리고 그것은 직원의 상당한 규모가 기도하는 그리스도인이어야 할 필요가 있다는 것을 의미한다. 가톨릭 구제회와 같은 기관은 그들이 인지하는 것보다, 혹은 그 기념비적인 가톨릭 사상(가톨릭 사회 교리)이 용인하는 것보다 훨씬 더 세속적인 것이 되어버린 것은 아닌지 의구심이 든다.

논평
사회정의 관점

J. 필립 워거먼

나는 이 신중하고 명쾌한 가톨릭 사회 교리에 대한 설명을 환영한다. 그것은 교황 요한 13세와 제2차 바티칸 공의회가 대변하는 교회 연합의 변화를 상기시켜준다. 교황 요한 13세와 공의회 이전(1960년대 상반기)에 미국에서 가톨릭과 개신교의 관계는 껄끄러웠다. 앨 스미스(Al Smith)가 대통령 선거에서 낙선한 주된 이유는 자신의 가톨릭 신앙 때문이었고 그리고 존 케네디(John F. Kennedy)도 동일한 이유로 수세에 몰렸다가 아슬아슬하게 백악관에 입성했지만, 그럼에도 가톨릭은 지배적인 개신교 정치 문화에 포위된 것처럼 느꼈다. 개신교인들은 만일 가톨릭이 정치적인 힘을 얻으면 스페인과 남미의 여러 지역에서와 같이 개신교의 종교적 자유가 약화될까 두려워했다. 심지어 가톨릭과 개신교는 사회 교리에 대한 철학적·신학적 기반이 서로 전혀 달랐다. 가톨릭은 상당히 좁은 토마스 아퀴나스식 자연법(예를 들어 교황 비오 11세의 회칙인 「정결한 혼인에 대해」[Casti connubii]에 나타나 있는) 해석을 따랐고, 개신교인들은 성서를 주로 의존하면서 (어느 정도까지는 세계교회협의회[the World Council of Churches]의 첫 세 차례 모임에서 증명되었던) 사회 과학도 사용했다. 가톨릭과 개신교는 공공연하게 적대적일 때를 제외하고는 주로 과거에 대해서 얘기했다.

누군가는 자비로운 허리케인이라고 표현할 수 있는, 곧 교황 요한 13세와 제2차 바티칸 공의회로 대표되는 산들바람은 공통성에 대해 완전히 새로운 인식을 가져왔다. 나는 이런 큰 변화가 발생하기 전에 대학교에서 학생들을 가르치는 전문적인 직업을 시작했기 때문에 서로 완전히 다른 기반에 서 있는 개신교 윤리학자와 가톨릭 윤리학자들 한 가운데서 공통성의 중요성을 증언할 수 있다. 1960년대 중반 이후로 개신교와 가톨릭 윤리학자들은 교단의 차이로 발생하는 미세한 차이점에도 불구하고 서로 교류할 수 있었다. 약간의 표현상의 차이점들은 여전히 남아 있었지만, 본질적인 차이점은 적었다. 게다가 코크란이 『디오그네투스에게 보내는 서신』(Letter to Diognetus)의 수려한 문단을 사용한 것은 공통의 전통을 강조하는 데 도움이 된다. 개인적으로 내가 좋아하는 그 문장은 그리스도인들과 "세상"의 역설적인 관계를 설명한다. 대부분의 그리스도인들이 이것에 동의할 것이다.

 나는 코크란의 글의 주된 요점이 주류 개신교 교단들이 고수하는 사회 교리와 많은 부분 양립할 수 있음을 발견한다. 확실히 빈곤과 평화에 대한 최우선적 지지가 공통 분모라고 할 수 있겠다.

 코크란은 가톨릭의 많은 가르침이 잘 정리되지 않은 상태임을 인정한다. 이는 가톨릭교회의 긴 역사와 드넓은 지리적·문화적 다양성이란 시각에서 볼 때 놀라운 일이 아니다. 확실히 어느 개신교회도 지금의 가톨릭을 비난할 수 없다. 오히려 개신교의 사회적 가르침은 더 정리되지 않은 상태였다. 만일 내가 그렇게 말해도 괜찮다면, 나는 주요 사회 교리를 도출한 가톨릭교회의 대단히 사려 깊고 계획적인 노력이 부럽다. 제2차 바티칸 공의회는 그 자체로 5년이 걸렸다. 교황이 교황의 회칙들을 발행하지만, 그는 저명한 가톨릭 신학자들의 도움을 받아 특별하고 신중히 회칙들을 만든다. 미국 경제에 관한 미국 가톨릭주교회의 1986년 서신(나는 코크란이 그것을 언급했으면 하는 바램을 가졌었다)은 수년에 걸쳐 발전되었다. 몇몇 개신교회 문서들도 오랜 시간에 걸쳐 발전되어왔다. 하지만 다양한 교회 결의안들이 너무 자주 촉박하게 작성되었고, 개별 교회들도 그 결의안을 성급하게 받아들였다. 나는 이 차이점을 과장하고 싶지는 않지만, 이것은 사실이다.

하지만 코크란이 크게 도외시한 더 중요한 차이점이 여전히 남아 있다. 그것은 권위 있는 가톨릭 교리 안에 있는 교도직 또는 교도권(magisterium)의 역할이다. 그것은 가톨릭교회의 교리가 명령적으로 표현되는 과정이다. 종종 사람들은 주교들, 특히 교황들의 선언들을 통해 교리가 표현된다고 이해했다.[1] 대부분의 주류 개신교 교단들에서는 교리적 가르침은 교단 총회가 받아들이며, 이를 통해 권위가 생긴다. 예를 들어 내가 속한 미국 연합감리교회에서 권위 있는 발언을 할 수 있는 유일한 기관은 4년마다 열리는 대총회(general conference)다. 한 번의 대총회는 이전의 총회에서 제정한 내용을 바꾸거나 되돌릴 수 있다. 로마 가톨릭교회에서는 교황에게 최종적 권위를 준다. 교황이 말할 때 그 문제는 거의 정리된다. 가톨릭 학자 또는 사상가가 공식 교리와 갈등을 빚는 것은 드문 일이 아니다. 그러나 만일 반대가 너무나 명백한 경우, 한스 큉(Hans Küng)과 찰스 커란(Charles Curran)의 예에서 발견할 수 있는 것처럼 혹독한 징계의 위험이 있다.

코크란의 글에서 강조되는 공동선의 문제에 대해 교황의 권위가 쟁점이 되는 경우는 드물다. 소수의 가톨릭 윤리 신학자들만이 가난한 이들

---

[1] 많은 로마 가톨릭 신학자들은 주교들의 계급에 따른 선언들, 교왕의 선언이라 할지라도 권위를 가진 것인지에 대해 의문을 품어왔다. 예를 들어 Charles E. Curran은 믿음에 부합하지 않는 부적절한 표현들이 발견될 때 그러한 선언들을 반대하는 것이 합법임을—심지어는 그 불가피성을—강조해왔다. 이에 대해 특별히 Curran의 다음 글을 보라. *Loyal Dissent: Memoir of a Catholic Theologian* (Washington, D.C.: Georgetown University Press, 2006).

을 위한 우선적 선택, (일반적으로 정의로운 전쟁 이론의 한 형태를 통해 표현되는) 평화를 위한 증언, 또는 종교의 자유에 관한 강조에 동의하지 않을 것이다. 그러나 여성의 역할, 피임의 도덕성, 그리고 다른 몇몇 사안들에 대해서 깊고 때로는 신랄한 차이점이 남아 있다. 문제의 근원까지 파고들면, 몇몇 논쟁 사항들의 핵심은 더 협소해진 자연법이라는 개념이 지속적으로 끼치는 영향과 관련이 있다. 내가 생각하기에 비록 제2차 바티칸 공의회 이전처럼 매우 견고하지는 않지만, 그럼에도 가톨릭교회의 위계적 권위가 가톨릭 사회 교리에 영향을 계속 끼치는 것처럼 보인다.

코크란은 바티칸 공의회의 「종교의 자유에 관한 선언」(Declaration on Religious Liberty)의 중요성에 대해 언급한다. 그것은 가톨릭 사상에 있어 하나의 이정표와 같은 것이었다. 이전에는 공식 교리가 대부분 **정설-가설**(thesis and hypothesis)의 구분으로서 알려져 있었던 것에 의존해왔다. **정설**은 사회적 상황이 허락하는 한에서는 준수되어야 하는 규범이다. 이 규범은 객관적 진리로 이해한 가톨릭의 믿음을 국가가 지지해야 한다는 사실과 오류는 반드시 제재해야 한다는 사실을 제공한다. 하지만 교회가─객관적인 진리를 분명히 나타내지만─사회 문화를 지배하는 상황이 아닌 곳에서도 종교의 자유에 대한 정책을 주장해야만 한다. 새로운 바티칸 공의회의 선언은 다음과 같이 단호하게 천명하면서 위와 같은 이중적인 입장에서 갑자기 돌아섰다. 곧 "종교의 자유의 권리는 참으로 인간의 존엄성 그 자체에 바탕을 두고 있음을 선언한다. 그 존엄성은 계시된 하나님의 말씀과 이성 그 지체로도 인식된다. 종교의 자유에 관한 권리는 시민의 권리가 되어야 한다."[2]

2_ "Declaration on Religious Freedom" 2, *The Documents of Vatican II* (New York: Guild Press, 1966).

위의 선언은 진정 중요한 조치였다. 그러나 어떤 면에서 누군가는 종교의 자유에 대한 더 중요한 지지로서 공의회의 선언들 가운데 다른 것을 묘사할 수 있다. 그것은 바로 타 종교들에서도 긍정적 가치를 발견할 수 있다고 말하며, 이러한 것들이 가톨릭에 의해 거부되어서는 안 된다는 "비그리스도교 선언"(Non-Christian Religions)이다. 말하자면 (가톨릭 관점에서는 객관적으로 잘못이라고 여겨질 수 있는) 다른 이의 권리를 존중한다는 점에서뿐만 아니라, 이제 다른 종교들이 진리의 일정 부분을 가지고 있을 수 있다는 측면에서 중요하다. 따라서 종교의 자유는 중요하다. 그러한 인식은 세상이 너무나 간절히 바랐던 종교 간 대화의 탁월한 예시 또는 전조였다.

가톨릭교회를 "공적 교회"라고 언급하면서 코크란은 에른스트 트뢸치가 사용한 "소종파 유형"(sect type)과 "교회 유형"(church type)이라는 이분법(나는 재세례파 관점에 대해 논평하면서 이것에 대해 말했다[342쪽])을 사용해 가톨릭교회를 "교회 유형"에 훨씬 더 가까운 것에 위치시킨다. 이와 관련해서 코크란은 공적 참여에 대한 긍정적인 생각을 가진 주류 개신교 교회들의 대변자가 되었다. 여전히 사람들은 도덕적 이해와 관련해서 가톨릭과 재세례파의 아주 많은 부분이 유사하다고 생각한다. 하지만 가톨릭의 견해에 대한 코크란의 인상적인 강조점은 "세계 정부를 포함한 세계 공동체 그리고 평화 증진에 초점을 맞추고 있다"(76-77쪽)[3]. 주류 개신교 교단

3_ 이러한 초점은 교황 요한 23세의 중요한 1963년 회람인 「지상의 평화」(*Pacem in terris*)에서 중요한 자극을 얻었다. 이 문서에서 교황은 완전히 새로운 방식으로 보완성의 원리의 전통적인 개념을 차용했다. 이전에 보완성 원리는 일반적으로 국가와 같은 고차원적 지배 단위로부터 (가족, 지역 공동체, 교회, 다른 기관들과 같은) 저차원적 사회 조직의 보호로서 취해져왔다. 그러나 이 회칙에서 교황은 다음과 같이 주장한다. "오늘날 보편적 공동선은 우리에게 여러 차원에 걸쳐 전 세계적인 문제들을 제기한다. 이러한 문제들은 다시 말해 힘, 조직, 다양한 수단들과 **전 세계적 영역에 걸친 활동**을 수반한 공권력 외에는 해결할 수 없는 문제들을 말한다. 결과적으로 윤리적 질서 그 자체는 공권력의 일반적 형태의 수립을 요구한다"(137항, 강조는 추가된 것임).

들은 세상 국가가 내는 열심에 가까운 정도로 노력한다. 하지만 개인적으로 유감스러운 것은 개신교 교단들이, 코크란이 제시하는 종류의 가톨릭 교리보다는 국가주의적 전제에 더 많이 고착되어 있다는 그의 주장이다.

또 다른 점과 관련해서 코크란은 "죄의 구조"라는 가톨릭의 이해를 언급했다(80쪽). 해방 신학자들이 아주 구체적으로 정교하게 설명한 이런 이해는 놀랍게도—대부분 주류—개신교 기독교에서 1세기 전에 출현한 미국의 사회복음 운동과 아주 유사하다. 월터 라우셴부쉬는 자신의 글 『사회 질서의 기독교화』(Christianizing the Social Order)에서 이런 죄의 구조에 대한 통찰력을 간결하게 아주 잘 보여준다. 그는 이 글에서 비그리스도인들의 사회 질서를 선한 사람들이 나쁜 일을 하도록 강요하는 질서로, 반면 기독교 사회 질서는 나쁜 사람들이 선한 일을 하도록 강요하는 질서로 정의한다.[4] 사람들이 이런 주장과 관련해서 꼭 언급해야만 하는 모든 경고는 별개로 하고, 그 책이 제시하는 다음과 같은 중요한 통찰력은 꼭 기억해야만 한다. 곧 사회가 구조화되는 방식은 사람들이 자신들의 평범하고 일상적인 삶과 관련해서 선한 행위나 악한 행위를 하게끔 하는 구조를 만든다. 모든 논란거리들을 제쳐두고서라도, 사회가 조직되는 방식은 선하거나 악한 사람들이 그들의 평범한 매일의 삶을 살아가는 방식을 조직한다는 중요한 통찰만은 반드시 명심해야만 한다.

정리하자면 코크란의 설명은 모두가 어떻게 창조적으로 사회 질서에 공헌할 수 있을지에 관해서 가톨릭과 개신교가 포함된 창조적인 대화의 새로운 형태늘에 대한 기본 토대를 분명히 보여주고 있다.

---

[4] Walter Rauschenbusch, *Christianizing the Social Order* (New York: Macmillan, 1912), 125.

2

고전적 분리주의 관점

_데릭 H. 데이비스

1902년 종교사학자인 샌포드 콥(Sanford Cobb)은 종교의 자유를 "문명과 전 세계에 건네는 미국의 위대한 선물"이라고 말했다.[1] 종교의 자유는 국가를 구성하는 기본 원리 중 하나다. 하지만 얼핏 보기에 종교의 자유는 항상 공격을 받고 있는 것 같다. 미국 건국의 아버지들이 종교의 자유를 보장하는 원칙, 곧 정교분리의 원칙을 미국 헌법에 반영시킨 이유를 이해하지 못한 이들이 그런 공격을 끊임없이 하고 있다.

교회와 국가의 분리는 "전례 없는 도덕적 퇴락", 미국 콜로라도 주 콜럼바인(Columbine) 고등학교와 전국의 여러 학교에서 발생한 "총기 사건들", "만연한 세속주의", "광신자와 사이비 종교들"의 확산, "탐욕"과 "물질주의", 심지어 9/11 테러사건을 야기한 미국을 향한 "신의 심판"과 같은 사건으로 인해 오늘날 많은 비난을 받고 있다.

이른바 교회와 국가의 분리라는 악을 치료하기 위해, 많은 이들이 분리주의 원칙은 대단히 잘못 이해됐다고 말하며 역사를 다시 쓰려고 노력하고 있다. 그들의 주장은 다음과 같다. 분리는 오직 소수의 급진적 건국의 아버지들에게만 인기 있었던 성지 철학이고, 미국이라는 신생 국가가 탄생하면서 종교적 다원주의라는 불가피한 결과가 발생했으며, 이런 결과

1_ Sanford H. Cobb, *The Rise of Religious Liberty in America: A History* (New York: Macmillan, 1902), 2.

를 해결하는 일시적 방편으로서 고안된 것이었다. 우리는 정교분리의 원칙이 원래 다른 종교를 배제하고 특정 종교 단체 하나만 인정하는 것을 금지한 원칙이라는 이야기를 매우 자주 듣는다. 게다가 우리는 정부가 어떤 특정 종교를 차별하지 않는다면, 그 원칙은 정부가 종교를 조성하는 것도 허용하는 것이라는 이야기도 듣는다. 예를 들어 이런 주장을 하는 이들은 다음과 같이 말한다. 헌법은 공립 학교에서 기도하는 것을 금지하지 않고 우리가 모든 이들의 기도를 들을 것을 지지한다. 교회와 다른 종교 기관들은 정부의 차별 없는 재정 지원 정책의 도움을 받으며 사회 프로그램과 종교에 기초한 학교를 운영하면서 도덕적 퇴락의 문제를 해결하는 데 도움을 줄 수 있다. 그리고 우리는 십계명과 대부분의 미국인이 동의하는 다른 신성한 가르침들을 공립 학교, 교실, 정부 건물 안에 게시할 수 있다.

물론 우리는 종교적 소수자들에게서 이런 제안들을 거의 들을 수 없다. 종교적 소수자들은 정부가 차별 금지에 기초해서 종교를 능동적으로 지원할 수 있도록 허용한 헌법 구조가 사실상 기독교 중심의 국가 설립을 초래한다는 사실을 알고 있다. 이런 생각은 사실상 여론 조사에 기초한 것이다. 모든 여론 조사에 따르면 미국인 중 적어도 80-85%가 자신을 그리스도인으로 생각한다. 따라서 종교적 소수자들은 정부가 시행하는 종교에 대한 적극적인 지원은 결국 시민의 공공 부문이 그리스도인들의 기도, 언어, 프로그램, 활동, 상징과 메시지들에 의해 물들 것이라고 생각한다. 그들은 정부가 자신들을 "평등"하게 대우해야 하는 국가에서 살고 있지만, 기독교 다수주의라는 영향력 아래 억압당할까봐 두려워한다. 그들의 두려움은 당연한 것이다. 이것은 다종교 국가에서 기독교가 어떤 특권을 누리기를 원하지만, 정교분리라는 중요한 신학적 토대를 이해하지 못한 많은 그리스도인에게는 분명 기쁨을 가져다줄 것이다.

교회와 국가의 분리 원칙은 궁극적으로 신학적 토대에 기초한다. 우리가 아는 것처럼 모두 신앙심이 깊었던 건국의 아버지들은 "모든 인간은 평등하게 창조되었다"는 문장을 독립선언문에 적었다. 이때 그들은 사람들이 하나님의 형상으로 창조되었고 "창조자가 빼앗길 수 없는 분명한 권리를 인간에게 부여했다"는 사실에서 인간이 본질적으로 평등하다고 생각했다. 물론 거기에는 종교를 믿고 자신이 원하는 종교 활동을 할 수 있는 자유도 포함되어 있다. 건국자들은 모든 인간에게 새겨져 있는 **하나님의 형상**이 모든 사람의 존엄과 가치의 근간이라고 믿었다. 그들은 종교 선택의 자유가 중요하다고 이해했다. 그렇지 않다면 하나님 앞에서 인간의 존엄과 가치는 존중되지 않는다.[2] 다시 말해서 건국자들은 모든 사람이 정부의 강제 또는 간섭 없이 자신의 종교를 믿고 그에 따른 종교 생활을 영위할 권리가 있다는 자유주의를 신봉했다. 그러한 권리는 오직 교회와 국가의 분리를 강력히 수행함으로써 보호받을 수 있다.

교회와 국가의 분리는 그것의 이점들에도 불구하고 오늘날 미국에서 논쟁의 대상이 되고 있다. 이 책은 교회와 국가의 분리에 대해 다섯 가지 관점을 제시하고, 제시된 관점들을 통해 정책 입안자와 다른 미국인들에게 그 논쟁은 무엇인지, 그리고 그들 자신은 어떤 관점에 위치했는지를 이

2_ 미국 사회 시스템의 신학적 측면을 다룬 뛰어난 저술로는 다음을 보라. Barbara A. McGraw, *Rediscovering America's Sacred Ground: Public Religion and Pursuit of the Good in a Pluralistic America* (New York: State University of New York Press, 2003). 그는 "미국의 신성한 기초"의 뿌리는 John Locke의 사상에 자리 잡고 있다고 주장한다. 미국 건국의 아버지들이 그것을 순차적으로 받아들였고 확장했다. Locke에 따르면 자연법이 인간의 기본 권리들(생명, 자유, 소유)을 제공하고 신을 이해하며 양심에 따라 사는 데 필요한 능력(이성)을 제공한다. 그의 작업은 정부로부터 인간의 영혼을 인위적으로 만들어가려는 책임을 제거하고, 양심에 따라 종교적인 진리를 추구하고자 하는 권리를 포함한 인간의 여러 권리를 보호하는 새로운 책임을 정부에 부여하는 것이었다. 또한 교회와 국가를 분리하면서 종교적인 기관들이 종교적 진리를 추구하는 개인에 대한 강제적인 정치적 권한을 갖지 못하게 하는 것이다. McGraw는 건국의 아버지들이 세운 계획의 토대는 그가 "미국의 신성한 기초"라고 부르는 것이라고 설득력 있게 주장한다. 그에 따르면 이 신성한 기초는 미국의 가치를 형성하는 공적 종교와 공적 종교의 기본적인 역할에 대해서 대중적이고 정치적인 담론을 분석하는 일에 기초를 제공하는 나침반으로서 필요하다.

해하도록 도움을 줄 것이다. 이 모든 관점은 교회와 국가 간 어느 정도의 분리를 주장하지만, 제시된 입장들 간에는 확실한 차이점들이 존재한다. 2장은 "교회와 국가의 고전적 분리"라고 일컫는 주장을 제시한다. 이 주장은 고전적이다. 그것이 미국 건국자들의 본래의 사상 또는 "고전적" 정신을 정확히 포착하고 있고, 미국 연방대법원은 이 근본적인 틀을 1980년대까지 받아들였기 때문에 고전적이다.

고전적 관점은 "엄격한 분리주의" 관점과 구분되어야만 한다. 엄격한 분리주의자는 실제로 종교와 정부의 상호 교류를 전혀 지지하지 않는다. 이 책의 편집자인 케메니는 현명하게도 엄격한 분리주의자의 관점을 논의에서 배제했다. 그는 엄격한 분리주의자들이 미국 건국의 아버지들 중에 없었고, 오늘날에도 거의 존재하지 않으며, 그리고 엄격한 분리주의자라는 범주는 교회-국가 분리를 비판하는 이들이 자신들의 반분리주의 견해를 강화하기 위해 최근에 세운 허수아비와 같은 것으로 인식했기 때문에 그것을 배제했다. 고전적 분리주의는 정교분리 원칙을 신중히 받아들이지만, 공적 생활에 미치는 종교의 수많은 측면에는 아주 우호적이다. 이 부분에 대해서는 앞으로 실례를 들어 입증할 것이다. 비록 연방대법원이 한때 이 관점을 받아들였지만, 적어도 1980년대 초부터 그 관점을 벗어나기 시작했다. 내 생각에 그것은 유례를 찾아볼 수 없는 실수이자 미국 내에서 종교의 자유에 대한 심각한 문제가 발생할 날들에 대한 전조였다.

기초적인 논쟁: 종교 조항들의 의미

교회와 국가의 분리가 무엇을 의미하는지에 대한 논쟁은 미국 헌법 중 수정헌법 제1조가 담고 있는 다음과 같은 종교 조항들(Religion Clauses)에서 출발한다. "연방 의회는 국교를 수립하거나 또는 자유로운 종교 행위를 금지하는 법률을 제정할 수 없다." 이 두 조항("국교 금지 조항"과 "종교 행사의 자유 조항")은 두 개의 분리된 명령을 공표한다. 국교 금지 조항(establishment clause)은 미국이라는 신생 국가 안에서 국교 설립의 가능성을 명백하게 제거하려는 의도였다(예를 들어 영국 국교회의 설립처럼 말이다). 학자들은 헌법 입안자들의 의도에 대해 완전한 합의에 이르지 못했다. 종교 행사의 자유 조항(free exercise clause)을 규정한 원래의 의도에 대해서는 많은 논란이 있지만, 그 조항은 일반적으로 종교를 믿을 수 있는 시민의 권리를 보호하기 위해 만들어진 것이었다. 이는 정부의 강제에서 벗어나 "양심을 좇아 행하라"[3]라고 말한 존 로크를 따른 것이다.

이 두 가지 종교 조항의 단어 선택에 담긴 초기 헌법 입안자들의 의도와 관련해서 현대에 일어난 많은 논쟁은 "국교 금지 조항"에 초점을 맞추고 있다. 이것은 미국 사회의 주요 현안 몇 가지가 오늘날 허용할 만한 정부 후원, 홍보 활동, 종교 활동에 대한 지원 등에 초점을 맞추고 있고, 많은 사람이 종교 금지 조항에 사용된 **국교 금지**라는 용어가 이러한 사안들과 대부분 직접 관계가 있는 것으로 생각하고 있기 때문이다.

초기의 헌법 입안자들이 이 국교 금지 조항을 통해 주장하고자 의도했던 것이 무엇이었는지에 대해 두 가지 기본 해석이 존재한다. 이제부터는 토론을 위해 고전적 분리주의 관점을 간단히 "분리주의자" 관점으로 표현할 것이다. 이 책에 제시된 다른 네 가지 관점도 나름대로 어느 정도 분리를 제시하고, 그 어떤 관점도 분리에 대해 완전히 비난하지 않으면서 느슨한 정도의 분리를 요구한다. 나는 이 네 가지 다른 의견을 지금 이후로는 각기 선별해서 혹은 일괄해서 "순응주의" 또는 "순응주의

---

[3] John Locke, "A Letter Concerning Toleration" (1685). 『관용에 관한 편지』(책세상 역간).

자"(accommodationist) 관점으로 부를 것이다. 이런 명칭은 이 네 가지 관점 모두 고전적 분리주의 관점보다는 종교가 공적 생활에 더 많이 순응할 것을 요구한다는 사실에 기인한다. 특히 그 관점들은 종교 기관들이 소위 세속적 관심사, 곧 자선 활동, 사회정의 프로그램, 인도주의적 수단 및 그와 유사한 활동을 증진하는 프로그램을 운영하기 위해 정부로부터 재정 지원을 받으려고 한다. 어쩌면 다른 입장들에 대해 내가 너무 과도하게 일반화하는 것일지도 모르기에, 독자들은 그에 대한 내 논평보다는 이 책에 나오는 다른 입장들의 구체적인 주장들에 더 의존해야 한다.

휴고 블랙 연방대법관이 분리주의자 해석을 처음 시작했다. 그는 1947년 에버슨 대 교육위원회라는 기념비적인 판결이 5대 4로 결정된 이후에 다음과 같이 말했다. "제퍼슨의 말에 따르면, 법에 의한 국교를 반대하는 그 조항은 '교회와 국가 사이에 분리의 벽'을 세우기 위해 고안되었다."[4] 더 상세히 진술하자면, 연방대법원은 국교 금지 조항의 본래 목적이 종교에 대한 모든 형태의 정부 지원을 금지하면서 시민 권력과 종교 활동 영역들의 중요한 분리를 창조하기 위함이었다고 공표했다. 다시 말해서 그 조항은 단순히 정부 차원의 단일 교회 설립이나 선호하는 한 종교 분파(sect)가 다른 종교를 억압하는 것을 금지하는 것 그 이상이라는 것이다. 나중에 다시 설명하겠지만 분리는 절대적일 수 없으며, 그래서도 안 된다. 헌법 역사학자인 레너드 레비(Leonard Levy)가 다음과 같이 주장하는 것처럼 말이다. "이 광범위한 해석의 요점은 다음과 같다. 수정헌법 제1조는 심지어 정부가 일체의 종교 단체에 치우치지 않으며 공평한 원조가 시행되는 것조차 금지한다는 것이다."[5]

4_ *Everson v. Board of Education*, 330 U.S. 1, 15-16 (1947).
5_ Leonard W. Levy, "The Original Meaning of the Establishment Clause of the First Amendment," in *Religion and the State: Essays in Honor of Leo Pfeffer*, ed. James E.

이러한 분리주의자 해석은 많은 지도자, 특히 토마스 제퍼슨과 제임스 매디슨, 18세기에 있었던 종교 자유 운동 가운데 나타난다. 예를 들어 제퍼슨의 "종교 자유 수립을 위한 개헌안"(1779)과 매디슨의 "기념과 항변"(1785)에서 명확하게 표현된 사상은 종교가 정부의 간섭에서 완전히 독립해야만 한다는 것이다.

분리주의 해석과는 반대로, 다양한 순응주의자 관점이 일반적으로 견지하는 입장은 다음과 같다. 헌법 입안자들이 국교 금지 조항을 만든 이유는 다른 집단들을 통제하고 지배하는 단일 분파의 설립 또는 정부가 교단을 설립하는 것을 예방하려는 의도였다는 것이다. 역사학자 오닐(J. M. O'Neill)은 "헌법 입안자들은 단일 교회의 공식적이고 법적인 연합, 하나의 교회나 다른 모든 교회를 억압하는 특권적 위치와 힘을 지닌 국가 교회의 금지를 목표로 했다"[6]고 말한다. 가끔 "비우대론자들"(nonpreferentialists)이라고 불리는 이 관점의 지지자들은 정부가 특정한 모임이나 분파를 우대하지 않는 한 종교 기관들에 대한 정부의 원조를 허용한다. 순응주의자들은 교회와 국가를 구분하는 벽이 정부와 종교를 분명하게 구분하거나 정부가 전반적으로 종교를 육성하는 것을 금지하기 위한 것이 아니라고 주장한다.

분리주의자-순응주의자의 논쟁은 "종교 행사의 자유 조항"도 포함한다. 분리주의자들의 견해는 다음과 같다. 곧 종교 문제와 관련해서 아무런 고유의 법적 권한을 가지고 있지 않은 정부 조직은 개인과 종교 기관들이 자신들이나 다른 이들의 건강과 복지를 위협하는 경우에만 그들의 자유로운 활동의 권리를 제한할 수 있다. 또한 그것들이 어떤 심각한 방법으로

Wood Jr. (Waco, Tex.: Baylor University Press, 1985), 44.

6_J. M. O'Neill, *Religion and Education under the Constitution* (New York: Harper & Row, 1949), 56.

공공 정책을 위배하는 행동을 하는 경우에도 제한한다. 이미 1878년 레이놀즈 대 미합중국 판결(Reynolds v. United States)을 통해 연방대법원은 이 내용을 인용했고 그것은 법적인 기준이 되었다.[7] 그러나 최근 들어 연방대법원이 순응주의자들의 관점을 더욱 중요하게 반영하면서 주 정부 및 지방 정부들이 종교 활동을 규제하는 데 상당한 자유를 갖게 되었다. 정부는 특별히 종교 활동을 차별하지 않기 위해서 "보편적 적용성"이라는 "중립적인" 법에 준해서 종교 활동을 규제할 수 있다.[8] 국교 금지 조항에 대한 순응주의자의 해석처럼 순응하는 것은 종교가 아니라 정치 과정과 관련한 다수결주의다. 이런 다수결주의의 흐름은 분리주의자들에게 문제가 되고 있다. 소수 (그리고 종종 대중적이지 않은) 종교들이 그들의 종교 활동을 침해하는 법안들로부터 거의 보호받지 못하거나 "분리"되지 않기 때문이다.

고전적 분리는 정부가 종교 문제와 관련해서 개인들에게 일체의 간섭을 하지 않는 것으로 종교의 자유를 이해한다. 개인의 자유와, 각 개인의 종교적 양심의 보호에 대한 강조가 교회와 국가의 관계 문제를 다루는 데 있어서 핵심이다.[9]

순응주의자들은 종교의 공동체적 요소들에 더 관심을 기울이지만, 개인의 행동은 덜 강조한다.[10] 그들은 그 두 가지 종교 조항이 종교를 가혹하게 다루기 위해 헌법에 명시된 것이 결코 아니며, 종교의 자유가 적극적인

---

[7] Reynolds v. United States, 98 U.S. 145 (1878).

[8] Employment Division of Oregon v. Smith, 494 U.S. 872 (1990). Smith 판결로 인한 좋지 않은 결과들을 다루기 위해 고안된 종교 자유 회복법(Religious Freedom Restoration Act)은 1993년 11월 16일 제정되었다.

[9] John F. Wilson, "Religion, Government, and Power," in Religion and American Politics: From the Colonial Period to the 1980s, ed. Mark A. Noll (New York: Oxford University Press, 1990), 79-80.

[10] Ibid., 80.

권리로 행사되도록, 곧 정부가 그것을 아직 장려하는 것을 시작하지 않았다면, 정부는 개인과 공동체가 종교의 자유를 누리게끔 장려하도록 종교 조항들을 해석해야 한다고 강조한다. 이러한 견해는 분리주의와 대단히 다르며, 현저히 다른 현대의 정책과 활동으로 이어진다.

요약하자면 순응주의자들은 미국 초기의 정당인 민주공화당이 펼쳤던 이념은 차별 없는 토대 위에서 정부가 종교를 지원하는 상황이었다고 생각한다. 결국 이러한 상황은 시민들의 덕을 증진하고 일반적으로 시민의 공동선을 더 크게 확보하는 방법으로 종교에 편의를 제공하는 21세기형 정부의 이상을 제시하는 것처럼 보인다. 고전적 분리는 종교 기관들에 대한 직접적 지원, 특히 재정 지원은 불가피하게 종교 기관들로 하여금 종교적 임무와 타협하게 하며, 정부의 지원에 의지하게끔 하며, 종교를 정치화하게 하고, 궁극적으로는 종교가 예언자적 역할과 국가가 요구하는 도덕적 기반을 제공하는 능력을 상실하게 한다는 주장을 고수한다.[11]

양쪽 입장 모두 강점과 약점을 가지고 있다. 헌법 제정 절차에 관한 자료들과 함께 현존하는 건국 시기의 자료들, 특히 공식 회의에 참석했던 건국의 아버지들 사이에서 벌어진 논쟁은 유감스럽게도 이러한 주제를 다루는 데 부적절하며, 확실히 하나가 아닌 여러 갈래로 해석이 가능한 여지를 남겨둔다. 그럼에도 초안 작성자들이 참여한 그 두 가지 종교 조항의 심사 절차를 자세히 관찰한다면, 분리주의자 입장이 초안 작성자들의 생각에 훨씬 더 근접한 것이다. 따라서 오늘날에도 그 두 가지 종교 조항을 유지해야 한다는 주장이 제기된다.

11_ Ibid., 80-81.

최초의 의회와 종교 조항의 출현

제임스 매디슨은 권리장전(a bill of rights)이 불필요하다고 주장했던 사람이었다. 그는 연방 정부가 개인의 권리에 대해 제재할 힘을 가지고 있지 않다고 주장했다. 그러나 그는 곧 연방 의회에 참석한 의원들이 솔직히 두려워하고 있음을 인식했다. 그들은 개인의 자유처럼 양심의 자유에 대한 연방 정부의 침해를 확실하게 금지할 것을 주장했다. 매디슨은 확신을 가지고 첫 번째 의회가 열리기 전 연방 정부는 헌법에 들어갈 수정 조항들을 제시하고, 대부분의 주는 헌법을 흔쾌히 비준하는 방안을 모색하고자 했다.[12]

제안

헌법이 비준된 이후 수정 조항들을 마련하는 것에 "자신의 명예가 걸려 있음을" 느낀 매디슨은[13] 자신의 약속을 지켰고 많은 수정 조항을 제헌의회에 제출했다. 당시 대표였던 매디슨은 1789년 6월 8일 제1차 의회를 열면서 다른 조항들과 함께 다음의 수정안을 제안했다. "그 누구의 인권도 종교적 믿음 때문에 축소될 수 없고, 어떠한 국교(national religion)도 수립되어서는 안 될 것이며, 어떠한 방법이나 관점으로든 양심의 완전하고 평등한 권리가 침해되어서는 안 된다."[14]

12_ James E. Wood Jr., E. Bruce Thompson and Robert T. Miller, *Church and State in Scripture, History, and Constitutional Law* (Waco, Tex.: Baylor University Press, 1958), 101-2.

13_ *Annals of the Congress of the United States, The Debates and Proceedings in the Congress of the United States*, 42 vols., complied from authentic materials by Joseph Gales Sr. (Washington, D.C.: Gales and Seaton, 1834), 1:441; reprinted in *The Founder's Constitution*, ed. Philip B. Kurland and Ralph Lerner, 5 vols. (Chicago: University of Chicago Press, 1987), vol. 5: Bill of Rights, no. 11, at 21-32.

14_ *Annals of the Congress*, 1:451, as appearing in Kurland and Lerner, *The Founder's*

앞서 언급했듯이, 미국에서 벌어지는 교회-국가 분리와 관련한 대부분의 논쟁은 국교 금지 조항을 중심으로 전개된다. 종교 조항에 담긴 모든 표현이 국교 금지에 관한 안건을 자유로운 종교 행위와 그 외의 안건에서 구분하는데, 지면의 한계로 인해 여기서는 오직 국교 금지에 관한 안건들만 다룰 것이다. 순응주의자들은 매디슨의 제안에 담긴 "국가의"(national)라는 단어는 매디슨이 다른 종교보다 어떤 특정 종교를 우대하는 것을 금지하길 원했음을 보여주는 증거라고 주장한다. 그런데도 많은 사실은 매디슨이 단순히 국교를 금지한 것이 아니라, 그 이상의 것을 반대했을지도 모른다고 말한다.

매디슨은 특정한 하나의 기독교 교파만이 아니라 모든 기독교 교파를 지지하기 위해 일반 세금을 종교에 부과하는 법안을 반대하는 투쟁을 벌인 1785년 버지니아 의회를 이끌었다. 그는 "기념과 항변"이라는 잘 알려진 글에서 세금 부과를 "국교 금지"라고 반복해서 언급했다.[15] 매디슨은 1817년 3월에 대통령직에서 퇴임한 후 그해 11월 추수 감사절에 성명을 발표했고, 그 성명에서 정부는 의회와 군대에서 활동하는 목사들에게 세금을 지원하면 안 된다고 말했다. 그는 정부의 세금 지원을 "기관들 금지"와 "국교 금지"라고 의미 있게 묘사했다.[16] 이 모든 것은 매디슨이 "국교"의 수립을 금지하는 수정안을 제출했을 때 그가 정확하게 무엇을 의도했는지를 확실히 이해하기 어렵게 한다. 그는 연방 정부가 다른 종교보다 기독교를 우대할 의무가 없다는 것을 주장하기보다는 연방 정부는 어떤 교회나

Constitution, vol. 5: Bill of Rights, no. 11, at 25.

15_ Robert A. Rutland, ed., *The Papers of James Madison*, 9 vols. (Charlottesville: University of Virginia Press, 1976), 8: 298-306.

16_ Elizabeth Fleet, ed., "Madison's Detached Memoranda," *William and Mary Quarterly* 3 (1946): 554-59.

종교 혹은 모든 교회나 모든 종교와 관련해서 어떤 행동을 미칠 수 있는 권한 바깥에 있다는 사실을 주장하고자 했을 것이다.

매디슨이 제안한 수정안은 매디슨 자신이 속해 있었던 하원 특별 위원회와 관련이 있다. 이 위원회는 네 개의 다른 대체 수정안들을 마련했다. 여기서 이 수정안들을 모두 상세히 설명하기에는 지면의 한계가 있지만, 일반적으로 그것들은 분리주의자 성향을 가졌다.[17] 예를 들면 뉴햄프셔의 새뮤얼 리버모어(Samuel Livermore)가 제출한 한 가지 제안은 다음과 같다. "의회는 종교에 간섭하거나 양심의 권리를 침해하는 법을 만들어서는 안 된다." 이 제안은 분명 분리주의자가 선호하는 주장이며 몇몇 특정 위원 중 비우대론자들에 대한 반응으로 보인다. 종교와 "관련한" 어떤 법도 통과시킬 수 없는 무능력한 의회는 종교 기관들이나 종교 기관의 활동 계획을 돕거나 후원하는 모든 종류의 입법안을 분명 배제했다. 하지만 제안서에 기록된 말은 분명 만족스럽지 못했고, 하원 특별 위원회는 다른 제안들을 고려했다.

1789년 8월 21일, 하원 특별 위원회는 결국 다음과 같은 결론에 도달했다. "의회는 국교를 수립하거나 자유로운 종교 행위를 금지하는 법을 만들어서는 안 되며, 양심의 권리가 침해당해서도 안 된다." 지금 이것과 관련해서 국교 수립 금지나 어떤 종교를 다른 종교에 우선해서 더 우대하는 것보다 훨씬 중요한 것이 있다. 그것은 이 제안에 분리주의 관점이 포함된 것처럼 보인다는 것이다. 『의회 연보』(Annals of Congress)에 기록된 이 논쟁에 대한 유일한 설명은 오직 진행 과정에 대해서만 간단히 제공할 뿐, 위원들이 그 제안을 통해 진정으로 무엇을 의도했는지에 대한 답을 제공해

17_ Derek H. Davis, *Original Intent: Chief Justice Rehnquist and the Course of American Church-State Relations* (Buffalo, N.Y.: Prometheus, 1991), 55-62.

주지는 않는다. 아무런 논란 없이, 하원 의원의 2/3가 이 제안을 받아들였고, 이 수정안을 상원에 제출했다.

1789년 9월 3일 상원은 이 수정안에 대해 논의를 시작했고, 이 과정은 9월 9일까지 지속되었다. 위원회가 제출한 원고를 고려한 결과, 상원의 첫 동의안은 "종교 또는 자유로운 종교 행위"를 삭제하고, "하나의 종교적인 종파나 단체를 다른 종파나 단체보다 더 우대하는" 이라는 문구를 삽입했다.[18] 이에 따라 상원에서 만들어진 새로운 제안은 다음과 같다. "의회는 하나의 종교적 종파나 단체를 다른 종파나 단체보다 더 우대하는 법을 만들어서는 안 되며, 양심의 권리가 침해당해서도 안 된다."[19] 이 제안에 담긴 국교 금지 조항은 비우대론자 관점으로 되돌아간 것처럼 보인다. 몇몇 종교들을 다른 종교보다 더 우대하는 것에 반발하는 금지만을 고려하고 있기 때문이다. 이와 같은 모습이 다른 네 개의 제안에서도 일반적으로 나타난다.

교회-국가의 관계를 연구하는 학자들은 상원에서 만든 이런 제안을 해석하는 데 서로 심각하게 불일치 한다. 예를 들어 레비[20]는 법학자인 더글러스 레이콕(Douglas Laycock)처럼 이 초안은 오직 "비우대"적 관점만을 선호하고 다른 초안들을 모두 거부했다고 주장한다. 상원이 명백히 국교 금지 조항의 포괄적 해석을 선호하는 표현을 원했기 때문이다. 레이콕은 다음과 같이 말했다. "적어도 이 세 개의 초안들은 다음과 같은 것을 보여준다. 만일 첫 연방 의회가 우대주의적 종교 조항을 금지하는 것만을 염두에 두었다면, 그들이 그렇게 하지 못한 이유가 수용 가능한 단어의 부족

18_ Linda Grant DePauw, ed., *Documentary History of the First Federal Congress of the United States of America*, 3 vols. (Baltimore: Johns Hopkins University Press, 1971), 1:151.
19_ Ibid.
20_ Levy, "Original Meaning of the Establishment Clause," 60.

때문은 아니라는 것이다. 상원은 핵심을 짚을 만한 세 개의 매우 명확하고 적절한 방안을 가지고 있었다."²¹ 그러나 좁은 해석을 고수하던 또 다른 법학자인 제라드 브래들리(Gerard Bradley)는 다음과 같이 제안한하는 것처럼 보인다. 거부된 세 개의 초안은 모두 국교 금지를 겨냥했다. 세 개의 초안은 모두 거부되었지만, 그것들은 상원들이 갖고 있던 지배적인 생각, 곧 국교 금지라는 생각을 보여준다.²²

1789년 9월 9일에 채택된 상원의 최종 수정안에는 다음과 같이 적혀 있다. "의회는 신앙 또는 예배의 형태에 관한 조항을 작성하거나 자유로운 종교 행위를 금지하는 법을 만들어서는 안 된다."²³ 그러나 이전에 상원에서 만든 대부분의 초안처럼 이 제안도 오해의 여지없이 한 교회나 종파를 다른 교회나 종파보다 더 우대하는 행동을 금지하는 좁은 의도를 담고 있다. 상원의 수정안은 그것을 거부했던 하원으로 환부되었다. 이러한 행동은 아마도 하원이 특정 교회 또는 종파에 대한 우대 금지만으로는 만족하지 못했으며 더 폭넓은 의도를 가지고 있었음을 보여준다.

종교 조항들의 출현

종교에 관한 수정안을 둘러싼 불일치를 해결하고자 상-하원 공동위원회(A House-Senate joint conference committee)가 발족했다. 결국 9월 25일 다음의 타협안이 도출되고 양원 모두에서 통과됐다. "의회는 국교를 수립하거나 또는 자유로운 종교 행위를 금지하는 법률을 제정할 수 없다."²⁴ 공동

21_ Douglas Laycock, "'Nonpreferential' Aid to Religion: A False Claim About Original Intent," *William and Mary Law Review* 27 (1985-1986): 880.

22_ Gerard V. Bradley, *Church-State Relationships in America* (Westport, Conn.: Greenwood, 1987), 93-94.

23_ DePauw, *Documentary History*, 1:166.

24_ *Annals of the Congress*, 1:913; DePauw, *Documentary History*, 1:181.

위원회는 결과의 도출 과정에 대해 아무런 기록도 남기지 않았다. 그러나 의회 활동은 완결되었다. 16개의 영어 단어로 간략하게 구성된 이 두 가지 종교 조항은 그렇게 승인되었다.

우리는 이 최종 표현을 어떻게 이해해야 할까? 기껏해야 우리는 그 표현에는 종교 조항들이 이루고자 의도했던 것들이 무엇이었는지에 대한 심각한 불일치가 반영되어 있다고 말할 수 있을 것이다. 최종 표현은 절충을 나타내지만, 하원의 제안들에 가득 담겨 있던 분리주의자가 선호하는 표현들로 되돌아간 것만은 확실하다. 분명한 것은 국교 금지 조항의 비우대적 이해는 거부되었다는 점이다. 우리는 이 국교 금지 조항이 정확히 무엇을 의미하는지 말할 수 없을지도 모른다. 그러나 위원회는 비우대주의자 관점을 선호했고 그렇게 다섯 차례에 걸쳐 그러한 표현을 제시했다. 그러나 다섯 번 모두 거부되었다. 비우대론적 관점이 가져올 이득이 무엇이건 간에, 그것은 아주 자세히 고려되었고 또 번번이 거부되었다.

그 두 가지 종교 조항은 다른 수정안들과 함께 비준을 위해 13개 주의회에 제출되었다. 미국 헌법을 공부하는 학생들 대부분이 실망하듯이, 이 논쟁에 관한 어떤 기록도 남아 있지 않다. 1790년 6월, 9개 주가 10개의 수정헌법에 대해 승인했다. 이를 가리켜 의회의 권리장전(the Constitution's Bill of Rights)이라고 한다.[25]

의미에 대한 탐구

헌법 입안자들은 그 두 가지 종교 조항이 뜻하는 정확한 의미에 대해 다음 세대가 결정할 수 있도록 어떤 노력도 기울이지 않았다. 그들은 용어에 대한 정의조차 기록으로 남겨놓지 않았고, 그것은 불행한 일이다. 이 문제는

25_ Levy, "Original Meaning of the Establishment Clause," 61-65.

의회와 정부의 비준을 위한 위원회 내의 논쟁들에 대한 기록의 부재 때문에 더욱 악화된다. 첫 의회의 논쟁과 관련하여 레너드 레비는 "심지어 수정안을 지키기로 한 약속을 충실히 이행하려고 했던 매디슨마저도 민중의 요구를 만족시키고 반공화주의자들의 비판을 누그러뜨리기 위한 필요한 일들 외에는 애써 노력하지 않았다"고 덧붙인다.[26]

종교 조항에 대한 명쾌한 의미가 부재함에도 불구하고, 여기서 우리는 헌법의 제정 과정에 있어 국교 금지 조항이 협의의 비우대론적 관점보다 광의의 분리주의적 해석에 더 기대어 있음을 보여준다고 알고 있다. 종교 조항을 작성한 사람들이 헌법에 비우대론적 언어를 끼워 넣을 수 있는 수많은 기회를 가졌음에도 불구하고 다섯 차례나 거부당했다는 주장은 중요하다.

서서히 전개되는 교회와 국가의 고전적 분리

교회와 국가의 분리는 종교 자유의 발전을 보증하는 주요 수단으로 간주되어야 한다. 종교의 자유란 건국 당시에는 "진행 중"이었고, 그것의 진보된 성숙은 미래에 놓여 있음을 뜻한다. 사실 종교의 자유에 대한 미국의 혁명적 실험이 진행 중인 것처럼, 이러한 진보는 여전히 성숙되는 과정에 있다. 우리는 이 운동을 구성하는 세 가지 요소, 곧 국교 폐지 운동, 공직 유지를 위한 종교적 맹세 철회 운동, 종교 행위를 처벌 대상에서 제외하는 운동을 간단히 살펴보면서 이 운동의 초기 단계를 알 수 있다. 우리가 헌법 입안자들이 만든 헌법 초안과 입안자들의 "본래 의도"를 담고 있는 권

26_ Ibid., 58.

리장전의 기록만을 너무 자세히 살펴볼 때 발생하는 문제는 우리가 종교 조항들의 의미를 분명하게 이해하기 어렵다는 점이다. 우리는 헌법 입안자들이 종교 조항들의 의미를 이해하는 것과 관련해서 서로가 동일하게 이해하지 않았다는 사실을 고려해야 한다. 두 번째 문제는 각각의 주와 연방 정부는 혁명적으로 종교의 자유를 더 완전한 개념으로 발전시키고 있는데, 헌법 초안과 권리장전만을 너무 자세히 살펴보는 것은 그런 혁명적인 사건들을 쉽게 오해할 수 있다는 점이다.

국교 폐지 운동

국교 폐지 운동은 혁명전쟁의 격동 기간에 극적으로 가속화될 추진력을 얻고 있었다. 1776년 7월 4일 미국이 독립을 선언했을 당시 단 4개의 주, 곧 델라웨어, 로드아일랜드, 펜실베이니아, 뉴저지 주에만 영국 국교회가 없었다. 버지니아, 뉴욕, 노스캐롤라이나 주는 1787년 제헌의회(Constitutional Convention)에서 종교에 대한 정부의 재정 지원을 거부했다. 앞에 열거한 7개 주는 어떤 교회든지 간에 정부의 지원을 받는 것을 종교 자유의 기본 원칙에 반대하는 것으로 여겼다. 13개 주 중 남은 6개 주도 결국 이 점에 설득되었지만, 매사추세츠 주가 마지막으로 국교 폐지 운동에 참여하기까지 46년의 시간이 걸렸다.[27]

교회-국가의 분리에 대해 비판하는 많은 이들은 헌법 입안자들의 의도를 파악하기 위해 오직 제헌의회와 첫 의회의 진행 과정만을 살펴본다. 제헌의회의 진행 과정에 대한 "간단한 묘사"는 국가 전역에서 일어나고 있는 종교의 자유에 대한 거대한 운동에 대해 기껏해야 아주 약간만 드러낼

27_ 남아 있던 6개 주가 국교 폐지에 참여한 순서는 다음과 같다. 사우스캐롤라이나(1790), 조지아(1798), 메릴랜드(1810), 코네티컷(1818), 뉴햄프셔(1819), 매사추세츠(1833).

뿐이다. 1630년대 로드아일랜드 주 정착 시대부터 시작했던 국교 폐지 운동은 19세기 초에 정점에 다다랐다. 수정헌법 제1조는 의회가 국교 "설립" 법안을 통과시키지 않겠다는 것을 의미한다는 주장은 약간의 논쟁을 야기했지만, 18세기 후반과 19세기 초 사람들은 수정헌법 제1조는 교회가 연방 정부로부터 재정 지원을 받아서는 안 된다는 것을 의미한다고 점점 더 확신했다. 모든 주가 교회에 대한 재정 지원에 반대하는 비슷한 법령들을 제정하는 강력한 호소에 이끌렸으며, 마침내 그러한 법령을 제정하게 되었다.

종교의 자유가 무엇을 의미하는지에 대해서는 다양한 견해가 존재하지만, 1630년부터 1830년 사이에 미국에서 일어났던 혁명은 행정 당국이 교회에 재정 지원을 하지 않는 것을 그 혁명의 가장 중요한 요소로 삼았다. 이 혁명은 1787년에 "진행 중"이었고, 버지니아에서 완성되었다. 그러나 요점을 말하자면, 그것은 헌법과 권리장전에 명시되면서 간신히 시작되었던 혁명이라는 것이다. 그 당시 제헌의회에 참석한 대표단은 꽤 잘 보호된 식민지에 다양한 형태의 국교가 존재하며 그 국교의 법적 지위는 대표단의 권한 바깥에 놓여 있다고 이해했다.

공직 유지를 위한 종교적 맹세 금지 운동

구대륙의 법을 따른 신대륙의 13개 식민지 모두는 공직 유지를 위한 필수 조건으로 종교적 믿음에 대한 맹세나 종교에 입교할 것을 요구했다. 이러한 맹세는 사회 통제 수단으로 보인다. 공직에 지원하는 이들이 종교의 기본 교리를 충실히 따르겠다는 맹세를 흔쾌히 할 때 그들을 시민에게 봉사할 수 있는 이들로 신뢰해서 받아들일 수 있다는 전통적인 견해를 고려한다면 말이다. 모든 식민지 시기에 시행된 맹세는 믿음 이상의 것을 요구했고, 종종 삼위일체, 성서, 몇몇 경우에는 개신교 신앙에 대한 고백 등을 강요했다.

독립 이후 8년 동안, 13개 주 가운데 11개의 주가 새로운 헌법을 받아들였다. 많은 주가 국교 설립 활동을 멈췄으나, 대부분은 공무원직을 위한 종교적 맹세를 계속 요구했다. 오직 코네티컷과 로드아일랜드 주만이 새로운 헌법을 채택하는 데 실패했지만, 두 주의 헌법은 공무원이 개신교인이어야만 함을 요구했다.[28]

새로운 헌법을 받아들인 주들 가운데 대부분은 식민지 시대 동안 강제되었던 신앙 검열을 재천명했다. 개신교인만을 공무원으로 채용했던 주들은 다음과 같다. 조지아(1777), 매사추세츠(1780), 뉴햄프셔(1784), 뉴저지(1776), 노스캐롤라이나(1776), 사우스캐롤라이나(1778), 버몬트(1777). 공무원을 그리스도인으로 제한한 주는 델라웨어(1776), 메릴랜드(1776), 펜실베이니아(1776) 주다. 델라웨어 주는 삼위일체에 대한 신앙을 요구했고, 펜실베이니아와 버몬트 주는 구약성서와 신약성서 전부에 대한 믿음을 요구했다.[29]

1787년 필라델피아 제헌의회 이전에 채택된 새로운 주 헌법에서, 오직 버지니아와 뉴욕 주의 헌법만이 공무원의 신앙 맹세 요구를 철회했다.[30] 그런데도 연방 헌법의 "신앙 검열 금지" 조항은 많은 주가 받아들이

28_ John F. Wilson, "Religion Under the State Constitutions, 1776-1800," *Journal of Church and State* 32 (1990): 764. Wilson이 설명하는 것처럼, 공무원은 개신교인이어야만 한다는 로드아일랜드 주의 필요 조건은 1719년 이전에는 실행되지 않았다. Wilson은 이것을 다소 놀라운 일이라고 말한다. "왜냐하면 Roger Williams의 시대였던 1665년의 로드아일랜드 주법은 공직이나 투표를 위해서 종교적인 검열을 금기했기 때문이다. 이러한 것이 로드아일랜드 주를 식민지에서 그리고 아마도 당시의 서구 세계에서 가장 관용적인 주로 만들었다." (764). 그러나 1683년 Williams의 죽음 이후, 로드아일랜드의 쇠퇴한 자유와 그 이후의 식민지는 적어도 혁명의 시대까지, 비개신교인들을 박해하는 경향을 보였으며, 그 정도는 다른 뉴잉글랜드의 경쟁 상대였던 매사추세츠, 코네티컷, 그리고 뉴햄프셔보다 더 심했다.

29_ Ibid.

30_ Daniel L. Dreisbach, "The Constitution's Forgotten Religion Clause: Reflections on the Article VI Religious Test Ban," *Journal of Church and State* 38 (1996): 267.

는 표본이 되었다. 세기가 바뀌기 전에 조지아(1789), 사우스캐롤라이나(1790), 델라웨어(1792), 버몬트(1783), 테네시 등지에서는 주 헌법상의 종교 검열을 금지하거나 삭제했다. 특히 새롭게 주가 된 켄터키는 1792년 주 헌법에서 공무원에 대한 신앙 검사를 금지했다.[31] 그러나 다른 주들은 공무원들의 신앙 검사를 유지했고 이는 19세기와 심지어 20세기까지도 지속했다.[32]

다시 말하자면 우리가 미국에서 일어난 종교의 자유를 위한 200년 운동(1630년대에서 1830년대까지)이라고 말할 수 있는 이 운동의 또 다른 중요한 측면(신앙 검열)은 진행 중이었고, 여전히 미성숙했으며, 건국 시기에도 미완성의 상태였다는 점이다. 우리는 이 시기에 벌어진 여러 논의 사안들을 살펴보면서 헌법 입안자들의 원래 의도를 알 수 있을 것이라고 기대한다. 우리가 제헌의회와 제1차 회의의 진행 과정에 대한 단편적 묘사만을 살펴본다면, 우리는 매우 초기 단계에 머무른 그 운동에서 성숙한 종교 자유의 개념을 거의 찾을 수 없을 것이다. 하지만 우리가 이후 19세기에 발전한 그 운동의 상황을 살펴본다면, 우리는 국교 폐지 사항처럼 종교 검열에 대한 금지 사항에서 정부와 종교 기관의 분리가 점점 더 보장되는 성숙한 종교 자유의 개념을 확인할 수 있다.

종교적 행동을 처벌 대상에서 제외하기 위한 운동

식민지 입법부는 달갑지 않고 비전통적인 종교 활동을 완고하게 제재하기 위한 온갖 종류의 법을 제정하는 경향이 있었다. 예를 들어 17세기 버지니

31_ Ibid., 272-73.

32_ Anson Phelps Stokes, *Church and State in the United States*, 3 vols. (New York: Harper & Brothers, 1950), 1:358-446; Carl Zollman, "Religious Liberty in the American Law," *Michigan Law Review* 17 (1991): 355.

아 식민지에서는 자녀가 세례를 받지 않으면 그 부모는 담배 2,000파운드어치의 벌금을 내야만 했다. 그리고 삼위일체를 믿지 않거나 성직자를 깎아내리는 사람에게는 사형이 내려지기도 했다. 코네티컷 식민지에서는 구체적으로 교황과 화체설을 부인하지 않을 경우 감옥에 갇힐 수도 있었다. 17세기에 메릴랜드 식민지에서는 실제로 가톨릭 신자인 부모의 부동산 소유권을 박탈하고 가톨릭 신앙을 부인할 의사가 있는 자녀에게 그 소유권을 인정해주는 법이 존재했다.

미국 사회가 종교의 자유를 수용하는 일과 관련해서 성숙해졌을 때, 이런 종류의 법은 점진적으로 사라져갔다. 비록 많은 법이 19세기까지 오래 지속되었지만 말이다. 그러나 오늘날 많은 미국인이 혐오하고 불합리하다고 생각할 수 있는 이러한 법 중 다수가 건국 시기의 문서들에 기록되어 있다. 따라서 건국 시기에 관한 간단한 묘사만을 택하는 것은, 종교적 행위를 처벌했던 이러한 종류의 법들의 점진적인 축소를 보여주지 못할 것이다.

결론적으로 국교를 금지하고 종교적 맹세를 폐지하며 종교적 행동을 처벌 대상에서 제외하기 위한 운동의 점진적 진행을 주목하면서, 우리는 교회-국가 분리의 발전을 미국 공공 철학의 중요한 결과물로 평가할 수 있다. 이것은 우리가 건국 시기만을 따로 떼어내어 독립적으로 분석해서는 절대 평가할 수 없는 일이다.

교회와 국가의 고전적 분리는 하나님을 반대하는 주장이 아니다

오늘날의 많은 비판이 주는 인상과는 반대로, 교회와 국가의 분리는 최소한 고전적인 입장에서는 종교를 부정하거나 축소하기 위함이 절대 아니다. 사실 정부로부터 종교를 분리하는 것은 국가가 발전하는 데 필요한 도덕적 덕목을 시민 사회에 제공해 종교적 활기를 불어넣기 위함이었다. 따라서 세속적으로 보이는 헌법의 특징, 특히 국가를 하나님의 권위 아래에 직접 위치시키지 않으면서 전통을 깨뜨리기로 한 건국의 아버지들의 결정은 헌법 구조에서 하나님의 역할에 대한 문제에 큰 혼란을 줄 수 있다.

실제로 새로운 헌법이 가진 세속적 특성은 그 헌법을 만드는 데 앞장선 이들이 하나님께서 우주를 통치하신다고 생각한 방식에 기초한다. 계몽주의 시대를 지배하던 이성주의가 확산되면서, 우주를 지배하시는 하나님의 통치 방식을 설명하는 신학적 비유는 헌법의 패러다임이었다. 이것은 정치 지도자들이 연방 정부에 대한 새로운 개념을 표현하는 데 사용할 수 있는 어휘를 제공했다. 그리하여 미국인들은 정부의 공화정 제도에 대해 토마스 페인의 다음과 같은 표현을 받아들일 수 있었다. "(공화정 제도는) 자연 질서와 자연의 불변하는 법칙과 항상 일치하며, 모든 부문에서 인간의 이성을 따른다."[33] 매디슨도 입헌 정부의 창시자가 "우주의 최고 입법자"이신 하나님이라고 주장하면서 입헌 정부에 대한 개념을 옹호했다.[34] 그리고 존 애덤스(John Adams)는 제퍼슨에게 다음과 같이 말했다. "기독교의 기본 원리들은 하나님의 존재와 속성들처럼 영원하고 불변한 것입니다. 그리고 그러한 자유의 원리들은 인간의 본성과 우리의 지구와 같이 변함이 없는 것입니다."[35]

건국자들이 구성한 입헌주의는 신적 승인으로 가득 차 있었다. 신적

33_ Thomas Paine, *The Rights of Man*, quoted in David Nicholls, *God and Government in an Age of Reason* (London: Routledge, 1995), 106.

34_ John Madison, "Memorial and Remonstrance Against Religious Assessments (1785)," quoted in Nicholls, *God and Government*, 108.

35_ Letter from Adams to Jefferson, June 28, 1813, quoted in Nicholls, *God and Government*, 108.

승인은 사람들의 마음과 생각으로부터 헌법에 대한 지지를 얻어내고 유지하기 위해 필요한 것이었다. 따라서 헌법은 사실 전적으로 세속적 문서로 제출된 것이 아니었다. 그 안에는 하나님의 섭리적 손길이라는 개념이 계속해서 담겨 있었다. 제임스 매디슨은 사람들이 헌법을 채택하도록 하기 위해서 이런 개념을 효과적으로 사용했고, 다음과 같은 매디슨의 주장이 『연방주의자』(The Federalist)라는 논문집에 실려 있다. "경건한 사상을 가진 사람이 전지전능한 손길을 인지하지 못하는 것은 불가능하다. 그 손길은 너무나 자주 뚜렷하게 혁명의 중요한 시기에 처한 우리의 안위까지 확대되었다."[36]

연방 헌법의 개념은 성직자들이 이 땅의 헌법과 하늘의 헌법의 유사점을 교육하고 설교하는 것을 통해서 사람들의 마음에 주입되었고 발전되었다. 하나님은 그분의 합리적 본성을 유지하시면서 그분이 세우신 헌법에 따라서 우주를 다스리시는 분으로 묘사되었다.[37] 회중교회 목사인 에이브러햄 윌리엄스(Abraham Williams)는 하나님이 우주를 다스리시는 방식에 연방 헌법을 비유하면서 입헌 정부의 탁월함을 다음과 같이 극찬했고, 연방 헌법에 신성한 자격을 부여했다. "정부는 자연과 사물들의 관계 안에 세우신 하나님의 조직체다. 하나님은 머리시다.…그리고 최고의 통치자시다."[38] 윌리엄스는 "그런 헌법과 행정부를 갖춘 아주 지혜롭고 선한 정부에 우리를 맡기신" 것에 대해 "이 세상의 최고 통치자"께 감사했다.[39] 이와 유사하게 회중교회 목사인 스탠리 그리스월드(Stanley Griswold)는 다음과 같

36_ Madison, *The Federalist* 37, quoted in Nicholls, *God and Government*, 108.
37_ Nicholls, *God and Government*, 105, 114.
38_ Abraham Williams, "An Election Sermon (1762)," quoted in Nicholls, *God and Government*, 118.
39_ Williams, "Election Sermon," quoted in Nicholls, *God and Government*, 119.

이 결론을 내렸다. 헌법은 "우리가 소중히 여기는 모든 것을 보호하는 수호천사다. 우리가 가진 자유와 우리에게 가장 최선의 이익을 가져올 수 있는 모든 것의 성역으로서 헌법을 존중하자."⁴⁰

침례교의 공헌

종교의 자유라는 미국의 전통을 갖게 한 침례교의 공헌, 특히 종교의 자유의 핵심적 기초로서 교회-국가 분리 원칙에 기여한 침례교의 공헌은 자주 간과되곤 한다. 1787년 헌법에 자리 잡은 종교의 자유라는 미국의 전통과 자유에 대해 상세하게 기술한 권리장전은 침례교회의 신앙과 활동, 특히 로저 윌리엄스, 아이작 배커스, 존 릴랜드와 같은 침례교 지도자들에게 많은 빚을 지고 있다.⁴¹ 이러한 사람들의 공헌에 대한 조사는 빠져나갈 길이 없는 결론, 곧 교회와 국가의 분리는 미국이 건국된 시기에 태동하고 정교해진 세속적 개념이기보다는 더 신학적인 개념이라는 결론에 이르게 한다.

오늘날 미국에 종교의 자유가 자리 잡을 수 있었던 가장 중요한 요인은 의심의 여지없이 대담하고 끈질긴 로저 윌리엄스의 종교적 순례다. 윌리엄스는 청교도 목사로서 1631년 영국에서 매사추세츠로 건너왔다. 하지만 실제로 그는 식민지의 신정주의적 정치 질서와 영국 국교회가 자신들의 반대자들을 과도하게 억압한다고 비판했다는 이유로 1635년 추방당했다. 성서를 사랑하는 침례교인으로서 그는 식민지에서 벌어지는 교회

40_ Stanley Griswold, "Overcoming Evil With Good (1801)," quoted in Nicholls, *God and Government*, 121.

41_ E. Y. Mullins, *The Axioms of Religion* (Philadelphia: America Baptist Publication Society, 1908), 57.

와 국가의 협력에 대해 뉴잉글랜드의 신학적 정당화에 이의를 제기했다. 윌리엄스에 따르면 매사추세츠 식민지는 종교적 다양성에 대한 비관용과 교회와 국가의 일체화를 통해 영혼의 자유라는 성서적 교리를 위반했다. 윌리엄스는 식민지의 모든 시민이 의무적으로 교회에 출석해야 한다는 주장에 완고하게 반대했다. 게다가 그는 공무원이 되기 위한 종교 검열과 시민권을 얻기 전에 하나님 앞에 맹세를 요구하는 "자유인의 맹세"에도 반대했다. 비그리스도인들에게 그러한 맹세는 정부가 기도를 강요하는 것과 맞먹는 행위이며, 그리스도인들은 그런 행위를 받아들일 수 없다. 왜냐하면 하나님께 맹세해서 세워지는 나라는 일시적인 국가가 아닌 영원한 하나님 나라뿐이기 때문이다.[42]

윌리엄스는 국가가 본질적으로 세속적 임무들을 수행하고, 교회가 영적인 임무들을 자유롭게 실행하는 것을 보장하기 위해서는 교회와 국가의 분리가 필요하다고 확신했다. 그는 미국 최초의 분리주의자였으며, 당대 대부분의 정치 사상가보다 훨씬 앞서 있었다.

침례교인인 아이작 배커스(1724-1806)는 미국의 독립 전쟁이 발발한 소란스러운 시기 동안에 종교 자유의 문제를 이끌었다. 그는 교회-국가 분리의 중요성과 자유의 중요성을 깨달았고, 한 세기 전에 활동했던 그의 전임자들이 가장 먼저 종교의 자유를 원한다는 구호와 함께 횃불을 들고 선두 주자로서 무리를 이끌었던 중요한 위치에 등장했다. 다트머스의 역사학자인 존 멕클린(John Mecklin)은 배커스의 중요성에 대해 다음과 같이 인정한다. "제도화된 비관용과 옹졸한 박해에 직면해서 인내심과 관용, 그리고 용감한 성품을 가진 그는 이후 헌법에 구체적으로 구현되고 우리의 민주주의적 자유를 보장하는 원리들을 단순하고 가식 없는 방식으로 보여

42_ Ibid., 128-29.

주었다."⁴³

배커스는 정부의 종교 강요는 사람들을 아주 많이 살해하고 그들에게 고통을 가져오며, 그리고 기독교라는 기치 아래 불신앙이 확산되는 상황을 더욱 악화시키고, 지금까지 인류에게 알려진 것 중 가장 최악의 형태의 폭정을 이끈다고 주장했다.⁴⁴ 이것과 반대로, 그는 교회가 정부의 공무를 방해해서는 안 된다고 주장했다. 교회와 국가는 조화를 이룰 수 있지만, 각자가 가진 임무의 본성은 굉장히 다르고, 결국 그런 본성이 교회와 국가가 완벽하게 일치될 수 있음을 금지한다.

한 세대 후에 존 릴랜드(1754-1841)가 배커스와 전임자들의 투쟁을 이어나갔다. 종교의 자유는 릴랜드의 글을 지배했고 그의 삶의 대부분을 차지했다. 릴랜드는 인생 전반에 걸쳐 광범위한 주제의 책을 읽었고, 박식한 전도자이자, 정치 운동가로 활동했다. 비록 매사추세츠에서 태어났지만, 그는 1776년부터 1791년까지 15년 동안 지치지 않고 버지니아에서 일했다. 활력 있고 용감한 설교가로서 릴랜드는 종교의 자유에 대해 버지니아 주가 투쟁을 하던 매우 중요한 시간 동안 침례교의 메시지를 전했다.

자유를 위한 그의 열정적인 변호는 토마스 제퍼슨과 제임스 매디슨이 하려던 일과 일치한다. 제퍼슨과 매디슨은 릴랜드와 함께 버지니아 의회 맨 앞에서 종교의 자유를 위해 투쟁했다. 릴랜드는 양심의 권리란 양도가 불가능한 것이라는 침례교의 주장을 위해 싸웠다. 예를 들어 그는 버지니아와 영국 국교회 사이에 조금이라도 남아 있는 연결 고리를 끊기 위해 힘

43_ John M. Mecklin, *The Story of American Dissent* (New York: Harcourt, Brace, 1934), p. 221. 또한 다음을 보라. J. M. Dawson, *Baptists and the American Republic* (Nashville: Broadman, 1956), 46.

44_ T. B. Maston, *Isaac Backus: Pioneer of Religious Liberty* (London: James Clark & Co., 1962), 71.

차게 노력했다.

> 정부는 종교에 관한 인간의 견해에 대해 수학의 원리보다 더 관여할 일이 없다. 신이 하나이든, 셋이든, 스물이든, 존재하지 않든 상관없이 모든 사람이 두려움 없이 자유롭게 말할 수 있게 하고, 자신이 믿는 원리들을 유지하게끔 하며, 자신의 믿음에 따라 예배하도록 하게 하자. 그리고 정부가 사람들이 그렇게 하는 것을 보호하도록 하자.[45]

릴랜드는 자신의 투쟁에 대해 제퍼슨과 매디슨으로부터 지지를 얻었고, 매디슨의 그 유명한 "기념과 항변"을 위한 서명을 받는 데 중요한 역할을 했으며,[46] "심지어 제퍼슨이 종교의 자유를 위해 발의한 개헌안을 통과시키는 데 필요한 충분한 표를 얻기 위해 로비 활동까지 벌였다."

매디슨과 릴랜드는 헌법에 대한 침례교의 지지를 얻기 위한 "거래"를 하고자 1788년에 만났다. 매디슨은 "침례교인들이 원했던 종교의 자유를 뚜렷이 드러내는" 수정안을 마련하기로 동의했다.[47] 매디슨이 제안한 표현이 의회에 제출되었을 당시에 비해 심각하게 변형된 것은 사실이지만, 미국의 종교의 자유의 전통의 핵심인 국교 금지와 자유로운 종교 행위의 원칙을 포함한 기본적 개념은 살아남았다. 대부분의 미국인이 제임스 매디슨을 미국의 종교의 자유에 대해 가장 책임 있는 사람으로서 묘사하지만, 침례교 역사학자인 도슨(J. M. Dawson)은 만일 제임스 매디슨에게 누가 책

45_ John Leland, quoted in H. Leon McBeth, *The Baptist Heritage* (Nashville: Broadman, 1987), 275. 또한 다음을 보라. L. F. Greene, ed., *The Writings of John Leland* (New York: Arno, 1969), 179-92.

46_ Edwin Scott Gaustad, "Tha Baptist Tradition of Religious Liberty in America" (Waco, Tex.: J. M. Dawson institute of Church-State Studies, Baylor University, 1995), 12.

47_ McBeth, *Baptist Heritage*, 282.

임자냐고 묻는다면 재빨리 "존 릴랜드와 침례교인들"이라 답했을 것이라고 강조한다.[48] 매디슨이 침례교인들에게서 많은 통찰력과 영감을 받은 것은 사실이며, 그리고 아마도 도슨의 다음과 같은 주장도 사실일 것이다. "침례교인들이 없었다면 매디슨도 없었을지 모른다."[49]

미국의 교회-국가 분리 원칙에 대한 침례교인들의 공헌을 부인할 수 없지만, 그들의 기본적인 견해는 대부분 그리스도인에게 있어 핵심적이다. 왜냐하면 종교의 자유를 성취하기 위해 교회와 국가의 분리에 의존하는 것은 궁극적으로 하나님의 본성과 인간의 관계에 관한 신학에 자리 잡고 있기 때문이다. 종교의 자유는 하나님이 인간을 자신에게로 이끌기 위해 강압적인 수단을 사용하시는 것이 아니라, 사랑 안에서 하나님 자신을 알게 하기로 선택하셨다는 성서적 진리에 따른 필연적 결과다. 우리는 하나님에 관해 우리가 믿고 싶은 것은 무엇이든지 믿을 자유가 있다. 어떤 강제적인 믿음, 곧 인간 행위자의 완전히 자유로운 선택이 아닌 다른 어떤 것에서 비롯된 믿음은 공허한 믿음이자 거짓된 충성이다.

더욱이 창세기 1:26이 가르치는 것처럼 인간은 하나님의 형상으로 창조되었다. 마르틴 루터와 장 칼뱅 같은 개혁자들을 따라, 초기 많은 미국인은 하나님을 닮은 인간성에는 도덕적 유사성도 포함된다고 믿었다. 하나님은 그분의 속성을 따라 반드시 자유로워야만 한다. 하나님은 그야말로 전지전능한 분이시다. 만약 인간이 하나님과 도덕적으로 유사하게 창조되었다면, 하나님과 관련된 것을 자유롭게 선택하는 능력이 우리 자신에게 틀림없이 주어졌다. 달리 말해서 국가의 권력은 반드시 제한되어야 하며, 국가는 하나님에 대한 인간의 자유로운 선택에 간섭할 수 없다. 뉴

48_ Dawson, *Baptists and the American Republic*, 117.
49_ Ibid.

잉글랜드 청교도 신학자인 존 코튼도 동일하게 주장한다. "교회 권력을 포함한 세상의 모든 권력은 제한되어야만 한다."⁵⁰ 인류의 종교적 선택을 지도하기 위한 국가의 권력을 제거하는 것, 즉 교회와 국가를 분리하는 것이 결국 하나님의 자유로운 속성과 모든 남자와 여자에게 수여하신 자유의지를 따르는 것이다. 종교사가인 제임스 우드 주니어(James E. Wood Jr.)는 이것을 다음과 같이 묘사한다. "하나님의 주권은 반드시 인간과 시민의 권위에 대한 충성을 대체하는 인간의 가장 초월적인 충성이다. 국가 권력의 제한은 국가에 대한 무비판적인 칭송을 예방하는 보호 장치와 같다. 국가에 대한 무비판적인 칭송은 종교의 자유가 축소되는 필연적 결과다."⁵¹

새로운 제도 안에서 종교의 역할

이 모든 것은 헌법이 제정되는 기간에 헌법 입안자들이 분리주의자가 즐겨 사용하는 표현과 관련해서 연방 헌법 체계를 고려했음을 보여준다. 어떤 이들은 미국 헌법에 들어 있는 명백한 세속성을 강력하게 반대했다. 하지만 세속성을 이해했던 사람들은 그것이 결코 종교에 적대적인 것이 아니라는 것을 알았다. 역사가 월터 번즈(Walter Berns)는, 헌법은 자유와 그 자유로부터 비롯된 축복들을 수호하기 위해 만들어진 것이지, 신을 인정하거나 신에 대한 믿음으로 사람들을 인도하기 위해 만들어진 것이 아니

50_ John Cotton, *An Exposition upon the Thirteenth Chapter of Revelation* (London: L. Chapman, 1655), 72.

51_ James E. Wood Jr., "Theological and Historical Foundations of Religious Liberty," *Journal of Church and State* 15 (1973): 251.

라고 말한다.[52] 헌법 입안자들은 만일 미국인들이 하나님의 법을 지키며 살게 하기 위해 계산된 기독교 연방을 만들고자 원했다면, 그들은 쉽게 그렇게 할 수 있었을 것이다. 그러나 그들은 그렇게 하지 않기로 결정했다. 그들은 정부는 신이 아니라 사람으로부터 비롯되는 것이라고 생각했기 때문이다. 종교는 자유에 종속된 것이었다. 자유는 모든 사람이 정부의 제약 없이 자신의 신앙을 행사하도록 그들을 자유롭게 하는 것이었다. 미국은 종교적 진리 위에 세워진 국가가 아니었기 때문에, 정부가 할 일은 종교적인 진리의 다양한 관점들에 대해 믿고 행동하도록 모든 시민의 권리를 보호하는 것이었다. 종교의 자유는 인간의 기본권이었다. 연방 정부는 인간의 기본권에 간섭할 수 있는 권한이나 권위조차 갖고 있지 않았다.

물론 당시 정부의 지도자들 중 상당수는 이러한 결정이 가져올 정부와 종교의 극단적 분리를 예견하지 못했다. 그들의 관점에서 보자면, 사람들의 행복과 시민 정부의 선한 질서 및 보존은 여전히 종교와 독실한 신앙심에 달려 있었다. 만일 국가가 신정주의를 우선시하지 않는다면, 사람들의 행복과 국가 질서의 보존은 경시될 수 있다. 이것이 매사추세츠 주 비준회의에 참석한 존 터너(John Turner)의 입장이었다. 그는 다음과 같이 주장했다. "기독교 신앙의 경건함과 도덕이 널리 퍼지지 않는다면, 최고의 공화정 헌법은 노예 제도와 파멸로부터 우리를 보호할 수 없다."[53] 존 애덤스도 다음과 같이 천명했다. "정치인은 자유에 대한 계획을 세우고 추측할 수 있지만, 종교와 도덕만이 진정 자유를 확립한다."[54] 후에 애덤스는 다음

52_ Walter Berns, "Religion and the Founding Principle," in *The Moral Foundations of the American Republic*, ed. Robert H. Horwitz, 3rd ed. (Charlottesville: University Press of Virginia, 1986), 214.

53_ John Turner, quoted in Bernard Schwartz, *The Bill of Rights: A Documentary History*, 2 vols. (New York: Chelsea House, 1971), 2:709.

54_ John Adams, quoted in Lynn R. Buzzard and Samuel Ericsson, *The Battle for Religious*

과 같이 덧붙였다. "헌법은 오직 도덕적이고 종교적인 사람들을 위해 만들어졌다. 그것은 도덕적이고 종교적이지 않은 정부에는 전혀 어울리지 않는다."[55] 그뿐만 아니라 조지 워싱턴(George Washington)도 1789년 그의 대통령 취임 연설문에서 "모든 공적이며 사적인 재산의 가장 위대한 주인"에게 감사했으며 미국인들은 반드시 "인간사를 이끌어가는 보이지 않는 손을 인정하고 흠모해야 한다"는 의견을 피력했다.[56] 이 연설문에는 기독교적 메시지가 명시적으로 등장하지는 않지만, 워싱턴이 종교와 미국이라는 신생 국가의 존립 사이에 존재하는 연관성을 인지했다는 점은 분명하게 보여준다. 워싱턴의 고별 연설에서도 비슷한 관점이 나타난다.

> 정치적 번영을 가져오는 모든 성향과 습관들과 관련해서 종교와 도덕이 가장 필요한 토대입니다.···아주 간단한 질문을 하나 하겠습니다. 만일 법정에서 심문의 도구가 되는 맹세[선서]가 종교적 의무감을 바탕으로 행해지지 않는다면 우리는 어디에서 재산, 명예, 생명을 보장하는 것을 찾을 수 있을까요? 우리는 종교 없이 도덕이 유지될 수 있다고 아무렇게나 생각해서는 안 됩니다. 특정한 사상 체계에 영향을 줄 수 있는 세련된 교육이 무엇이든지 간에, 우리의 이성과 경험은 종교적 원리 없이는 국가의 도덕성이 국민 전체에게 퍼질 수 없다는 사실을 알려줍니다.[57]

Liberty (Elgin, Ill.: David C. Cook, 1982), 180.

55_ John Adams, quoted in Charles Frances Adams, ed., *The Works of John Adams, Second President of the United States*, 10 vols. (Boston: Little & Brown, 1850-1856), 9:229.

56_ George Washington, quoted in *The Writings of George Washington*, ed. John C. Fitzpatrick, 39 vols. (Washington, D.C.: U.S. Government Printing Office, 1931), 30:291-96.

57_ Ibid., 35:229.

순응주의자들은 방금 인용한 주장들을 당연히 마음에 들어한다. 왜냐하면 이 주장들은 헌법 입안자들이 공적 생활에서 종교를 철회하는 것을 의도하지 않았다는 증거이기 때문이다. 그런데도 이러한 주장들 전부가 인간 정부에 필요한 도움으로서 종교의 역할을 높이 평가하지만 종교를 널리 알려야만 하는 주체가 정부라는 관점을 나타내는 주장은 아무 데도 없다. 이러한 주장은 사실 순응주의만큼이나 분리주의를 위한 주장들로 여겨져야 할지도 모른다. 분리주의자들은 일반적으로 종교가 성공적인 민주 정부에 가장 핵심적인 시민적 덕목을 제공한다고 생각한다. 하지만 그들은 어떤 상황에서도 시민적 덕목의 근원으로서 종교를 반포하는 것과 관련해서 인간 정부는 제한적인 역할만을 수행해야 한다고 생각한다. 헌법 입안자들 다수가 분명 이러한 관점의 지지자들이 되었다는 강한 증거가 존재한다.[58] 따라서 오늘날 대부분의 분리주의자는 종교의 영역으로 존중되어야 할 것은 사적 영역이며, 그것이 민주 정부의 성공적인 기능에 필수적인 도덕과 선을 제공할 것이라고 주장한다.

또한 순응주의자들은 미국의 건국자들이 연방 정부가 종교를 장려하는 역할을 해야 한다고 믿었다고 주장하면서, 존 애덤스와 많은 후임 대통령이 취임 연설에서 대부분의 종교가 받아들일 수 있는 일반적인 표현을 사용하여 신에게 취임 기도를 드렸고, 감사를 선포했음을 언급한다. 하지만 그러한 감사의 선포와 기도문들이 종교를 장려하는 역할을 연방 정부에 부과하는 것임을 정말로 인정하는 것일 수 있지만, 그런 역할을 연방 정부에 부과하지 말아야 한다는 정반대의 증거 역시 존재한다. 제1차 회의에 참석한 많은 사람이 종교의 자유로운 행위를 반대했다. 제임스 매

58_ Derek H. Davis, *Religion and the Continental Congress, 1774-1789* (New York: Oxford University Press, 2000), chap. 10.

디슨도 그중 한 명이다. 그는 그러한 종교 활동에 대해 강한 의문을 품었다. 그는 "감사와 금식은…국가 종교라는 잘못된 개념을 암시하며 그런 생각을 분명히 조장하는 것으로 보인다"고 했으며, 그러한 것들을 "국교 금지" 조항에 해당한다고 보았다.[59] 하지만 그는 이 주제에 대해서 유연한 태도를 여전히 고수했다. 전하는 바에 따르면, 미국 내에서 벌어진 영국과의 전쟁 기간 중에 대통령이었던 그는 정상을 참작할 만한 상황들을 발견했기 때문에 여러 날 동안 감사를 선포했다.[60] 미국의 3번째 대통령 토마스 제퍼슨 역시 공식적인 기도를 반대했다. 그는 "헌법이 간직해왔던" 그대로 사람들의 손에 남겨두는 것이 최선이라고 믿었다.[61] 미국의 7번째 대통령 앤드루 잭슨(Andrew Jackson)은 제퍼슨의 관점을 공유했으며, 어떠한 감사의 선언조차 공표하는 것을 끊임없이 거부했다.

우리는 이런 다양한 관점과 관련해서 헌법 입안자들은 종교가 국민의 삶에 수행해야 하는 역할에 대해 전체적으로 확실한 견해를 갖고 있지 않았고 부분적으로는 의견이 불일치했다고 결론을 내릴 수 있다. 헌법 입안자들은 종교 활동이 평화와 질서를 저해하지 않는 한 연방 정부는 종교의 자유로운 행위를 방해해서는 안 된다는 견해에 한 몸처럼 확실히 동의했음에는 논란거리가 없다. 미국이라는 신생 국가에서 사회정의를 증진하기 위한 중요한 부분은 모든 시민이 자기 양심이 명하는 바에 따라서 자유롭게 신을 예배하도록 하는 데 집중되었다. 또한 헌법 입안자들은 종교적 사안에 있어 정부는 어떤 특별한 권한도 인정하지 않아야 한다는 관점을 갖고 있었다. 하지만 그들은 연방 정부가 어떤 부수적인 역할, 곧 인간의 기

59_ John Madison, quoted in "Madison's Detached Memoranda," ed. Elizabeth Fleet, *William and Mary Quarterly* 3 (1946): 560, 554-59.

60_ Ibid., 560.

61_ Thomas Jefferson, quoted in *Wallace v. Jaffree*, 105 S.Ct. 2479 (1985) at 2514 (Rehnquist, J.).

관으로서 종교를 장려하거나 신에 대한 정부의 의무가 있음을 인정해야 하는지와 관련해서 종교를 지원하는 역할을 수행해야 하는지에 대해서는 서로 다른 의견을 가졌다. 헌법 입안자들 대부분이 국교 금지 조항을 국민의 삶에서 종교에 대한 매우 간접적인 역할을 용인한 것으로 해석해야 한다고 생각했다. 미국 초기 대통령들이 연설문에서 밝힌 감사의 선포들, 의회 목사직(congressional chaplaincies) 그리고 종교의 유익을 낭송하는 법령들(예를 들어 북서부 영토령[the Northwest Ordinance])이 그 증거다.

고전적 분리주의는 엄격한 분리주의가 아니다

이런 견해들을 유념하면서, 우리는 교회와 국가의 고전적 분리주의는 종교가 대중들의 삶에 유입되고 그들의 삶과 많은 관계를 맺는다는 점에서 어느 정도 관대해졌다고 이야기해야 한다. 미국의 시스템은 서로 구별되는 동시에 상호 연결되는 세 규칙의 집합체, 곧 교회와 국가의 분리, 종교와 정치의 통합, 시민 종교의 순응(accommodation)으로 이해되어야만 한다. 미국 내 종교와 국가의 독특한 관계를 만들어가는 다양한 규칙, 관습, 실천 모두는 비록 언제나 독점되는 것은 아닐지라도 주로 이 세 범주 중 하나에 해당한다고 할 수 있다. 이 세 범주에 대한 이해, 세 범주의 상호 관계, 그리고 세 범주들이 민주주의 원칙을 증진시키기 위해 결합하는 방식을 이해한다면, 우리는 고전적 분리주의가 대중들의 삶에 영향을 미치는 종교의 많은 측면에 굉장히 우호적이라는 사실을 쉽게 알 수 있다.

교회와 국가의 분리

교회와 국가의 분리는 미국의 시스템에서 종교와 국가의 관계를 묘사하는 통상적인 방법이 되어버렸다.⁶² 그럼에도 교회와 국가의 분리라는 표현은 미국의 전체 시스템을 정확하게 설명하기에는 너무 일반적이다. 왜냐하면 많은 점에서 명확하게 구분된 부분이 없기 때문이다. 미국의 국시(國是)로서 "우리는 하나님을 믿는다"(In God We Trust)라는 표현을 공개적으로 사용하고, 서약의 맹세로 하나님의 이름을 언급하며, 국가 기도의 날을 준수하고, 그리고 정부로부터 급여를 받는 법적인 목사를 승인하는 미국의 체계가 어떻게 교회와 국가를 분리시키는 일에 전념할 수 있겠는가? 분명히, 교회와 국가의 분리라는 미국의 전통은 모든 사안에서 정부가 종교에서 분리되는 것을 의미하지 않는다.

분리를 적용할 더 나은 방법은 교회와 국가의 **기관적** 분리를 기술하는 용어를 사용하는 것이다. 다른 말로 하자면 헌법은 미국 사회에서 교회와 국가 기관들은 연결되지 않고, 서로 의존하지 않고, 혹은 기능적으로 서로 관련이 없을 것을 요구한다. 이 요구 사항의 목적은 어떠한 권위도 자신들을 강제하지 않을 때 최선의 기능을 발휘할 수 있다는 믿음에 기반한 종교와 국가 기관의 상호 독립과 자치권을 달성하기 위함이다. 이와 관련된 기

62_ 분리 원칙은 굉장히 폭넓은 범주 안에서 설명된다. 뛰어난 순응주의자 해석으로는 다음을 참고하라. Chester James Antieu, Arthur L. Downey and Edward C. Roberts, *Freedom from Federal Establishment: Formation and Early History of the First Amendment Religion Clauses* (Milwaukee: Bruce, 1964); Walter Berns, *The First Amendment and the Future of American Democracy* (New York: Basic Books, 1976); Michael J. Malbin, *Religion and Politics: The Intentions of the Authors of the First Amendment* (Washington, D.C.: American Enterprise Institute for Public Policy Research, 1978); Robert L. Cord, *Separation of Church and State: Historical Fact and Current Fiction* (New York: Lambeth, 1982). 분리주의자 관점은 다음을 참고하라. Leo Pfeffer, *Church, State and Freedom*, 2nd ed. (Boston: Beacon, 1967); Leonard Levy, *The Establishment Clause: Religion and the First Amendment* (New York: Macmillan, 1986); Anson Phelps Stokes, *Church and State in the United States: Historical Development and Contemporary Problems of Religious Freedom under the Constitution* (New York: Harper & Brothers, 1950); Isaac Kramnick and R. Laurence Moore, *The Godless Constitution: The Case Against Religious Correctness* (New York: Norton, 1996).

관들은 종교 기관들(예를 들면 교회, 이슬람사원, 신전, 유대교 회당, 다른 종교 사원들)과 정부의 영향력 아래에 있는 기관들(예를 들면 연방 정부 및 주 정부, 또한 학교, 경찰서, 시의회, 공익사업부, 지방법원, 지방자치위원회, 유사한 기관들)이다. 결과적으로 교회와 다른 종교 기관들은 정부 기금을 직접 받지 않으며, 세금을 면제 받는다. 정부 관리들이 성직자를 임명하지 않는다. 반대로 종교 기관이 정부 관리를 임명하지도 않는다. 정부 기관, 심지어 법원조차도 교리적 사안과 관련된 교회의 분쟁을 해결하도록 허락되지 않는다. 그리고 종교 기관도 중세의 로마 가톨릭교회와 달리 법과 공공 정책을 명령할 권위를 갖고 있지 않다.

교회와 국가의 기관적 분리는 공립 학교들 내에서의 종교 활동을 제한하는 사법부의 결정들에서 가장 자주 볼 수 있으며, 그로부터 대부분의 논쟁이 발생한다. 기도문 낭독과 성서를 읽는 것, 십계명이나 다른 종교적 문구를 게시하는 것, 또는 특정 종교의 세계관을 가르칠 수 있는 학교의 재량을 제한하는 법원의 판결은 국가의 간섭으로부터 종교의 신성한 영역을 보호하기 위해 의도되었다. 이것들은 대다수 고전적 분리주의자가 타협할 여지가 없는 사안들이다. 공립 학교 환경에서는 **제도화된** 종교의 교훈과 실천들이 받아들여지는 것도, 금지하는 것도 못하게 되어 있다는 것을 기억해야 한다. 비교 종교학, 종교의 역사적·문학적·인류학적 측면을 가르치는 과목들은 허용되며 심지어 권장된다.[63]

게다가 사립 기관에 종교 교육 기금을 주는 정부의 지원에 제한을 두는 법원의 판결은 교회와 국가의 기관적 분리의 결과물이며, 이는 고전적 분리주의자들에게 대단히 중요하다. 일반적으로 연방대법원은 제도화된 종교 단체들이 시행하는 이러한 프로그램들이 편협한 종파주의적인 방식

63_ *Abington v. Schempp*, 225.

으로 종교를 발전시키고 국교 금지 조항을 위반하는 경향이 있다는 관점을 고수해왔다. 그러나 종교 교육을 시행하는 사립 학교들의 "세속적" 요소들은 허용된다. 따라서 법원은 정부가 사립 종교학교들에게 예를 들어 교과서, 컴퓨터, 진료 장비, 그리고 기타 다양한 물품들을 구매해주는 것을 허용해왔다. 왜냐하면 이러한 지원프로그램들은 종교의 포교나 지지가 그 목적이 아니기 때문이다.[64] 하지만 교사 수당과 같이 종교를 홍보하거나 증진하기 위한 혜택을 제공하는 프로그램들이나, 종교 교재 구입, 종교적 동상 건립, 종교 교육과 같이 제약 없는 보조금 등은 모두 위헌으로 간주되었다.[65] 그런데도 이러한 제한들은 연방대법원이 우대주의자들을 지향하는 것에 기초해서 내린 판결 때문에 최근 들어 서서히 무너지고 있다.[66]

교회와 국가의 기관적 분리는 종교-정부의 상호 관계에도 영향을 끼친다. 최근 미국 정부는 무료 급식소, 약물 및 알코올중독 치료 프로그램들, 무료 의류 저장소, 노숙인 임시숙소, 청소년 범죄 예방 프로그램 등과 기타 비슷한 종류의 사회복지 서비스 프로그램들을 실행하려는 교회와 다른 종교 기관에 정부 보조금을 제공하려는 일련의 법안들을 통과시켰다. 이 프로그램들은 이론적으로 세속적 목적을 진전시키면서 헌법적 차원에서의 세밀한 검토를 통과한다. 그러나 그런 프로그램은 교회, 신전, 이슬람사원, 다른 종교의 예배당들이 "충분히 종파적"이라는 견해를 유지하고 있는 헌법의 지배적 견해에 대한 과감한 도전이다. 이 견해는 그런 프로그램 기능의 "세속적" 측면을 몰아내는 것이 사실상 불가능할 정도로 사

---

[64] 다음을 각각 살펴보라. *Board of Education v. Allen*, 392 U.S. 236 (1968); *Mitchell v. Helms*, 530 U.S. 793 (2000); *Levitt v. Pearl*, 413 U.S. 472 (1973).

[65] 다음을 보라. *Lemon v. Kurtzman*, 403 U.S. 602 (1971); *Pearl v. Nyquist*, 413 U.S. 756 (1973); *Wolman v. Walters*, 433 U.S. 229 (1977).

[66] 예를 들어 다음을 보라. *Mitchell v. Helms*, 530 U.S. 793 (2000), 그리고 *Zelman v. Simmons-Harris*, 536 U.S. 639 (2002).

회복지 프로그램의 임무와 목적이 종교에 아주 넓게 퍼져 있음을 의미한다. 위에 열거된 프로그램 수혜자들이 정부의 재정 지원을 받은 종교 기관이나 세속적인 복지 기관들이기 때문에 자선 기관 지정 사업법이라고 불리는 제정법은 국교 금지 조항이라는 전통적인 분리주의자의 법해석에 반대하는 도전이다.[67]

사회정의를 고취하는 핵심은 차별 금지의 원칙이다. 교육과 사회복지 사업과 같은 종교 단체들의 세속적 사업을 지원하는 정부 프로그램은 좋은 의도에도 불구하고 궁극적으로 더 큰 차별로 이끈다. 만일 정부 기금을 제공한다면, 헌법은 모든 종교 단체에 동일한 혜택을 제공해야 한다. 현재 대략 2,000여 개의 조회 가능한 종교들과 종파들이 미국에 있으며, 그들에게 정부 재정을 공정하고 평등하게 분배하는 것은 불가능하다. 그 대신 모든 수준에서 정부는 종교적 모임들이 공적 기금을 받는 것에 대해 까다롭게 심사한다. 그것은 필연적으로 특정 종교 프로그램들의 공익성에 무게를 더하는 결과를 가져올 것이다. 당연히 대부분의 재정적 원천들과 정치적 영향력을 가지고 있는 쪽이 전체에서 가장 많은 부분을 차지한다. 비교적 작고 덜 대중적인 종교 단체들은 미국의 신앙 공동체 간의 파괴적인 경쟁이라는 새로운 분위기 속에서 주변부로 밀려날 것이다. 이와 관련해 비차별적이 되기 위해 정부는 공신력이 떨어지는 비정통적인 종교 단체들에도 재정 지원을 하도록 강요받을 것이다.

이에 더하여 종교를 정부의 시녀로 만드는 것은 문제의 소지가 있는 정부 정책에 대한 "예언자적 목소리"와 양심으로서 종교의 역할에 대한 최근의 쇠퇴를 알리는 것과 같다. 지원금을 받는 종교는 결단코 사회 속

67_ 일반적으로 자선 기관 지정 사업법에 대해서는 다음을 보라. Derek Davis and Barry Hankins, *Welfare Reform and Faith-Based Organizations* (Waco, Tex.: J. M. Dawson Institute of Church-State Studies, 1999)

에서 예언자적 역할을 성취할 수 없다. 종교가 생존하기 위해 자신의 후원자를 의지하고, 궁극적으로 하나님을 의존하려는 체계에 어떤 잘못이 있을까? 벤저민 프랭클린의 다음과 같은 조언은 확실히 적절하다. "종교가 선할 때, 나는 종교가 그 스스로를 유지할 것이라는 사실을 확신한다. 그리고 종교가 스스로를 유지하지 못할 때, 신도 그 종교를 도와주는 데 관심이 없다. 그 결과 종교를 가르치는 선생들이 어쩔 수 없이 시민 권력에 도움을 요청한다. 나는 그것이 종교가 나빠지고 있음을 상징하는 것이라고 생각한다!"[68]

교회와 국가의 기관적 분리는 인류 역사상 새로운 시도다. 모든 역사를 통틀어 대부분의 사회에서 정부는 반드시 도덕적 행위자가 되어야만 하며, 사회의 발전에 있어 인간이 주도적인 역할을 해야만 한다는 가정 위에서 작동해왔다. 정부가 시민의 생활 속에 도덕성을 심기 위한 수단으로서 예배와 종교적인 리더십을 지지하고, 심지어는 그것을 요구하는 것이 고대 사회에서는 관례였다. 미국의 건국자들은 도덕적인 시민 없이 성공적 국가 건설은 불가능할 것이라는 주장에 설득되었으나, 그들은 도덕에 대한 훈련은 반드시 정부가 아닌 신앙 공동체로부터 주로 도출되어야 함을 믿었다.[69] 국교 금지 조항은 시민들의 삶에 종교적 가르침을 주입하려는 정부의 강제적 역할을 종식시키고자 했던 건국자들의 시도였다. 반면에 자유로운 종교 행위 조항은 시민들이 자유롭게 자신들의 종교에 헌신할 수 있도록 그들의 손에 종교를 두고자 했던 건국자들의 목적을 반영했다. 그것은 대담한 시도였으나, 지금은 미국 공공 철학의 중심이 되었다.

68_ Benjamin Franklin, *The Works of Benjamin Franklin*, ed. Jared Sparks (Chicago: MacCoun, 1882), 8: 505.

69_ 다음을 보라. Davis, "Virtue and the Continental Congress," in *Religion and the Continental Congress, 1774-1789*.

연방대법관이었던 와일리 러트리지(Wiley Rutledge)는 다음과 같이 주장했다. "우리는 국가와 종교의 완전한 분리가 서로를 위한 최선이라는 믿음 위에 우리나라의 존재를 고정해왔다."[70] 러트리지 대법관은 교회와 국가의 완벽한 분리가 불가능하다고 이해했지만, 정교분리의 원칙이 미국인들의 삶에서 얼마나 중요한지를 강력하게 되새겨주었다.

종교와 정치의 통합

교회와 국가의 분리는 미국인의 삶에서 중요하지만, 그러나 그것은 종교와 국가 사이에서 일어나는 상호 작용의 모든 측면을 설명하지 못한다. 이것은 정치 과정에 종교적 참여를 권장하는 미국 시스템에서 쉽게 엿볼 수 있다. 만일 미국의 제도가 교회와 국가의 완벽한 분리를 추구한다면, 미국의 제도는 종교적 성향의 사람과 신앙 공동체 그리고 종교 기관들이 자기들의 종교적 관점을 반영하라고 법과 공공 정책에 영향을 끼치는 정부 관료를 설득하기 위한 공적 토론에 적극적으로 참여하는 것을 지지하지 않을 것이다.

고전적 분리주의자들은 정치적 주장에 참여하고 정치적 선언을 만들기 위한 교회 및 다른 종교 단체들의 권리에 대해 단 한 번도 심각하게 문제 삼지 않았다. 오늘날 미국에 있는 모든 세계의 주요 종교와 많은 종교 연합들은 경제와 사회정의, 전쟁과 평화, 낙태, 시민의 권리, 가난과 세계의 굶주림을 포함한 다양한 사안에 관해 로비 활동을 하기 위해 워싱턴 D.C.에 홍보실(public affairs offices)을 실제로 가지고 있다.[71] 이 집단들은

70_ *Everson v. Board of Education*, 330 U.S. 1, 59 (1947).

71_ 종교적 로비 활동에 관한 뛰어난 작업으로는 다음을 보라. Ronald J. Hrebenar and Ruth K. Scott, *Interest Group Politics in America* (Englewood Cliffs, N.J.: Prentice-Hall, 1982); Jeffrey M. Berry, *The Interest Group Society* (Glenview, Ill.: Scott, Foresman, 1989);

대부분 자신의 홍보실을 그들 단체의 관심사만을 위해 보유하는 것이 아니라, 각 집단이 세상과 관련해서 가지고 있는 그들만의 임무의 이해에 기초해서 사회 문제들을 증언하는 효과적 수단으로 여기고 있다. 정치적 과정에서 적극적이고 열정적인 종교 단체들의 목소리를 무시하는 것은 미국의 역사를 통틀어 법과 공공 정책을 마련하는 데 종교가 해온 중심 역할을 부정하는 것이다.

미국의 정치적 과정에서 능동적 참여자가 되려는 종교 단체들의 권리에 대해 미국 연방대법원은 심각하게 맞서지 않았다. 이 권리에 대한 가장 강력한 확증은 맥대니얼 대 패티 판결(1978)을 통해 주어졌다. 이 판결은 성직자가 주(州) 관료가 되는 것을 금지한 테네시 주 법규를 기각시킨 사건이었다. 연방대법원은 공적 토론에서 종교적 의견의 보호가 중요하다는 사실을 확증했다. "다른 어떤 것들보다 덜함이 없이, 종교적 의견은 아무런 제약을 받지 않고, 역동적이며, 활짝 열려 있는 토론의 주제가 될 수 있다.… 다른 어떤 것들과 마찬가지로, 종교적 의견에 관한 공적 토론이 감정을 일으키고, 선동하며, 종교적 불화와 다툼을 조성할지도 모른다는 주장은 종교에 대한 헌법적 보호를 박탈하지 않는다."[72]

그러나 연방대법원의 이 선언이 미국 내에 있는 기성 종교가 정부의 간섭으로부터 자유로우며, 공공 정책을 만들 때 참여할 절대적 권리를 누린다고 추정하게끔 이끌어서는 안 된다. 예를 들면 종교 집단들은 **상당한**

Allen D. Hertzke, *Representing God in Washington: The Role of Religious Lobbies in the American Polity* (Knoxville: University of Tennessee Press, 1988); Jeffrey M. Berry, *The New Liberalism: The Rising Power of Citizens Groups* (Washington, D.C.: Brookings Institution Press, 1999); Daniel J. B. Hofrenning, *In Washington, but Not of It: The Prophetic Politics of Religious Lobbyists* (Philadelphia: Temple University Press, 1995); Luke Eugene Ebersole, *Church Lobbying in the Nation's Capital* (New York: Macmillan, 1951).

72_ *McDaniel v. Paty*, 435 U.S. 618, 640 (1978).

정치적 비용 지출[73]이나 정치 후보자들을 지지하는 것("로비 활동")[74] 때문에 세금 공제 혜택에서 제외 대상이 된다. 그런데도 그것들은 정치적 과정에 참여하기 위해 세속 단체들처럼 동일한 권리를 기본적으로 누린다. 민주주의의 원칙이 지금 여기 만연해 있다. 종교적이든 세속적이든, 자유는 민주 정부에 기여하기를 원하는 미국 사회 안의 모든 사람 또는 단체의 권리이며, 심지어 그렇게 하도록 권장된다. 비록 그러한 참여가 엄밀한 법 해석에 따르면 교회-국가 분리 원칙을 위반하는 것일지라도 말이다.

종교적 주장이 미국의 정치 토론에서는 흔히 있는 일인 반면, 일반적으로 종교적 목적을 증진시키려는 입법 행위는 그렇지 않다. 왜냐하면 연방대법원의 **레몬** 심사 기준(정책의 목적은 종교적이지 않고 세속적이어야 하고, 정책이 초래한 결과가 어떤 종교를 증진시키거나 억제해서는 안 되며, 정부와 종교가 깊이 상호 연관되어서는 안 된다. 하나라도 이를 위반할 경우 수정헌법 제1조에 의해 그러한 입법은 위헌이다—편집자 주)에 의한 요구 사항 때문에, 정부의 행동은 세속적인 목적만을 반영해야 한다. 그것은 종교를 포교하거나 금지하는

73_ "**상당**"이라고 정의하는 것에 대해 명확한 법칙은 없지만, 만일 한 단체의 로비 활동 비용이 5%를 초과하지 않는다면 "면책"(safe harbor) 조항이 존재함을 한 사례가 보여준다(*Seasongood v. Commissioner*, 227 F.2d 907 [6th Cir. 1955]). 또 다른 경우 다음과 같은 판례가 있다. 교회 의료 보험과 관련해서 교회 신도의 의료 비용(병원비)에 관해 교회 수입의 약 22%를 지출하는 교회가 있다면(교회가 그만큼 교회 신도의 병원비에 대해 책임을 지는 것을 말한다—역자 주), 그 교회는 "실질적인 과세 대상"에 해당한다 (*Bethel Conservative Mennonite Church v. Commissioner* 80 T.C. 352 [1983], rev'd., 746 F.2d 388 [7th Cir. 1984]). 하지만 비율이 기준이 됨은 적절하지 않다는 판례도 있다(*Haswell v. United States*, 500 F.2d 1133 [Ct. Cl. 1974], cert. denied, 419 U.S. 1107 [1975]). 그러나 한 자료에 따르면, 여전히 20%를 넘지 않는 지출은 "상당하지 않은" 것으로 여겨진다(다음을 보라. Lynn R. Buzzard and Sherra Robinson, *I.R.S. Political Activity Restrictions on Churches and Charitable Ministries* [Diamond Bar, Calif.: Christian Ministries Management Association, 1990], 53-59).

74_ **로비 활동**은 내국세입법(Internal Revenue Code Section) 4911 (d)(1)에 의해 정의된다. 다양한 규제와 규칙들, 그리고 법원의 판결들이 **로비 활동**의 의미에 대해 설명하고 있으며 다음을 참고하기 바란다. Buzzard and Robinson, *I.R.S. Political Activity Restrictions*, 42-52.

것이 일차적인 목적이 되어서는 안 된다. 그리고 정부의 행동은 종교와 정부 사이에 지나치게 복잡한 관계를 만들어서도 안 된다.[75]

또한 종교와 정치의 통합에 대한 미국적 집착은 잠재적 정치 후보자와 공무원들이 그들의 종교적 의견에 관해 말할 자유가 있음을 의미한다. 자유로운 종교 행위 조항은 그들에게 신앙에 관한 일을 자유롭게 말할 자유를 부여하는데, 심지어 대부분의 경우, 그들이 공무 중일 때에도 그렇다. 미국에서는 대통령 후보자가 자신의 종교적 생각을 솔직히 말하지 않고는 당선될 수 있을 것 같지 않다. 미국은 종교적 구성에 있어서 다양하지만 전 지구에서 가장 종교적인 국가 중 하나인 것만은 명백하다. 그리고 미국인들은 일반적으로 그들의 정치적 대표들의 신앙을 알기 원한다. 헌법은 정부 관료 후보에 대한 공식적 종교 검열의 시행을 금지한다(그리고 대부분의 주는 이것을 따른다). 그러나 종교 검열의 시행은 공직자가 적어도 종교적으로 헌신되어야 한다는 비공식적 기대와는 다르다. 이런 비공식적 기대는 종교적 문화의 산물이자, "어떤 절대적 존재(a Supreme Being)를 상정하는 기관을 가진 종교인들의 구성체"인 시민 조직이 만들어낸 산물이다.[76]

시민 종교의 순응

고전적 분리주의 관점에 따르면, 미국의 헌법 제도에 있는 국교 금지 조항이 종교와 정치의 통합을 제재함에 있어서 관대해진다면, 동일하게 시민 종교의 다양한 표현을 수용하는 것에도 관대해질 수 있다. 미국 시민 종교에 관한 한 가장 유명한 학자인 로버트 벨라(Robert Bellah)에 따르면, 시민 종교는 신적 실재를 향한 정치 질서의 핵심을 표현하는 공적인 예식에 관

75_ *Lemon v. Kurtzman*, 403 U.S. 602 (1971).
76_ *Zorach v. Clauson*, 343 U.S. 306, 313 (1952).

한 것이다.[77] 대부분의 설명에 의하면, 시민 종교는 국민의 삶에 신성한 의미를 부여하는 종교적 형태를 말한다. 그것은 초월적 신과 정치적인 것들을 연결하면서 국가를 하나 되게 하는 신학적 접착제와 같다. 시민 종교는 미국인들이 신학적 차이에 얽매이지 않고 미국 국가 전체를 향한 신의 주권을 이해하는 방식을 그들에게 제시한다.

많은 미국인이 교회와 국가의 분리를 지지하지만, 이것이 국가는 어찌됐든 시민의 영역으로서 여전히 신에 대한 의무를 가진다는 그들의 믿음을 제거하지 않는다. 만일 국가가 신에 의해 통치되는 우주의 일부분이 아니라면, 미국인들에게 독립 국가의 지위(nationhood)는 그리 대수로운 것이 아니다. 결론적으로 그들은 정치 집단이 종교적 영역을 가져야만 한다고 생각한다. 다른 방식으로 말하자면, 종교는 순전히 사적이지 않다. 종교는 공적인 것에서 벗어날 수 없다. 벨라는 교회와 국가의 분리가 종교적 차원으로서의 정치적 영역을 부정하지 않는다고 주장하면서 이것을 인정한다.[78] 교회-국가 분리의 고전적 개념도 시민의 영역 안에서 종교적 요소를 허용한다.

미국 시민 종교의 가장 대표적인 상징은 국가의 모토인 "우리는 하나님을 믿습니다"라는 표현이다. 이 표현은 미국의 화폐에서도 볼 수 있다. 충성의 서약에서도 신의 이름을 부르고, 많은 공립 학교 학생들이 날마다 이를 낭독하기도 한다. 그것은 국가 기도일에서도 관찰될 수 있고, 군대 및 미국 연방 의회와 주 의회는 정부에서 급여를 받는 성직자를 운용하며, 그들은 의회에서 그 표현을 사용한다. 그리고 정치적 연설, 특히 대통령 연설(모든 대통령은 취임 연설에서 신을 인정해왔다)에서 신과 미국의 신앙적 운명에

77_ 다음을 보라. Robert N. Bellah, *The Broken Covenant: American Civil Religion in Time of Trial*, 2nd ed. (Chicago: University of Chicago Press, 1975), esp. 3.
78_ Ibid., 169-70.

대한 빈번한 언급이 있다. 이러한 주 정부 또는 신앙 공동체가 민간 영역의 종교적 표현들을 독점적으로 홍보하지 않는다. 오히려 양쪽 모두 명백한 종교적 가치를 국가적 시민 질서에 단단히 새겨 넣는 작업을 장려한다.

시민 종교는 모든 사회에 존재하는 사회학적 실체다. 그것은 다양한 맥락에서 다양한 방식으로 자기 자신을 나타내지만, 아마도 프랑스 사회학자인 에밀 뒤르켐(Émile Durkheim, 1858-1917)의 다음과 같은 제안이 가장 옳을지도 모른다. 모든 사회는 가장 깊은 기저에서 종교적이며, 군주는 반드시 이것을 존중하고 인정하는 데 있어 책임 있게 행동해야 한다. 그 사회가 스스로 쇠락하거나 잊히지 않기 위해서는 말이다.[79] 물론 대부분의 미국인에게, 국가가 신의 주권을 인정하는 것은 사회학적 필요를 충족시키려는 의미에서 시민들의 바람을 단순히 받아들이는 것이 아니라 신적 실재를 긍정하려는 행동이다. 비록 그런 인정이 일반적이고, 상징적인 방식으로 행해진다 하더라도 말이다. 어쨌든 국가가 시민 종교를 수용하는 것은 국가가 세속화된 문화의 방향으로 너무 멀리 나아가지 못하도록 보호하는 것이다.

연방대법원은 미국인의 삶에 녹아 있는 시민 종교의 증거를 가끔 인정한다. 시민 종교에 관한 표현으로서는 의회 기도(legislative prayer), 의회와 군 성직자들, 성탄절과 하누카(Hanukkah, 11월이나 12월에 8일간 진행되는 유대교 축제-역자 주) 장식, 공립 학교의 졸업식 기도 등이 있다. 이러한 것들은 국교 금지 조항의 "분리" 요구 조건들에 대한 위반으로서 도전받아왔다.[80] 연방대법원은 어린아이들에게 공격적이지 않으면서 포괄적이

79_ Émile Durkheim, *The Elementary Forms of the Religious Life*, rev. ed. (New York: Free Press, 1965).

80_ 다음을 각각 보라. *Marsh v. Chambers*, 463 U.S. 783 (1983); *Abington v. Schempp*, 374 U.S. 203 (1963), 296-97 (*Brennan concurring*); *Lynch v. Donnelly*, 465 U.S. 668 (1984);

고 오래된 시민 종교 전통들을 허용하는 경향이 있다. 따라서 연방대법원은 의회 기도와 관련해서 합헌이라고 주장했다. 의회 기도가 미국의 정치적 삶에서 오래되었고 중단된 적이 없는 전통이기 때문이다.[81] 하지만 공립 학교라는 상황과 관련해 어린 학생들의 민감성을 고려한다면, 의회 기도와 비슷한 공립 학교의 기도는 교회와 국가의 기능적인 분리를 위반한 것으로 금지된다. 이와 동일하게 십계명과 다른 종교적 문서를 의회와 공립 학교 교실에 게시하는 것도 교회와 국가의 기능적 분리를 위반하는 것이다.[82] 의회와 군 성직자들도 오래된 전통으로서 받아들여진다. 학생들의 교화에 대한 민감성과 잠재성의 문제 때문에 법원이 공립 학교 성직자라는 개념을 지지할지 의심스럽지만 말이다. 만일 종교적 축제일에 전시된 진열품들이 가진 종교적 메시지가 그것들 주변에 있는 세속적 상징물에 의해 약화된다면, 종교적 축제일에 전시된 진열품들은 국교 금지 조항을 위반하지 않는 것으로 받아들여져 왔다.[83] 하지만 공립 학교 졸업식에서 성직자가 드린 기도는 종교에 대한 정부의 부적절한 후원으로서 국교 금지 조항을 위반한 것으로 받아들여져 왔다.[84]

연방대법원은 공공장소에서 일어나는 이런 행위들이 헌법적으로 가능한 행위인지를 해석하기 위해 많은 노력을 쏟아왔다. 이러한 사례들을 평

Allegheny v. Pittsburgh ACLU, 492 U.S. 573 (1989); *Lee v. Weisman*, 505 U.S. 577 (1992).
81_ *Marsh v. Chambers*, 463 U.S. 783 (1983).
82_ *Stone v. Graham*, 449 U.S. 39 (1980).
83_ *Lynch v. Donnelly*, 465 U.S. 668 (1984): 성탄절 아기 예수 구유 장식(Christmas crèche), 산타클로스, 순록, 요정들, 그리고 다른 세속적인 장식들이 함께 진열되어 있다면, 성탄절 기간에 그것을 공적 기금으로 진열하는 것은 합헌이다. *County of Allegheny v. ACLU*, 109 S.Ct. 1086 (1989): 유대교 촛대(menorah, 유대교 전통의식에 사용되는 여러 갈래로 나뉜 촛대)도 크리스마스트리와 자유를 상징하는 장식 옆에 위치해 있다면, 그것이 공공장소에 진열되어 있어도 합헌이다.
84_ *Lee v. Weisman*, 505 U.S. 577 (1992).

가하는 데 있어서, 이렇게 공적으로 승인된 종교는 일반적으로 어느 종파에도 속하지 않았고, 상징을 가졌으며 어떤 특정한 신학적 내용을 갖고 있지 않기 때문에 이들 사례를 심사하는 데 어려움이 있다. 간단히 말하자면 이것은 시민 종교다. 법원에서 재판을 진행하는 법률가들이 시민 종교를 전통적 종교와 구별하는 데 특별히 전문화된 능력을 발휘할 필요는 없었다. 가끔 연방대법원이 시민 종교의 몇몇 활동들을 옹호하기 위해 "예식적 이신론"(ceremonial deism)이라고 불리는 뚜렷하지 않은 개념을 적용해오긴 했다.[85] 그러나 연방대법원은 단 한 번도 예식적 이신론이 무엇인지 정의내리지 않았다. 이 용어는 특정 행위가 예전에 가졌던 문화적 의미를 잃어버렸거나 혹은 단순히 공공장소에서 열리는 행사에 엄숙성을 더하기 위한 것에 불과하여 종교적이라 할 수 없기 때문에 헌법에 부합하다는 연방대법원의 판결에 단순한 약칭처럼 보인다.

모든 시민 종교 전통은 교회와 국가의 분리라는 엄격한 잣대로 보자면 헌법을 위반한 것이다. 하지만 그것들은 문화적으로 그리고 사법적으로 순응하는 행위들로 이루어진 전통을 더 풍성하게 만든다. 교회와 국가의 분리에 대한 고전적 관점은 이러한 활동들을 허용하며, 엄격한 분리를 절대 강요하지 않는다. 그러한 엄격한 분리는 미국의 문화적 질서에 포함된 일정 부분 필요한 시민 종교적 요소에 결코 동의하지 않을 것이다. 의심할 여지없이, 몇몇 시민 종교의 상징들은 많은 사람의 기분을 상하게 한다. 하지만 그것들은 대부분 강압적이지 않은 일반적인 종교 행위일 것이나. 예를 들어 공립 학교에서 행해지는 기도 의식과 같은 방식으로 말이다. 시민 종교 활동은 종교적이고 또 민족적 다양성을 존중하는 경향이 있으

85_ 예를 들어 다음을 보라. *Lynch v. Donnelly*, 465 U.S. 668 (1984), 716 (Brennan, J., dissenting), *and County of Allegheny v. ACLU*, 492 U.S. 573 (1989).

며, 따라서 사회정의를 증진하기 위한 노력을 방해하기보다 서로 보완한다. 게다가 대부분의 미국인이 이런 활동을 받아들이고 기념한다. 또한 이러한 활동은 미국의 전통을 구성하는 독특하고 미묘하며 그리고 가끔은 모순이 있는 개념, 원칙, 관습, 믿음 그리고 상징들에 기여한다.[86] 물론 시민 종교는 사람들이 정치적 목적으로 시민 종교를 악용할 수 있는 위험성이 있지만, 그런 문제는 현재 논의의 영역을 벗어나 있다.

결론

교회와 국가의 분리에 관한 고전적 견해는 종교개혁과 종교를 공적 문제라기보다는 사적 양심의 문제로 생각하는 인식의 부산물인 종교 다원주의에서 기인했다. 사람들은 중세와 종교개혁 시기에 벌어진 잔혹한 행위로 수십만 명이 목숨을 잃은 것은 정부가 종교 문제에 대해 너무 과도한 권한을 가진 것에서 비롯된 결과라고 생각했다. 개인의 권리에 대한 진보는 14세기부터 본격적으로 시작되었고, 적어도 서구 사회에서 인간이 만든 정부가 개인의 권리를 보호하기 위한 새로운 역할을 지지하면서 사람들이 단 하나의 공동의 신앙을 따를 것을 강요하는 정부의 이전 역할을 포기하도록 이끌었다.

    미국은 교회와 국가의 분리를 공식적으로 승인한 헌법적 뼈대를 만든 첫 국가였다. 그것은 건국 시기에 발생한 숭고한 실험이었으며, 오늘날까

---

[86] 이러한 입장은 연방대법원의 "호의적 중립성"(benevolent neutrality) 정책과 일관된다. 이것은 *Walz v. Tax Commission*, 397 U.S. 664 (1970)에서 처음 표현됐다. 박애적 중립성은 종교와 정부 사이의 기관적 차이에 적절히 민감하다. 이 때의 정부는 헌법 입안자들이 의도한 정부를 말하며, 동시에 공적 생활 안에서의 종교에 대한 몇몇 정부의 표현들을 허용하기도 한다.

지도 그렇게 남아 있다. 헌법 초안 작성자들은 테오도시우스 황제가 기원후 380년 기독교를 로마 제국의 공식 종교로 만든 이래로 기독교 서구 사회를 특징지어왔던 박해와 종교 전쟁에서 미국이 벗어날 수 있을 것이라는 소망에서 그 실험을 시작했다. 수정헌법 제1조의 종교 조항이 "평화 조약"(Articles of Peace)이라는 것을 저명한 가톨릭 신학자인 존 코트니 머레이(John Courtney Murray)가 증명해왔다.[87] 온갖 신조를 가진 종교들은 다른 그 어떤 문명화된 국가보다도 미국에서 훨씬 더 존중받는다.

미국의 너무 많은 그리스도인이 교회와 국가의 분리에 대해 과소평가한다. 마태복음 22:21을 보면, 그리스도께서는 그리스도인들이 "가이사의 것은 가이사에게, 하나님의 것은 하나님에게" 바쳐야 한다고 말씀하신다. 곧 영적 헌신은 정치적 서약에서 분리될 수 있다. 예배는 하나님의 것이지만, 세금과 정부의 권위에 대한 복종은 가이사의 것이다(롬 13:1). 그리고 하나님의 관심과 가이사의 관심이 반드시 같지 않다. 그리스도인들은 종종 그들의 삶에 대한 거룩한 부르심을 발견할지도 모르지만, 그 둘은 가끔 극적으로 충돌하기도 한다. 예를 들어 초기 기독교의 성도들은 때때로 박해를 받거나, 또는 가이사에게 무릎을 꿇고 절하지 않았다는 이유로, 국가가 마련한 이교도 예식에 참여하는 것을 거부했다는 이유로, 심지어 기독교 문서의 사본을 소지하고 있다는 이유로 처형당하기도 했다. 그리스도인들은 자주 선택을 강요당한다. 가이사의 명령에 복종하거나, 스스로가 이해한 하나님의 뜻을 따르는 것 사이에서의 선택 말이다. 로마 제국은 종교에 대한 권한을 가지고 있었기 때문에, 국교를 따르지 않는 이들에 대한 처벌이 손쉽게 이뤄졌다. 근대에는 적어도 교회와 국가의 분리에 있어 국

---

[87] John Courtney Murray, *We Hold These Truths: Catholic Reflections on the American Proposition* (New York: Sheed & Ward, 1960), 45.

가가 가급적 개별 시민의 종교적 믿음과 활동을 침해해서는 안 된다는 인식이 존재해왔다. 또한 근대 국가들은 시민들에게 종교의 자유를 허용하는 것이 그들로 하여금 국가에 대한 충성과 애국심을 고취할 의지를 갖게 할 뿐만 아니라 더욱 증가시킨다는 것을 알게 됐다.

결과적으로 오늘날 미국에서는 교회와 국가의 분리가 현실이기 때문에, 그리스도인들은 전형적으로 미국인임을 자랑스러워하며, 선량한 시민이 되는 것이 비교적 쉽다는 사실을 발견한다. 반면에 그들은 모든 사람에게 선한 영향력을 주고(갈 6:10), 복음을 전파하는(마 28:19-20) 교회의 영적인 임무를 열정적으로 추구할 자유가 있다. 그리스도인들은 첫 번째 임무와 관련해서 정부에 도움을 요청할지도 모르나, 두 번째 임무에 대해서는 그렇지 않다. 그들은 압제, 기아, 질병, 전쟁과 같은 인류 공동의 적으로부터 고통받는 사람들을 정부가 돕도록 기대할 수 있다. 그러나 정부가 복음을 전파하는 것을 돕거나 복음을 전파하는 데 정부를 이용하려는 시도는 철저히 성서와 관계없는 견해다. 첫 번째 임무를 완수하기 위해서 그리스도인들은 국가의 여러 구성원과 함께 사회정의를 위한 일에 참여한다. 두 번째 임무를 완수하기 위해서, 그들은 사도 베드로가 "거룩한 나라"라고 부른 기독교 공동체만을 고려한다(벧전 2:9). 이러한 접근은 교회와 국가의 분리에 대한 원칙을 건강하게 존중하려는 것이다. 만일 그리스도인들이 복음을 전파하기 위해 절대적 자유를 원한다면, 그들은 미국이 개개인 스스로 하나님의 진리를 결정하고 다른 이들과 그 진리를 공유할 수 있는 개인의 능력을 침해하는 방식으로 종교적 특징을 정할 수 있는 권한을 가진 종교 국가가 되는 것을 반드시 거부해야 한다.

미국 건국 초기에는 많은 정치·종교 지도자가 종교의 보호를 위해, 종교적 사안에 놓인 인간 양심에 대한 보호를 위해, 시민 정부의 효율적 운영을 위해 강력하게 교회와 국가의 분리를 지지했다고 말할 수 있다. 그 결과 미국은 자유를 지탱하는 두 개의 기둥, 곧 종교의 자유 및 교회와 국가의 (고전적) 분리라는 기둥에 공식적인 헌신을 약속했다.

논평
로마 가톨릭 관점

클락 E. 코크란

재세례파 관점을 지지하는 사이더의 가장 취약한 점이 국가론의 부재에 있다면, 고전적 분리주의에 대한 데릭 데이비스의 설명은 교회에 별로 집중하지 않는다는 데 약점이 있다. 내가 이해하기로 가톨릭 관점은 교회와 국가 모두의 본질과 목적에 대한 강력한 설명을 요구하고 제시한다. 비록 나는 고전적 분리주의에 아주 많은 점에서 동의하지만(그리고 가톨릭교회가 고전적 분리주의로부터 많은 것을 배웠지만), 이론적·실천적 차원에서 서로간에 심각한 차이가 존재하는 것도 사실이다.

신학적으로 데이비스의 입장은 인간에 대한 개인주의적 설명에서 시작한다. 그리고 자유의지와 양심을 강조한다. 자유의지와 양심은 근본적인 것이기 때문에, 교회와 국가의 실질적 차이는 반드시 지켜져야만 한다. 정부의 권력이 개인의 양심을 강제하지 못하고, 교회도 개인의 양심을 강제하기 위해 정부의 힘을 사용하지 못하도록 하기 위해서는 말이다. 그럴 경우 교회의 **함축적인** 모습은 신에 대한 각 개인의 이해에 부합하는 엄격한 종교적 목적을 위해 서로가 언약 또는 계약을 맺은 자유롭고 평등한 사람들의 자발적 회합이다. 이러한 이해들이 서로 양립할 수 있는 한 이 회합은 유지될 수 있다. 교회의 구성원들은 각 구성원이 가지고 있는 신앙의 자유를 보호하며, 다른 이들의 믿음을 강요하려는 유혹을 피한다.

가톨릭의 관점에서 보면, (데이비스의 글에서는 명확하게 주장되지 않았지만) 위와 같은 설명은 여러 가지 측면에서 결점이 있다. 가톨릭교회는 인간을 사회적 존재로 이해한다. 인간은 서로를 위해 존재한다(하나님은 창세기에서 다음과 같이 말씀하신다. "사람이 혼자 있는 것이 좋지 않다"). 가족, 친구, 종교 단체와 같은 다른 친밀한 모임에서 분리된다면, 개인은 외로워지기 시작하고 고독해지며 (종종) 미쳐버리고 만다. 이것은 가톨릭 정치 이론이 개인의 자유의지와 양심을 외면한다는 뜻이 아니라 오히려 그것을 존중하고 가치 있게 여긴다는 것을 의미한다. 가톨릭 이론은 국교 폐지의 역사뿐만 아니라 데이비스의 주장에 토대가 되는 개신교와 계몽주의 전통들에서 개인의 자유의지와 양심을 존중하는 것에 대해 배웠음을 반드시 인정한다. 그러나 가톨릭의 주장에 따르면 자유란 공동체 안에서 배우고 행해지는 것이다. 그러므로 개인과 공동체 사이의 상호 작용이 반드시 존재해야 하고, 심지어 고전적 분리주의자의 견해처럼 보이지 않을 수도 있는 그들 사이의 긴장조차도 반드시 존재할 수밖에 없다.

교회와 인간의 사회적 본성에 대한 무시는 데이비스에게 또 다른 이론적 문제를 양산한다. 2장에서 주장한 교회와 국가의 관계는 오로지 개인의 보호에 관한 것뿐이다. 그들의 관계는 "상호 독립과 자율"이라는 특징을 갖는다. 그러나 가톨릭의 관점에서는 비록 교회와 국가가 긴장 관계에 있더라도 양자는 반드시 **상호** 독립적이어야 한다. 교회와 국가의 긴장은 개인의 자유를 보호할 뿐만 아니라, 사회정의와 공동선의 추구를 요구한다. 이것들이 국가의 우선적인 목적이며, 국가가 이러한 의무를 무시할 경우 교회는 반드시 이에 맞서야만 한다. 또한 이러한 것들은 공동체 안에서 누리는 사회적 선들이기도 하다. 데이비스의 설명에서 발견되는 사회정의와 공동선에 대한 무시는 인간의 사회적 차원을 간과하는 그의 전통에서 비롯한다. 그는 (교회와 국가의 분리와 함께) 종교와 정치의 통합을 인정한다. 하지만 그는 정책적 입장에 대해 참여하고 변호할 종교적 성향을 지닌 사람들의 권리처럼 그러한 통합을 하나의 **과정**적 용어로 기술한다. 그는 가톨릭의 관점에서는 매우 핵심적인 (정의, 공동선, 가난한 이들을 위한 우선적 선택과 같은) 사항을 인정하지 않는다. 데이비스의 설명은 가톨릭 전통에 대한 내 설명의 핵심이자 교회와 국가 각자에게 유익한 교회와 국가의 창조적인 긴장에 대해 **암묵적으로** 인정하고 있을 뿐이다.

마지막으로 시민 종교와 "신성한 지위"를 헌법에 부여하려는 것처럼 보이는 그의 순응은 가톨릭 관점에 따르면 심각한 문제가 된다. 종교적 지위를 국가 또는 국가의 건국 문서와 연관 짓는 것은 신앙과 정치 사이에 꼭 필요한 긴장을 약화시키는 것이며, 분리주의 전통이 소중하게 간직해온 자유를 위태롭게 하는 것이다.

이러한 근본적 불일치에도 불구하고, 나는 가톨릭 전통이 데이비스가 변호하는 분리주의에 빚을 지고 있다는 사실을 인정하고자 한다. 지난 세기의 한 가운데, 종교의 자유, 양심의 자유, 전 지구적인 인권을 향한 가톨릭교회의 변화는 미국의 교회-국가의 분리 체제 아래서 이룩한 가톨릭교회의 번영에 힘입은 바가 크다.

실질적인 차원에서, 데이비스의 고전적 분리주의에 많은 부분 동의하지만, 또한 어느 정도는 동의하지 않는다. 그는 종교 행사의 자유 조항에 대한 연방대법원의 최근 법리 해석과 고용부 대 스미스 판결(Employment Division v. Smith)에서 설명하고 있는 "중립" 원칙을 통해 소수 종교들에 대한 보호의 약화를 비판한다. 대부분의 미국 가톨릭 정치 이론가가 그러하듯 나 또한 전적으로 데이비스의 의견에 동의한다. 그러나 종교 행사의 자유 조항에 대한 우리의 동의는 국교 금지 조항에 대한 우리의 불일치를 그대로 보여준다. 물론 이런 말을 하는 것은 데이비스가 아닌 나 스스로가 조심하고자 함이다. 왜냐하면 가톨릭 사상가들은 국교 금지 조항과 관련된 사안에 대해 아주 다양한 의견을 갖고 있기 때문이다.

(나 자신을 포함한) 대부분은 데이비스가 말한 교회와 국가의 **기관적** 분리는 필수적이라는 것에 동의한다. 그러나 기관적 분리가 실제 현실에서 가지는 의미는 다른 관점들을 양산해낸다. 나는 공립 학교 안에서 이루어지는 기도와 종교적 활동들이 국교 금지 조항을 위반하는 것과 마찬가지로, 신학적 관점에 따른 실수라는 의견에 동의한다. 하지만 데이비스와는 달리, 나는 그 실수의 대부분을 차지하는 것이 시민 종교가 공립 학교에서 기도를 추진하는 것에 있다고 믿는다. 다른 사안들에 대해서는, 내가 볼 때 (그리고 대부분의 가톨릭 평론가들에게는) 적절히 고안되고 또 적절히 제한된 스쿨 바우처 제도를 통해서 교회와 국가의 필요한 기관적 분리를 유지하되, 개인의 양심, 사회정의, 교육에 대한 지원은 제공할 수 있을 것이다. 데이비스가 비판한 신앙 공동체 정책에 관해서도 마찬가지다. 비록 교회와 국가의 적절한 관계를 침범하는 계획의 시행이 (아마도 존재해왔고) 존재할 수 있다 하더라도, 내가 이해하기로 가톨릭 전통은 그 정책에 대해서 데이비스의 고전적 분리주의보다는 우호적인 태도를 보일 것이다. 그 정책이 경쟁, 도전, 초월을 포함하는 역동성의 한 부분이라고 한다면, 그 정책에 대한 협조는 적절한 것이다(그리고 교회-국가의 관계를 침해하지도 않는다).

논평
원리적 다원주의 관점

코윈 E. 스미트

이 책에서 서술되고 있는 다섯 가지 다른 입장은 각각 역사적으로 정통한 해석의 틀을 가지고 이해되는 기독교 신앙에 근거하며, 각각은 기독교 신앙에 충실하고자 노력한다. 이러한 입장들이 나타나는 이유는 그리스도인들 각자가 처한 상황과 환경이 다르고, 그들이 처한 특정한 상황을 고려해서 각자의 기독교 신앙을 이해하고 해석하기 때문이다. 더욱이 각각의 해석은 특정한 문제나 비판들에 답하면서 더욱 정제되고 내적으로 일관성을 갖기 시작하며 오랜 세월에 걸쳐 발전되어왔다. 어느 한 가지 관점이 다른 네 가지 관점보다 더 기독교적이거나 또는 덜 기독교적인 것이 아니다. 각 입장은 특정한 기독교적 원칙, 가르침, 또는 강조점을 취하고 있으며, "복음의 본질"을 가장 잘 반영하는 입장을 강조하거나 기독교적 관점의 정체성을 더욱 완전하게 반영하기 위해 씨름한다. 결국, 여기서 다루어지는 관점들이 반드시 대척점에 서 있지 않다는 사실을 알게 되는 것에 그리 놀라서는 안 된다. 원리적 다원주의자 입장(또는 다른 어느 관점)도 이 책에서 기술되고 있는 다른 네 가지 입장과 각각 관계를 맺고 있으며, 이것은 의견의 수렴 가능성과 다양성이 존재함을 의미한다. 서로 다른 입장들이 갈라서는 지점에서조차도 엄청난 불일치는 없을 수 있다. 자신의 관점을 더욱 논리적인 극단으로 밀어 붙이지 않는 이상은 말이다.

고전적 분리주의 관점은 역사적·철학적 주장보다 덜 신학적인 주장이다. 확실히 신학적인 기초는 존재하지만, 이 관점의 중요한 토대보다는 부차적이다. 이 책에서 논의되고 있는 다섯 가지 관점은 인간이 하나님의 형상으로 지음을 받았기 때문에 모든 인간이 존엄성과 가치를 지니며 하나님 앞에서 모두 동등하다는 의견에 동의한다. 하지만 그러한 신학적 관점이 반드시 논리적으로 고전적 분리주의 관점으로 이어지지는 않는다. 2장에서 제시된 논점에 대해 말하자면, 고전적 분리주의 관점이 가지고 있는 가장 중요한 기초는 다음과 같이 이중적이다. (1) 고전적 분리주의는 헌법 입안자들의 의견과 훨씬 더 양립할 수 있으며, 따라서 오늘날 미국의 상황에 잘 맞는다. (2) 고전적 분리주의는 진정한 신앙이 되기 위해서 반드시 완전히 자유로워야만 하며, 종교적 믿음을 선택할 자유는 종교의 자유라는 여건이 형성될 때만 발생할 수 있다. 결과적으로 나의 논평은 이 두 가지 주요 논쟁에 초점을 맞추고 있다.

이 책이 소개하는 다섯 가지 관점 중 어느 관점도 각 개인이 참으로 받아들인 개인적인 신앙은 그 개인이 자유롭게 선택한 것이라는 사실을 부정하지 않는다. 그러므로 한 사람의 종교적 믿음과 그것에 대한 거절은 그 사람이 공개적으로 고백하는 것이 무엇이든지 간에 언제나 자유롭게 선택한 것을 의미한다. 법과 사법 제도는 신앙을 절대 강요할 수 없다. 기껏해야 그것들은 오직 행동을 강요할 수 있을 뿐이다. 고전적 분리주의 체계를 제외한 네 가지 관점에서 중요한 사안은 어떤 특정 종교의 신앙이 어떤 법적 조항 내에서 법적인 처벌이나 개인적인 손해 없이 자유롭게 행사될 수 있는지다. 이에 대한 분명한 대답은 특정 종교의 신앙은 자유롭게 행사될 수 있다는 것이다. 비우대주의자들의 구조는 종교 단체들이 종교적 신앙을 행사했다는 이유로 그 단체들을 처벌하거나 벌칙을 반드시 부과할 수 없기 때문이다. 게다가 다섯 가지 관점의 지지자들은 종교 행사의 자유에 어떤 제약을 부과할 수도 있다(예를 들어 각각의 관점은 인간을 제물로 바칠 수 있다는 종교적 신앙에 대해 확실히 법적 제재를 요청할 것이다). 따라서 이 사안은 종교의 자유가 허용될 수 있는 규정 조건들과 훨씬 더 관련이 있다.

데이비스는 고전적 분리주의 관점이 건국자들의 본래 생각을 가장 잘 반영하고 있으므로 고전적 해석이라고 주장한다. 그는 헌법 입안자들의 의도가 모호했음을 인정한다. 이런 모호함은 분명하다. 그것은 역사적 자료의 부족으로 인한 것이지만 종교의 역할이 정치적으로 양날의 검이 될 수 있다고 생각한 사실 때문이기도 하다. 종교는 정치 영역에서 잠재적으로 긍정적(덕을 조성하는 것)이자 부정적인(갈등을 조성하는 것) 결과를 초래할 수 있다. 모호하지만 데이비스는 고전적 분리주의 관점이 건국자들의 생각을 가장 잘 반영한다고 주장하며, 왜 그렇게 보아야만 하는지에 대해 타당한 논지를 펼치고 있다(여러 가지 관점에서 볼 때, 당시 헌법 입안자들은 비우대주의적인 언어를 사용할 기회가 있었음에도 불구하고 그러한 용어들의 사용을 거부했다).

그러나 헌법 입안자들이 종교 조항에 특정 단어의 사용을 지지(또는 반대)하기로 선택한 데는 정치적·철학적 이유들이 있을 수 있다(그것은 마치 오늘날 우리가 특정한 법률 문서의 단어 선택을 지지하거나 반대하는 것과 같다). 설사 그들이 자신들의 동기를 우리에게 밝히기로 선택했다 하더라도, 우리는 그들이 "밝힌" 동기의 진정성에 의존할 수밖에 없는 상황이다(그들이 드러낸 의도는 정치적으로 잠재적인 문제를 항상 갖고 있다). 우리는 헌법 입안자들이 특정한 단어를 지지하도록 만든 진정한 동기가 무엇인지 결코 알 수 없다. 따라서 우리는 왜 보다 더 비우대주의적인 언어가 채택되지 않았는지를 정확하게 알 수 없다(그리고 앞으로도 결코 알 수 없을 것이다). 곧 우리는 비우대주의자들의 언어가 특정한 철학적 원리에 기초해서 여러 반대 의견들을 반영한 것인지 아니면 고도의 전략적인 정치적 계산 때문에 선택되지 않았는지 알 수 없다. 고전적 분리주의 관점이 어떤 논리적인 의미와 관련해서 고전적이라고 주장하는 것은 어느 정도 가능하다. 그러나 데이비스의 주장이 역사적으로 고전적 관점이라는 주장은 근거가 조금 약하다(타당성이 없는 것은 아니지만 말이다). 수정헌법 제1조에 있는 종교 조항들의 의미와 관련해서 아주 다양한 해석이 지금까지 제시되고 있는 것처럼 말이다. 데이비스가 2장에서 간략하게 설명하면서 자신의 주장은 "고전적" 해석이고, "휴고 블랙 연방대법관이…1947년 에버슨 대 교육위원회라는 기념비적인 판결에서…분리주의적 해석을 처음 시작했다"(134쪽)고 주장할 수 있었던 것은 이런 논리적 차원과 역사적 차원이라는 다른 측면 때문에 가능했다.

하지만 고전적 분리주의 관점과 관련한 가장 큰 문제는 너무 실용주의적인 이해를 따르고 있다는 것이다. 즉 고전적 분리주의 관점은 엄격한 분리주의 관점으로 흡수될 수 있는 가능성이 있고, "종교와 정치의 통합"과 "시민 종교의 순응"과 관련된 규칙에 대해 헌법의 지지를 받지 못한다. 사실 이런 문제는 비우대주의적 주장들을 훨씬 더 성장하게 만들면서 엄격한 분리주의 관점, 곧 종교가 사적 영역이며 엄격하게 사적 영역에 반드시 남아 있어야만 한다는 관점을 발흥시킨다.

마지막으로 데이비스는 미국 정치 내에 존재하는 종교는 미국의 시민 종교의 등장으로 어느 정도 순응했고 모든 사회는 시민 종교의 일정한 형태를 보여준다는 사실을 인정한다. 그러나 이러한 주장도 어떻게 보면 크게 두 가지 문제가 있다. 첫째, 종교사회학 영역에서 모든 사회는 어떤 시민 종교를 가지고 있다는 개념은 종교를 이해하는 것과 관련해서 기능주의자 이해(종교의 본질을 전혀 이해하지 못한다)에 기초한다. 기능주의자 관점은 다음과 같이 주장한다. 모든 사회에 존재하는 종교는 사회에서 사람들 간의 사회적 연대를 제공하는 기능을 한다. 따라서 사회에서 연대를 제공하는 것은 무엇이든지 그 사회의 종교로서 기능한다. 스포츠가 어떤 사회에서 연대감을 제공한다면 스포츠는 그 사회의 시민 종교로서 기능한다. 그러므로 기능주의자의 관점에 따르면, 당연히 어떤 사회도 종교 없이 존재할 수 없다(심지어 그 사회의 단 한 사람도 신의 존재를 믿거나 기도나 명상 또는 종교적인 모임에 참석하지 않는다고 할지라도 말이다). 이와 비슷하게 기능주의적인 개념에서는, 마치 종교가 사라지는 것이 아니라 재배치되는 것처럼 세속화라는 것은 존재하지 않는다(기능주의적 접근에 따르면 사회가 존재하는 한, 거기엔 항상 사회의 연대를 만들어내고 제공하는 어떤 신앙 또는 활동이 필요하다). 하지만 종교의 본질적 이해에 근거하자면, 시민 종교는 미국 사회에 존재할 수도 있고 존재하지 않을 수도 있다. 비록 시민 종교가 미국에서 지금 존재한다고 할지라도 시민 종교가 항상 존재할 것이라고 장담할 수는 없다. 시민 종교를 미국의 정치 현실에 종교를 순응시키는 수단으로 삼는 것이 가져오는 두 번째 문제는, 시민 종교가 국가주의적 경향에 의해 쉽게 변질될 수 있으며 그리스도인들로 하여금 미합중국을 무비판적으로 숭배하고 섬기는 우상으로 만들어버리게 할 위험이 있다는 점이다. 미국의 시민 종교가 이러한 특성들을 내비치지 않고, 현재 미국이 차지하는 위치를 고려할 때, 어느 정도 수준의 국가주의는 일반적이며 또 어떻게 보면 건강한 것이다. 그러나 맹목적인 국가주의를 위한 기초로서 시민 종교를 사용하려는 미국의 성향은 반드시 피해야만 한다.

  결론적으로 고전적 분리주의 관점과는 반대로, 원리적 다원주의 관점은 엄격한 분리주의 관점으로 흘러가는 그 어떤 것도 허용치 않으며, 대안적인 종교적 관점들이 그러하듯 세속적인 순응을 통해 종교적 관용과 다양성을 허용한다. 고전적 분리주의 관점과 같이 원리적 다원주의 관점도 종교와 정치의 통합을 허용한다. 그리고 그것은 공적 생활에 종교를 통합하는 수단으로서, 잠재적으로 문제의 소지가 있는 시민 종교에 의지하지 않고 다양성을 허용한다.

논평
재세례파 관점
로날드 J. 사이더

나는 미국의 법률 제도와 헌법의 역사를 다루는 역사가가 아니기에 데릭 데이비스가 2장에서 보여준 기본적인 역사적 분석에 대해 평가하지 않겠다.

데이비스는 1980년대 이래 미국 연방대법원이 순응주의자의 결정을 더 많이 채택했고, (자선 기관 지정 사업법과 조지 부시 전 대통령의 신앙 기반 정책과 같은 것에 가장 잘 어울리는) 결정들은 "유례를 찾아볼 수 없는" 실수를 보여준다고 주장하는데, 나는 그가 순응주의자의 주장에 대해 고심하는 시간을 거의 갖지 않고 비판하는 모습에 놀라움과 실망감을 감출 수 없다. 그리고 그가 순응주의자의 주장에 비판을 기울이는 매우 간략한 부분은 설득력이 떨어진다. 예를 들어 종교에 기반을 둔 기관들에 의해 운영되는 사회복지 사업에 정부기금을 지원하도록 한 정부의 신앙 기반 정책의 수행이 미국 내에 존재하는 2천 개의 모든 종교에 기금을 지원할 의무를 정부에게 부과한다는 그의 주장은 근거가 미약하다. 실제로는 소수의 종교만이 정부에 기금을 신청한다. 정부는 자선 기관 지정 사업법에 신청한 기관 중 어떤 종교 기관의 사회복지 프로그램이 효과적인 공공의 재화 (예를 들어 양질의 직업 훈련)를 생산하는지를 판단하는 세속적인 심사 기준을 가지고 있고, 그 심사 기준에 가장 알맞은 프로그램에만 기금을 지원한다.

우리는 데이비스가 종교는 본질적으로 개인적인 일이고 정말로 사적인 것으로 생각한다는 분명한 암시를 2장에서 최소한 두 번은 발견한다. 그는 160쪽에서 다음과 같이 말한다. "오늘날 대부분의 분리주의자는 종교의 영역으로 존중되어야 할 것은 사적 영역"이라고 주장한다. 그리고 그는 176쪽 결론의 첫 문단에서 다음과 같이 말한다. "종교를 공적 문제라기보다는 사적 양심의 문제다." 불행하게도 이런 주장은 역사적 기독교를 근본적으로 반대하고, 기독교 신앙에 대한 개인주의적인 이해를 채택한 것이자, 개인 혼자만의 생각이다. 기독교는 단순히 나와 예수 사이의 사적이고 인격적인 관계만이 전부가 아니다. 기독교 신앙의 핵심은 크게 두 가지다. 첫째, 그리스도는 모두의 주님이시며 세상 모든 왕의 통치자다. 둘째, 가시적 공동체로서 교회는 공적이며 공동체로서 국가를 포함한 문화의 다른 영역을 향해 이야기한다. 이는 교회가 하나의 단체로서 필요한 것을 국가에 직접 강제할 법적 권리의 행사를 요구할 수 있다는 사실을 의미하지 않는다(교회는 사회 토론에 참여하고 대중들이 교회의 견해를 공유할 것을 평화적으로 설득하는 범위 내에서만 권리를 가지고 있다). 그러나 데이비스는 이러한 공동체적이고 가시적이며 공적인 교회의 특징들을 간과하는 것처럼 보인다. 그가 교회의 공적인 특징을 더 잘 이해했다면 수정헌법 제1조에 대한 순응주의자의 이해를 더 많이 수용했을 것이다.

데이비스는 교회의 공적인 특징에 대해 오해하고 있기에 다음과 같은 놀랄 만한 결론을 내린다. 조직화된 종교 기관들이 정치 과정에 참여하려고 할 때, 그 기관들은 "엄밀한 법 해석에 따르면 교회-국가 분리 원칙을 위반하는 것"이다(170쪽). 수정헌법 제1조가 교회와 국가는 반드시 서로 완전하게 분리되어야 함을 의미한다면, 데이비스의 주장이 사실일 수도 있다. 하지만 우리가 역사적 기독교는 그리스도가 단지 어떤 일부 개인들의 주님 또는 사적인 영역에서만 주인이 아니라, 모든 생명과 모든 영역의 주님이시며, 그래서 그리스도인들(개별 그리스도인이나 보이는 공적 공동체로서 교회 모두)은 성서적 세계관에 기초한 정의, 평화, 생명, 자유, 공동선을 사회 전체에 반드시 이야기해야만 한다는 사실을 고려할 때, 교회와 국가의 완전한 분리는 종교 행사의 자유 조항을 침해하는 것이다.

마지막으로 나는 시민 종교에 대한 데이비스의 변호가 그의 기본적 원칙과 일치하지 않음을 발견한다. 유일신론자, 다신론자, 무신론자들이 공존하는 사회에서 "우리는 하나님을 믿습니다"라는 말을 맹세로 선언하거나 그런 말이 적혀 있는 화폐를 가진 것이 어떻게 특정한 종교적 관점(유일신교)을 가진 국교 설립이 아닐 수 있을까? "다양한 신들"이나 자연(무신론자들이 이해하는 것처럼 순수하게 자연적인 용어)이 아니라 기독교의 하나님을 이야기하는 것은 데이비스가 175쪽에서 말한 것처럼 "어떤 특정 신학적 내용"이 없는 언어를 사용하는 게 아니다. "우리는 하나님을 믿습니다"라는 말은 다신론적이거나 자연주의적인 주장이 아니라 유일신론적 주장이다.

논평
사회정의 관점

J. 필립 워거먼

우리는 2장에 실린 글이 신학적이기보다 이념적 부분에 초점이 맞춰져 있다는 점에서 이 책의 다른 글들과는 조금 다르다는 것을 알 수 있다. 간단히 말해 데이비스는 자신의 표현 "고전적 분리주의 관점"은 "궁극적으로 신학적 토대에 기초한다"고 주장한다(131쪽). 자유를 옹호했던 초기 미국의 사상가들이 이해한 바에 따르면, 이러한 토대는 다음과 같은 것이다. "하나님을 닮은 인간성에는 도덕적 유사성도 포함된다." "하나님은 그분의 속성을 따라 반드시 자유로워야만 한다. 하나님은 그야말로 전지전능한 분이시다. 만약 인간이 하나님과 도덕적으로 유사하게 창조되었다면, 자유롭고 하나님과 관련된 것을 자유롭게 선택하는 능력이 우리 자신에게 틀림없이 주어졌다(157쪽)." 그러나 이러한 간단한 신학적 언급은 미국 수정헌법 제1조의 역사적 발전과 적용에 관한 꽤 폭넓고 유용한 논의 때문에 무색해진다. 이념적 탐구 자체는 무시되면 안 된다. 다른 책에서 나는 우리가 가지고 있는 윤리 사상의 많은 부분이 이념적인 관점에 의해 의식적으로 또는 무의식적으로 형성된다고 주장했다.[1] 상황이 이렇다 보

1_ 다음 글의 9장을 보라. J. Philip Wogaman, *Christian Moral Judgment* (Louiville: Westminster

니, 아주 많은 것들이 우리의 신앙적 관점과 관련한 이념의 적절함에 의존한다. 또한 예측할 수 없는 역사적 상황들이 변화를 당연히 일으킨다면, 많은 것들이 우리의 신앙적 관점과 관련한, 아주 유연할 수 있는 우리의 의향에 의존한다. 더욱이 우리가 우리의 이념적 헌신들과 관련해 신학적으로 충분한 근거를 가지고 있는 한, 우리는 그런 이념적 헌신을 중요하지 않은 것에 적용하는 것과 중요한 것에 적용하는 것을 구분할 수 있다.

이념적 헌신에 대해서는 이 정도로 이야기하고, 나는 데이비스가 제시한 논의의 많은 부분에 불편함을 느끼지 못했다. 나는 수정헌법 제1조의 역사적 발전을 꼼꼼하게 검토해준 데이비스에게 진심으로 감사를 전한다. 또한 나는 종교와 국가의 "분리"를 종교에 대한 적대감으로 연결하지 않으려는 그의 의향과 화폐에 새겨진 "우리는 하나님을 믿습니다"라는 구호와 입법부 내에 있는 성직자들과 같은 어떤 사소한 사안에 대해 유연하게 대처하는 것에 대해서도 감사를 전한다.[2] 데이비스가 제안하는 것처럼 소수 종파에 있는 사람들의 관점에서 그런 사안을 살펴봐야 하지만, 현실에서 그런 사안들은 좀처럼 중요한 것으로 관심을 받지 못한다.

데이비스는 수정헌법 제1조의 조항들은 "평화의 조항들", 즉 건국자들

John Knox, 1989). 나는 9장에서 사람들은 자신의 이념적 성향과 대립하는 것으로 보이는 행동이나 정책들에 반대해서 그것들이 틀렸다는 사실을 입증하려는 경향을 가졌다고 주장했다.

2_ 몇 년 전 나는 미국 하원 의회가 개최한 개원 기도회에서 대표 기도를 부탁받았다. 나는 하나님이 다른 모든 곳에 계신 것처럼 하원 의회에도 계셨다고 믿는다. 하지만 대부분의 경우처럼 소수의 의원들만 개원 기도회에 참석했다. 하원 의장은 정교분리의 원칙을 존중해서 개원 기도회를 마치고 의회 개회를 선언했다. 그때를 돌이켜보면 나는 Davis가 이런 특징들을 가진 시민 종교에 대해 편안함을 느끼는 것과 다르게 불편함을 느꼈다. 하원 의회도 유엔 총회처럼 다른 종교의 전통을 가진 사람들이 참석한 것을 존중하면서 인간이 영적 존재를 믿는 신중함도 인정하는 묵념의 시간을 갖고 개회를 시작하는 것이 더 좋지 않을까? 묵념의 시간을 갖고 개회를 시작하자는 사안은 2006년 후반에 아주 이상한 방식으로 제기되었다. 그 사안은 새로 선출된 무슬림 하원 의원이 회의에서 의원 선서를 할 때 코란에 왼손을 올리고 오른손으로 선서를 해야 하는지와 관련해 사소한 논쟁이 벌어지면서 제기되었다.

이 다원주의 사회에서 평화를 유지하고 종교개혁 이후 두 세기 동안에 유럽을 휩쓸었던 피비린내 나는 종교 전쟁을 피하기 위한 토대로 채택한 조항들이었다는 가톨릭 신학자 존 코트니 머레이의 판단을 적절하게 인용한다. 하지만 데이비스는 그러한 평화의 조항들이 보편적으로 더 많이 적용될 수 있다고 주장하면서 머레이보다 더 넓게 적용한다. 종교 행사의 자유 조항(liberty clause)은 가장 취약한 소수 종교까지도 보호하겠다는 필수 조항이고, 정부는 모든 인간이 가진 영적 본성을 존중하고 보호해야 한다는 인식이다. 또한 국교 금지 조항은 종교적 다수가 종교적 소수를 위협적으로 지배하는 것을 보호하겠다는 종교 자유의 보호 장치다. 하지만 국교 금지 조항은 종교 단체들이 신정주의를 중심으로 국가를 통치하지 못하도록 국가를 보호하고, 특정 종교가 다른 소수 종교나 무신론자들의 권리를 침해하지 못하도록 보호하는 것인 동시에 국가가 다수 종교 기관들을 조종하지 못하게 하면서 국가의 신실함과 종교의 신실함을 동일하게 보호한다. 오랫동안 개신교는 초기 미국 사회의 많은 부분을 지배했던 개신교 신정주의가 사라지고 로마 가톨릭의 신정주의가 다시 회복되는 것을 가장 불안해했다.[3]

고전적 교회-국가 이론은 신정주의 경향과 에라스투스주의 경향의 역사적 구분에 주목한다. 신정주의 경향은 종교 기관과 종교 지도자들이 국가를 통제하는 것을 의미하고, 에라스투스주의 경향은 정치 지도자들이 정치적 목적을 위해 종교 기관들을 통제하는 것을 의미한다. 이 두 가지 경향은 지난 수십 년간 다음과 같은 모습으로 나타났다. 곧 냉전이 종식되기 전 수많은 공산주의 국가들이 에라스투스주의를 받아들였고, 그

---

[3] Franklin H. Littell은 이와 관련해서 발견한 놀라운 사건을 각주에서 보여준다(Davies와 다른 분리주의자들도 이 사건을 실제 사건으로 인용한다). Thomas Jefferson은 자신이 버지니아 주립대학교의 학장이 되었을 때 학생들에게 개신교 예배에 참석할 것을 요구했다.

리고 이란과 같은 일부 현대 무슬림 국가들 역시 신정주의 경향을 보여준다. 역사적으로 신정주의에서 시작한 나라는 빠르게 에라스투스주의 국가로 변모하고, 에라스투스주의 국가에서 시작하는 나라는 에라스투스주의 국가 그대로 존속하고 있다고 주장할 수 있다.⁴ 따라서 정교분리의 원칙이 무엇보다도 교회의 온전함을 보호한다는 데이비스의 주장은 분명 옳다.

종교의 자유에 대한 논의는 더 자세한 설명이 필요하다. 나는 다른 책에서 종교 자유를 다음과 같은 세 가지 형태로 구분하려고 했다.⁵ **완전한 종교의 자유**는 우리가 진리라고 믿지 않는 것을 진리라고 말하지 않아도 되는 양심의 자유다. **제한적인 완전한 자유**는 우리의 견해를 표현하고 우리의 신앙에 따라서 예배하되 그런 표현이 다른 이들에게 확실하게 피해를 주지 않는 범위에서 행사하는 자유다. 이것은 **거의** 완전한 자유로 간주되어야 할 것이다. 그리고 **제한된 자유**는 명백하게 주창된 국가의 이익을 위협하지 않는 한 누구나 종교적 동기에 근거해서 **행동**할 자유를 의미한다. 이 관점은 클린턴 행정부 시절에 만들어진 "종교 자유 회복법"(the Religious Freedom Restoration Act, RFRA)에 명시되어 있다. 그러나 연방대법원이 이 법을 파기했고, 이 법규(principle)는 미국법과 복잡하게 얽혀 있다. 이러한 구분을 보다 세세하게 다루지 않더라도 우리는 종교의 자유라는 주제가 상당히 복잡할 뿐 아니라 중요한 것이라는 점을 미루어 짐작할 수 있다.

데이비스가 직접 언급하지 않은 분리주의 관점에 대한 한 가지 반대

4_ 나는 이 사안과 교회-국가 관계에 대한 다른 사안들을 다음의 책 13장에서 더 깊이 있게 다루었다. J. Philip Wogaman, *Christian Perspectives on Politics: Revised and Expanded* (Louisville: Westminster John Knox, 2000).

5_ J. Philip Wogaman, *Protestant Faith and Religious Liberty* (Nashville: Abingdon, 1967), 182-90. 이 논의는 다음과 같은 초기 작품에서 크게 영향받았다. A. F. Carrillo de Albornoz, *The Basis of Religious Liberty* (Geneva: World Council of Churches, 1964), 20-26.

의견은, 분리주의 관점 자체가 실제로 세속주의(또는 세속적 휴머니즘)라는 새로운 국가 종교를 설립한다는 비판이다. 물론 정부가 공적인 영역에서 모든 종교적 표현을 없앤다면 세속주의가 새로운 국가 종교의 역할을 할 수도 있을 것이다. 요점은 국가가 종교를 가볍게 다루지 않고 심각하게 생각하기 때문에 오히려 국가와 종교는 분리되는 것이 적합하다는 것이다. 이것은 종교 의식과 종교를 표현하는 상징물이 자유롭게 공적 영역에서 펼쳐질 수 있도록 계획된 공적 공간이 마련되어야 한다는 것과 모든 종교가 동등하게 다뤄져야 한다는 것을 의미한다. 이는 주변부에 있는 소수 종교들과 관련해서 어려운 문제를 제기한다. 괴상한 종교 기관들이 있고, 심지어 사이비 종교 기관들이 있는데, 종교에도 최소한의 품격이 필요한 법이다. 법 격언에 따르면 "어려운 사건들이 악법을 조장한다"(hard cases make bad law). 비록 사회가 그런 사이비 종교를 잘 감시할 수는 있겠지만, 그런 기괴하고 천박한 종교들이 있다는 사실로 인해 너무 지나치게 종교를 억압할 필요는 없다. 여러분이 잘 아는 것처럼 나는 개신교 신자지만, 교황 요한 바오로 2세가 1979년 워싱턴 D.C.를 방문해 국립공원 내 셔널 몰(National Mall)에서 미사를 집전한 것을 보고도 기분이 나쁘지 않았다. 나는 개신교인, 유대인, 무슬림, 시크교도, 힌두교도, 불교도, 바하이교도, 마법(주술) 숭배자, 그리고 다른 형태의 종교 신도들도 자기 종교와 관련해서 특별히 중요한 행사나 예식을 공적인 공간에서 질서 있게 진행할 수 있다고 생각한다.

마찬가지로 데이비스가 본문에서 언급했던 것처럼 공립 학교에서 학생들이 여러 신앙 전통과 관련해 각 학년에 맞는 적합한 방식으로 다양한 의견을 나눌 수 있도록 가르치는 교육은 아주 훌륭하다. 나도 아주 오래전 고등학교 영어 시간에 이것을 경험했다. 당시 영어 선생님은 학생들이 자신들의 "삶의 철학"(사실은 그들의 신앙 전통을 의미했다)을 설명할 수 있도록 약간의 시간을 할애하셨다. 한 학생이 자신의 삶의 철학을 발표하면, 다른 학생들은 그 학생에게 질문을 할 수 있었다. 하지만 비판과 놀림은 허용되지 않았다. 우리는 흠잡을 데 없이 진행된 그 시간을 통해 서로를 이해하고 존중하는 소중한 경험을 했다. 학교 기도는 또 다른 사안이다. 그것은 청소년들에게 다수의 종교적 행위를 따를 것을 강요하는 것이고, 청소년들이 가진 고유한 전통이 공적 권위보다 덜 가치 있는 것으로 느끼도록 만들 수 있기 때문이다. 물론 그 어떤 것도 유소년이나 청소년들이 침묵으로 기도하는 것을 방해하지 않는다(기도는 시험 준비를 위한 것으로만 이해되고 있지는 않다). 게다가 나는 인간 삶과 가치와 관련한 초월의 영역을 인정하면서도 상호 존중을 강조하는 방식이라면, 새 학기가 시작하는 날에—앞서 말한 유엔 총회 방식처럼—묵념의 시간을 갖자는 제안에 동의한다.

3

원리적 다원주의 관점

_코윈 E. 스미트

원리적 다원주의 관점은 주로 기독교 신앙 중에서 개혁주의 전통이라고 불리는 것과 긴밀히 연결되어 있고 또 그것에서 유래한다.[1] 개혁주의 전통은 대체로 16세기 종교개혁 시기 동안 장 칼뱅(John Calvin), 존 녹스(John Knox), 울리히 츠빙글리(Ulrich Zwingli)가 발전시킨 신학적 관점들에서 발생했다. 이 세 명의 신학자가 원리적 다원주의 관점 그 자체를 제시한 것은 아니지만, 그들의 신학적 서술들이 이 관점의 토대를 제공했으며, 그 토대 위에서 원리적 다원주의가 발전했다. 개혁주의를 지지하는 모든 그리스도인이 정치와 관련해서 원리적 다원주의 관점을 반드시 고수하는 것은 아니며 또 이 관점을 발전시킨 이들 중 일부는 개혁주의 신학을 철저하게 지지하지 않는다. 그럼에도 이 관점은 주로 개혁주의 신학에 관한 이해에서 발생했으며, 이 관점의 지지자들도 일반적으로 개혁주의 견해를 취하고 있다.

대체로 원리적 다원주의는 공적 생활에서 명백히 존재하는 다양한 삶의 형태를 수용하고 설명하기 위해 사용되는 이해의 틀로 볼 수 있다. 또한 이것은 사회 내의 서로 다른 영역에서 작동하는 권위의 서로 다른 구조를 인정하고, 정치 생활에서 등장하는 전체주의와 개인주의 모두를 거부

1_ 이 장의 초안에 대해 유용한 조언을 해준 Tracy Kuperus, Nick Lantinga, Stephen Monsma, Stanley Carlson-Thies, Darren Walhof에게 감사한다.

할 논리적 기초를 제공한다. 따라서 원리적 다원주의는 삶의 특정한 영역에 대해 적법한 권위를 갖는 사회 구조로서의 국가를 인정하고, 인간의 사회생활의 다른 영역에 대해 합법적 권위를 갖는 또다른 사회 구조도 인정한다. 국가는 하나님이 권한을 위임한 하나의 구조일 뿐이지 유일한 구조는 아니다.

모든 사람은 아닐지라도 많은 이들이 성서에 근거한 사회적·정치적 관점은 하나님의 통치가 지상의 관리들과 대표자들을 통해서 이루어진다고 보고, 하나님께서는 다양한 권위와 기관을 만들었다는 태도를 고수한다. 그러나 원리적 다원주의는 이러한 일반적 이해를 더 확장해서 정치 철학을 위한 근간을 만들었다. 비록 하나님이 직접 다스리지 않고 다양한 관료들이나 대표들을 통해 그분의 힘을 중개할지라도, 본래 주권은 하나님께 있다. 이 위임된 권위는 절대로 어떤 한 사람 또는 한 기관에 집중되지 않는다. 다양하고 구별된 창조세계에서는 정치, 경제, 문화 그 어떤 구조도 단독으로 다른 구조를 지배할 수 없다. 경제, 종교, 다른 기관들이 그러하듯 가정도 특정한 목적과 권한을 갖는다. 이러한 이해가 제공하는 틀은 권력이 제한된 정부의 권한, 인권, 시민의 참여를 헌법적 차원에서 정당화한다. 동시에 과도한 개인주의 및 현대의 자유주의와 궤를 같이하는 공동체의 축소를 모두 회피한다.[2]

---

[2] Lawrence Adams, *Going Public: Christian Responsibility in a Divided America* (Grand Rapids: Brazos, 2002), 120.

원리적 다원주의의 신학적 기초

개혁주의 신학은 원리적 다원주의 관점에 중요한 기초를 제공한다.[3] 그렇다면 개혁주의적 관점은 무엇이며, 개혁주의적 관점은 개혁주의자가 정치에 접근하는 방식에 어떤 영향을 끼쳤을까? 개혁주의 신학은 창조-타락-구속 이야기에 중요한 강조점을 둔다. 이 이야기의 개요는 간단하다. 모든 것은 선하게 창조되었다. 이 창조는 하나님의 계획에 따라 인간이 행동할 때 나타나는 인간의 모든 문화 영역을 포함한다. 그러나 모든 것이 악에 의해 타락했고, 이런 타락은 문화뿐만이 아니라 자연 세계 모두를 포함한다. 전체 우주를 포함해 모든 것은 반드시 주 예수 그리스도에 의해 구속되어야만 한다. 이것에 뒤따라오는 모든 생명은 신비롭다. 모든 생명은 하나님이 계획하신 축복, 심판, 구원 아래에 놓여 있다.[4]

다른 기독교 전통들도 이와 같은 주제를 인지하고 강조하지만, 개혁주의 전통과 다른 기독교 전통이 구별되는 지점은 개혁주의 신학이 이해하는 이야기의 중심성과 그것에서 발생한 결과들이다. 정치 참여에 대한 개혁주의자의 접근을 더 충분히 이해하기 위해서는 이 이야기가 정부의 권위를 이해하는 데 미친 영향을 간단히 살펴봐야 한다.

창조: 문화 명령

첫째, 하나님께서 세상을 창조하셨다. 존재하는 모든 것은 하나님의 근원

---

[3] 원리적 다원주의는 역사적으로 개혁주의 전통과 긴밀히 연결되어 있고 동시에 가톨릭 사회정의/자연법 전통과 함께 보완성 원리의 인식에 대한 중요한 유사점들을 공유한다. 그 결과 원리적 다원주의는 점차 가톨릭 사회정의/자연법 전통과 개혁주의 전통의 통합으로 나아간다.

[4] Cornelius Plantinga Jr., *Engaging God's World: A Reformed Vision of Faith, Learning, and Living* (Grand Rapids: Eerdmans, 2002), 15-16.

적 창조 행위의 결과로 존재한다. 하나님이 창조 행위를 마치셨을 때, 그분은 전체 자연과 인류를 포함해서 모든 것이 선하다고 선포하셨다. 아담과 하와가 창조 이야기에서 유일한 인간 존재였다. 여섯째 날에 마무리가 되는 이 이야기에는 어떠한 정부 기관이나 확장된 사회의 형태가 존재하지 않는다. 따라서 창세기 1-3장은 (아직 태어나지 않은 자녀를 포함한) 가정, 예술, 재창조에 대해 언급하지 않고, 예배, 교육, 직업 기관들도 언급하지 않는다. 즉 창세기에 실린 이 성서 본문은 이러한 행위나 기관들이 선하다고 명쾌하게 표명하지 않았다. 그럼에도 이러한 행위와 기관들이 창조 이야기에 포함된다면, 그것들도 선하다고 할 수 있다.

창조는 세상을 형성하는 기초적인 행위 그 이상의 것을 포함한다. 그것은 인간이라는 창조물이 참여해서 계속 진행되는 과정이다. 개혁주의 사상은 창세기 처음 부분에서 창조주가 첫 인간 부부에게 "문화 명령"을 부여했음을 드러내준다고 주장한다. 하나님은 아담과 하와에게 "생육하고 번성하여 땅에 충만하라! 땅을 정복하라!"(창 1:28)고 말씀하셨다. 첫 번째 명령("생육하고 번성하여")이 부분적으로 생물학적 종을 재생산하라는 명령으로 보일 수 있지만,[5] 두 번째 명령("땅에 충만하라, 땅을 정복하라")은 그렇게 간단히 해석될 수 없다. 오히려 땅에서의 "충만함"은 문화 활동으로 볼 수 있다. 따라서 우리의 선조들이 특정한 일을 더 쉽게 해결하기 위해 가장 기본적인 도구들을 만들었을 때, 그들이 동물들에게 이름을 명하고 기본적인 분류 체계를 만들었을 때, 또는 그들이 자기들의 삶을 체계화하기 위해 일정표를 만들기 시작했을 때, 인간은 원래의 창조의 가능성에 의지하고 있을 뿐 아니라, 하나님이 에덴동산에서 그들에게 수여하신 문화 명령

5_ 그러나 생육하라는 명령은 단순히 재생산만이 아닌 여러 가지 의미를 가지고 있으며, 문화 창조를 수반한다.

을 완수하는 수단으로 그런 일을 하고 있었다.[6] 그러므로 창조는 (창조라는 본래의 뜻에 있어서) 완료를 의미하는 동시에 현재 진행 중이다. 창조는 "하나님의 손에 절대적으로 달려 있는 발전 가능성의 일들을 실현시키라고 인간에게 주어진 임무를 통해서" 계속 펼쳐진다.[7]

하나님은 인류가 이 땅에서 해야 할 임무들을 부여하셨다. 이런 임무들은 단순히 형식적 임무만이 아니라 창조적 활동을 의미한다. 그러므로 창조적 활동은 우리가 인간으로서 "하나님의 형상"을 반영하고 구현해내는 방식의 주된 부분이다. 다시 말하자면 우리는 하나님의 창조적 본성을 모방하면서 창조적으로 행동한다. 하나님은 "땅에 충만하라"고 인간들에게 명령하시면서 그분이 갖고 계신 권한의 일부, 곧 창조된 세계에 대한 어느 정도의 영향력과 책임을 그들에게 위임하셨다. 비록 하나님이 만물에 대한 궁극적인 절대자로 남아 계심에도 불구하고 말이다.

어떤 그리스도인은 이러한 문화 명령을 공권력의 기초로 본다. 인간이 이 땅을 관리하는 임무를 지속해서 추구했다면, 정부는 자연스럽게 발전해나갔을 것이다. 예를 들어 아담과 하와가 금지된 실과를 먹지 않았고, 그들이 생육하고 번성했으며, 많은 세대가 태어나면서 더욱 번성했고, 그래서 기술들도 창조 과정의 일부로서 발달했으며, 죄가 여전히 에덴동산으로 들어오지 않았다고 가정해보자. 이러한 죄가 존재하지 않는 동산에 서조차도, 어떤 형태로든, 예를 들어 교통 신호기를 어디에 설치하고 교차로에서 신호기를 어떻게 작동시켜야 할지를 결정할 국가의 권력이 필요했을지도 모른다. 어떤 개인이 원하는 대로 신호등을 설치한다면 그것은

---

[6] Richard Mouw, "Creational Politics: Some Calvinist Amendments," *Christian Scholar's Review* 23 (1993): 182.

[7] Albert Wolters, *Creation Regained: Biblical Basics for a Reformational Worldview* (Grand Rapids: Eerdmans, 1985), 37-38.

현명한 결정이 아닐 것이다. 그러한 행동들의 경우 그 자체가 도덕적으로 잘못된 (악한) 것은 아닐지도 모르나, 개인이 신호등을 무작위로 설치하고자 한다면 아마도 혼란스럽고 불만이 가득한 결과를 초래할 것이다.

또한 국가의 권력은 그러한 신호등의 사용 규칙을 확립하는 데 중요한 역할을 할 것이다. 예를 들어 각 교차로에서 각각의 색이 똑같은 개별 명령을 상징하는 어떤 통일된 색상 체계가 필요할 것이다. 만일 한 신호등이 빨강, 노랑, 초록으로 만들어졌고, 다른 신호등은 보라, 주황, 파랑으로 만들어졌으며, 또 다른 것은 핑크, 초록, 갈색으로 이루어졌면 그런 신호 체계는 사회에 무질서를 초래할 것이다.

마지막으로 이러한 죄 없는 세상에서도 규칙을 따르도록 하기 위해 적법한 권리를 행사할 적절한 권위가 필요하다. 사람들은 신호등이 설치된 각각의 교차로에서 다른 규칙을 따르도록 선택할 수 없다. 그들은 같은 규칙을 각기 다른 교차로들에서도 준수해야만 한다. 타당한 권위로 인한 규칙이 확립되는 순간, 모든 당사자는 이 "임의적인" 규칙을 따르기로 동의해야만 한다.[8] 따라서 죄가 없는 세상에서도 전체 공동체의 질서를 확립하기 위해 구성원들이 준수해야 할 특정한 기준과 절차를 결정할 국가의 권위가 필요하다(예를 들어 신호등 설치 장소, 신호등과 관련하여 따라야만 하는 규칙들, 그러한 규칙을 지키도록 공동체 내의 모두를 아우르는 권위 말이다).

국가의 존재를 단순히 죄의 결과로 보는 이들은 정치 영역이 주로 소극적인 이유와 임무, 곧 죄를 제지하기 위해 존재한다고 생각한다. 많은 그리스도인이 이러한 생각을 지지하지만, 개혁주의 신학은 국가에 대해 더욱 적극적인 시각을 제공한다. 이러한 시각은 문화 명령과 창조의 전개

8_ 어느 정도 이러한 규칙들은 사실상 임의적인 것이다. 예를 들어 신호등에서 파란색이 아닌 녹색이 교차로에서의 "진행"을 지시하는 특정한 색으로서 정해져야만 하는 본질적 이유는 존재하지 않는다.

에 대한 신학적 이해에서 유래한다. 국가는 죄를 예방할 뿐만 아니라, 사회 구성원들이 서로 협력해서 자신들의 삶을 더 성취하고 그들 각자가 혼자서 살 수 있는 것보다 더 잘 살 수 있도록 돕는다.

타락: 일반 은혜

비록 인간이 에덴동산에서 어떤 특정한 필요(예를 들어 음식과 수면)와 욕구(예를 들어 식욕, 수면욕, 성욕)를 느끼겠지만, 그런 필요와 욕구가 폭식, 나태, 또는 성적 욕망으로 왜곡되지는 않았다. 하나님이 인간을 창조하셨을 때, 그분은 인간이 사는 데 도움을 주고, 인간과 모든 창조물과의 상호 관계를 규정할 수 있는 규범 체계를 제정하셨다. 만일 인간이 계속 하나님의 명령에 순종했더라면, 출현한 문화는 죄 없이 계속 성장하고 발전했을 것이다. 인간 존재들이 이 세상에서 관계를 맺기 위해 하나님이 주신 규범을 따르는 것에 비례해서 말이다.

그러나 그러한 조화는 이루어지지 않았다. 그러한 사회 또는 권위가 발전하기 전에 인류는 하나님의 완벽한 계획을 거역했고, 하나님이 제정하신 자연스러운 관계는 부패했다. 인간의 의지가 인간의 죄로 인해 부패하면서, 인간을 포함한 모든 관계, 곧 하나님과의 관계든, 다른 사람 또는 나머지 창조세계와의 관계든 상관없이 타락했다. 하지만 타락은 완전히 끝나지 않았다. 죄는 전체 창조물과 삶의 모든 요소에 영향을 끼쳤지만, 모든 것이 절대적으로 또는 전적으로 부패하지는 않았다. 전적 타락에 대한 칼뱅주의 개념은 부패하게 하는 죄의 영향력의 깊이보다는 그 폭넓음과 관련이 있다. 인류는 죄로 인해 하나님의 형상이 왜곡되었음에도 불구하고 여전히 하나님의 형상의 많은 부분을 계속해서 지니고 있다. 따라서 하나님을 거부하거나 우상을 숭배하는 사람일지라도 선한 일을 계속 할 수 있다. 그리스도인이 아닌 사람들도 자애롭고, 친절하며, 너그

러울 수 있다.[9]

그러므로 원리적 다원주의 관점을 형성하는 개혁주의 신학의 두 번째 요소가 여기에 있다. 이것은 "특별 은총"(particular grace)과 "일반 은총"(common grace)이라고 부르는 신학적 구분이다. 하나님이 부르신 (그리고 그러한 부름에 응답하는)[10] 사람들은 특수한 종류의 은혜를 경험하지만, 성서는 하나님이 남자와 여자, 믿는 이들과 믿지 않는 이들 모두에게 그분의 선함을 수여한다고 말한다. 이것이 하나님의 "특별 은총"(special grace) 또는 "특수 은총"과 구별되는, 모든 인간이 공유하는 "일반 은총"이다.

일반 은총은 종교적 믿음과는 상관없이 모든 사람에게 제공되는 은혜다. 예수가 마태복음 5:45에서 다음과 같이 선포한 것처럼 말이다. "(하나님이) 그 해를 악인과 선인에게 비추시며 비를 의로운 자와 불의한 자에게 내려 주심이라." 하나님의 일반 은총은 자연의 이치, 악의 통제, 믿음이 없는 사람들이 시민의 선을 위해 생각하고 행동하는 능력을 통해서 경험된다. 일반 은총의 교리에 따르면 하나님은 인간에게 은혜를 주시는데, 비록 이 은혜가 믿지 않는 이들을 구원할 수는 없지만 그들은 이 은혜로 인해 많은 덕을 발전시키고 많은 진리를 표현할 수 있다.

그러므로 그리스도인인 우리는 모든 통찰과 지혜, 또는 비그리스도인들과 협력해 이루어낸 성과들을 반드시 나쁘거나 완전히 부패하고 타락

9_ 어느 차원까지 이러한 자애, 친절, 너그러움은 "신 인식"(the divine perception)보다 인간과 관련이 있다. 예를 들면 성서는 우리의 의로움이 하나님 앞에서는 더러운 누더기와 같다고 말하고 있다. 또한 어떤 이들은 비신론자들(nontheists)이 행한 선한 일들이 선이라는 것과 유사할 수 있지만 그러한 일들이 그들을 선한 존재로 만드는 올바른 성향을 여전히 결여했다고 주장한다.

10_ 개혁주의 신학은 선택 교리를 강조한다. 인간이 구원을 "획득하는" 어떤 방식도 제시하기를 원하지 않기 때문이다. 하나님의 부름에 반응하는 개개인의 필요에 관한 강조는 개인이 응답하는 행위를 통해 자신의 구원을 일부 "획득하는"것을 제안할지도 모른다. 그러므로 아르미니우스주의자들이 인간의 행동을 강조하는 경향이 있지만, 칼뱅주의자들은 주체적 인간의 대리성을 경시하는 경향이 있다.

한 것으로 거부해야 한다고 생각하지 않는다.[11] "신앙적인 동기가 부여되지 않은…정치, 교육, 예술, 과학 기술 등에서…이룩한 성취들도 하나님의 선물로 여길 수 있을" 뿐만 아니라 그리스도인과 비그리스도인 사이의 협력도 가능하며 심지어 때로는 그러한 협력이 필요하다.[12] 이 일반 은총은 우리에게 믿지 않는 사람과 확실히 공유하는 토대와 함께 더 큰 사회에 참여할 수 있는 기초를 제공해준다.[13]

그러나 인간이 죄를 지은 결과, 공적 권위의 본질이 변형되었고, 공적 권위의 영역은 더 확장되었다. 국가는 완벽한 하나님의 질서 안에 존재하는 사회의 각 영역들이 더 많이 협력하는 시스템을 단순히 조성하는 것으로만 존재하기보다는 사악한 행위를 없애고, "무력을 가지고 악을 억제하며", 필요한 경우에는 규정된 행위나 선한 행동을 강요할 수 있는 수단으로서 존재해야만 한다. 게다가 공적 권위 또는 정부도 이제 죄에 의해 부패하기 시작했다. 악한 인간들이 정부를 운영한다. 그 결과 정부의 지도자들은 하나님이 그들에게 부여하신 역할을 남용하려고 시도할지도 모른다. 비록 그들이 경건한 방식으로 자신들의 임무들을 수행하려고 열심히 애쓴다고 할지라도 자신의 역할을 완벽하게 수행할 수 없다. 그들은 타락하여 하나님의 지혜의 온전함에서 분리되었기 때문이다. 정부가 부분적으로는 범법 행위를 제재하기 위한 수단을 사용하지만, 정부 자신도 그 악한 행위를 저지르는 실제 가해자가 될 수 있다. 그리고 정부는 무력을 사용하기 때문에, 국가 범죄는 이따금 극단적으로 악랄해질 수 있다.

11_ H. Henry Meeter는 성서가 악인들의 일을 선한 것으로 간주하는 세 가지 방식에 대해서 논한다. *The Basic Ideas of Calvinism*, 6th ed., rev. Paul Marshall (Grand Rapids: Baker, 1990), 72.

12_ James Bratt, "The Dutch Schools," in *Reformed Theology in America*, ed. David Wells (Grand Rapids: Eerdmans, 1985), 146.

13_ Richard Mouw, *He Shines in All That's Fair* (Grand Rapids: Eerdmans, 2001).

구속: 우주적 범위

그러나 하나님은 이 타락한 세상을 희망이 없도록 내버려두지 않으셨다. 하나님께서는 세상을 향한 그분의 신성한 목적을 완성하시고자 **모든 것** (개인들, 사회생활, 공동체, 국제 관계, 자연 환경과 동물들을 포함한 생태계)을 구속하고 그분 자신과 모든 창조물이 화해하며 그리고 창조물이 서로 화해하도록 예수 그리스도를 보내셨다. 이처럼 구속은 개별적으로 일어나는 것일 뿐만 아니라 사회, 자연, 우주 전체에 걸쳐 일어난다. 바울이 로마서 8:18-23에서 논한 것처럼, 창조물은 "고난 가운데 탄식하며"(이 고난은 타락으로 인한 저주의 일부다), 그것들이 "고대하는 것"은 "썩어짐의 종 노릇 한 데서 해방"되는 것이다. 또한 요한계시록에서 사도 요한이 새 하늘과 새 땅에 대하여 말할 때, 그는 현재의 지구가 파괴되고 새로운 행성이 창조되는 것을 말하고 있지 않다. 오히려 그는 대장장이가 뜨거운 불에 금속을 집어넣고 금속에 붙어 있는 찌꺼기와 불순물을 제거해서 순수한 철이나 금을 제련하는 과정처럼 깨끗해지고 정화된 새 땅을 언급하고 있다. 따라서 요한은 요한계시록 11:15에서 다음과 같이 말한다. "세상 나라가 우리 주와 그의 그리스도의 나라가 되어."

그러므로 창조-타락-구속 이야기에서 구속은 한 개인의 구원에 제한되지 않는다. 그것은 훨씬 넓은 범위를 갖는다. 타락이 창조물의 모든 부분에 걸쳐 영향을 주는 것처럼 예수 그리스도 안에서 이루어지는 구속도 창조물의 모든 면을 "되찾으려고" 한다. 바울은 골로새서 1:20에서 다음과 같이 말한다. "그(예수 그리스도)의 십자가의 피로 화평을 이루사 만물 곧 땅에 있는 것들이나 하늘에 있는 것들이 그로 말미암아 자기와 화목하게 되기를 기뻐하심이라." 따라서 구속은 "죄의 무효 선언을 통한 창조적 선함의 회복, 그리고 모든 곳에 있는 죄의 결과들을 점진적으로 제거하려는 노력"을 수반한다.[14]

이러한 구속의 과업은 창조물을 상대적으로 새 것 같지만 원래 형태로 가깝게 회복하기 위한 노력이 아니다. 오히려 그것은 "발전하면서 겪게 되는 문화와 사회의 회복을 의미한다."[15] 낮아진 문맹률, 산업화, 도시화라는 역사적 발전은 그것들 자체의 왜곡과 죄악에 의해 형성되었지만, 이는 완전히 되돌려지거나 뿌리째 사라져야 하는 필연적 과정이 아니다. 그 대신 하나님 나라의 도래는 역사적 발전들이 개혁되고, 그것들이 책임을 지는 구조가 되며, 창조주가 제정한 명령에 순종하는 것을 요구한다.[16] 월터스 (Wolters)가 다음과 같이 말한 것처럼 말이다. "아마도 과거의 태초부터 종말론적 미래까지를 모두 포괄하는 창조물의 발전을 가장 잘 보여주는 상징은 다음과 같은 사실이다. 곧 성서는 에덴동산에서 시작해서 '만국의 영광과 존귀'가 가득한 도시로 끝난다."[17]

그리스도인은 이러한 구속의 과업을 수행할 의무가 있다. 하나님은 분명히 그분의 창조물들을 구원하는 일을 하고 계신다. 그럼에도 우리는 하나님이 우리를 사랑하시기 때문에 우리를 단순히 구원하신 것이 아니라, 농사든, 건축이든, 제조업이든, 교육 또는 정치와 관련된 것이든 세상에 있는 그분의 사람들과 관련한 하나님의 일을 완수하기 위해 우리를 구원하셨다는 것을 안다.[18] 구속받은 이들이 공적 권위의 구조들을 올바른 상태로 회복시킴에 따라, 그런 구조들은 인간 상호 관계를 올바른 관계로 세우는 자기들의 본래 목적을 완수하면서, 사회에서 그리고 전체적으로

14_ Wolters, *Creation Regained*, 69.
15_ Ibid., 71.
16_ Ibid., 64.
17_ Ibid., 41.
18_ Paul Marshall, *Thine Is the Kingdom: A Biblical Perspective on the Nature of Government and Politics Today* (Grand Rapids: Eerdmans, 1984), 35.

는 세상에서 구속의 매개물(구원과 관련된 매개물이 아닌 변혁의 매개물)이 될 것이다.

결론

칼뱅은 그의 저서 『기독교강요』에서 적대적인 이교도 및 배교자가 많은 환경에 있는 하나님 나라의 전반적인 특성과 그리스도인들의 임무에 대해 중요한 주장을 했다. 비록 신정주의 성향을 가진 칼뱅은 모든 인간 통치자와 법적 기관에 권력을 제한하자는 견해를 주장했지만, 그는 교회와 국가의 관계에 대해서 "두 개의 정부"(two-powers)라고 불리는 견해를 설명했다. 칼뱅의 세계관에서 발견되는 일관된 주제는 모든 생명을 다스리는 예수 그리스도 안에서의 하나님의 주권적 통치다. 따라서 칼뱅은 모든 인간의 권위가 하나님의 권위와 그분의 법의 통치를 받는다고 확신한다. 이러한 확신으로 칼뱅은 콘스탄티누스 통치 시대 이후 1,200년간 서구 기독교를 지배했던 교회와 국가가 오랫동안 공유한 법적인 지배권의 패러다임을 거부했다.

개혁주의의 관점이 된 칼뱅의 두 개의 정부라는 관점은 교회와 국가의 관계를 이해하는 데 있어 16세기 주류 개신교에 존재했던 또 다른 의견인 마르틴 루터의 "두–왕국" 관점(two-kingdom view)과 구분된다. 루터의 관점은 각각 독립적으로 작용하는 교회와 국가라는 두 영역을 분리한다. 그리스도인은 두 영역에 각각 충성할 의무가 있다. 반대로 개혁주의 관점에서는 교회와 국가의 두 권위와 영역이 자율적으로 존재하더라도, 두 영역은 상호 의존적 관계를 맺는다. 하나님은 양쪽 영역에 힘과 권위를 주시지만, 각 영역은 다른 영역을 보호할 책임이 있다. 따라서 칼뱅이 교회와 국가를 구분했지만, 그는 국가가 교회와 관련해서 어느 정도 책임이 있다고 주장했다. 곧, 국가는 교회와 그리스도인들에게 안전을 제공하고, 이단에 맞서

싸워야 한다.

그러나 동시에 "두 개의 정부"라는 개혁주의 관점은 국가가 그 책임을 다하지 못한다면, 교회는 국가의 실패에 대해 해명하도록 국가를 소환하는 예언자적 책임이 있다고 가르친다. 정치 활동에 참여할 때에도 그리스도인은 필요하다면 시민 권력에 맞설 권리와 의무가 있다. 모든 인간의 권위는 하나님의 권위와 그분의 법 아래에 있으므로, 법적 권위에 대한 복종이 하나님의 법에 순종하는 것과 충돌한다면 인간은 시민 권위에 저항할 자연권이 있다.

원리적 다원주의

비록 칼뱅이 정치 원리라는 "새로운 지평의 시작"을 명확히 밝혔지만, 그가 충분히 발전된 국가론을 구성한 것은 아니다. 이 일은 미래 세대의 칼뱅주의자들에게 남겨졌다.[19] 이후 칼뱅주의자들은 칼뱅이 말한 것처럼 어떻게 국가가 모든 시민의 종교적 자유를 존중할 수 있는지, 그리고 국가를 교회와 같은 것으로 너무 과도하게 암묵적으로 취급하는 것은 아닌지를 질문하면서 국가의 임무에 대한 칼뱅의 "신정주의적" 이해와 씨름해야 할 것이다.

개혁주의 신학자이자 네덜란드의 정치인이었던 아브라함 카이퍼(Abraham Kuyper, 1837-1920)는 칼뱅의 두 개의 정부라는 관점을 확대해서 "영역 주권"(sphere sovereignty)이라는 개념을 강조하면서 이 임무를 가장

19_ Meeter, *Basic Ideas of Calvinism*, 72. 후기 정치 철학을 형성하는 데 이바지한 칼뱅의 정치 사상에 대한 간단한 논의는 다음을 보라. Ibid., 72-73.

정확하게 떠맡았다. 카이퍼는 거의 반세기 동안 네덜란드의 정치와 종교 생활에 있어 매우 중요한 인물이었다.[20] 그는 신학자이자 경건한 신앙인이었을 뿐만 아니라, 네덜란드의 총리로 일했고, 암스테르담 자유 대학교를 설립했으며, 주요 신문사의 편집인으로 활동했다. 카이퍼의 사상은 "하나의 국제적 학설로 계속해서 영감을 불러일으키고" 있다.[21]

카이퍼는 종교적 사안에 대한 정부의 개입과 1566년에 수용된 개혁 교회의 신앙고백 중 하나인 벨기에 신앙고백(the Belgic Confession) 제36조에 대한 칼뱅의 지지에 관해 구체적으로 고민했다. 벨기에 신앙고백 제36조는 정부가 이단 종교에 맞서서 교회의 거룩함을 보존할 의무가 있다고 말한다. 심지어 19세기 말 이후에 살았던 다수의 칼뱅주의자들은 국가가 그리스도인의 신앙과 도덕을 강화시켜야 한다고 여전히 생각했다. 그러나 카이퍼는 칼뱅주의가 가진 이런 골치아픈 요소는 중세시대의 잔재 정도로 치부하는 것이 적절하다고 생각했다. 그 결과 칼뱅주의가 지지한 내용 중 카이퍼가 받아들인 유일한 체계는 "자유 국가 안에 존재하는 자유 교회"였다.[22]

카이퍼는 사회가 (가정, 사업, 교육과 같은) 다양한 영역으로 구성되어 있고, 이러한 영역들은 교회나 국가로부터 권위를 부여받는 게 아닌 궁극적으로 그들이 책임을 다해야 할 대상인 하나님으로부터 권위를 부여받았다고 말한다. 그가 이 이론을 설명하기 위해 사용한 "개별 영역들 안에 있는 주권"이라는 문구는 오늘날 자주 "영역 주권"이라는 용어로 사용된다.[23]

20_ Peter Heslam, *Creating a Christian Worldview: Abraham Kuyper's Lectures on Calvinism* (Grand Rapids: Eerdmans, 1998), 1.
21_ Ibid.
22_ Ibid., 161.
23_ Ibid., 154.

"영역 주권" 개념은 하나님이 창조 질서의 일부로서 다양한 영역에 권위를 부여하셨음을 의미한다. 개별 영역은 존재의 이유가 있으며, 존재로서 특정한 권리를 가진다.[24] 이러한 영역은 권위가 작동하는 다양한 분야를 보여준다. 국가, 가정, 학교, 직장마다 하나님이 주신 각각의 임무가 있다. 각 영역은 이 과업들을 완수하기 위한 고유의 권위와 책임이 있다. 이러한 영역들이 하나님과의 관계에 있어 종속적이기 때문에 사회에서 절대적인 주권을 궁극적으로 갖고 있지는 않다. 하지만 그것들은 자기 분야와 다른 영역들과의 관계에서 일정한 정도의 주권을 보유한다. "각 영역은 그 자신만의 정체성, 과제, 하나님께 부여받은 특권이 있다."[25] 이 서로 다른 영역들 속에서 개별 권위의 구조들은 "주권적"이며, "사회의 각 영역은 고유한 독립적 권위를 갖는다. 어떤 영역도 다른 영역의 역할을 다스리거나 침범해서는 안 된다."[26]

카이퍼는 다양한 사회 영역의 자치를 강조했기 때문에, 그가 정부에 부여한 역할은 제한적이었고, 한계가 있었으나, 그럼에도 중요성에서는 "우선시"되었다. 한편으로 국가는 다른 영역들과 같이 구별된 권력과 책임을 진다고 할 수 있다. 국가는 다른 모든 사회 영역과 마찬가지로 하나의 자리를 차지할 뿐이다. 그리고 국가는 국가의 뜻을 관철하기 위해 사회의 다른 영역들에 존재하는 권위의 구조에 대해 강제적이지 않다는 면에서 제한적인 영향력을 갖는다. 그럼에도 특정한 상황에서 국가는 다른 범위들을 아우르는 영향력을 발휘한다는 면에서 우월성을 갖는다. 첫째, 국

24_ Gordon Spykman, "Sphere-Sovereignty in Calvin and the Calvinist Tradition," in *Exploring the Heritage of John Calvin*, ed. David Holwerda (Grand Rapids: Baker, 1976), 167.

25_ Ibid.

26_ Gordon Spykman, "The Principled Pluralist Position," in *God and Politicis*, ed. Gary Scott Smith (Phillipsburg, N.J.: Presbyterian & Reformed, 1989), 79-80.

가는 다른 영역들 사이에서 동등함을 유지해야만 한다. 그래서 국가는 영역 간 분쟁이 나타날 때 또는 한 영역이 자신의 권위를 남용하여 다른 영역의 권위를 침범할 때, 서로 다른 영역의 주권을 분리하는 경계선을 긋기 위해서는 상호 존중을 강화시킬 의무가 있다. 둘째, 국가는 어떤 특정 영역에서 권한을 가진 이들이 해당 영역에 있는 이들 중 상대적으로 약한 구성원들을 부당하게 다루면서 권력을 오용하는 경우에는 그 권한을 가진 이들의 권력을 제한한다. 마지막으로 국가는 정부 기관을 지원하고 공공복지를 유지하기 위해 세금을 부과한다. 따라서 국가란 순전히 다양한 사회 영역 중 하나이며, 그것은 다른 영역들을 아우르는 지배권과 주권을 향유한다. 반대로 국가의 권력은 헌법과 대의 정치라는 수단에 규제를 받아야 한다.[27]

원리적 다원주의 관점은 영역 주권이라는 개념에 대한 이해에 기초한다. 첫째, 원리적 다원주의는 인간 삶(구조적 다원주의)에서 권위를 가진 다양한 구조가 존재한다는 것을 실증적으로 인식하고 인간이 권위를 가진 다양한 구조들 내에서, 그리고 그런 구조 전체에 걸쳐(그리고 그런 구조에 제한되어) 산다는 것을 인정한다. 개인들은 단순히 교회와 국가에 속한 사회 구조에서 삶을 경험하는 것이 아닌, 여러 가지 권위들의 자리(예를 들어 부모의 권위, 교사와 학교 행정부가 가지고 있는 교육적 권위, 직장에서의 권위)가 존재하는 다양한 사회 구조에서 살아간다.

그러나 원리적 다원주의는 거기서 멈추지 않고 이러한 종류의 다원주의가 선한 것임을 규범적으로 주장한다. 인간은 다른 사회 구조들과 함께, 그리고 그것들에 의해서 체계화된 인간 관계들이라는 네트워크에서 함께 살아간다. 그뿐만 아니라 "사람들은 가족, 학교, 국가와 같은 공동체적 연

27_ Heslam, *Creating a Christian Worldview*, 158-59.

합들의 다양성 내에서 자신들의 소명을 실현한다."[28] 원리적 다원주의는 이러한 다른 영역에 있는 실증적 존재를 창조 질서 및 "땅에 충만하라"는 명령과 연결한다. 따라서 원리적 다원주의자에 따르면, 구조적 다원주의는 하나님이 다른 영역의 활동을 원래 창조 질서의 일부분으로 정하셨고 이러한 다른 영역들이 공동체의 삶을 구성한다는 사실을 설명한다는 점에서 훌륭한 이론이다.[29]

원리적 다원주의자들은 구조적 다원주의를 창조적 규범에 연결된 것으로 보지만, 그들을 다스리는 권위의 구조와 권위들의 다양한 활동에 관한 차이와 발전의 역사적 측면이 존재한다. 이러한 형태의 권위의 구조와 활동은 권위의 고유한 특성을 나타낸다.[30] 그러므로 정부가 권위와 삶의 특정한 요소와 관련해서 구별된 책임들을 갖지만, 다른 사회 구조들은 그들만의 기초와 권위를 갖는다. 그리고 국가의 역할에 관한 카이퍼의 주장에 기초해서, 원리적 다원주의자는 "사회가 보다 복잡한 사회 구조들로 분화되는 상황에서", 정부의 임무는 이처럼 분화된 권위의 구조에 대한 인식과 보호를 통해 정의를 보존하는 것이고, 이러한 보호를 통해 전체 사회의 법률적 통합이 보장되도록 돕는 것이라고 주장한다.[31]

구조적 다원주의의 존재와 함께, 원리적 다원주의 관점은 또 다른 다원주의의 존재를 인정한다. 그것은 고백적 다원주의(confessional pluralism)다. 다양한 종교적 고백이 있다는 것이 확실히 현대 사회의 특징이다. 이러한 현실을 고려할 때, (교회나 그리스도인과 마찬가지로) 국가는 무엇을 해야만 하는가? 원리적 다원주의자들은 다른 종교적 단체들도 사회에 존재

28_ Spykman, "Sphere-Sovereignty," 79.
29_ Ibid.
30_ James Skillen, *Recharging the American Experiment* (Grand Rapids: Baker, 1994), 83.
31_ Ibid., 84.

할 뿐만 아니라, 각 종교 단체는 학교, 정당, 노동조합, 교회 등과 관계를 형성하면서 자신들의 견해를 홍보하고 대중들의 삶에 자기들이 참여하는 방식을 발전시킬 권리가 있다는 것을 보여주기 위해 "고백적 다원주의"라는 표현을 사용한다.[32] 수정헌법 제1조는 정부가 자유로운 종교 활동을 금지할 수 없다고 명시한다. 부분적으로 정부의 권한에 대한 이러한 제한을 뒷받침하는 데 영원한 구원의 목적과 종교적 의무, 시민으로서의 삶의 방향들은 어떠해야 하는지를 결정할 권한이 정부에게는 없다. 정의를 세우기 위한 국가의 책임과 결부된 이러한 무자격은 "공정하고 공평한 고백적 다원주의가 존재해야 한다는 결론으로 이어진다."[33]

다양한 세계관들을 지닌 여러 사회단체에 대한 국가의 승인과 관용은 모든 개인과 단체가 가진 믿음과 가치들은 모두 동일하게 "올바르고 참되다"라고 평가하거나 또는 어떤 개별 단체도 진리를 갖고 있지 않다고 평가하는 게 아니다. 오히려 고백적 다원주의는 궁극적 진리를 구별하는 것이 국가의 기능이 아니라는 인식을 단순하게 반영한다.[34]

원리적 다원주의자에게 고백적 다원주의의 이런 인식은 상대주의를 수용함을 의미하지 않는다. 대신 원리적 다원주의자는 추수 밭에서 진리와 거짓을 구분하는 것은 기독교 공동체의 책임이 아닌 하나님의 책임이라고 주장한다. 마태복음 13:24-30에서 볼 수 있는 알곡과 가라지의 비유와 그 비유에 대한 예수의 설명은 그의 제자가 아닌, 바로 인자가 알곡과 가라지를 구분할 것이고 이러한 구분은 가라지를 땅에 심자마자 바로 이

32_ Spykman, "Sphere-Sovereignty," 79.

33_ Skillen, *Recharging the American Experiment*, 84.

34_ 또한 우리는 자기 정체성을 인식하고 주장하는 것이 다른 사람들을 더 잘 이해할 수 있도록 도움을 준다는 사실을 안다. 내가 내 자신에 대해 분명하게 안다면, 그렇다면 나는 타인이 누구인지, 그가 나와 다른 존재임을 훨씬 더 잘 인식할 수 있다. 상대주의는 관용이 아니라 혼란을 반영한다.

루어지거나 가라지와 알곡이 함께 자라날 때 일어나는 것이 아니라 오직 추수 때에 일어날 것을 의미한다(마 13:36-43). 그러므로 가라지를 골라내는 일은 정치적이든 다른 수단을 통해서든 그리스도인의 책임이 아니다. 종교적 다원주의는 하나님의 창조 질서에 있는 하나님의 주권과 참된 신앙과 거짓 신앙의 구분은 현 시대에 이루어지는 것이 아닌 그리스도의 재림 때에 이루어진다는 하나님의 말씀에 기초한다.

정치적 원리

개혁주의 전통의 신학적 강조와 사회 이론에 관한 비교적 간략한 논의를 통해서도 우리는 개혁주의 전통과 원리적 다원주의가 주장하는 중요한 정치적 주제를 분별할 수 있다. 그러나 우선 우리가 알아야 할 것은 성서가 기술된 목적을 고려할 때, 성서는 자세한 정치 철학을 설명하거나 개요를 서술하는 정치적 논문이 아니라는 점이다. 그럼에도 직접 또는 간접적으로 정치와 관련된 다양한 성서 본문들이 존재한다. 그리고 정치와 관련된 성서 본문들은 그것들이 시간과 장소를 초월하는 지침들인지, 또는 특정 시대의 역사적 청중들을 위한 지침들인지를 결정하기 위해 반드시 연구되어야만 한다(예를 들어 특정한 진술들은 구약시대의 특정 왕들 또는 왕국들과 구체적으로 연결된다). 구체적 시간과 장소가 포함된 자세한 지시 사항을 담고 있는 성서 본문들조차 시간과 공간을 가로지르는 정치 원리를 담고 있을지도 모른다.

현대 정치에도 적용이 가능한 진리로서 남아 있는 성서적 지침들이 확실히 존재한다. 우리는 이러한 정치 원리들이 적용되는 특정한 상황과 관련해서, 곧 특정 상황이 그 원리를 부정하는 것이 아니라 원리 자체에 영향을 끼친다는 것을 이해해야 한다. 정치 원리는 동일하게 남아 있지만, 그것의 적용은 상황에 따라 다양할 수 있다. 기독교 신앙이 나사렛 예수의 본성(그는 그리스도시다)과 그의 삶이 성취한 구속과 구원에 대해 절대적인 주장을 하지만, 반면에 종교로서의 기독교는 항상 "우리가 언제 어디서나 맞닥뜨리게 되는 특정 사회의 종교나 사회와 관련을 맺는 종교"다.[35] 따라서 다른 종교적 신앙들과 마찬가지로, 기독교 신앙도 상황적 본성이라는 것이 존재한다. 결국 정치 생활을 고려하는 성서 본문에서 도출할 수 있는 원리는 시간과 공간을 초월하는 정치 제도에 관한 상세한 규정들이 아니라, 시간과 공간과 관련한 정치 생활을 다스릴 수 있는 원리들이어야만 한다.[36]

공동체들의 필수적 역할

다른 다원주의자와 마찬가지로, 원리적 다원주의자는 인간이 가진 사회적 본성과 사회에 있는 공동체와 결사체들의 본질적 존재 그리고 인간과 공동체 및 단체들과 같은 실재들이 사회에 미치는 다음과 같은 기여를 강조한다.[37] 첫째, 원리적 다원주의자는 인간이 근본적으로 사회적 존재라고

35_ H. M. Kuitert, *Everything Is Politics but Politics Is Not Everything* (Grand Rapids: Eerdmans, 1986), 62.

36_ 그러나 신정주의자들(Theonomists)들은 하나님의 법이 영원하며 하나님은 그분이 구약시대에 이스라엘에게 준 법을 오늘날의 국가가 금지하고 시행해야 할 법으로 존속한다고 주장한다. 따라서 신정주의자들은 교회와 국가의 구분을 인정하면서도, 그런 구분을 "무역사적인 방식"으로 인정한다(James Skillen, *The Scattered Voice: Christians at Odds in the Public Square* [Grand Rapids: Zondervan, 1990], 171). 잘 알려진 신정주의자인 Gary North의 말을 빌리자면, "그리스도인은 하나님이 그들에게 그분의 법을 모든 인간이 일원으로 있는 국가에 적용할 것을 요구하신다는 사실을 직면해야만 한다. 우주는 민주 국가가 아니라 하나님 나라다(*The universe is not a democracy, but a Kingdom*). 만일 그리스도인이 비그리스도인에게 하나님의 법을 강요하지 않는다면, 그렇다면 비그리스도인은 인간의 법을 그리스도인에게 강요할 것이다"(Skillen, *Scattered Voice*, 171에서 인용됨).

37_ Stephen Monsma, *Positive Neutrality: Letting Religious Freedom Ring* (Westport, Conn.: Greenwood Press, 1993), 146.

믿는다. 카이퍼가 다음과 같이 말한 것처럼 말이다, "인간의 삶은… 개개인이 오직 집단 안에서 존재하고 오직 공동체 안에서 온전히 자신을 나타낼 수 있도록 구성된다."[38]

둘째, 인간의 사회적 본성을 고려할 때, 원리적 다원주의자는 공동체와 결사체들이 사회의 본질적 특징이라고 생각한다. 따라서 사회는 국가 권력이 각각 독립된 조각들을 하나로 모아놓은 구성체가 아니다. 오히려 사회는 "개인들이 비인격적으로 관련을 맺은 사회 집단이 아닌 유기적으로 연결된 사회 집단으로 구성된다."[39] 인간은 본래 (공동체, 단체, 사회 모임 등과 같은) 사회적 집단들을 만들어 함께 살아가고, 그들의 정체성을 확립하며, 이러한 집단들의 사회 구조에서 그들의 가치를 형성하기 때문에, 그러한 사회 집단과 구조는 "사실 국가로부터 독립된, 그보다 앞서 존재하는 것으로 간주된다."[40]

셋째, 원리적 다원주의자는 건강한 통치 조직, 곧 자유방임적 자유주의와 관련된 개인주의와, 그리고 사회주의자와 국가주의자의 이념이 발전한 집단주의(collectivism)라는 양 극단의 중도를 구성하는 공동체와 결사체들의 중요한 역할을 강조한다. 인간이 가진 사회적 본성에 대한 이러한 강조는 원리적 다원주의자들이 (적어도 극단적인 형태의) 개인주의에 반대하도록 한다. 반면에 구조적·고백적 다원주의는 원리적 다원주의자들이 집단주의와 전체주의도 반대하도록 한다. 이에 더하여 개혁주의 사상은 국가 외의 다른 사회 결사체들과 기관들에도 권위와 진실성을 부여하기 때문에, 많은 정치 철학자들은 개혁주의 사상이 개인의 권리와 자유에 대한 중요

38_ Abraham Kuyper, Spykman의 "Sphere Sovereignty," 182-83에서 인용됨.
39_ Dirk Jellema, "Abraham Kuyper's Attack on Liberalism," *Review of Politics* 19 (1993): 482.
40_ Monsma, *Positive Neutrality*, 145.

한 보호 장치, 즉 개인과 집단을 연결하는 구조의 존재를 발전시킨 것으로 생각한다.[41] 이러한 구조(결사체, 단체, 기관)는 무엇인가를 강화하려는 국가의 경향에 맞서, 그것들의 구성원들을 보호하면서 공동체성을 제공한다.

교회의 본질

교회도 하나의 공동체다. 원리적 다원주의자들은 정치 철학을 명료하게 주장하기 때문에 교회보다는 국가의 본질을 묻는 사안과 관련한 논의에 훨씬 더 익숙하다. 그러나 개혁주의 신학도 이러한 주제들을 다룬다. 개혁주의 신학에 따르면 인간은 물질적 존재일 뿐만 아니라 영적인 존재다. 그리고 인간은 영적인 존재이기 때문에 다른 이들과 "나누는" 신앙적 유대와 삶에서 의미와 목적을 찾으려고 한다.

그러나 종교적 성향을 가진 모든 회중이 참된 교회, 즉 바른 예배 공동체를 반드시 구성하는 것은 아니다. 개혁주의 신학은 참된 교회의 표지로 세 가지 특징을 꼽는다. (1) 말씀의 선포, (2) 성례의 집전, (3) 기독교적 권징의 합당한 시행.[42] 첫째, 교회는 내부의 사람들과 관련해서 하나님의 말씀을 듣는 공동체다. 둘째, 교회는 하나님이 사람들을 불러 하나로 모으시고 성례전을 통해 섬기시는 공동체다. 마지막으로 교회는 권징과 제자도

41_ 중재 구조들은 "한 개인의 삶 속에 있는 개인과 공적 생활의 광범위한 기관들 사이에 서 있는 기관들"로서 정의된다(Peter Berger and Richard John Neuhaus, *To Empower People: The Role of Mediating Structures in Public Policy* [Washington, D.C.: American Enterprise Institute, 1977], 158). 물론 다른 점들도 있지만, 원리적 다원주의는 몇몇 특정한 유사점들을 중재 기관 이론과 공유한다. 중재 기관 이론의 관점에 따르면, 비정부적 기관들은 주로 국가 권력으로부터 개인을 보호하기 위한 도구로서 일한다. 그러한 기관들은 단순히 국가 권력이 과도하게 확장하려는 경향을 점검하고, 또 그로부터 개인을 보호하는 수단으로서 작용한다. 원리적 다원주의자에게 그러한 비정부적 기관들은 그 자체가 목적으로서 여겨지며, 결과적으로 "보호"(shielding)하는 것이라면 어떤 것이든 그것들의 부산물이다.

42_ 이어지는 세 문단은 Richard Mouw의 *Politics and the Biblical Drama* (Grand Rapids: Eerdmans, 1976)에 많은 부분을 의지하고 있다.

를 통해 성장을 경험하는 공동체다.

그러나 참된 교회의 표지에 대한 이러한 표현은 주로 제도적 교회의 내적인 삶과 연결되어 있다. 교회는 기독교 공동체 구성원들의 삶에서 공적이며 더 예식적인 장소다. 그리스도인은 이 장소에 "모인 사람들"이고, 이것은 중요한 의미를 갖는다. 그러나 교회는 이러한 제도에 기초한 것보다도 훨씬 광범위하면서도 중요한 의미를 갖는다. 교회는 다양한 방식으로 인식된다. 교회의 본질을 이해하기 위해 우리는 가시적 교회와 비가시적 교회, 제도적 교회와 신비적 연합으로서의 교회, 전령으로서의 교회와 섬기는 일꾼으로서의 교회, 그리고 마지막으로 "교회"와 "하나님 나라"를 구분해서 논의할 필요가 있다.[43] 이 논의의 목적에 대한 요점을 말하자면, 교회란 제도적 교회에 대한 우리의 일반적인 인식보다 폭이 더 넓다.

더욱이 교회는 진공 상태에서 존재하지 않는다. 교회는 세상에 있다. 그렇다면 어떻게 교회가 기독교 공동체 바깥에 있는 이들과 연결될 수 있을까? 하나님의 사람들은 듣는 공동체(a listening community)를 형성하면서, 또한 그들은 교회 바깥에 있는 사람들에게 좋은 소식을 선포하는 공동체로서 반드시 기능해야만 한다. 그들은 예수 그리스도에게 섬김을 받으면서 동시에 그와 반대로 세상에서 그들이 발견하는 실제적인 필요와 고통에 답하면서 주변의 사람들을 섬기는 일꾼이 되어야만 한다. 하나님의 사람들이 하나님의 정의와 자비에 의해 빚어지는 공동체가 되는 동시에, 그들도 정의와 공의에 대한 하나님의 기준에 가깝게 활동하며 구조를 세워나가도록 반드시 노력해야만 한다. 예수는 팔복에서 "의에 주리고 목마른 자는 복이 있나니"(마 5:6) 라고 가르치셨기 때문이다.

---

[43] 교회의 다른 형태들에 대한 논의는 다음을 보라. Avery Dulles, *Models of the Church* (Garden City: N.Y.: Doubleday, 1974).

국가의 본질

원리적 다원주의에서 또 중요한 점을 꼽자면 기관의 중요성과 책임이다. 정치는 단순히 특정 사안들에 관한 누군가의 입장을 말하지 않는다. 그보다 대체로 정치는 정부 권력을 행사하는 문제에 관한 것이다. 원리적 다원주의자는 정치적 영역의 본질을 확실하게 특징짓는다. 첫째, 국가는 권력이 제한되어 있다. 둘째, 국가는―개인적이고 집단적인―정의를 지키기 위해 기능하며, 마지막으로 국가는 일반 은총의 대리인이다.

제한된 권력 | 성서적 가르침의 핵심 요소는 다음과 같다. 정부는 권력의 행사가 제한되며, 이러한 이해는 원리적 다원주의 관점에서 특별한 내용이 아니다. 원리적 다원주의자에게 국가의 권력은 절대적이지 않고, 두 가지 측면에서 제한된다. 첫째, 국가의 권력은 다른 타당한 권위의 구조들이 국가에 앞서 그리고 국가로부터 독립해서 존재한다는 점에서 제한된다. 죄가 없는 세상에서도 개인과 가정(그리고 "땅에 충만하라"는 명령에서 자연스럽게 발전했을 다른 모든 개인적 영역)은 "국가로부터 독립해서 수행할 자신들만의 특별한 문화적 의무들"이 있을 것이다.[44] 따라서 단지 국가만이 주권을 지닌 실체가 아니다. 사회에는 권위를 가진 많은 제도적 영역들이 있고, 그런 영역들도 주권이 있다. 이러한 비국가적인 제도적 실체들(예를 들어 가정과 교회)이 가지고 있는 권위는 하나님께로부터 기인하는 것이지, 국가로부터 기인한 것이 아니다. 제도적 실체들 각각은 "정부가 반드시 인정하고 존중해야만 하는 그 자체의 고유한 내재적 권위"가 있다.[45]

둘째, 그리스도인이 국가의 권력에 절대복종할 의무가 없다는 점에서

44_ Meeter, *Basic Ideas of Calvinism*, 81.

45_ Paul Marshall, *God and the Constitution: Christianity and American Politics* (Lanham, Md.: Rowman & Littlefield, 2002), 61.

정부의 권력은 제한되며, 심지어 국가의 권력이 일상생활의 영역에 정당하게 간섭하는 순간에도 제한된다. 기독교 시민들은 심지어 권력이 죄에 의해 타락했을지라도 그것에 복종할 의무가 있다(아이들도 부모의 권위가 죄에 의해 오염되었더라도 부모의 권위에 복종할 의무가 있는 것처럼 말이다). 정치 권력에 대한 복종은 다음과 같은 사실, 곧 정치 권력이 하나님의 법을 반대하는 방식으로 행동하라고 그리스도인들을 강요할 때 그들이 그런 강요를 거부할 수 있다는 사실에 의해 약화된다.

어느 그리스도인의 경우 로마서 13장은 그리스도인이 국가에 절대적이고 조건 없는 복종을 바치도록 제안한다고 해석한다. "각 사람은 위에 있는 권세들에게 굴복하라. 복종하라. 권세는 하나님으로부터 나지 않음이 없나니, 모든 권세는 다 하나님께서 정하신 바라"(롬 13:1). 그러나 이 본문에 대한 더 깊은 이해는 국가에 대한 우리의 복종이 본래 절대적이지 않다는 사실을 제시한다. 바울은 2절 이후에 정부는 "하나님의 사역자가 되어 네게 선을 베푸는 자"(롬 13:4)라는 말을 첨가한다. 그러므로 로마서 13장에서 바울은 정부가 **일꾼**(사역자)이라고 주장하면서 당시 로마 정치 질서 내에 만연했던 이해를 재구성하고 있다. 이는 당시 로마 제국 시대에 상당히 놀라운 주장이었다. 바울은 그렇게 함으로써 궁극적 권위로서의 황제를 거부하고, 황제는 특정한 임무를 가진 일꾼으로서 하나님의 통치 아래에 있다고 주장하면서 로마 제국의 질서를 상대화시켰다. 로마 황제들은 (그리고 더 일반적으로 정부 지도자들은) 신이나 주인이 아닌, 섬기는 **일꾼**이었다. 황제가 유일하고 최종적인 주권적 존재가 아니었다.[46]

46_ Luis Lugo, "Caesar's Coin and the Politics of the Kingdom: A Pluralist Perspective," in *Caesar's Coin Revisited: Christians and the Limits of Government*, ed. Michael Cromartie (Washington, D.C.: Ethics and Public Policy Center, 1996); Marshall, *God and the Constitution*, 52.

원리적 다원주의자에게 국가의 권위는 정확히 하나님이 권위를 수여하셨는지 여부에 달려 있고, 또한 이 수여된 권위는 하나님이 사법적 관할을 다른 인간 대리인들에게 지정하셨으며, 우리의 궁극적 충성이 모든 생명을 다스리시는 하나님께 있다는 점에서 국가의 권력이 제한된다. 정부는 자신이 원하는 것이 무엇이든지 간에 다 할 수 있는 특권을 가지고 있지 않다. 예수는 "가이사의 것은 가이사에게, 하나님의 것은 하나님께 바치라"(막 12:17)고 말씀하셨다. 예수의 선언은 명확하게 가이사가 주장할 수 있는 것들의 한계를 정했다. 다른 것들은 가이사의 영역 바깥에 위치한다.[47]

정의를 지키는 것 | 타락 이후 국가는 악을 제한하기 위한 도구이고, 국가가 지닌 의무에는 정의를 지키며 행하는 것도 포함된다. 그러나 정의는 단순히 악한 자들을 벌하고 불의의 원인을 해결하는 것 이상이다. 원리적 다원주의자에 따르면 정의라는 개념은 "사람들의 삶을 구성하는 모든 비정부 기관들과 맺는 관계들에서의 공정한 대우"를 포함한다.[48] 원리적 다원주의 관점에서 보면, 정부는 불의에 맞서 행동하거나 정의를 촉진할 때 우리의 삶을 구성하는 많은 비정부 기관들, 그리고 그것들과의 관계뿐만 아니라 모든 개인을 정당하게 대우해야만 한다. 정부의 권위는 제한되지만, "영토 내의 전체 정의의 질서를 유지할 책임"이 있다.[49]

정부는 권위를 지닌 각각의 다양한 영역이 서로 다른 영역을 침범하지 않도록 돕고, (한 영역 안에서든지 또는 다른 영역들을 넘어서든지) 권위 사이의 관계가 공정한 질서를 따르도록 돕는다.[50] 정의는 단순히 개인의 권리에

47_ Lugo, "Caesar's Coin"; Marshall, *God and the Constitution*, 51.
48_ Skillen, *Recharging the American Experiment*, 84.
49_ Marshall, *God and the Constitution*, 60.
50_ Ibid., 61.

대한 약간의 보호와 확대를 말하는 것이 아니다. 오히려 정의는 "더 빈번하게 잠재적으로 충돌할 권리들을 주장하는 이들의 이해 관계를 고려하면서 치우침 없이 판결하는 것이다."[51] 이러한 노력 가운데 국가는 다른 기관들과 필연적으로 연관될 것이다. 그러나 그러한 가운데 국가는 기관들의 업무를 침범하지 않고, 국가의 지배 아래 그것들을 두어서도 안 된다. 예를 들어 국가는 사회에 존재하는 불의한 차별의 문제를 다루도록 요구받지만, 동시에 정부는 누가 교회의 구성원이 될지를 선택하는 교회의 적법한 재량을 절대로 침해해서는 안 된다.

정부는 정의를 추구할 책임이 있다. 그러나 도덕에 대한 추구가 정의와 연결되는 것을 제외하면 정의를 추구하는 것 그 자체가 도덕을 추구하는 것과 동등하지는 않다.[52] 한 개인이 비도덕적 행동을 저지를지도 모른다는 사실이 정부의 행동을 촉구하는 근간이 되지 않는다.[53] 실제로 시내산에서 하나님이 주신 십계명에 따르면, 오직 여섯 번째(살인)와 여덟 번째(절도)만이 언제나 국가에 의해 범죄로 규정되며 처벌된다. 반면에 혼외정사는 비도덕적이지만 국가가 반드시 소추(訴追)하는 것은 아니다. 비도덕적인 모든 행위가 범죄는 아니다. 결과적으로 국가는 사회 내의 모든 잘못된 것을 다루거나 고칠 수 없다.

정부의 과제는 도덕적으로 옳은 것들을 강요하거나 잘못되고 비도덕적인 모든 것을 처벌하는 것이 아닌, 우리가 정의라고 부르는 도덕의 특정

51_ David Koyzis, *Political Visions and Illusions: A Survey and Christian Critique of Contemporary Ideologies* (Downers Grove, Ill.: InterVarsity Press, 2003), 259.
52_ Stephen Monsam, *Pursuing Justice in Sinful World* (Grand Rapids: Eerdmans, 1984), 47.
53_ 비도덕적인 문제가 발생하지 않는다고 해도 정부는 문제를 다룰 수 있다는 점에 주의해야 한다. 예를 들어 교차로에서 하는 운전은 비도덕적인 일이 아니다. 그러나 안전과 편의를 위해 빨간 불이 켜졌을 때 사람들이 멈춰야 할 도덕적·법적 의무를 다하도록 정부는 교차로에 신호등을 설치할 수 있다. 오직 법이 통과되고 신호등이 교차로에 설치된 후, 그러한 행동들은 도덕적 문제가 된다(Marshall, *God and the Constitution*, 141).

한 일부분을 강화하는 것이다. 정부가 징역이나 금고, 심지어 사형을 명시하고 있는 법을 통해 특정한 행동(예를 들어 이웃을 죽이는 일)을 억제하려고 할 때, 또는 다양한 혜택을 통해 정부가 의도한 행위를 장려하려고 할 때에도, 정부는 인간의 생각과 욕구를 통제하고 형성할 수 없다. 정부는 마음 속 깊숙이 증오로 가득 찬 한 개인의 적대적 행동을 멈추게 할 수 있을지 모른다. 그러나 이것은 하나님의 시각에서 볼 때 도덕적인 측면의 개선을 수반하는 것은 아닐 수도 있다. 마치 그의 이웃을 증오하는 사람이 이미 그의 마음속으로 살인을 저지른 것처럼 말이다(마 5:21-22). 도덕은 마음의 문제이기 때문에, 아무도 도덕적 인간이 될 것을 강요할 수 없다. 오히려 정부는 외적 행동만을 다룰 수 있을 뿐이다. 그러므로 "정의는 외적 행위에 관한 것이고, 그것이 바로 정부가 통제할 수 있고 또 그래야만 하는 것이다."[54]

일반 은총의 대리인

하나님은 구별된 권위의 영역을 국가에 주셨지만, 교회의 일이 국가의 책임에 포함되지 않는다. 다시 말해서 국가는 종교를 선전하거나 구원을 확보하는 대리인이 될 수는 없다. 오히려 모든 사람에 대한 하나님의 은혜로움을 통해, 하나님은 권위를 가진 사람들이 인간 공동의 이익과 일반적인 복지를 돌볼 수 있도록 국가라는 제도를 허락하셨다. 여기서 특별 은총과 일반 은총의 구분은 국가의 역할에 대한 우리의 이해를 형성한다. 국가는 특별 은총이 아닌 일반 은총의 대리인이다. 정부의 역할은 타락한 세상에서 악을 완화시키는 데 있지, 인간의 악한 본성을 구속하는 데 있지 않다. 정부의 과제는 시민들을 구원하는 것이 아니라 창조 질서를 유지하는 것

---

[54] Monsma, *Pursuing Justice*, 47.

이다. 국가의 역할은 구체적이고 실질적이다. 그것은 법을 준수하고 공적 정의를 유지해야만 한다.[55]

이 원리는 국가에 대한 그리스도인의 이해를 위해 중요하고, 다음과 같은 몇 가지 중요한 결과가 그것에서 도출된다. 첫째, 이러한 이해는 정치에 대한 이상주의적인 견해를 방지한다. 국가는 시간이 흐르면서 소멸할 것이며 정부가 모든 불의를 근절시키거나 죄를 고치지도 않을 것이다. 정치적 행동과 국가의 행위는 결코 사회악을 궁극적으로 해결할 수 없고, 구원에 어떠한 희망도 제공할 수 없다. 그리스도인이 창조 질서의 화해, 회복, 구속의 과업에 참여하도록 부름을 받았지만, 하나님 나라는 그리스도의 재림 이전에 결코 온전히 실현되지 않을 것이다. 현시대에 정치적·국가적 행동은 특정한 불의(예를 들어 노예 제도와 차별)를 완화할지도 모르고, 불의의 근본 원인들(예를 들어 인종 차별)을 개선할지도 모른다. 그러나 정치적·국가적 행동은 인간의 자만과 인종 차별을 완전히 뿌리뽑을 수 없다. 오직 그리스도가 이 땅으로 다시 돌아오실 때, 그러한 구속이 온전하고 완벽하게 이루어질 것이다. 새 하늘과 새 땅이 도래할 때 말이다(계 21:1).

이 이해의 두 번째 중요한 결과는 인내의 필요다. 개혁주의 신학은 종말론에 있어 전천년설 또는 후천년설보다 무천년설을 취한다.[56] 무천년설은 그리스도의 재림 이전에 세상이 점점 타락하고 교회에 점점 배교자가

55_ Alan Storkey, *A Christian Social Perspective* (Leicester, U.K.: Inter-Varsity Press, 1979), 299.
56_ 종말론은 "최후의 것들" 또는 "마지막 때"에 대한 교리와 관련이 있다. 전천년주의자들은 천 년 ("어린양이 사자와 함께 눕는" "천 년"의 평화와 평온의 때)이 오직 그리스도의 승리를 위한 재림 이후에 발생한다고 주장한다. 후천년주의자들은 세상은 그리스도의 재림 이전에 그 천 년을 경험할 것이라고 주장한다. 후천년주의자였던 Jonathan Edwards에 따르면 천 년은 "복음의 선포와 은혜의 일반적 수단을 통해" 도래한다(Timothy Weber, *Living in the Shadow of the Second Coming: American Premillennialism*, 1875-1982 [Grand Rapids: Academie Books, 1983], 14에서 인용됨).

늘어난다든지, 또는 그리스도인의 노력을 통해 이 땅 위에 하나님 나라를 온전히 세워나가면서 그리스도의 재림의 날을 앞당길 수 있다는 등의 내용을 지지하지 않는다. 전천년설은 정치 영역에서 그리스도인의 관여에 대한 기반을 약화시키고, 후천년설은 그리스도의 재림 이전에 가라지로부터 알곡을 분리하기 위한 정치적 노력을 너무 장려하는 경향이 있다.

하지만 무천년주의자는 우리가 하나님 나라를 완전히 이루는 것이 아니라 하나님의 선한 때를 기다려야 한다고 주장한다. 따라서 그리스도인으로서 우리의 정치적 과제는 사실상 증가한다. 결국 우리는 완벽하게는 아니지만 기독교의 가치("선함")를 더 온전히 구현해내는 법을 지지하고 이를 실현하기 위해 일할 수 있다. 물론 기독교의 가치("완전함")를 더 온전히 반영하는 다른 법이 제안되었지만 그 당시에는 제정되거나 집행될 기회를 얻지 못했을 수도 있다. 인내가 필요하다는 사실과 미래가 하나님께 달려 있다는 우리의 신뢰는 "완전함"과 "선함"이 결코 적이 되어서는 안 된다는 점을 상기시킨다.

정치 참여로의 부름

모든 창조물은 구속을 기다린다. 정치의 영역도 인간의 다른 영역들과 마찬가지로 구속이 필요하다. 그리스도인은 정의를 추구하도록 부름을 받았기 때문에(암 5:15, 24), 그리스도인은 정치 참여에 대한 부름을 받는다. 그리스도인은 정치를 하나님의 주권의 영역 바깥에 있는 활동으로 여기면 안 되고, 정치에 무관심해서도 안 된다. 하나님은 인류의 안녕을 위해 정부를 세우셨다. 그렇기 때문에 하나님은 그분의 자녀들이 정치에 관여하는 것을 원하지 않다는 주장은 말이 안 된다. 그리스도인의 정치 참여를 부정하는 견해는 다음과 같이 말하는 것과 같다. "하나님은 인간의 제도나 구조를 제정하셨고, 인간의 선을 위해 그것을 만드셨다. 하지만 그런 제도나 구조가 너무 악하기 때문에 하나님은 자기를 따르는 자들이 그것에 관여하는 것을 원하시지 않으신다."[57]

그리스도인은 정치 참여를 위해 부름 받았다. 하나님의 구속이 현시대에 이루어질 것이라는 믿음은 그리스도인이 정치 활동에 관여하는 원동력이 된다. 공적 권위의 구조에 복종하고 이바지하면서 그리스도인은 그리스도가 가진 새로운 영향력, 곧 성서에 기록된 하나님 말씀에 순종하면서 이 세상에 하나님 나라의 운동을 촉진하는 영향력을 공적 생활에 불러올 수 있다.[58]

정치적 겸양, 관용, 협력, 타협

"정치적 겸양, 관용, 협력, 타협"을 요청하는 것이 원리적 다원주의에서 발생하는 "**특별한 원칙**"은 아니지만, 원리적 다원주의의 지지자들이 종종 표현하는 주장과 신학적 토대에서 분명하게 발전한 것은 맞다. 이것의 기초는 현시대에 대한 신학적 이해—예수 그리스도의 초림과 재림 사이의 시간을 말한다—와 관련이 있으며, 일반 은총 교리와도 관련이 있다. 현시대와 관련해서 우리는 거울을 통해 희미하게 보고 있다(고전 13:12). 따라서 그분을 알고 그분의 뜻을 분별할 수 있도록 이 시대에 우리에게 주신 하나님의 자비로운 선물이 있다 하더라도(예를 들어 성서와 성령), 우리는 주님을 나타내는 주장에 대해 조심해야 한다. 스킬렌(Skillen)은 다음과 같이 말한다.

---

[57] Stephen Monsma, "Christian Commitment and Political Life," in *In God We Trust? Religion and American Politics*, ed. Corwin Smidt (Grand Rapids: Baker Academic, 2001), 257.

[58] 교회와 국가의 관계에 대한 원리적 다원주의자의 논의는 다음을 보라. Monsma, *Positive Neutrality*.

우리는 끊임없이 진심 어린 겸손의 자세를 가지고 행해야만 한다. 우리는 모든 시민의 의무와 정치 참여가…단순히 하나님의 뜻이 아니라 그분의 뜻에 우리가 응답하는 것이라고 인정하며 수행한다.…이러한 겸손한 자세는 우리가 주장하고 선언하는 의도들을 겸손하고 반성하게(self-critical) 만든다.[59]

따라서 우리는 정치에서 "겸양과 유연한 태도"(modesty and provisionalism)는 "나약한 순응주의"를 반영한 것이 아닌 "복음에 충실할 것을 요구한 것"이라고 주장할 수 있다.[60]

겸양의 요구는 기독교가 정치에 참여하는 것을 어렵게 하는 두 개의 극단을 피하기 위한 것이다. 첫째, 그리스도인은 진리를 가지고 있으므로 이 땅의 법도 기독교적 가치들을 반영해야만 한다는 의견이다. 그리스도인들은 진리(예수 그리스도)를 안다. 하지만 이런 사실은 그들이 정치 문제와 사안들과 관련해서 진리를 안다는 것을 의미하지는 않는다.

어떤 이들은 그러한 겸양이 상대주의나 도덕적 잘못에 대한 무관심과 관용으로 인도한다고 주장할지도 모른다. 그러나 그들의 명칭이 말해주는 것처럼, 원리적 다원주의자는 상대주의자들이 아니다. 첫째, 관용은 무관심이 아니다. 관용은 오직 우리가 정말 관심을 두는 것과의 관계에서만 존재하기 때문이다. 진정한 관용은 반대가 실제로 존재하는 영역이 있다는 사실에도 불구하고 평화로운 공존을 요구한다. 관대함은 우리에게 우리의 다름을 찬양하라고 요구하지 않고, 우리에게 모든 견해가 동등하다고 주장하라고 요구하지도 않는다. 진정한 관용은 우리가 함께 존재하기를 원하지 않는 이들까지도 허용하는 것, 적절한 시기에 말로 설득하고 다른 이

59_ James Skillen, *Christians Organizing for Political Service* (Washington, D.C.: Association for Public Justice Education Fund, 1980), 23.

60_ Richard John Neuhaus, *The Naked Public Square* (Grand Rapids: Eerdmans, 1984), 123.

들과 관계 맺는 것을 의미한다. 우리는 예수 그리스도의 재림과 함께 도래할 하나님의 완전한 나라가 수립되기 이전인 현시대에 진정한 관용을 반드시 행사해야만 한다. 진리와 공존 둘 다를 지키는 행동 말이다.[61]

원리적 다원주의자는 현대 그리스도인이 정치의 영역에 참여하는 것을 어렵게 만드는 두 번째 극단, 곧 우리의 가치를 타인에게 강요하는 것이 잘못된 행동이기 때문에 그리스도인은 공적 정책의 영역에서 기독교 가치를 주입하려 해서는 안 된다는 주장을 다룬다. 사실 모든 사람은 (아마 무정부주의자를 제외하고) 정부의 규제가 필요한 부분이 있지만 또 어떤 부분은 규제해서는 안 된다고 믿는다. 법은 언제나 누군가에게 가치를 강제한다. 왜냐하면 법은 직접적이든 간접적이든 특정한 형태의 행동이 다른 형태들보다 더 우선시된다고 규정하기 때문이다. 예를 들어 공립 학교들에서 인종 차별 폐지는 인종 차별보다 우선된다. 학교에서 인종 차별을 철폐하기 위한 강제 버스 통학 프로그램(인종 차별 폐지를 위해 어린 학생들을 거주 지역 밖의 학교로 보내는 버스 통학 프로그램이다—편집자 주)이 수많은 학군에서 시행됐다. 명백하게 그러한 정책은 차별주의자들에게 특정 행동을 강요한다. 그것은 그들의 구체적인 인격적 가치들과 모순되는 행동이다. "'당신은 당신의 견해를 다른 사람들에게 강제할 수 없다'는 주장은 기껏해야 반쪽짜리 진실이고, 따라서 왜곡과 조종(distortion and manipulation)일 뿐이다."[62] 모든 법은 누군가에게 가치를 강제한다.

이 문제는 그리스도인이 (또는 선거인단의 다수를 포함하는 다른 어떤 단체든지 그들이) 다른 이들에게 "그들의 관점을 강요하는 것"에 대해 허락받았는지에 관한 것이 아니다. 오히려 여기서 던져야 할 질문은 "국가의 적절한

61_ Marshall, *God and the Constitution*, 121-23.
62_ Ibid., 147.

역할은 무엇인가"다. 다르게 말하자면, "인간 생활의 어떤 영역에서 국가는 적절하게 자신의 의견들을 강제하거나, 강제하지 않을 수 있는가"다.[63]

원리적 다원주의자에 따르면 정부의 임무는 옳거나 도덕적인 모든 행동을 강요하지 않고 또 옳지 못하거나 비도덕적인 모든 행동도 처벌하지 않는 것이다. 우리는 우리의 이웃을 사랑해야 하지만, 국가는 시민들이 그렇게 하도록 강제할 수 없다. 마찬가지로 진실을 말하지 않고 거짓말하는 것이 비도덕적이지만, 국가는 단순히 거짓말과 관련된 모든 행위를 처벌할 수 없다. 오히려 국가가 할 일은 우리가 정의라고 부르는 것을 강화하는 일이다.[64]

공적 정의를 지키려는 이러한 정치적 노력을 통해, 원리적 다원주의자는 협상과 타협이 필요하다고 주장한다. 첫째, 원리는 반드시 특정한 상황과 변화하는 맥락에 맞게 적용되어야만 한다. 이러한 새롭고 다른 환경에서의 정의를 분별하기 위해서는 집단들 사이에 충분한 논의와 협상이 필요할 것이다. 또한 서로 긴장을 일으킬 수 있는 공공 정책 영역에 적용하기 위한 다양한 원리들이 존재한다. 그러한 경우, 하나의 근본적 원리만을 강조하는 것은 다른 원리를 약화시킬 수 있기 때문에(예를 들어 미국의 정치적 가치의 문제에서 자유를 강조하는 것과 자유와 평등을 동시에 강조하는 것 사이에는 긴장이 자주 존재한다), 관련된 두 원리 사이에 적절한 균형을 잡기 위해서는 협상과 타협이 필요하다.

둘째, 악이 삶의 모든 영역에 산재해 있다고 해서, 선이 유기된 자들(the reprobate)의 삶에서 반드시 부재한 것은 아니다. 따라서 그리스도인은 신앙의 바깥에 있는 사람들의 주장과 관점들을 단순히 가치 없는 것으로

63_ Ibid.
64_ Monsma, *Pursuing Justice*; Marshall, *God and the Constitution*.

치부하고 무시해서는 안 된다. 일반 은총의 교리에 따르면, 정부는 모든 이를 위한 자비의 대리인이다. 공적 정의는 오직 협상과 타협을 통해 모든 이들의 관심과 문제를 듣고 처리할 때 성취될 수 있다.

셋째, 협상과 타협은 하나님의 사람들(또는 그리스도인)이 반드시 통치자가 되어야만 한다는 신학적 오류를 피하도록 도울 뿐만 아니라, 그리스도가 리더십에 대해 다음과 같이 말씀하신 것과 조화를 이룬다. "너희 중에 누구든지 크고자 하는 자는 너희를 섬기는 자가 되고, 너희 중에 누구든지 으뜸이 되고자 하는 자는 모든 사람의 종이 되어야 하리라"(막 10:43-44; 마 20:26-27). 그리스도인은 다스리거나 사람들 "위에 군림"하라고 부름을 받지 않았다. 오히려 우리는 사람들을 섬기라고 부름을 받았다.

공정한 공공 정책을 구성하기 위해서는 토론과 타협이 필요하지만, 여전히 많은 그리스도인은 타협이 악한 것이며 피해야만 하는 것이라고 믿는 경향이 있다. 그리스도인은 상호 양보가 인간의 삶에서 기본적인 특징임을 인정할 필요가 있다(예를 들어 결혼의 경우 배우자들은 자주 서로 타협해야만 한다). 상호 양보는 정치의 영역에만 국한된 것이 아니다.[65] 그리스도인은 정치적 전략의 하나로서 타협(give and take)을 실행하는 것을 원하지 않았다. 많은 그리스도인이 어떤 정책적 목적의 성취를 향해 나아가는 과정에서 현실적 의제를 구성하고 추구하기보다는 너무 빨리 많은 성취를 기대해왔다. 공적 정의를 달성하기 위한 공공 정책을 추진하는 과정에서 완전함은 선의 적이 될 수 없다. 따라서 우리는 원하는 정책적 목표를 이루기 위한 점진적인 도약을 부도덕한 행동으로 생각하지 말아야 한다.

65_ Marshall, *God and the Constitution*, 142.

원리적 다원주의와 공공 정책

그러나 어떻게 이러한 관점이 공공 정책의 구체적 사안에 직접 연결될까? 이런 원칙 중 일부는 공공 정책의 쟁점과 관련된 논의를 이끌 수 있다. 간단한 예로, 1996년 복지개혁법(Welfare Reformed Act of 1996)의 자선 기관 지정 사업법 관련 조항에 대한 안건과 조지 부시 대통령의 신앙 기반 정책을 살펴볼 수 있다. 1996년 복지개혁법은 정부가 사회복지의 필요를 해결하기 위해 협력할 공동체 기관들을 선택할 때 사설 단체가 단순히 그들의 종교적 특성 때문에 배제되어서는 안 된다는 것을 명시하고 있다. 정부는 각 기관의 특성보다는 프로그램의 특성에 기초해서 평가한다. "종교적" 프로그램인지 "세속적" 프로그램인지 상관없이 모든 프로그램은 그 프로그램이 실업자를 얼마나 잘 훈련시키고, 아이를 잘 돌보며, 약물 중독자를 잘 치료하는지에 기초해 평가되어야만 한다. 신앙 기반 정책 프로그램은 자선 기관 지정 사업법의 규정을 넘어 경쟁에 기초한 비사회복지 사업(사회복지 이외의 다른 공공 정책 또는 사업-역자 주)의 정부 지원을 허용한다. 이는 종교 기관들이 사회복지의 전 영역에 참여할 수 있다는 정부의 승인이다.[66]

원리적 다원주의 관점의 철학적 근거는 일반적으로 이러한 접근과 일치하고, 전체 원리적 다원주의는 입법적인 해결을 일반적으로 지지한다.[67]

---

[66] John Bartkowski and Helen Regis, *Charitable Choices: Religion, Race, and Poverty in the Post-Welfare Era* (New York: New York University Press, 2001), 3.

[67] 비록 이러한 지지와 관련해서 개별적인 예외들은 있을지 모르지만, 원리적 다원주의자 관점과 비슷한 시각을 가진 개인들은 그러한 법리적 시도를 일반적으로 지지하는 편이다. Jim Skillen이 대표로 있는 공적 정의 센터는 이러한 의견에 있어서 중요한 역할을 해왔다. 이에 더하여 Stanley Carlson-Theis는 부시 대통령이 세운 백악관의 신앙공동체 정책실에 참여하기 위해 공적 정의 센터를 떠났다. 그리고 마지막으로 Stephen Monsma는 미국 주요 4대 도시에서 발견되는 신앙 기반 및 다른 형태로 근로 연계 복지(welfare-to-work)에 대한 연구와 정부 기금을 받는 것이 사회사업 단체들에 어떤 영향을 미치는지에 대한 연구와 함께(Stephen Monsma, *Putting Faith*

첫째, 신앙 기반 정책 프로그램은, 개인은 사회적 존재이기 때문에 다양한 자원봉사 단체와 기관이 정부 영역 바깥에 존재하는 사회에서 형성되는 것을 함축적으로 인정한다. 연대라는 용어의 의미가 매우 제한적이고 연대적 삶은 국가의 지배 영역 바깥에 영향력을 행사하기에 "사적"인 것으로 치부될 수 있지만, 그것은 공적이고 동시에 정치적이다. 왜냐하면 연대적 삶은 넓은 의미에서 정치적인 문제들을 제기하고, 시민들의 폭넓은 관심사에 참여하기를 추구하기 때문이다.[68] 원리적 다원주의자는 연대적 삶을 가치 있게 생각한다. 연대적 삶은 개인들이 가진 가장 깊은 확신을 반영하고 그런 삶에 참여한다. 사람들의 가장 중요한 시민 활동을 보여주기 때문이다. 만일 이러한 개인의 깊은 신념과 시민 활동을 "단순히 사적인' 것으로 여긴다"면, 우리가 오늘날 시민 의식의 위축을 경험하는 것은 그리 놀랍지 않다."[69]

둘째, 원리적 다원주의자는 신앙 기반 정책을 지지하는 경향이 있다. 그런 정책은 하나님의 창조 질서에 구조적 다원주의가 분명하게 있다는 사실을 인정하기 때문이다. 다수의 비정부기관과 프로그램들은 사회 구성원들의 여러 사회복지 차원의 필요들을 다루기 위해 존재한다. 국가는 정의를 지키며 이를 집행해야 하지만, 이러한 다양한 비정부 단체들은 인간의 기본적 필요를 위한 자비의 대리인이자 섬기는 일꾼으로서 봉사하기 위해 애쓴다. 따라서 미국인의 사회복지 차원의 필요를 해결하기 위한 정

---

in Partnerships: Welfare-to-Work in Four Cities [Ann Arbor: University of Michigan Press, 2004]), 공공 정책의 다른 분야에 대한 공공 기금과 교회-국가 분리의 본질을 연구하는 데 큰 부분을 차지해왔다(Stephen Monsma, *When Sacred and Secular Mix: Religious Non-Profit Organizations and Public Money* [Lanham, Md.: Rowman & Littlefield, 1996]).

68_ Ronald Thieman, *Religion in Public Life: A Dilemma for Democracy* (Washington, D.C.: Georgetown University Press, 1996), 132.

69_ Ibid.

부 차원의 노력과 비정부 차원의 노력 모두 존재한다.

셋째, 원리적 다원주의자들은 교회와 국가의 분리에 대해 엄격한 분리보다는 중립을 지지한다는 자신들의 일반적인 견해에 기초해서 자선 기관 지정 사업법 같은 사안들을 선호한다. 엄격한 분리주의 관점은 수정헌법 제1조의 국교 금지 조항이 종교를 장려하는 일을 금지한다고 주장한다. 비우대주의적인 방식과 관련한 결과는 국가가 종교보다 비종교를 장려하는 것이라 하더라도 말이다. 반대로 중립적인 관점은 국가가 종교를 장려하는 것을 선택할 수 있다고 주장한다. 굳이 국교 금지 조항과 관련된 이 두 가지 경쟁적인 관점에 대한 구체적인 사항과 상대적인 장점을 자세히 살펴보지 않더라도, 중립적 해석은 다음과 같은 것을 주장한다고 말해도 충분하다.

> 종교는 공적인 활동을 지지하고, 더 넓은 사회에 이 세상의 유익을 끼치는 활동을 지지하는 국가로부터 승인과 물적 지원을 받을 수 있다. 국가가 종교 기관들을 차별하지 않는 것을 규정하고, 그리고 유사하거나 비슷한 프로그램들을 가진 세속 단체들을 인정하고 물적 자원을 제공하는 것을 규정한다면 말이다.[70]

넷째, 이러한 프로그램들이 미국 사회에서 고백적 다원주의가 분명하게 존재한다는 것을 인정한다는 사실은 그러한 프로그램을 지지하는 원리적 다원주의자에게 추가적인 토대를 제공한다. 부시 대통령의 정책 아래서 모든 종교적·세속적 단체들은 공공 지원을 받기 위한 경쟁에 참여할 수 있다. 무신론자든지 그리스도인이든지 유대인이나 무슬림이나 어떠한 그룹이든지 상관없이 단순히 그들이 특정한 종교적 신앙으로 인해 배제될 수 없다.

70_ Monsma, *Positive Neutrality*, 188.

마지막으로 사람들은 가난이 복합적 요인에서 유래하고, 가난한 이들은 여러 이유로 가난하다고 이해하려는 원리적 다원주의자들의 노력을 인정해서 그들을 지지한다. 빈곤의 근본 원인은 개인마다 차이가 있기 때문에(예를 들어 빈약한 교육, 숙련된 기술의 부재, 건강의 문제, 중독, 게으름, 나태함), 국가적 획일화의 관점에서 "천편일률적"으로 고안된 사회복지 프로그램들은 어려움에 부닥친 모든 사람을 도울 수 없다. 더욱이 사회복지 문제를 다루는 프로그램을 포함한 정부 프로그램들은 제한된 자원의 통제 아래서 시행되고, 오직 제한된 도움만을 제공할 수 있다. 그리고 그들이 자격이 있음에도 정부 프로그램에 참여하는 데 실패하여 누락되는, 또는 그들이 불법 이민자들이기 때문에 정부의 프로그램에 참여하기를 회피하는 사회의 빈민층들이 존재한다.

그럼에도 교회와 선교 단체들이 미국 사회에 있는 빈민들을 돕기 위한 중요한 임무를 수행하고 있다는 인식이 증가하고 있다. 하지만 위에 언급한 차원을 넘어서 누군가에게 빈곤은 공공 기금으로 다룰 수 없는 도덕적·개인적 문제일 수도 있다는 사실은 분명하다. 그러한 경우 재정 지원은 중요한 물질적 필요를 해결할 수 있는 단기 정책일 수 있지만, 재정 지원 자체가 그 문제의 해결 방안이 될 수 없다. 인간은 물질적이자 영적인 존재이기 때문에, 단순히 물질적 필요를 해결하거나 물질적 원인만을 찾는 것은 아마도 어떤 경우에는 문제의 근본 원인을 해결하려는 것이 아니라 나타난 증상만을 해결하려는 것일지도 모른다. 그 원인이 본질적으로 도덕적이거나 영적인 것일 수도 있는 경우와 관련해서, 비정부적인 신앙적 복지 단체들이 정부 기관들보다 이런 도덕적이고 영적인 면들을 더 잘 (그리고 올바르게) 해결할 수 있도록 준비되어 있다.[71] 그 결과 신앙에 근거한 프

71_ 이것은 단순히 이러한 도덕적이거나 영적인 문제들을 다루는 데 정부 기관들보다 더 잘 준비되어

로그램들은 때로는 정부가 운영하는 프로그램들이 달성하지 못하는 결과들을 이루어낼 수도 있다.

결론

원리적 다원주의는 공적 생활 안에 명백히 존재하는 다양성과 사회생활의 각 영역들에서 작용하는 권위의 다양한 구조가 있음을 인정하고 받아들인다. 원리적 다원주의에 따르면 국가는 삶의 특정 분야에서 타당한 권위를 소유한 하나의 사회 구조이자, 하나님이 권위를 수여한 다양한 구조 중 하나일 뿐이다.

본래 인간이 사회적 존재라는 점을 고려할 때, 원리적 다원주의자는 사회의 연합과 공동체의 내재적 본성을 강조하고, 이러한 연합과 공동체는 공적 생활에서 핵심적인 기여를 한다는 점을 강조한다. 국가의 권력은 하나님이 위임하신 범위에 제한되어 있지만, 하나님의 창조 질서 안에서 국가는 주요 임무를 수행한다. 국가는 일반 은총의 대리인이자, 정의를 지키고 집행하기 위한 도구다.

그리스도인은 공적 생활에 참여하도록 부름을 받는다. 그리스도인은 이웃에 대한 그들의 의무와 책임을 저버려서는 안 된다. 또한 그들의 정치적 책임도 거부해서는 안 된다. 인간 생활의 다른 분야와 같이 정치의 영역도 타락 때문에 영향을 받지만, 하나님은 모든 생명에 대해 여전히 주권을 가지고 있고 모든 창조 질서를 구속하길 원하신다. 여전히 그리스도인

있는가의 문제만은 아니다. 적어도 이론상 이러한 과제들을 해결하는 데 있어 정부 기관이 신앙에 근거한 단체들보다 더 잘 준비될 가능성이 있을 수 있다. 원리적 다원주의 관점에서는 인간의 악한 본성에 대한 구속을 위해 정부는 하나님에게 권위를 받지 않았다는 것뿐이다.

은 공적 생활에 참여할 때, 정치적 겸양으로 행동하고, 그들이 반대하는 사람들에 대해서 관용을 베풀며, 공동선을 이루기 위해 다른 이들과 협력하고, 원하는 정치적 결과물을 획득하기 위한 노력이 목표의 성취에 걸림돌이 되지 않도록 하기 위해 타협하도록 부름을 받는다.

논평
로마 가톨릭 관점

클락 E. 코크란

원리적 다원주의를 낳은 개혁주의 관점이 다른 관점들보다 내가 서술한 가톨릭 입장에 가장 근접한다. 코윈 스미트와 내 입장은 기본 원리에서 차이는 없지만 주로 용어와 강조 그리고 논조에서 차이가 있다.[1] 이 논평에서 나는 강조의 차이점을 언급하면서도 원리적 유사점들을 강조하고자 한다. 그리고 마지막으로 나와 원리적 다원주의 관점이 차이를 보이는 두 부분을 언급하고자 한다.

스미트에 따르면 원리적 다원주의의 신학적 기초는 창조, 타락, 구속의 이야기다. 이것은 국가가 형성된 목적에 대한 가톨릭의 설명과 거의 유사하다. 비록 스미트가 나의 네 가지 긴장 이론을 사용하지 않지만(그의 설명에 내재된 것처럼 보이기는 하는데) 이 이야기는 국가와 교회의 협력적 역동성을 정당화한다. 개혁주의 관점과 가톨릭 관점은 공히 인간 생활이 타락으로 왜곡되었기 때문에 국가와 다른 기관들의 활동도 함께 타락했다고 주장한다. 따라서 교회는 창조의 목적을 회복하도록 노력해야 한다.

---

[1] Corwin과 나는 다양한 프로젝트와 관련해서 함께 작업했고, 정치학 연구소에서 함께 활동하는 동료다.

구속은 모든 사회 기관과 관련해서 교회가 지닌 잠재적인 **변형의** 근간이 된다. 하지만 나의 글은 교회와 모든 사회 기관에 대한 **초월과 성례적** 증언에 집중했다. 이 간단한 논평에서 자세히 살펴보는 것은 불가능하지만, 다음과 같은 두 가지가 가톨릭과 원리적 다원주의의 차이점이다. 첫째, 스미트와 같은 원리적 다원주의자들이 비교회(nonchurch) "영역들"의 변화 또는 광범위하게 일어나는 변화의 정도를 어떻게 이해하고 있는지 내게는 명확하게 다가오지 않는다. 또한 교회가 이러한 변화를 끌어내는 데 어떤 구체적 역할을 하는지도 명확하지 않다. 둘째, 가톨릭 관점은 사회적 행동의 성례성, 의료복지, 사회사업, 다른 가톨릭 기관의 초월적 증언을 강조한다. 스미트의 설명은 성례적 특성을 명시적으로 드러내지 않으며 교회와 관련되고 또 교회가 운영하는 기관의 역할을 광범위하게 다루고 있지 않다.

이는 아마도 강조 또는 용어의 차이일지 모른다. 그러나 신학과 철학의 중요한 차이를 반영하는 것일 수도 있다. 무엇이 중요한지를 구분하기 위해서는 더 진전된 대화가 필요하다.

개혁주의의 "영역 주권"과 가톨릭의 "보완성의 원리" 사이에는 사실 (스미트가 언급한) 뚜렷한 유사점들이 존재한다. 나는 가톨릭 전통이 개혁주의 전통에서 많은 부분을 배웠다고 생각한다. 개혁주의 전통이 가톨릭 전통보다 다원주의를 이해하는 데 더 적합한 의견을 제시하기 때문이다.[2] 가톨릭 사회 이론 안으로 영역 주권을 통합시키는 것은 개혁주의 전통을 상당히 강화시킨다. 이와 유사하게, 아브라함 카이퍼가 발전시킨 개혁주의 전통과 제2차 바티칸 공의회(1962-1965) 시기의 가톨릭교회는 종교의

---

[2] 사실 가톨릭 사회 이론에 대한 나의 이해와 해석은 (Smidt가 언급한) 공적 정의 센터와 원리적 다원주의 및 영역 주권의 관점에서 정책 연구를 함께 했던 관계에서 도움을 받았다.

자유가 사회적 원리이며 공동선의 구성이라는 일치된 (그리고 다소 늦은) 결론에 도달했다.

또 다른 유사점은 각 전통의 신학적 인간론에 관한 주장이다. 스미트에 따르면 원리적 다원주의는 기본적으로 인간의 사회적 특징에 기초한다. 이는 이 이론이 "개인주의와 집단주의 사이"에 놓여 있음을 보여준다. 가톨릭 사회 교리도 동일하게 주장한다.

이러한 신학적 유사성은 두 전통이 정치 활동과 관련해서 공통점이 많다는 것을 의미한다. 특히 두 전통이 사회정의에 대한 구체적인 책임을 지기 위해서 국가는 제한된 권력을 갖고 있다는 주장과 관련해서 말이다. 두 전통은 믿는 이들의 공적 책임과 종교 기관들의 공적 역할을 강조한다. 하지만 두 전통은 다른 이들에게 겸양으로 행동하고, 반대하는 사람들에게 관용을 베풀며, 다른 이들과 협력하는 것과 관련해서는 신앙의 헌신도에서 유사성을 보이기도 하고 차이를 보이기도 한다. 가톨릭 관점은 신앙 기반 정책과 정부와 종교 기관들의 재정 협력 방안과 관련해서 원리적 다원주의 관점에 근본적으로 동의한다.

영역 주권 이론은 정부 기관과 비정부 기관이 사회복지 차원의 필요를 해결하기 위해서 왜 같이 일해야 하는지에 대해 분명하게 설명하지 못한다. 이런 사회복지 차원의 필요들은 공적 정의 문제이니까 정부의 일이 아닐까? 아니면 다른 영역들이 그런 필요들에 대해 책임을 갖고 있는가? 영역들이 "주권"을 갖고 있다면, 책임을 공유하는 각각의 영역들이 다른 영역의 경계를 넘어가는 것은 무엇이 정당화하는가? 그리고 그런 경계를 넘어서는 것과 관련해서 언제 넘어가는 게 좋을까?

가톨릭 관점이 정치적 삶과 그 삶의 필요에 대해 개혁주의 관점보다 더 나은 설명을 제공하는 주제들이 있다. 개혁주의 관점은 그런 주제들에 대해 더 철저하게 설명을 제시해야 한다. 첫째, 원리적 다원주의는 사회정의에 대해 근본적으로 몰두하고 있지만, 정의의 문제 중 가난한 이들과 관련된 책임에 대해서는 명확하게 설명하지 못한다. 가톨릭이 주장하는 가난한 이들의 우선적 선택은, 사회정의가 있고 없음의 가장 기본적인 시금석 중 하나는 그 사회 구성원에게 인간다운 최소한의 조건이 보장되는 것이라는 점을 가르친다. 스미스의 설명에 따르면, 사회정의는 주로 사회 기관(영역)에서 적절한 경계를 유지하고, 적합하게 책임을 지는 것이다. 가톨릭 전통은 이러한 책임을 공동선과 보완성의 원리를 통합하는 것으로 이해하고, 또한 우리 중 가장 작은 자들에게 마땅히 주어져야 하는 것―그들의 권리와 그들의 기초적인 요구―에 대한 보장을 정부의 책임으로 이해한다.

둘째, 가톨릭 전통은 사유 재산에 상당한 제한을 둔다. 모든 사유 재산은 "사회적 담보"다. 이것은 재산의 사용이 그 소유자의 선뿐만 아니라 공동선을 촉진시켜야 한다는 것을 의미한다. 정부는 재산의 사용을 보장하고 재산 사용의 오용으로부터 공동선을 보호하기 위해서 재산을 규제한다(예를 들어 대기 오염 규제). 원리적 다원주의가 재산권의 제한을 주장할지도 모르지만, 스미스의 글에서는 논의되고 있지 않다.

마지막으로 그리고 가장 근본적으로, 정부가 일반 은총의 대리인이 된다는 것의 의미가 무엇인지 명확하지 않다. 스미스는 법을 준수하고 공적 정의를 추구하며 악을 경감시키는 것으로서 일반 은총을 설명한다. 일반 은총은 지속적이고 현실주의적이며, 특별 은총의 역할인 시민들의 구속을 목표로 하지 않는다. 하지만 창조의 목적에 관한 국가의 책임과, 타락에서 비롯된 죄를 억제해야 하는 국가의 책임 사이에서 국가가 감당해야 하는 과제가 어떻게 다른지 또렷하지 않다. 즉 일반 은총의 대리인이 되는 것은 공적 정의의 실현으로부터, 그리고 스미스가 설명한 창조와 타락으로부터 유래한 임무에 전념하는 권력 제한적인 정부와 어떻게 다른가?

논평
고전적 분리주의 관점

데릭 H. 데이비스

코윈 스미스의 글은 원리적 다원주의 관점을 인상 깊게 서술한다. 이 관점은 잘 알려져 있지는 않지만 지지자가 늘어나고 있고, 상당한 규모의 지지자들이 미국과 그 외의 나라에서 이 관점을 주장하고 있다. 이들은 대부분 칼뱅주의 전통을 지지한다. 하지만 조금 이상하다. 이 관점은 칼뱅의 정치 신학과 현저한 차이를 보이기 때문이다. 그래서 스미트는 원리적 다원주의의 지지자들이 19세기 네덜란드의 신학자이자 정치가였던 아브라함 카이퍼의 신학에 더 많이 의존한 이유를 주목하면서 이런 차이를 잘 설명한다. 카이퍼는 칼뱅의 기본 신학에 충실하게 남아 있다가 "두 개의 정부"라는 칼뱅의 견해에서 극적으로 돌아섰다. 칼뱅의 관점은 교회와 국가 상호 간에 상당한 독립성을 허용하면서도 이단에 맞서 싸우는 것과 같은 전형적인 신학의 임무를 국가에 부여했다. 스미트가 언급한 것처럼 카이퍼는 이러한 권위를 국가로부터 떼어냈고 모든 종교 집단에 훨씬 더 많은 종교의 자유를 부여하고자 했다. 그는 "영역 주권" 이론을 발전시켰다. 영역 주권 이론은 정부의 감독을 받지 않는 강한 주권과 독립성을 대부분의 사회 집단들에 부여했다. 이런 집단에서 종교의 다양성이 점점 증가하고 있고, 카이퍼는 적어도 이론적으로 그리스도인과 비그리스도인들에게 신학적 견해들을 감독하는 강압적인 국가에서 벗어나 자유롭게 활동할 수 있는 종교의 자유와 공간을 허락했다.

나는 영역 주권이라는 이런 과감한 주장에 대해 성서적 근거가 존재하는지 확신할 수 없다. 나는 영역 주권이 이성에서 기인했고 그것을 받아들일 수 있다고 생각한다. 그러나 모든 것에 대해 성서의 근거를 확인하는 신학 전통에 기초한 이들은 영역 주권이 다소 이상하다. 나는 교회와 국가의 관계에 대한 틀을 세우는 일과 관련해서 성서가 명확히 말을 하지 않기 때문에 이성을 사용해야 한다고 생각한다. 그리고 나는 현시대적 맥락에서 사용할 수 있는 교회와 국가의 관계에 대한 틀을 만들기 위해서는 성서적 정당화가 필요하다고 생각한다. 나는 그리스도가 영적인 목표와 정치적인 목표는 다르다고 가르친 부분을 제안하고자 한다. 마태복음 22:21에서 그리스도께서는 그리스도인에게 "가이사의 것은 가이사에게 하나님의 것은 하나님께 바치라"고 말씀하셨다. 여기서 그리스도께서는 영적인 것들과 정치적인 것을 구별해야 한다고 주장하고 계신다.

나는 그리스도께서 영적인 목표와 일시적인 목표를 완벽하게 구분하셨다고 생각한다. 그는 신정주의 체제를 더 선호하셔서 로마 제국을 전복시키거나 조종하는 것을 결코 원하지 않으셨다. 그는 자신을 특정 정부의 형태와 동일시하지 않았고, 인간 정부의 의무가 자기 임무를 돕는 것이라고 간접적으로 말씀하지도 않으셨다. 그리스도는 대부분의 정치적 규제를 받는 것에 대해서 놀랍도록 무관심하셨다. 물론 그는 압제와 탄압에 맞서 설교하셨다. 그러나 그의 주요 사역은 인간을 자신에게로 데려오는 것이었고, 정부의 구체적 형태(군주제, 사회주의, 민주주의, 기타 등등)는 명백하게 이차적인 문제로 다루셨다. 그에게 일시적인 것들은 영원한 것들보다 훨씬 덜 중요한 것이었다. 그러므로 그는 하나님 나라를 세우는 데 있어서 물질적 측면보다 영적인 측면에 더 집중하셨다. 기독교 국가나 종교 국가의 개념은 그에게 낯설다. 말하자면 그는 정의의 원리를 지키면서 정치적인 질서를 형성할 수 있도록 우리에게 기회를 주셨다.

오해하지 않기를 바란다. 나는 정치에 무관심해야 한다고 말하는 것이 아니다. 그리스도인은 일상의 삶에서 단순히 그리스도인이 아닌 기독교 **시민**이다. 그러나 성서는 정치적인 일이나 정부의 일이 기독교적 방식으로 수행될 것을 요구하지 않는다. 그래서 그리스도인들은 각자가 성서를 해석하는 관점이 **아닌** 전체적으로 미국인이라는 관점을 가지고 민주주의 형태의 정부에서 비그리스도인들과 함께 가장 최선의 공동선을 확보할 수 있는 법률을 제정할 자유가 있다. 이 과정에서 협상과 타협은 비열한 행동이 아니다. 그리고 그리스도인들은 자신들이 이해하는 성서적 기준을 충족하지 못하는 법에도 만족할 수 있어야 한다.

성서적 기준은 그리스도인이 법을 제정하는 과정에 영향을 줄 수도 있다. 그러나 그리스도인들이 협상해서 만든 결과물, 곧 낙태, 학교에서의 기도, 동성애와 같은 논란을 일으키는 영역에서 성서적 기준에 부합하지 않는 법을 제정했더라도, 그들은 하나님을 실망시켜 드린 것이 아니다. 그리스도인의 목표이자 의무는 공통의 도덕에 기초해서 함께 삶을 나누는 **모든** 미국 시민의 행복을 증진할 수 있도록 미국 정부를 도와주는 것이지, 이 땅에 하나님 나라를 세우는 것이 아니다.[1]

지금 내가 말한 것은 원리적 다원주의를 지지하는 이들에게 진실처럼 들릴 것이다. 내가 생각하기에 고전적 분리주의와 원리적 다원주의의 차이는 다음과 같다. 곧 원리적 다원주의자들은 종교 기관들에 지나치게 많은 권한을 주고 종교의 자율성을 지나치게 많이 양보하는 프로그램을 제

---

[1] 이 점에 대한 더 상세한 기술은 다음의 글에서 다루었다. Derek H. Davis, "Christian Faith and Political Involvement in Today's Culture War," *Journal of Church and State* 38 (1996): 473-81.

공하면서 교회와 국가 간의 분리를 파기한다는 것이다. 그들이 내심으로는 카이퍼주의보다는 칼뱅주의에 남아 있길 원하기 때문이다. 칼뱅과 그를 따랐던 청교도들은 구약에 근거한 정치 신학을 발전시킨 것으로 잘 알려져 있다. 그들은 하나님이 정치 문제를 포함한 모든 것에 대한 주권을 가지고 계신다는 이론에 근거한 신정주의적 사상을 받아들였다. 스미트가 주장한 것처럼, "칼뱅은 모든 인간의 권위가 하나님의 권위와 그분의 법 아래에 놓여 있다"고 믿었다. 그리고 이러한 세계관에 따르면 하나님은 언제나 그분의 타락한 창조물들의 모든 영역을 구속하는 임무를 담당하신다. 다시 스미트의 말을 빌리자면, "하나님은 **모든** 것들을 구속하기 위해 예수 그리스도를 보냈기" 때문이다. 스미트는 계속해서 다음과 같이 주장한다.

> 그리스도인은 이러한 구속의 과업을 수행할 의무가 있다. 하나님은 분명히 그분의 창조물들을 구원하는 일을 하고 계신다. 그럼에도 우리는 하나님이 우리를 사랑하시기 때문에 우리를 단순히 구원하신 것이 아니라, 농사든, 건축이든, 제조업이든, 교육 또는 정치와 관련된 것이든 세상에 있는 그분의 사람들과 관련한 하나님의 일을 완수하기 위해 우리를 구원하셨다는 것을 안다(213쪽).

원리적 다원주의자들은 점차 교회와 국가의 분리가 주는 이점에 대해 말한다. 그러나 그 후 그들은 정치적 이상을 발전시키기 위해 기독교적인 수단을 사용하는 데 주저하지 않는 것처럼 보인다. 그렇게 함으로써—예를 들어 자선 기관 지정 사업법을 옹호하는 것처럼—그들은 의도적이든 의도적이지 않든 간에 신학적 노선을 따라서 정치적 성향을 만들어내기를 원한다. 이러한 접근에서 보면 그들은 진정한 칼뱅주의자들이다. 하지만 건국의 아버지들은 종교 국가와 관련된 개념을 특별히 거부했다. 이것과 관련해서, 원리적 다원주의자는 정부가 기독교 이념을 반드시 확산시키거나 최소한 종교가 국민의 삶에 어느 정도의 지원을 허용할 것을 주장하는 기독교 우파와 크게 다르지 않다. 그렇다면 그들은 이렇게 말할지도 모른다. 기독교는 진리를 제시한다. 그리고 왜 정부가 진리를 확산시켜서는 안 되는가? 이러한 태도에 대해 가장 일반적으로 인용되는 성서적 근거는 구약 시대의 이스라엘에 있었던 신정주의적 체제다. 만일 이스라엘이 하나님께 직접 통치를 받았다면, 그리고 논쟁이 되고 있는 것처럼, 성서는 오직 이런 정치 형태의 모델만을 인정한다면, 왜 약간 변형된 신정주의 체제가 우리 시대의 정치 모델이 될 수 없을까? 이스라엘이 하나님의 통치를 받는 신성한 국가였다면, 미국은 하나님의 통치를 받는 신성한 국가가 되어야만 한다. 원리적 다원주의자들이 이 정도 극단까지 나아갔다는 것은 아니다. 하지만 그들은 종교적 국가를 세우는 데 관심이 있다.

나는 성서 전체의 메시지는 현대 정부를 수립하는 정당성과 관련해서 우리에게 매우 다른 관점, 곧 하나님의 법을 따르도록 현대 정부를 격려하는 관점을 제시한다고 생각한다. 나는 구약의 이스라엘에 대한 하나님의 통치는 특별한 것이었다고 생각한다. 하나님은 다음과 같은 세 가지 일을 하시고자 이스라엘이라는 나라를 수립하셨고, 이스라엘 백성을 통치하셨다. 곧 그분은 (1) 메시아의 계보를 세우고, (2) 인류에게 우리가 오늘날 성서로 알고 있는 성스러운 경전을 (주로 히브리어를 통해) 제공하며, (3) (도덕, 제사, 시민)법을 통해 그분의 거룩함과 개인 생활과 공동체 생활에 대한 지침을 보여주려고 이스라엘을 수립하셨다. 나는 이 모든 것, 곧 이스라엘이라는 나라의 정체성, 모세 율법, 그리스도의 성육신, 삶, 죽음, 부활, 장차 미래에 도래할 나라에서 왕권의 궁극적 실현을 가리키는 모든 것이 하나의 꾸러미(a package)였다고 생각한다. 물론 나는 지나치게 단순화하고 있다. 그러나 나는 그리스도가 이 모든 것의 성취라고 생각한다

("내가 율법이나 선지자를 폐하러 온 줄로 생각지 말라.…완전하게 하려 함이라"[마 5:17]). 다른 말로 하자면 그리스도는 상징적이고 예표론적인 구약 꾸러미의 진정하고 최종적인 의미다. 이러한 사실은 우리가 구약의 계명들을 대할 때 신중해야 함을 알려준다. 물론 그 명령들이 명확하게 대체되지 않는다면 제외해야 한다(예를 들어 십계명 중 제9계명). 결론적으로 나는 구약의 신정주의적 체제는 현대의 정부들에 구속력이 없으며 실행 가능한 정치 질서로서 고려되지 않는다고 생각한다. 그것은 폐지된 것이고, 정치 질서는 그리스도의 재림을 위해 따로 마련되어 있다.

만일 원리적 다원주의자가 생각하는 것처럼 우리가 어쨌든 성서를 따르면서 정치 체제를 구속하는 임무가 있다면, 우리는 과연 어떤 원리, 어떤 성서 구절을 사용해야 하는가? 스미트는 이와 관련해서 다음과 같이 명확하지 않은 주장을 한다.

> 현대 정치에도 적용이 가능한 진리로서 남아 있는 성서적 지침들이 확실히 존재한다. 우리는 이러한 정치 원리들이 적용되는 특정한 상황과 관련해서, 곧 특정 상황이 그 원리를 부정하는 것이 아니라 원리 자체에 영향을 끼친다는 것을 이해해야 한다. 정치 원리는 동일하게 남아 있지만, 그것의 적용은 상황에 따라 다양할 수 있다. 기독교 신앙이 나사렛 예수의 본성(그는 그리스도시다)과 그의 삶이 성취한 구속과 구원에 대해 절대적인 주장을 하지만, 반면에 종교로서의 기독교는 항상 "우리가 언제 어디서나 맞닥뜨리게 되는 특정 사회의 종교나 사회와 관련을 맺는 종교"다. 다른 종교적 신앙들과 마찬가지로, 기독교 신앙도 상황적 본성이라는 것이 존재한다. 따라서 결국 정치 생활을 고려하는 성서 본문에서 도출할 수 있는 원리는 시간과 공간을 초월하는 정치 제도에 관한 상세한 규정들이 아니라, 시간과 공간과 관련된 정치 생활을 다스릴 수 있는 원리들이어야만 한다(221-222쪽).

그러나 그는 우리에게 어떤 원리, 어떤 성서 구절이 적용되어야 하는지에 대해서는 결코 말하지 않는다. 단순히 우리가 원하는 대로 선택하면 되는가? 만일 우리가 "정치 생활을 다스릴 수 있는" 성서 본문에 근거해서 교회-국가 정책을 구성한다면, 우리에게 더 이상의 지침은 필요하지 않은가?

내가 생각하는 더 좋은 방법은 성서 본문이 이 과제에 대해 끔찍할 정도로 불충분하다는 사실을 인정하는 것이다. 나는 신약성서도 전혀 다를 바가 없다고 생각한다. 더 나은 방법은 그 주제에 이성적으로 접근하는 것이다. 왜냐하면 하나님은 우리에게 어떤 구속력 있는 처방도 주시지 않았기 때문이다. 역사가 다음과 같은 것, 곧 정부가 종교를 간섭할 수 있는 엄청난 권한을 갖거나 또는 종교가 정부를 간섭할 수 있는 엄청난 권한을 갖는 것은 위험하고, 종교를 위태롭게 하며, 종교를 믿지 않는 이들을 박해하고, 그리고 종교의 자유를 침해하는 것이라는 사실을 입증한다면, 그렇다면 우리는 이러한 역사의 가르침을 따르는 편이 더 나을 것이다. 나는 우리의 건국의 아버지들이 이렇게 접근했다고 믿는다. 그들은 교회와 국가의 과도한 혼합이 가져온 결과들로부터 얻은 절실한 교훈들로 인해 공적 영역에서 종교를 제거했고, 정부 관리의 강제적인 영향들 없이 종교가 시민들의 삶에서 가능한 모든 것이 되도록 종교를 해방시켰다.

논평
재세례파 관점
로날드 J. 사이더

나는 원리적 다원주의에 대한 코윈 스미트의 명료한 설명에 대부분 동의한다. 그것의 대부분은 성서 본연의 가르침과 세심한 역사적 해석에서 기인한다.

그러나 왜 스미트는 "원리적 다원주의자 관점은…개혁주의 전통이라고 불리는 것과 긴밀히 연결되어 있고 그것에서 유래한다"(203쪽)고 하거나 "이 관점은 주로 개혁주의 신학에 관한 이해에서 발생한다"(203쪽)고 주장할까? 스미트는 개신교 사상가 중 약간 더 널리 퍼진 성향을 가진 사상가들에 대해 서술했다. 이 사상가들은 다양한 기독교 전통을 가진 이들이 중요한 성서적 진리들을 받아들인다고 이야기하고 그런 진리들을 독특하게 개혁주의 사상이라고 주장했다.

몇 가지 예를 살펴보자. 개혁주의 신학의 독특한 특징은 "원리적 다원주의 관점에 중요한 기초를 제공한다"고 말하는 것과 관련해서 그는 "창조-타락-구속 이야기에 중요한 강조점을 둔다"는 것을 증거로 제시한다(205쪽). 내가 마지막으로 확인한 바에 의하면, 창조-타락-구속 이야기에 대한 주요한 관심은 기독교 진영 안에 꽤 널리 퍼져 있다.

스미트는 개혁주의자들이 자신들의 창조론에 근거해서 정부를 타락 이전부터 존재한 것으로 주장했다고 상당히 자세하게 설명한다. 하지만 그런 주장을 한 것은 토마스 아퀴나스와 아퀴나스주의 전통을 따르는 전체 가톨릭이다. 정부는 타락 이후에만 오직 필요한 것으로 이해하는 기독교 전통들이 있는 것도 사실이다(예를 들어 루터주의). 개혁주의 사상가들에게 동의하는 다른 중요한 기독교 전통들이 있다(특히 가톨릭 전통). 따라서 정부가 타락 이전부터 존재한다는 개념이 개혁주의 신학에서 독특하게 유래했다는 주장은 개신교 사상들에게는 너무 놀라운 일이다(심지어 그런 주장은 뻔뻔스러운 것이라고 말할 수 있다).

우리는 "특별 은총"과 "일반 은총"의 구분에 대해서도 동일한 것을 이야기할 수 있다. "이 용어와 뉘앙스는 약간 다양할 수 있지만, 이 두 가지 기본적인 개념들은 아퀴나스와 아퀴나스주의에 있어서 핵심적인 것들이다. 원리적 다원주의가 매우 강조하는 다음과 같은 것, 곧 인간 존재는 사회적 본성을 가졌고, 개인은 존엄하고 가치가 있다는 것을 강조하는 성서의 방식은 우리가 개인주의와 집단주의라는 두 가지 극단을 피할 수 있도록 도움을 준다는 주장에 대해서도 동일한 것을 이야기할 수 있다. 아퀴나스와 다른 많은 기독교 전통을 따르는 대부분의 중요한 기독교 사상가들은 원리적 다원주의 주장에 동의한다. 그래서 개혁주의 신학만이 자신들의 신학적 결과물로 이런 근본적인 성서적 통찰을 보여줄 수 있다고 주장하는 것은 정당하지 않다.

마지막으로, 고백적 다원주의에 대해서 말하고자 한다. 모든 사람이 누리는 진정한 종교의 자유는 확실히 원리적 다원주의의 핵심적인 것들이다. 그리고 누군가는 19세기 말 뛰어난 개혁주의 지도자였던 아브라함 카이퍼가 종교의 자유를 너무나 명확하게 표현한 것에 대해 고맙게 여길 수 있다. 그러나 재세례파들은 종교의 자유를 분명히 요구했고, 국가가 특정한 종교적 믿음과 행위를 강요하는 공권력의 사용을 중지할 것을 지금으로부터 350년보다 훨씬 더 오래전부터 요구했다. 사실 재세례주의자들은 고백적 다원주의를 옹호하다가 개신교 형제들에게 처형당했다. 그래서 고백적 다원주의가 개혁주의 신학에서 유일하게 파생한 것이라는 주장은 조금 이상하다.

다시 말하지만 나는 스미트의 멋진 글 대부분에 동의한다. 나는 그의 주장이 성서의 본질적 가르침과 주의 깊은 역사 연구에서 유래한 것으로 생각하기 때문이다. 역사적으로 더 정확하게 기술하면서 나머지 기독교 공동체들에 덜 공격적일 수 있는 방법은 근본적인 성서적 진리들에 대해 "유일하게 개혁적"이라는 표현을 붙이지 않는 것이다.

논평
사회정의 관점

J. 필립 워거먼

나는 이 글에서 딱히 반대할 만한 내용을 거의 발견하지 못했다. 특히 존 코트니 머레이가 생애 후반에 진정한 의견 충돌은 보기 드문 성과라고 말했던 격언과 같은 의미에서 말이다.[1] 내가 간접 인용한 머레이 격언의 핵심은, 우리는 인정받지 못한 여러 방법으로 중요한 용어들을 종종 정의하면서 서로 대화를 나눈다는 것이다. 나는 스미트와 내가 처음부터 끝까지 자세하게 대화를 나눈다면, 우리 두 사람이 서로의 입장에 대해 동의할 수 있는 부분이 있다고 가끔 생각한다. 이것은 아마도 그가 타협에는 좋은 종류와 나쁜 종류의 타협이 있다는 것을 인정하면서 타협은 긍정적인 선일 뿐만 아니라, 필요악으로 받아들일 준비가 되어 있다는 부분이다. 우리는 그런 그의 주장에 갈채를 보낼 수 있다.

하지만 우리가 그에게 쉽게 동의할 수 없는 하나의 사안이 있다. 스미트는 무천년주의자의 견해를 가지고 있어서 그리스도의 재림을 몇 번 언급하는데, 나는 그가 그 사건을 물리적인 시간에서 일어나는 문자적 사건

1_ Murray는 "의견 충돌은 도달하기 쉽지 않은 일이다. 오히려 우리는 모호함에 빠진다"고 말했다 (John Courtney Murray, *We Hold These Truths: Catholic Reflections on the American Proposition* [N.Y.: Sheed & Ward, 1960], 15).

이자 "하나님의 선한 때"(232쪽) 받는 선물로 이해한다고 생각한다. 나는 종말론적 기대를 문자적인 용어보다는 상징적인 용어로 생각하고 싶다. 우리가 그리스도의 재림을 계속되는 것으로 언급할 수 있는 더 깊은 의미가 있을 수 있지만 말이다. 우리가 그리스도에게 신실하게 순종할 때, 그리스도는 우리의 신실한 제자의 삶에서 그리고 그런 삶을 통해서 활동하신다. 교회를 그리스도의 몸으로 언급한 사도 바울의 놀라운 은유는 교회가 세상에서 그분의 몸이 될 때에 그리스도가 **육체로** 어떻게 현존하시는지를 연상시킨다.[2]

이것은 기독교 종말론을 매우 다른 방식으로 이해하는 것일 수 있지만, 나는 기독교 종말론은 하나님의 선물이고, 우리는 이 선물에 응답한다는 스미스의 주장에 동의할 수 있다. 나는 문자적 종말론(전통적으로 받아들이는 모든 종말론)이 가진 문제가 다음과 같다고 생각한다. 곧 그것은 사람들이 하나님의 사랑은 현재 존재하는 힘이라고 믿는 믿음을 외부에서 물리적으로 개입하는 힘을 믿는 믿음으로 미묘하게 바꾸는 문제를 갖고 있다. 이 물리적 힘은 그리스도인의 믿음에 있는 사랑이라는 영적인 힘을 쉽게 없앨 수 있다. 그리고 문자적 종말론은 미래의 사건이므로 그런 믿음은 그리스도인들을 소극적으로 만들 수 있다. 그 대신 후천년주의자나 전천년주의자 혹은 3장에서 다룬 스미스와 같은 무천년주의자들이 세상에서 드러나는 하나님의 선이라고 간주한 것을 적극적으로 추구하는 것은 하나님의 은혜의 힘을 생생하게 증명해준다. 그리스도의 몸인 교회가 자기 주인에게 정말로 충실하게 순종하는 모든 곳에서 말이다.

제임스 헤이스팅스 니콜스(James Hastings Nichols)는 반세기 전에 다음

2_ 이것은 C. H. Dodd의 "실현된 종말론"의 개념과 정확하게 일치하지 않는다. 그의 개념은 예수께서 하나님 나라로 인도하시고 그가 하나님 나라의 즉각적 임재를 선포하고 있다는 주장을 고수한다.

과 같이 주장했다. 서구 민주주의는 대부분 주로 칼뱅주의의 영향을 받은 개신교 국가들에서 꽃피워왔다.³ 우리가 개혁주의 신학의 결과로 민주주의가 생겼다고 여길 필요는 없다. 만약 그렇다면 소크라테스가 놀랄지도 모른다. 그러나 우리는 여전히 민주주의를 조성하는 데 도움을 주었던 신학적 성향이 어떠했는지 살펴볼 수 있다. 여기에 하나님의 주권과 원리적 관용에 대한 스미트의 언급이 도움될 것이다. 물론 우리가 그것을 더 날카롭게 다듬을 수 있겠지만 말이다. 하나님이 진정으로 초월하신 주권자시고 영원부터 영원에 이르는 만물의 창조자시라면, 한 마디로 만일 하나님이 진정 하나님이시라면, 그렇다면 마땅히 우리는 우리의 관점을 절대시하는 것을 자제해야만 한다. 그러한 자제는 예수 그리스도 안에서 나타난 하나님의 계시의 완전함을 이해할 수 없는 인간의 제한된 이해에 주의를 기울이게 한다. 물론 우리는 진리란 하나님의 계시가 우리에게 주어진 것이라고 증언할 수 있고 또 증언해야만 한다. 동시에 우리는 하나님이 우리와 매우 다르게 보이는 사람들의 생각과 행동 안에서 전혀 예상하지 못한 방식으로 일하실 것을 기대할 수도 있다.⁴ 특별히 민주주의 사회는 이러한 방식에 열려 있다. 그것은 사상들이 도전받을 수 있는 비평적 여건과 모두가 참여하는 것을 장려하는 환경을 제공한다. 이는 민주적 다원주의가 실제로는 **신학적 원리**라는 것을 의미한다! 따라서 우리가 모든 이

3_ James Hastings *Nichols, Democracy and the Churches* (Philadelphia: Westminster, 1951).

4_ 나는 이러한 주제를 나의 책에서 더욱 깊게 다루었다. *Protestant Faith and Religious Liberty*(Nashville: Abingdon, 1967). 이 글에서 나는 유일신 신앙은 전혀 다른 두 개의 극단적인 방향으로 나뉠 수 있다는 것을 살펴봤다. 내가 유일신을 믿는다면, 나와 반대하는 사람이 누구이든 그 사람은 그 자체로 옳지 않다. 그러나 다른 한편으로, 내가 그 유일신을 믿는다면, 그 신은 나보다 더 위대하며, 신이 어떻게 다른 이들의 삶에서 일할 수 있는지에 대해 미리 판단할 수 없다. 후자가 상대주의를 말하는 것은 아니다. 적어도 모든 사상이 동일하게 진리라는 의미는 아니다. 위의 책은 하나님을 모든 것과 관계가 있는 절대자로서 인정하고 있다. 이 책에서 주장한 것처럼, 나는 하나님이 예수 그리스도의 사랑 안에서 계시된다는 것을 믿음으로 단언한다.

들이 종교의 자유를 누리는 것을 지지하는 것은 단순히 타종교 간의 유혈 사태를 피하려는 현실적인 방안만을 의미하지 않는다. 물론 유혈 사태를 피하는 일이 사소한 일은 아니다. 오히려 종교의 자유를 누리지 못하도록 다른 이들을 침묵하게 만드는 것은 무심코 하나님을 침묵하게 만드는 것일 수 있다! 기독교 역사에서 나타난 실수들, 특히 거만하게 자기 확신에 빠진 이들이 보여준 실수들은 우리로 하여금 우리의 행동을 진지하게 성찰하도록 한다.

스미스는 정부가 일반 은총의 대리인이라고 주장하면서 한 가지 중요한 논의를 시작했다. 나는 이 논의에 대해서 논평하고자 한다. 그는 정부가 수행할 수 있는 것과 관련해서 유토피아적 이상주의를 조심스럽게 피하면서, "권위를 가진 사람들이 인간 공동의 이익과 일반적인 복지를 돌볼 수 있도록" 정부의 책임에 올바르게 주목한다(230쪽). 바로 여기에 진정한 은혜가 있다. 나는 스미스의 표현을 다음과 같이 바꿔서 표현하고 싶다. 정부는 정책과 법을 통해 일률적으로 행동할 때 사회 전체의 일꾼이 된다. 전체 사회의 일꾼으로서 정부는 모든 시민이 참가자로서 수용할 수 있는 것을 뒷받침하도록 도움을 줘야만 한다. 따라서 정부는 법의 영역에서 인종 차별을 올바르게 제거했고, 전통과 사설기관들에 미치는 영향력을 최소화하기 위해 노력했다. 미국 사회는 이미 오래 전에 모든 청소년에게 교육이 자유롭게 공급되어야 한다고 결론내렸다. 심지어 모든 사람이 교육을 필요로 한다. 교육은 사회에 직접 참여하기 위한 중요한 전제 조건이기 때문이다. 나는 기초 수준의 의료제도는 반드시 정부가 책임져야만 한다고 믿는 사람 중 하나다. 그것이 보편적 의료 서비스에 대한 정부의 직접 공급을 의미하든 아니면 모든 이들을 위한 적절한 의료 보험에 대한 접근을 보장하는 다른 방식이든 말이다. 메디케이드는 이러한 방향에 있어 아주 좋은 첫걸음이었고, 메디케어는 노인들을 위한 유용한 제도였다. 그러나 여전히 4천만 명 이상의 미국인들이 의료보험이나 직접적인 정부 프로그램의 혜택을 받지 못한다. 마이클 해링턴이 빈곤이라는 주제와 관련하여 그의 예언자적인 책인 『또 다른 미국』(The Other America)을 집필했을 때, 그는 빈곤의 다양한 범주에 주의를 기울일 것을 주장했다. 그런 범주 중 하나는 노인들에게 닥친 빈곤이었다. 그는 고령자들이 그저 살아남기 위해서 개사료를 먹고 불편한 방에서 움츠려 산다고 언급했다. 고령자들의 가난은 완전히 제거되지 않았으나, 1970년대 동안 사회 보장 연금 지급액(Social Security payments)을 증가시키는 정부의 단순한 행동은 그들에게 많은 도움을 줬다. 그것과 함께 다른 많은 구체적인 정부의 선별적 행동들은 일반 은총의 한 형태로서 존재해왔다. 그런 행동은 그리스도 안에 있는 하나님의 사랑을 통해 우리가 경험하는 은혜가 아닌, 세상의 공동체 안에서 다른 시민들이 실천하는 은혜다.

자유주의 신학자들은 하나님의 "가난한 자들을 위한 특혜적 선택"에 대해 말하곤 했다. 우리가 자유주의 신학에 대해 총괄해서 말하더라도 거기에는 중요한 통찰이 있다. 빈민들과 다른 소외당한 사람들은 공동체의 사슬에서 가장 약한 고리들이다. 만일 공동체가 전체로서 만들어졌다면, 가장 약한 구성원들은 반드시 특별한 돌봄을 받아야만 한다. 그리스도인은 정치적·경제적 차원에서 모든 사람에게 그런 일을 할 것을 정부에 요청한다. 우리는 정부가 사람들에게 제공하는 그런 서비스 형태, 곧 공립학교 교사, 사회복지사, 공립 보건의 등의 직업을 하나님이 그리스도인들에게 주신 소명이라고 말할 수 있다.

또한 나는 "법적 권위에 대한 복종이 하나님의 법에 순종하는 것과 충돌한다면, 인간은 시민 권위에 저항할 자연권이 있다"는 스미스의 언급에 감사한다(215쪽). 스미스가 언급한 것처럼, "하나님의 법"도 법적인 권위에 복종하는 것을 포함하기 때문에, 우리는 시민 복종을 하나의 의무로 생각한다. 즉 우리가 시민법이 우리에게 가장 중요한 하나님의 법에 순종하는 것과 반대되지 않는다는 합리적인 의심을 할 여지가 없다면, 우리는 시민법을 정당한 법이라고 생각한다. 따라서 누군가 시민법이 정당한 법이라고 생각하지 않는다면, 시민법에 불복종하는 자가 그에 대한 입증의 책임을 져야만 한다. 시민 불복종이 가능한 곳에서 그런 불복종은 전반적으로 시민법의 권위에 의해 승인을 받아야 한다. 아주 철저히 혁명이 필요하다고 생각한 매우 드문 역사적 사건들에서조차도, 수용할 수 있는 새로운 시민 질서의 수립을 위해 그런 시민법의 권위로부터의 승인을 받아야 했다.

마지막으로 나는 대부분의 사회적 상호 작용에 정부가 전혀 포함되어 있지 않다는 스미스의 의견을 높게 평가한다. 우리는 대부분의 시간, 자원, 힘을 소비하는 사적인 삶이 있고, 건강한 사회는 풍부한 기관들의 구조로 형성되어 있다. 모든 사람을 위해 존재하는 정부는 기관들을 지원하는 데 필요한 전체적 환경을 제공할 수 있다. 그러나 여기에는 그들을 조종하려는 시도가 없어야 한다. 정확한 상호 작용에 대한 용어는 시대마다 의미가 다를 수 있다. 왜냐하면 역사 자체가 문제와 가능성, 위험과 기회가 동시에 행진하는 변화무쌍한 가장 행렬과 같기 때문이다.

4

재세례파 관점

_로날드 J. 사이더

개신교 종교개혁의 가장 초기에 열정적인 개혁가들 사이에서 한 모임이 출현했다. 그 모임을 이룬 사람들은 예수 그리스도와 성서의 권위에 대한 타협할 수 없는 충성 때문에 중세 가톨릭이 추구했던 콘스탄티누스적인 교회와 국가의 연합을 받아들인 츠빙글리와 루터의 신학을 거부해야 한다고 주장했다.[1] 머지않아 재세례파, 후에는 메노파로 불리기 시작한 이 개혁가들은 루터의 출발점이었던 **오직 은혜**(sola gratia)와 **오직 성서**(sola scriptura)을 받아들였고 신약성서는 예수 그리스도를 받아들이고 따르는 것을 의식적으로 선택한 헌신된 그리스도인들로 구성된 모임을 교회로 부르고 있다고 결론을 내렸다. 그들은 유아들이 예수 그리스도를 스스로 선택할 수 없기 때문에 유아 세례를 거부했고 그리스도를 믿는 신앙을 고백하는 성인에게만 세례를 주었다. 그들은 정부가 아닌 믿는 자들로 이루어진 기독교 공동체가 반드시 교회를 치리해야 한다고 주장하고, 1,100년 이상 계속된 교회와 국가의 연합을 거부했다. 대신 그들은 종교와 관련된 모든 일에서 국가로부터의 완전한 자유를 요구했다. 그들은 주님이신 예수가 절대 살인해서는 안 된다고 가르쳤다고 믿었기에 1,000년 이상의 전통을 가진 그리스도인의 군사적 참여도 거부했다. 그들은 복음전도의 의

1_ 이에 대한 좋은 개괄서로는 다음을 보라. Cornelius J. Dyck, *Introduction to Mennonite History* (Scottdale, Penn.: Herald Press, 1993), 그리고 Gerge H. William, *The Radical Reformation*, 3rd ed. (Kerksville, Mo.: Sixteenth Century Journal Publishers, 1992).

무가 여전히 유효하다고 믿었기에 유럽 전역으로 빠르게 흩어졌고 수천 명의 사람을 그리스도를 믿는 강렬한 개인적 신앙으로 인도했다.

거의 대부분의 사람들이 이러한 열정적인 복음전도자를 국가 질서의 수립을 위협하는 극단의 사람으로 간주했던 것은 그리 놀라운 일이 아니다. 츠빙글리주의자, 루터교도, 가톨릭 신자, 성공회 신자들은 하나같이 자신들이 소속된 정부에게 재세례파를 처형하라고 요구했다. 4세기 아우구스티누스 시대 이후 고대의 법률은 이전에 세례를 받은 사람에게 세례를 다시 주는 것을 이단으로 규정하여 그들을 수장하거나 활로 쏴 죽이거나 또는 화형에 처했다. 공인 신학(official theology)에 따르면, 재세례파는 유아기에 세례를 받았던 성인에게 세례를 베풀 권리가 없었다. 1525년 이후 약 10년 내에 수천 명의 재세례파들이 다른 동료 그리스도인들에 의해 학살됐다.

하지만 종교의 자유에 대한 재세례파의 급진적 요구는 서서히 공통의 지혜가 되기 시작했다. 기본적으로 교회와 국가의 분리라는 재세례파의 비전은 부분적으로는 17세기 네덜란드와 영국에서, 그 후 1791년 미국 수정헌법 제1조에서, 그리고 마지막으로 (적어도 공식적으로는) 20세기에 이르러 전 세계 대부분의 나라로 널리 확산되었다. 하지만 16세기에 종교의 자유를 주장했던 가장 초기의 대변자들은 박해를 받고 학살당했다. 1530년대에 재세례파로 전향한 네덜란드인 메노 시몬스(Menno Simons)는 집회를 열면서 흩어진 재세례파의 모임들을 조직했고, 곧 이들은 메노파(Mennonites)라고 불리기 시작했다. 그러나 여러 세기 동안 가해진 박해는 메노파들을 사회의 변방으로 내몰았다. 그들이 400년 넘게 얻기 위해 투쟁해왔던 종교의 자유를 비로소 지난 세기에 이르러서야 완전히 누릴 수 있었다.

현대의 메노파 교도들이 생각하는 교회, 국가, 공적 정의란 무엇일까?

오랜 유산을 가지고 있는 다른 모든 기독교 전통이 그러하듯, 그들도 그 질문에 대해 단 하나의 답을 가지고 있지는 않다. "검소한 옷차림"을 강조하거나 정치의 대부분을 무시하는 아미쉬 메노파라고 불리는 상당히 중요한 소수 집단이 존재한다. 평화와 정의에 대한 행동을 표현하는 것으로 예수의 복음을 축소하려는 경향을 드러내는 신학적으로도 자유한 소수의 메노파 지식인들도 있다. 최근의 여론조사는 미국 메노파의 54%가 공화당원들이고, 19%가 민주당, 3%가 독립당, 그리고 23%가 무당파인 것으로 알려졌다.[2] 하지만 내가 확실히 말할 수 있는 것은 이 글이 16세기 메노파에 뿌리를 둔 독실한 재세례파이자 복음주의적 메노파에 속한 한 사람의 견해를 반영한다는 점이다. 이어지는 글이 오늘날 주류 메노파 교도들의 생각을 대표하는 것이길 바란다.

중심 되신 예수 그리스도

교회, 국가, 공적 정의에 관한 모든 재세례파의 중심에는 예수가 있다. 그는 완벽한 인간, 메시아, 부활한 주, 구원자, 진정한 하나님이시다. 1세기부터 그리스도인들은 나사렛의 목수가 **현재** 왕들의 왕이자 우주를 다스리는 주(主)라는 것을 고백해왔다. 신약도 그리스도인들은 반드시 예수가 살았던 대로 살아야만 한다고 가르쳤다. "누구든지 나를 따라오려거든 자기를 부인하고 자기 십자가를 지고 나를 따를 것이니라"(마 16:24). 신약은 명백하게 그리스도인들은 모든 영역, 곧 그들의 결혼 생활이 되었든(엡 5:25),

---

2_ Keith Graber Miller, *Wise as Serpents, Innocent as Doves: American Mennonites Engage Washington* (Knoxville: University of Tennessee Press, 1996), 109.

교회에서든(빌 2:5-11) 또는 직장에서든(벧전 2:19-24), 예수의 자기희생적인 모형을 따르라고 명령한다.

유감스럽게도 수 세기 동안 그리스도인들은 예수의 모범과 도덕적 가르침을 거부하기 위한 수많은 합리화를 모색했다.³ 때로는 암암리에, 때로는 공공연하게, 예수의 극단적 사랑의 방식은 타락한 세상에서는 작동하지 않는다고 직접 주장했던 라인홀드 니버(Reinhold Niebuhr)의 경우처럼 말이다.⁴ 그러나 우리는 성육신을 부정하지 않고도 예수의 삶이 그리스도인의 삶의 규범이 된다는 사실을 부정할 수 있을까? 메노파 신학자인 존 하워드 요더(John Howard Yoder)는 도덕 규범으로서 예수의 삶을 거부하는 것은 고대 에비온주의(Ebionite heresy, 예수의 신성을 거부)나 영지주의(예수의 인성을 거부)로 빠지게 된다고 주장했다. "예수의 인간적인 삶이 규범적인 것이 아니라면, 성육신은 무엇을 의미하는가? 그의 인간적 삶이 규범적인 것이 아닌 단순한 인간의 삶이라면, 이것은 고대의 에비온주의 이단이 아닌가? 그가 어떻게든지 권위는 갖고 있지만 그의 권위가 그의 인성에는 미치지 않는다고 말하면 이것은 새로운 영지주의가 아닌가?"⁵

예수가 선포했던 복음에 대한 이해는 예수처럼 사는 삶을 강조한다. 성서의 권위에 그들의 중심 주장이 있음에도 불구하고 대부분의 복음주의자는 예수가 말씀하신 방식으로 복음을 정의하지 않는다. 마태복음, 마

3_ 다음을 보라. John Howard Yoder, *Politics of Jesus: Vicit Agnus Noster*, 2nd ed. (Grand Rapids: Eerdmans, 1994), 4-20. 『예수의 정치학』(IVP 역간). Glen H. Stassen과 David Gushee는 다음과 같이 주장한다. "신학적이며 고백적 성향을 두루 걸친 기독교 교회들을 섬기기 위한 학문적 훈련의 하나인 기독교 윤리는 자주 예수를 피해가는 죄를 진다.…특히 **예수의 가르침과 실천들에 있어서 그렇다.**" (*Kingdom Ethics: Following Jesus in Contemporary Context* [Downers Grove, Ill.: InterVarsity Press, 2003], 11).

4_ 예를 들어 다음을 보라. *Reinhold Niebuhr on Politics*, ed. Harry R. Davis and Robert C. Good (New York: Scribner's Sons, 1960), 139-51.

5_ Yoder, *Politics of Jesus*, 10.

가복음, 누가복음의 많은 부분에서, 예수가 복음을 "하나님 나라의 복음"(gospel of the kingdom)으로 이해한 사실은 명확하다. 그러나 이 사실이 의미하는 바는 무엇인가?[6]

수 세기 전 예언자들이 미래에 있을 메시아의 시대를 내다보았을 때, 그들은 하나님과의 새로운 수직적 관계와 사람들 사이에서의 수평적 관계가 설정될 것을 예언했다(렘 31:31-34; 사 9:4, 6-7; 11:4). 하나님은 새로운 방식으로 우리의 죄를 용서하실 것이다. 그리고 이 땅 위에 평화와 정의가 임할 것이다.

예수는 오랜 기간 갈망해온 메시아의 나라의 도래를 선언하면서, 이것이 어떻게 새로운 수직적·수평적 관계를 가져올 것인지 설명한다. 예수는 도래하는 메시아의 나라에 들어가는 유일한 길은 회개하며 돌아오는 탕자를 기다리시고 용서하시는 하나님을 믿는 것이라고 비유를 통해 가르친다. 누구나 오로지 은혜로만 예수의 나라에 들어간다. 그러나 예수는 외딴 은둔자들에게 설교하는 외로운 보안관(a lone ranger)이 아니다. 그는 제자들을 불러 모았고, 그가 가르치는 급진적인 왕국의 윤리를 따르는 새로운 공동체를 만들었다. 예수와 그의 새로운 공동체는 가난한 자들을 돌보고, 부자들에게 도전하며, 폭력적인 혁명가들의 길을 거부하고, 심지어 그들의 원수를 사랑한다. 예수를 만나고 믿음으로 그에게 응답하는 사람들에게 구원이란 다른 이들과의 새로운 경제적 관계를 포함한다. 마치 예수가 삭개오와의 만남에서 그에게 설명했던 것처럼 말이다(눅 19:9).

따라서 예수가 선포한 하나님 나라의 복음은 하나님이 회개하는 죄인을 기쁘게 용서하신다는 것뿐만 아니라, 예수의 제자들로 구성된 새로운

6_ 훨씬 긴 내용의 논의는 다음 책의 3-4장을 보라. Ronald J. Sider, *Good News and Good Works: A Theology for the Whole Gospel* (Grand Rapids: Baker, 1999). 『복음전도와 사회운동』(CLC 역간).

가시적 공동체도 창조하신다는 것을 의미한다. 예수가 재림하실 때에 모든 죄악에 대한 승리는 완성될 것이고, 그들의 공동 생활은 도래할 하나님 나라의 작은 모형이 될 것이다.

교회

교회는 하나님 나라 복음의 일부다. 이에 대해 사도 바울은 에베소서 2장과 3장에서 명쾌하게 가르치고 있다. 2장에서 바울은 어떻게 십자가가 고대 세계의 가장 악한 인종적 적대감을 종식시키는지 보여준다. 유대인과 이방인은 십자가 아래서 만난다. 십자가는 그들 모두가 순전한 은혜로 하나님께 받아들여지는 곳이다. 그러나 새로운 수직적 관계는 이와 동등하게 극단적인 수평적 관계를 만들어낸다. "그는 우리의 화평이신지라. 둘(유대인과 이방인)로 하나를 만드사, 원수 된 것 곧 중간에 막힌 담을 자기 육체로 허시고 법조문으로 된 계명의 율법을 폐하셨으니 이는 이 둘로 자기 안에서 한 새 사람을 지어 화평하게 하시고"(엡 2:14-15).

그리고 에베소서 3장에서 바울은 이러한 가시적이고, 새롭게 다민족으로 구성된 믿는 이들의 공동체가 어떻게 복음의 일부가 되는지를 설명한다. 3:3-5에서 바울은 자신이 선포하는 복음의 "신비"를 이야기한다. 그는 이 신비를 3:6에서 다음과 같이 정의한다. "이는 이방인들이 복음으로 말미암아 그리스도 예수 안에서 함께 상속자가 되고 함께 지체가 되고 함께 약속에 참여하는 자가 됨이라." 바울이 선포하는 복음, 곧 예수가 선포한 하나님 나라 복음의 일부분은 민족 간의 미움이 부활하신 주님의 능력으로 극복되는 새로운 공동체, 새로운 사회질서가 지금 도래했다는 것이다.

사람들은 초기 교회에서 가난한 자들에게 자신의 소유를 나누는 부자들, 이방인들을 포용하는 유대인들, 노예를 받아들이는 주인들, 그리스도의 몸의 존귀한 구성원으로서 여자들을 환영하는 남자들을 보았다. 바울이 자신만만해 할 수 있을 만큼 새롭고 가시적이며 구속된 사회 질서는 극단적으로 달랐다. "너희는 유대인이나 헬라인이나 종이나 자유인이나 남자나 여자나 다 그리스도 예수 안에서 하나이니라"(갈 3:28). 이것이 예수가 시작한 메시아의 나라의 모습이다.

신약성서에 등장하는 교회 생활의 논리는 명쾌하다. 이제 부활하신 예수가 믿는 이들의 삶 속에 거하면서 교회를 다스리시고 성령이 메시아의 나라에 강림한 상징으로서 모든 믿는 이들 위에 부어졌으므로, 이제 그리스도인들은 예수가 본을 보이고 가르쳤던 급진적 하나님 나라 윤리에 따라 살 수 있게 되었고, 또한 그런 본을 따라 사는 것이 의무이기도 하다. 결혼과 이혼의 영역, 경제적 공유, 인종 문제, 또는 원수에 대한 대응을 포함한 모든 영역에서 예수를 따르는 사람들은 예수의 새로운 메시아적 공동체의 일원으로 살아간다.

신약성서를 따라서 교회는 가시적·공적이며, 현실적으로는 지극히 정치적 실체임을 인식하는 것이 중요하다. 확실히 교회는 순전히 비가시적·내적 또는 "영적"인 것이 아니다. 초기 교회는 고도의 새로운 가시적 공동체였고, 그들의 공적 행동은 그들이 예배하는 주님께 향하도록 사람들을 이끌었다. 소유를 나누는 것과 민족의 구분을 거부하는 것은 너무나 명백히 가시적이었고 사람들에게 충격을 주었기 때문에, 비그리스도인들은 그리스도를 영접하게 되었다. 사도행전에서 사도들은 헬라파 과부들이 홀대받는, 헬라인 소수자의 타당한 불평에 응답했다. 사도들은 이러한 공정하지 못한 부분을 바로잡기 위해서 일곱 명의 새로운 집사를 세웠다. 이들 모두 소수자 공동체 출신이다! 결과는 어떠했는가? "하나님의 말씀이 점점 왕성하여 예루살렘에 있는 제자의 수가 더 심히 많아졌다"(행 6:7).

메노파들은 예수가 시작한 메시아적 공동체로서 교회를 이해하기 때문에, 대안 문화적(countercultural) 공동체로서 교회를 강조한다. 신약성서는 실제로 교회와 세상을 분명하게 구분한다. 예수는 세상이 자신을 증오했던 것처럼 자신을 따르는 사람들을 증오할 것이라고 직접 경고했다(요 15:18-20). 신약성서에서 말하는 교회에 대한 묘사 중 하나는 이국땅의 나그네들, 낯선 사람들, 이방인들의 교회다(히 11:13; 벧전 1:1; 2:11). 메노파 역사에서 나타난 반복된 박해는 신실하게 예수를 따르면서 살아가려면 진실한 대안 문화적 입장을 취해야 한다는 진리를 확증했다.

그러나 이것은 문화를 외면하는 비문화(anticultural)적 자세를 의미하는 것이 결코 아니다. 또한 그것은 리처드 니버가 말하는 "문화와 대립하는 그리스도"(Christ against culture)를 정당화하지도 않는다.[7] 문화는 창조주의 좋은 생각이고, 우리는 아름다운 문화와 문명을 형성해야 할 청지기다. 실제로 메노파는 농업과 음악을 포함한 많은 분야에서 재능이 넘치는 문화의 형성자였고, 그 사실을 기쁘게 여겼다. 그러나 성서적 신앙은 죄가 모든 문화를 뿌리 깊게 왜곡시켰다고 가르친다. 정확하게 말하자면, 우리는 하나님 나라의 그리스도인들로서 창조주가 의도한 문화를 사랑하기 때문에, 반드시 문화를 침해한 죄의 편만함에 맞서야만 한다. 하나님을 거역하는 세상에 대항하지 않는 교회는 근본적으로 자신이 세상에서 선포한 모든 것을 약하게 만든다.[8] 정확하게는 교회가 세상에 대항하는 의미에서

---

[7] H. Richard Niebuhr, *Christ and Culture* (New York: Harper Torchbooks, 1956). 『그리스도와 문화』(IVP 역간). Niebuhr의 『그리스도와 문화』에 대한 John Howard Yoder의 뛰어나면서도 강력한 비판을 보라. Glen H. Stassen, D. M. Yeager and John Howard Yoder, *Authentic Transformation: A New Vision of Christ and Culture* (Nashville: Abingdon, 1996), 31-90.

[8] 다음을 더 살펴보라. John Howard Yoder, *Body Politics: Five Practices of the Christian Community Before the Watching World* (Scottdale, Penn.: Herald Press, 1992), 78.

대안 문화적이기 때문에, 교회는 평범한 생활에서 변화되고 구속된 새로운 형태로 나아가는 문화를 지지한다.

그리스도인에게 가장 높은 충성의 대상은 언제나 예수 그리스도와 그의 몸인 교회이기 때문에, 기독교 신앙은 다른 모든 충성을 상대화시킨다. "너희는 먼저 그의 나라와 그의 의를 구하라"(마 6:33)는 말씀은 예수를 따르는 자들을 향한 예수의 명령이다. 국가, 민족 또는 가족 같은 다른 집단에 대한 충성은 반드시 나중에 하고 우선 예수와 그의 나라에 충성해야만 한다. 광기 어린 국가주의가 갖고 있는 치명적인 위험들을 더 효과적으로 제어할 수 있는 몇 가지 것들이 있다. 그것은 그리스도인들이 그리스도와 그를 믿는 이들로 구성된 전 지구적 몸인 교회에 충성하는 것이 자기 나라의 시민 동료들에게 헌신하거나 의무를 지키는 것보다 더 우월한 충성이라는 사실을 분명하게 이해하는 것이다.[9]

그것은 예수의 새로운 메시아적 공동체, 곧 지금 광범위하게 퍼진 문화적 손상에도 불구하고 성령의 능력으로 예수가 선포한 하나님 나라의 가치를 빚어내기 시작한 공동체로서 교회를 이해하는 것이다. 이것은 그리스도인들이 더 큰 사회를 형성하는 가장 우선적이고 기본적인 방식은 그저 참된 교회가 되는 것이라는 메노파 주장을 설명한다. 교회가 진정으로 예수와 신약성서의 급진적 부름을 따라 살 때, 가난한 자들을 돌보고, 경제적 소유를 나누며, 민족 감정의 벽을 극복하고, 성적 순결과 결혼 생활의 신실함을 지키고, 여성의 완전한 존엄을 존중하는 삶을 산다면, 바로 그러한 교회의 삶은 더 큰 사회에 대한 급진적 도전이 될 것이다. 예수의

9_ 그러므로 Duane Friesen이 그의 책 *Christian Peacemaking and International Conflict*에서 주장한 것처럼 한 사람의 첫 번째 정체성은 그가 교회의 구성원이라는 것이고, 두 번째는 미국인 이전에 전 세계의 시민이며, 세 번째는 가난한 이들과 함께 하는 것이다(*Christian Peacemaking and International Conflict: A Realist Pacifist Perspective* [Scottdale, Penn.: Herald Press, 1986], 46).

새로운 공동체의 가시적 진실성과 선함은 주변을 둘러싼 사회가 개선될 수 있도록 용기를 북돋는다.

요더는 (그의 스승인 칼 바르트를 인용하면서) 교회 공동체와 더 큰 사회(the larger society)가 반드시 해야 하는 것 사이에 중요한 유사점이 있다고 종종 주장했다. 둘 다 인간적·역사적·사회적·공적 공동체들이다. 비록 세상은 그것을 인정하지 않지만, 둘 다 같은 주님을 섬긴다. "부활하신 메시아가 교회의 머리임과 동시에 우주를 다스리는 주이기 때문에, 그를 통해 교회에 주어진 것은 세상에 주어진 것과 본질적으로 다르지 않다. 믿는 이들의 공동체는 새로운 세상으로 가는 길 위에 있다."[10]

요더는 더 큰 사회가 모방해야만 하는 초기 교회의 최소 다섯 가지 특징을 자주 언급한다.[11] 물론 죄가 그러한 일이 일어나는 것을 방해한다. 누구든지 예수처럼 진리를 따라 삶을 사는 것은 오직 그리스도를 믿는 믿음에 의한 것이다. 그러나 모든 사람은 창조주가 의도한 대로 살아야 한다. 그리고 교회 밖에 있는 사람들이 유익한 기독교적 행동을 불완전하게 모방하는 것은 어느 정도 가능하다. "교회는 모든 세상이 부름을 받아 회복을 고백하는 세상의 일부분이다."[12]

1. 예수와 신약성서는 교회가 "매고 푸는"(마 18:15-20) 공동체가 될 것을 요구한다. 예수와 신약성서는 세상과 달리 강제로 해결하지 않고

10_ John Howard Yoder, *For the Nations: Essays Evangelical and Public* (Grand Rapids: Eerdmans, 1997), 50.

11_ 다음을 보라. Yoder, *Body Politics*.『교회, 그 몸의 정치』(대장간 역간); 또한 다음을 보라. Yoder, *For the Nations*, 27-33, 39-50, 그리고 Duane K. Friesen, *Artists, Citizens, Philosophers Seeking the Peace of the City: An Anabaptist Theology of Culture* (Scottdale, Penn.: Herald Press, 2000), 224ff.

12_ Yoder, *Body Politics*, 78.

대화를 통한 화해로 해결한다. "인간이 된다는 것은 차이점이 존재한다는 것이다. 온전한 인간이 된다는 것은 충돌하는 힘으로 세워지는 것이 아니라 대화를 통한 화해로 차이점을 처리하는 것이다."[13]

2. 예수와 초기 교회는 전면적인 경제적 공유에 참여했다. 초기 그리스도인들은 부자와 가난한 자 모두를 공동의 식탁으로 초대해서 함께 먹었다(고전 11:17-34).

3. 초기 교회는 은혜를 통해 새롭고 수용적인 공동체가 되었으며, 민족, 인종, 계층, 성별 간에 인간이 세운 악한 장벽을 부수고 그것을 초월했다.

4. 초기 교회 예배에서는 모든 사람이 말할 수 있었다(고전 14:26-33). 모든 의견이 중요했다. 모든 사람이 그 육신에 성령의 특별한 은사를 가지고 있었다(고전 12:4-26).

5. 보복보다는 용서가 화해로 나아가는 길이다. 초기 교회는 하나님이 그들을 용서하신 것처럼 그들도 다른 사람들을 용서하면서 예수의 명령을 실천하고자 노력했다.

이렇게 삶에서 나타나는 모든 실천은 가시적이고 관찰할 수 있으며 공동체를 풍성하게 한다. 외부인은 그들을 관찰할 수 있다. 그리고 부분적으로 그들을 모방할 수 있다. 세상이 파괴적 폭력보다 화해의 대화를 통해

13_ Ibid., 5.

차이점을 해결하면, 세상은 더 좋은 장소가 된다. 세상이 가난한 이들과 자비롭게 권한을 공유하는 만큼 사회는 발전한다. 세상이 인종, 계층, 성별에 상관없이 수용적 공동체가 되는 만큼 사회 질서는 더욱 건전해진다. 모든 사람의 재능과 의견이 표현되고, 발언의 자유와 민주적 의사 결정이 이루어지는 만큼 사회는 더 나아진다. 용서가 보복을 대신하는 만큼 사회 속 폭력의 치명적 악순환은 깨어진다.

교회와 세상이 무엇을 하기 위해 부름을 받았는지 상호 유사점을 논하는 것은 그리스도인들이 하는 모든 일을 비그리스도인이 할 수 있음을 이야기하는 것이 아니다. 그러나 죄는 진리와 선함의 모든 지식을 없애지 않았다. 또한 불완전하지만 선한 일을 모방할 수 있는 인간의 모든 능력도 파괴하지 않았다. 따라서 교회는 먼저 예수의 새로운 메시아적 공동체의 신실한 모형으로 살아가면서 더 큰 사회를 섬긴다. 이 공동체는 더 큰 사회가 할 수 있는 것을 모방하도록 초청하며, 사회가 할 수 없는 것을 가능하게 만들기 위해서 그리스도와 그의 나라의 복음을 제안한다.

정부, 사회, 폭력

메노파들은 정부에 대한 그들의 생각을 다른 그리스도인들과 상당히 많은 부분 공유한다. 정부는 하나님께서 주신 선한 선물이다. 정부가 가진 권위의 궁극적 원천은 하나님이시다. 정부의 목적은 악을 제어하고 선을 증진하는 것이다. 죄가 세상에 팽배하고 창조주가 모든 사람을 자유롭고 창조적인 존재로 만들었기 때문에, 정부는 반드시 제한을 받아야만 한다. 비록 정부가 제한을 받아야 하는 것은 사실이지만, 그래도 정부의 역할은 중요하다. 정의와 공의에 대한 두 개의 중요한 히브리 단어는 하나님이 공정한 법률 제도와 정의로운 경제 구조를 정부가 형성하기를 원하신다는 사실을 보여준다.[14] 메노파들은 그 밖에도 많은 사실에 대해 다른 그리스도인들과 공유한다.

그러나 폭력은 어떠한가?

실질적으로 역사에 나오는 모든 정부는 국가의 요구들을 집행하고 국경을 보호하기 위한 치명적 무기를 고안하기 위해 최신 기술들을 사용했다. 대부분의 사람은 정부와 살생은 분리할 수 없는 것이라고 결론을 내린다. 그렇다면 재세례파는 다른 사람들을 죽이는 것을 거부하는데, 그럼에도 어떻게 정부에 참여할 수 있는가?

이 질문에 답하기 위해서 우리는 우선 왜 재세례파가 군사적 폭력을 거부하는지를 반드시 살펴봐야 하고, 그 후 재세례파의 정치 참여 논리를 살펴봐야 할 것이다.

우리는 목수 예수가 진정한 하나님이자 인간으로서 명확하게 그의 제자들에게 사람을 죽이지 말라고 가르쳤음을 믿는다. 실제로 처음 300년 동안, 이 주제를 다루고 있는 현존하는 모든 기독교 문서는 예수가 그리스도인들에게 살인하지 말라고 가르쳤음을 보여준다. 이러한 이유로 초기 교회 그리스도인들은 낙태, 사형, 전쟁에서의 살상 행위를 거부했다.[15]

성서적 주장

예수가 탄생하기 300년 전, 팔레스타인 지역의 통치자는 잔인한 이방 정복자들이었다. 처음은 그리스인들이, 이후에는 로마인들이 유대인들에게

14_ Ronald J. Sider and Diane Knippers, eds., *Toward an Evangelical Public Policy: Political Strategies for the Health of the Nation* (Grand Rapids: Baker, 2005), 163-93.

15_ Michael J. Gorman, *Abortion and the Early Church* (Downers Grove, Ill.: Inter Varsity Press, 1982).

무거운 세금을 부과했고 이교도의 가치를 강요했다. 유대인들의 반응은 강렬한 메시아적 열망과 더불어 이방 지배자들을 정복할 군사적 메시아에 대한 전폭적인 기대였다. 예수의 탄생 이후 헤롯 왕이 죽자 자신을 메시아라 칭하는 서로 다른 세 명의 사람이 무장봉기를 일으켰다. 예수가 살았던 시대에 인기 있는 정치적 선택 사항 중 하나는 폭력의 길이었고, 종교적으로 독실한 유대인 민족주의자들의 운동이었으며, 그들은 유대 국가가 무장봉기를 일으킬 때 메시아가 나타날 것이라고 믿었다.

예수는 다른 방식으로 살고 가르쳤다. 예수가 승리의 행진을 통해 예루살렘에 입성하면서 자신을 공적 메시아로 명확히 선포하기로 결정했을 때, 그는 전쟁에서 사용하는 말이 아닌 나귀를 타고 평화와 겸손의 메시아라는 스가랴의 예언을 완수하기로 선택했다(마 21:5; 요 12:15; 슥 9:9-10). 그가 결박당할 때, 예수는 칼로 그를 지키려 했던 베드로의 시도를 꾸짖으셨다. "칼을 가지는 자는 다 칼로 망하느니라"(마 26:52).[16]

물론 마태복음 5:38-48은 예수의 비폭력에 관한 가르침에 있어서 가장 중요한 본문이다.

또 눈은 눈으로, 이는 이로 갚으라 하였다는 것을 너희가 들었으나, 나는 너희에게 이르노니 "악한 자를 대적하지 말라. 누구든지 네 오른편 뺨을 치거든 왼편도 돌려 대며 또 너를 고발하여 속옷을 가지고자 하는 자에게 겉옷까지도 가지게 하며 또 누구든지 너로 억지로 오 리를 가게 하거든 그 사람과 십 리를 동행하고 네게 구하는 자에게 주며 네게 꾸고자 하는 자에게 거절하지 말라."

또 네 이웃을 사랑하고 네 원수를 미워하라 하였다는 것을 너희가 들었으

---

[16] 이어지는 것은 Ronald J. Sider and Richard K. Taylor, *Nuclear Holocaust and Christian Hope* (Downers Grove, Ioo.: InterVarsity Press, 1982), 95-158의 주장을 간추린 것이다. 전체 인용은 해당 서적을 참고하길 바란다.

나, 나는 너희에게 이르노니 "너희 원수를 사랑하며 너희를 박해하는 자를 위하여 기도하라. 이같이 한즉 하늘에 계신 너희 아버지의 아들이 되리니. 이는 하나님이 그 해를 악인과 선인에게 비추시며 비를 의로운 자와 불의한 자에게 내려주심이라. 너희가 너희를 사랑하는 자를 사랑하며 무슨 상이 있으리요? 세리도 이같이 아니하느냐? 그러므로 하늘에 계신 너희 아버지의 온전하심과 같이 너희도 온전하라."

예수는 이방 정복자들에게 억압받았기 때문에 지난 두 세기 동안 끊임없이 폭력적 반란을 일으켜왔던 사람들에게 전례가 없는 명령을 내린다. "너의 원수를 사랑하라." 신약학자인 마르틴 헹엘(Martin Hengel)은 예수가 열심당원(the Zealots)의 가르침과 실천에 반대되는 이러한 명령을 의식적으로 진술했다고 생각한다.[17] 따라서 예수는 급진적으로 다른 접근을 취하면서 당시 대중적으로 인기 있는 정치적 수단을 거부했다.

마태복음 5:43에 요약된 원수를 사랑하라는 예수의 명령은 당대에 광범위하게 퍼져 있던 견해들과 극명하게 대비된다. "네 이웃을 사랑하고 네 원수를 미워하라 하였다는 것을 너희가 들었으나." 이 절의 첫 부분은 레위기 19:18에서 직접 인용한 것이다. "네 이웃 사랑하기를 네 자신과 같이 사랑하라." 그러나 누가 나의 이웃인가? 레위기 19:18의 첫 부분은 이웃이 "동포"(any of your people)라는 사실을 보여준다. 이것이 일반 유대인들의 시각이었다. 신약학자인 존 파이퍼(John Piper)는 이웃 사랑에 관한 기독교 이전의 개념에 대해 광범위한 연구를 했는데, 그는 이 구절과 관련해서 유대인들이 서로 사랑할 의무로 묶여 있는 이웃에 관해 일반적으로 이스라

17_ Martin Hengel, *Victory Over Violence* (London: SPCK, 1975), 76.

엘 동족을 의미하는 것으로 이해했다고 주장한다.[18] 따라서 이웃에 대한 사랑은 확실하게 민족적·종교적 성향을 띤다. 같은 민족인 유대인과 달리 이방인들을 향한 전혀 다른 태도는 당연했다. 하지만 구약이 이방인이나 원수에 대한 증오를 명령하거나 허락하는 경우는 드물다. 그러나 예수와 같은 시대의 유대인들은 그렇지 않았다. 열심당원들은 "하나님에 대한 열심으로 하나님을 믿지 않는 원수를 죽이는 것은 가장 근본적 명령이었고, '누구든지 하나님을 믿지 않는 이를 죽이는 것은 제물을 드리는 것과 같다'는 랍비의 금언도 진리였다고 생각했다." 그리고 쿰란 공동체의 『규칙서』 (Manual of Discipline)도 사람들에게 "모든 빛의 자녀들을 사랑하고…모든 어둠의 자녀들을 미워하라"고 강하게 권고한다.

예수의 방식은 급진적으로 달랐다. 예수는 사랑하는 이들을 사랑하는 것(마 5:46)은 상대적으로 쉽다고 말한다. 심지어 세리와 같은 중죄인들도 그와 같이 사랑할 수 있다는 것이다. 실제로 이교도 이방인들 역시 같은 민족 공동체에 속한 사람들에게는 친절하게 행동한다. 예수는 사랑에 관한 민족적 또는 종교적 한계의 형태를 완전히 거부한다.

예수가 다스리는 메시아 나라의 사람들에게 "이웃 사랑"은 반드시 유대인이라는 한계를 뛰어넘어야 하고 또한 하나님의 새로운 사람들로 확장되어야 한다. 이 본문은 선한 사마리아인의 비유(눅 10:29-37)가 무엇을 제시하는지 명백하게 말하고 있다. 어떤 장소에 있더라도 모든 사람은 예수의 제자들에게 이웃이고, 따라서 모든 사람은 사랑받아 마땅하다. 그리고 원수들(심지어 폭력적·압제적인 이방인 정복자들)도 사랑받아야 한다.

이 명령을 실제 이행하는 데 오는 어려움들은 이웃 사랑의 급진적인 요구를 약화시키려는 많은 시도로 이어졌다. 마르틴 루터의 "두-왕국" 해

18_ John Piper, *Love Your Enemies* (Cambridge: Cambridge University Press, 1979), 21-48.

석(two-kingdom analysis)이 그러하다. 그는 원수를 사랑하라는 말씀의 적용을 개인적인 영역으로 국한시켰고, 공적 생활 안에 있는 그리스도인들에게 그 말씀을 적용하는 것을 거부했다. 루터는 관리로서 그리스도인들의 역할에 대해 "네 의무에 대해 그리스도께 물어볼 필요가 없다"고 말했다.[19] 황제는 공적 생활을 위한 윤리를 제공한다. 하지만 그것은 해석학적으로 대단히 미심쩍어 보인다. 신약학자인 에두아르트 슈바이처(Eduard Schweizer)는 그의 마태복음 주석에서 "제자들이 예수의 말씀에 영향을 받지 않는 곳이 단 한 군데라도 있다는 최소한의 암시도 존재하지 않는다"라고 말한다.[20] 당시 정황은 예수가 그 명령을 공적 영역에 적용하기로 의도한다는 사실을 명백하게 보여준다. 마태복음 5:39-41에서 예수는 사법 제도와 같은 공적 영역에서 로마 통치자들의 권위 있는 요구와 명백하게 관련된 사안을 논한다.

예수가 "눈에는 눈"이라는 원리를 거부할 때, 그는 단순히 사적인 상호 관계에 대한 몇 가지 사항을 책망하고 있는 것이 아닌, 모세율법 및 다른 근동 지역의 사법 제도의 기본 원리를 초월하고 있다(출 23:24). 말하자면 법이 허용한 보복 대신, 예수는 다른 사람들의 필요에 따라 사랑으로 응답할 것을 명령했다. 심지어 불공평하고 죄가 많은 공격자에게 자신이 받은 것과 같은 크기의 고통과 손실을 주기보다는, 그보다 더한 피해와 고통에 자신을 내어주어야만 한다. 다른 사람의 반응이 우리의 행동을 좌우하게 해서는 결코 안 된다. 마태복음 5:40("또 너를 고발하여 속옷을 가지고자 하는 자에게 겉옷까지도 가지게 하며")도 공공의 영역에서 사법 제도가 어떻게 답해야 하는가에 대해 확실히 말한다.

19_ John Stott, *Christian Counter-Culture* (Downers Grove, Ill.: InterVarsity Press, 1978), 113. 『존 스토트의 산상수훈』(생명의 말씀사 역간).

20_ Eduard Schweizer, *The Good News According to Matthew* (Atlanta: John Knox, 1975), 194.

마태복음 5:41("또 누구든지 너로 억지로 오 리를 가게 하거든 그 사람과 십 리를 동행하고")은 강제 노동을 요구하는 로마의 통치자들에게 어떻게 답할 것인가를 다루고 있다. 요세푸스(Josephus)로 인해, 우리는 "억지로 하게 하다"(force)라고 번역되는 동사가 로마의 시민과 군사적 권위자들이 법적으로 강제 징발한 것을 가리키기 위해 사용된 기술적 용어임을 안다.[21] 예수 시대에 존재했던 혁명 운동가들이 강제 노역의 형태를 거부하도록 유대인들을 촉구했던 것은 그리 놀라운 일이 아니다. 반대로 예수는 심지어 로마의 불의한 요구에 대한 혁명 운동가들의 폭력적이고 성난 반응을 꾸짖는다.

무저항 또는 비폭력

그러나 이것은 중대한 문제를 발생시킨다. 예수는 모든 형태의 악에 저항하는 것을 금지하고 있는가? 그렇지 않은 형태도 있지만, 몇몇 강제된 형태들은 도덕적 행위자로서 사람이 다른 이들에게 보여주는 사랑 및 존중과 완전히 양립할 수 있는 것처럼 보인다. 가정에서 아이들을 다스릴 때 교회에서 형제자매를 훈육할 때, 그리고 경제적 불매운동을 위해 시장에 있을 때, 강제적 행동이 행사될 수 있지만, "아니오"라고 말할 수 있는 다른 사람의 자유를 여전히 존중하면서 그에 따르는 결과들을 받아들일 수 있다. 치명적 폭력은 다르다. 누군가 이런 치명적 폭력에 관여하고 있다면, 그 사람은 신에게 책임을 지는 자유롭고 도덕적인 행위자로서 사랑을 담아 상대방에게 회개하고 뉘우치라고 호소할 수 없을 것이다.

예수는 모든 형태의 저항을 금지하지 않는다. 예수는 솔직하고 강렬한

21_ W. F. Albright and C. S. Mann, *Matthew*, *Anchor Bible* (New York: Doubleday, 1971), 69. 『앵커바이블 마태복음』(CLC 역간).

태도로 끊임없이 악인들을 반대했다. 그는 바리새인들에게 맹렬한 공격을 가했다(마 23:13-33). 예수가 성전을 깨끗하게 했을 때, 그는 비폭력 저항의 극적인 행동을 통해 환전상들의 악에 저항했다. 한 군인이 재판에서 그의 뺨을 불의하게 때렸을 때(요 18:19-24), 그는 저항했다!

그렇다면 마태복음 5:39이 의미하는 것은 무엇인가? 그것은 네 가지 급진적인 가르침을 의미한다.

1. 우리는 악한 사람을 우리의 원수의 범주에 넣어두고 대응해서는 안 된다.

2. 우리는 공격하는 사람의 공격적 자세나 행동과는 상관없이 그에게 보복해서는 안 되며 오히려 그의 요구에 따라 반응해야 한다.

3. 우리는 공격하는 사람의 반응과 상관없이 그를 계속 사랑해야만 한다. 사랑은 호혜 원칙에 의존하지 않기 때문이다.

4. 우리는 아주 많은 개인적 희생을 치르더라도 이러한 방법들에 따라 행동해야만 한다.

악에 저항하지 않기 위한 예수의 명령은 반드시 앞선 구절에 비추어 이해되어야만 한다. "눈에는 눈"은 보편적으로 인정된 규범이었다. 그것의 근본적 원리는 복수였다. 정확히 말하자면 그것은 공격적 성격에 한정된 복수였다. 그러나 예수는 모든 복수를 거부했다. 증오하고 복수하는 대신, 예수를 따르는 사람들은 다른 이들의 필요를 고려해서 사랑으로 응답해야만 한다. 그리고 아주 명확하고 희생을 치르는 성실한 사랑은 모욕을 가하고, 상처를 입히는 가해자의 필요에 집중한다. 심지어 그런 사랑은 예수 시대에 모든 신체적 타격 중 가장 모욕적인 타격, 곧 손등으로 뺨을 치는 행위를 가하는 사람의 필요에도 집중한다. 그러나 그것이 우리는 악인에게 어떠한 저항도 할 수 없음을 의미하지 않는다. 그것은 예수 자신의 행동에 모순될 것이다. 오히려 성실한 사랑은 다른 사람의 진정한 필요를 고려해서 움직이는 희생적이고 적극적인 사랑을 의미한다. 예수가 다스리는 새로운 메시아 나라의 구성원들은 반대자들뿐만 아니라 폭압적이고 박해하는 원수들이라 하더라도 사랑해야만 한다. 그들은 깊이 사랑하면서 적대자들의 안녕을 위해 기도하고, 불의한 요구를 뛰어넘는 사랑의 행동을 적극적으로 드러낸다.

예수의 희생적 부름을 약화시키는 것

4세기에 콘스탄티누스 황제가 기독교를 받아들이기 전까지 이 주제에 관한 모든 기독교 문서는 예수가 명백하고 분명하게 그리스도인들이 전쟁과 사형 제도에 반대했다는 믿음을 반영한다. 하지만 그 이후로 많은 그리스도인이 다른 방식을 채택했다.

    윤리적 이원론의 몇몇 형태는 콘스탄티누스 시대 이후에 발생한 거의 모든 논쟁의 배후에 있다. 중세에는 많은 사람이 모든 그리스도인에게 적용되는 명령과 수도사 및 수녀와 같이 특별히 헌신된 사람들에게만 적용되는 완전한 덕행의 권고(예를 들면 "원수를 사랑하라")를 구분했다. 루터의 "두-왕국" 관점에 따르면, 예수가 가르치는 사랑의 윤리는 개별 신자의 마음이라는 내적 성향에 적용된다. 개별 신자는 그리스도의 나라의 구성원이라는 자신의 역할을 결코 잃어버릴 수 없다. 그러나 그는 세상의 왕국에 있는 공공 관리자로서 자기 역할과 관련해서 사형 제도나 전쟁을 정당하게 수행한다. 일부 세대주의자들은 산상수훈을 미래의 천년왕국에서 적용되는 것으로 미룬다. 예수 자신이 모든 폭력을 거부했다는 것을 인정한 라인홀드 니버는 예수의 가르침이 이 악한 세상에서는 불가능한 이상주의라고 생각했다.

특히 그리스도인의 공적 역할과 사적 역할을 구분하는 이원론은 사람들에게 널리 퍼져 있다. 사적으로 그리스도인은 항상 복수나 살인을 반드시 거부해야만 한다. 그러나 법관이나 군인인 그리스도인은 공적 역할을 마땅히 수행하면서 복수나 살인을 저지른다. 그리고 적절한 절차에 따라 권위가 주어진 그리스도인 사형 집행관과 군인에 대해서는 예수가 사형이나 전쟁을 금지하지 않았고, 단지 법을 이용한 사적인 복수를 행하는 것을 금지한 것이라는 논리가 적용된다.

나는 이런 모든 윤리적 이원론의 형태가 잘못 판단한 것이라고 생각한다. 나는 하나님이 이중 윤리를 갖고 계신다고 생각하지 않는다. 나는 하나님이 특별히 헌신된 사람들을 위해서는 높은 기준의 윤리를 적용하고, 그렇지 않은 나머지 사람들에게는 낮은 윤리를 적용하신다고 생각하지 않는다. 나는 하나님께서 그리스도인들이 산상수훈에 복종하도록 하기 위해 천년왕국이 도래할 때까지 그들을 기다리게끔 의도하지 않으셨다고 생각한다.

또한 나는 그리스도께서 개별 그리스도인으로 하여금 사적으로는 그의 원수를 사랑하도록 촉구하지만, 공적으로는 그들을 죽이는 것을 허락했다고 생각하지 않는다. 이런 논지는 예수의 가르침의 역사적 정황을 무시한 것이다. 그것은 본문의 가장 자연스러운 의미를 간과한다. 또한 그것은 실용주의에 의지한다. 역사적으로 실용주의는 몹시 나쁜 결과들로 이어졌다. 마지막으로 실용주의는 첫 3세기 동안 기독교의 가르침을 무시했다.

예수는 자신의 역사적 상황에서 이스라엘의 메시아로서 전체 유대인을 위한 계획과 윤리를 제시했다. 그는 폭력의 시대에 구체적인 정치적 응답으로 (정치적!) 원수를 사랑할 것을 주장했다. 예수의 급진적 비폭력은 당대 종교적 혁명가들이 메시아의 나라로 안내하는 폭력 혁명을 외치는 것을 반대한 의도적 선택이었다. 예수가 폭력적 혁명을 반대한 이유는 혁명가들이 종교 지도자들에게 허가받지 않고 개인들이 독단적으로 혁명을 저질렀다는 데 있고, 만일 산헤드린이 혁명가들에게 칼을 들고 싸우라고 명령했다면 혁명가들의 폭력 혁명은 적법한 것이었을 것이라는 암시는 본문 어디에도 없다. 오히려 반대로 그의 요점은 원수들, 심지어 유대인을 탄압하는 불의한 로마 정복자들에 대한 전체적인 접근이 근본적으로 잘못되었다는 것이다. 혁명가들은 하나의 정치적 접근을 제시했고, 예수는 다른 대안을 내놓았다. 그러나 혁명가들과 예수 모두 전체 유대 민족에게 호소했다.

둘째, 사적 영역과 공적 영역의 구분은 이 본문의 가장 자연스럽고 문자적인 의미에 맞지 않는 것처럼 보인다. 그러한 구분이 이 본문에 있다는 암시는 존재하지 않는다. 실제로 이 본문은 **공적** 생활에 관한 내용으로 가득하다. 예수가 "악한 자를 대적하지 말라"고 말한 것은 사람들이 너를 고소할 때(마 5:40)와 이방 통치자들이 법적으로 강제 노동을 요구할 때(마 5:41)에 적용된다. 또한 예수가 초월한 (눈에는 눈) 기본 규범은 사법 제도의 기본 원리였다. 우리는 산헤드린의 회원들과 다른 관리들이 예수의 말을 들었다고 추정할 수 있다. 예수는 자신이 전체 유대인을 위한 메시아가 됨을 선포했다. 그는 모든 민족, 더 나아가 전 세계가 그의 나라 윤리를 실천하기를 원했다. 그에 따르면 메시아의 나라는 그의 인격과 행동으로 역사 속에 침노해 들어왔기 때문이다. 가장 자연스러운 결론은, 예수는 자신의 말이 단순히 개인적 차원뿐만 아니라 공적 생활에서도 규범이 되는 것을 의도했다는 것이다. 이는 예수가 오직 개인의 사적인 역할에 대한 행동에 관해서만 얘기하고 있었다는 주장에 대한 입증 책임이 그것을 주장하는 자들에게 있다는 뜻이다.

셋째, 본래 실용주의적인 전제는 예수의 의도가 자신의 제자들이 결코 치명적인 폭력을 행사해서는 안된다는 뜻이었을 리가 없다고 강조한다. 사람들은 관대하고 사랑스러운 사람들을 자주 짓밟는 악한 세상에서 폭력이 자신과 다른 이들을 지키는 데 필요하다고 주장한다. 사랑한다는 것이 그렇게 단순한 문제가 아니라는 것이다. 이런 사실에 입각한 주장은 맞을 수도 있고 틀릴 수도 있다. 하지만 그리스도인에게 가장 중요한 것은 이런 논증을 기본적으로 구성하는 실용주의다. 예수가 가르친 윤리가 작동하는지, 곧 그것은 우리와 다른 이들이 폭력의 가해자를 거부하고 고통을 피할 수 있게 하는지와 관련된 실용주의적인 질문은 예수가 가르친 것의 실제 의미가 무엇인지에 대한 우리의 분석에 있어 결코 중요하지 않다.

넷째, 사적 영역과 공적 영역이라는 이원론적 구분은 종종 끔찍한 결과를 초래했다. 그리스도인 군인들은 그들이 공식 명령들을 거스르도록 허락되지 않는다는 핑계를 대며 끔찍한 악에 참여하는 것을 정당화했다. 히틀러의 잔혹 행위에 맞서는 데 실패한 대부분의 독일 개신교인들은 루터의 "두 왕국" 윤리에 그 책임을 종종 돌린다. 1933년에 독일 그리스도인들은 "교회는 이 땅의 모든 일에 있어서 국가에 복종할 의무를 진다"고 주장했다. 그리고 그들은 이렇게 결론을 내렸다. 나치 정부에 대한 "조건 없는 충성"은 그리스도에 대한 충성과 완전하게 부합한다.

마지막으로 기독교 교회가 형성된 첫 3세기는 사적 영역과 공적 영역이라는 구분에 맞서 아주 중요한 증거를 제공한다. 전쟁과 사형 제도에 대해 논의했던 많은 기독교 저자들은 모두 예수가 그리스도인들에게 전쟁과 사형에 참여하지 말 것을 분명하게 가르쳤다. 그들은 반복적으로 그리스도인들은 군인이나 사형 집행관이라는 공적 역할을 통해 사람을 죽일 수 있다는 의견을 거부했다. 국가가 공인한 치명적 폭력에 맞서 격렬하게 반대한 초기 그리스도인들이 견지한 단 하나의 타당한 설명은 그리스도 자신이 전쟁과 사형 제도에 대한 참여 금지를 명령했다는 것이다.

기독교 비폭력의 토대는 효율적인 계산에서 찾을 수 없다. 이러한 토대는 십자가에 있다. 생명을 빼앗는 것에 대한 성서적 반대의 궁극적 토대는 예수의 가르침과 삶, 그리고 무엇보다도 그의 죽음 안에서 가장 완전하게 계시된 하나님의 본성이다.

원수에 대한 하나님의 사랑

우리가 아직 살펴보지 않은 마태복음 5:38-48의 중심 요소가 남아 있다. 예수에 따르면, 희생적이고 보복을 거부하는 사랑, 심지어 원수를 향한 부르심의 신학적 토대는 무엇인가? 예수는 언제나 악랄한 원수들을 따스한 친구들로 변화시키기 때문에 비폭력을 실천해야만 한다고 말하지 않았다. 십자가는 원수들에 대한 사랑이 항상 작동하는 것은 아니라는 사실을 암시하는 가혹한 상징물로 서 있다. 적어도 단기간에는 그렇다. 예수는 상호 호혜에 대한 기대 때문이 아니라 하나님의 바로 그 본성으로 원수를 사랑하라고 가르친다. "너희 원수를 사랑하며 너희를 박해하는 자를 위하여 기도하라. **이같이 한즉** 하늘에 계신 너희 아버지의 아들이 되리니 이는 하나님이 그 해를 악인과 선인에게 비추시며 비를 의로운 자와 불의한 자에게 내려주심이라"(마 5:44-45). 예수는 팔복에서 또 다음과 같이 말했다. "화평하게 하는 자는 복이 있나니 그들이 하나님의 아들이라 일컬음을 받을 것임이요"(마 5:9). 하나님은 그분의 원수들을 사랑하신다. 그분은 즉각 죄인들을 멸하는 대신에, 그들에게 창조의 선한 선물들을 계속 내려주신다. 그것이 하나님이 일하는 방식이기 때문에, 그분의 아들과 딸이 되기를 원하는 사람들은 반드시 똑같이 행해야만 한다. 반대로 그 본문은 원수를 사랑하지 않는 사람들은 하나님의 자녀가 아니라는 것을 함축한다. "그러므로 하늘에 계신 너희 아버지의 온전하심과 같이 너희도 온전하라"(마 5:48). 하나님의 거룩함과 완전함의 한 가지 근본적 측면은, 그분은 자기 원수들을 사랑하신다는 것이다. 그분의 은혜로 그분의 거룩함을 나타내기를 구하는 사람들 역시 똑같이 자기들의 원수를 사랑할 것이다. 심지어 그것이 십자가를 져야 할 때도 말이다.

죄인들을 위한 대속물로서 십자가로 향하는, 고통 받는 메시아에 대한 예수의 사상은 여전히 원수들을 다루는 하나님의 방식에 대한 우리의 이해를 더 확장시킨다. 최후의 만찬에서 예수는 자신이 다른 이들을 위한 제물로 죽을 것이라는 사실을 명확하게 밝혔다. 죄인들을 용서한다(그의 적들은 그가 불경스러운 말을 했다고 비난했다)며 하나님의 권위를 주장했던 자가 확실히 자기의 원수들의 심문을 받으면서 다른 이들을 위해 지금 죽는다. 원수를 사랑하신 하나님을 닮으라고 자기 제자들을 가르쳤던 자가 자기를 십자가에 못 박았던 원수들을 위해 고통이 격심한 가운데서도 자기 입술을 벌려 용서의 기도를 하며 죽는다(눅 23:34).

바울은 하나님이 고통 받는 사랑을 사용하셔서 그분의 원수들을 다루신다는 궁극적인 증거가 십자가라는 사실을 다음과 같이 아주 분명하게 신학적으로 표현한다. "우리가 아직 죄인 되었을 때에 그리스도께서 우리를 위하여 죽으심으로 하나님께서 우리에 대한 자기의 사랑을 확증하셨느니라.…곧 우리가 **원수**되었을 때에 그의 아들의 죽으심으로 말미암아 하나님과 화목하게 되었은즉"(롬 5:8, 10). 예수가 죄인들을 위해 죽었다는 사실을 보여주는 대속의 십자가는 자기 원수를 사랑하라는 예수의 명령의 토대이자 그런 사랑을 가장 분명하게 보여준 표현이다. 대속의 관점으로 볼 때, 죄악으로 가득 찬 사람들은 하나님께 적대적이고, 의롭고 거룩한 창조주는 죄를 미워하신다(롬 1:18)는 두 가지 관점에서 우리는 하나님의 원수들이다. 그 법을 아는 사람들이 법을 지키지 못할 때는 신적 저주의 결과를 불러온다. 그러나 그리스도는 우리를 위한 저주가 됨으로써 그 저주로부터 우리를 구속했다(갈 3:10-14). 십자가에서 흘린 예수의 피는 하나님의 원수들인, 죄인 된 우리를 위한 속죄(롬 5:18)였다. 왜냐하면 죄를 알지도 못했던 예수가 우리를 위해 십자가에서 죄인이 되셨기 때문이다(고후 5:21).

십자가는 죄의 공포를 가장 완전하게 폭로한다. 십자가는 "관대한 사면"에 대한 대가를 의미하는 값싼 선언이 아니다. 죄는 하나님의 거룩함에 대한 충격적인 모욕이다. 만일 광란과 파괴의 상태가 계속되고 죄악과 불의가 영원히 심판받지 않는다면, 이 세상은 견딜 수 없도록 끔찍한 세상일 것이다. 십자가는 우주의 거룩한 주권자가 그것을 용납하지 않을 것을 입증한다. 죄는 반드시 그 대가를 치러야만 한다.

그러나 십자가는 분노와 적의에 찬 신의 제단 위에 놓인 인간의 희생제물이 아니다. 그런 주장은 성육신과 삼위일체의 교리를 부인하는 것일 수 있다. 하나님 자신이 고통을 받으신다. 하나님 자신이 죄의 대가를 견뎌낸다.

하나님의 악한 원수들을 위한 예수의 대속적 죽음은 비폭력으로 이어진다. 성육신한 예수가 죄인들과 친구가 되고 그들의 죄를 용서하고 세상 죄를 위해 죽음으로써 자신의 메시아직을 완수한 것은, 하나님이 가장 추한 죄인들을 향해서도 자비로우시고 은혜로우신 분이심을 알았기 때문이다. 정확히 하나님에 대한 이런 이해로 인해 예수는 자기 제자들에게 원수를 사랑할 것을 명령했다.

십자가에서 하나님 자신이 그분의 원수들을 위해 고통받으셨다. 확실히 우리는 십자가에 있는 모든 신비를 헤아릴 수 없다. 그러나 중앙의 십자가에 달리신 이가 육신이 되신 말씀(the Word)이었기 때문에, 우리는 다음과 같은 두 가지가 밀접하게 연관되었다는 것을 절대적으로 확신할 수 있다. 첫째, 정의로운 신이 죄악으로 물든 적들을 자비롭게 받아들인다. 둘째, 그는 우리가 우리의 모든 원수에게 다가가 동일한 자비와 자기희생적 방식으로 대하길 원한다.

십자가가 원수까지도 사랑하라는 급진적 부름을 동반하는 나사렛 목수의 최종 요청이라면, 그의 길에 대한 거부는 이해할 만하다. 그는 좋은 의도를 가지고 있었을지도 모른다, 그의 비전은 고귀했을지도 모르지만, 그것은 폭력적인 세상에서는 작동하지 않는다. 그러나 그리스도인들은 예수에 관한 마지막 이야기가 부활이라는 사실을 안다. 사흘째 되던 날, 하나님은 그를 무덤에서 일으키셨고, 악의 권세를 정복했으며, 비폭력을 가르치는 선생이 성육신하신 하나님, 왕의 왕, 주의 주라는 사실을 나타냈다. 부활은 예수의 메시아적 나라가 시작됐음을 보여주고 예수의 길이 우리를 위한 하나님의 길임을 보여준다. 부활은 하나님의 때에 모든 이가 무릎을 꿇을 것이라는 약속과 함께 성서적 비폭력을 위한 궁극적 토대다.

부활에 관한 이런 이야기가 십자가를 잊으라고 말하는 것은 아니다. 다만 예수를 따르고, 원수들에게 정의를 주장하기보다는 그들과 화해하려는 예수의 관심을 더 높이 평가하며, 적절한 수단을 사용해서 정당한 목적들을 얻을 수 없을 때 그런 목적들을 기꺼이 놓아버릴 수 있는 그리스도인들이 십자가를 경험할 것이다. 그러나 그들은 그것이 마지막 결론이 아니라는 것을 안다. 가끔 예수를 일으킨 그 전지전능한 힘이 지금 현재의 잔인한 원수들을 극복하기 위해 놀랍고 신비로운 일들을 할 것이다. 그는 이따금 자기 지혜로 악이 일시적으로 승리하도록 허용할 것이다. 그러나 어린 양의 승리가 이끄는 고난에 참여하는 자들의 마지막 결론은 부활이다.[22] 부활은 예수의 비폭력적인 방식을 가능하게 만들며 그것에 대한 복종을 요구한다.

22_ 다음을 보라. Yoder, *Politics of Jesus*, 238-40.

재세례파의 정치 참여 논리

재세례파가 모든 살상 행위를 거부하는 반면 현대의 모든 국가가 군대와 경찰을 통해 치명적 폭력을 사용하기 때문에, 어떤 이들은 재세례파의 정치 참여를 정당화할 만한 일관된 근거가 없다고 결론 내린다. 또 일부는 심지어 평화주의자가 논리적으로 일관된 정치 철학을 뚜렷이 표현할 수 없다고 주장하기도 한다. 두 주장 모두 틀렸다.

첫째, 수많은 정치 활동과 토론은 치명적 폭력에 관한 안건을 결코 직접 다루지 않는다. 요더가 "공공 질서(정부)가 하는 대부분의 일은 폭력적이지 않다"고 말한 것은 옳다.[23] 현시대의 정부가 하는 일의 대부분은 공동선을 증진하기 위한 비폭력적 공공 활동을 편성하고 조직하는 것으로 구성되어 있다. 정부는 건강 보험, 교육, 도로, 사회 보장 연금, 가난한 사람들에 대한 지원을 제공한다. 메노파들은 사회에 필요한 위와 같은 정책들에 관한 토론에 참여할 수 있고, 심지어 모든 살생에 대한 자기들의 거부를 훼손하지 않으면서 정부가 승인한 사회 프로그램을 위해 사립 기관에 자금을 조달하는 정부 기관의 파트너가 될 수 있다.

모든 법과 사회 프로그램에 자금을 지원하기 위한 세금 징수의 이면에는 치명적 폭력을 사용하기 위한 내재적 위협이 존재한다는 것도 사실이다. 그러나 지금 논의하는 정부 프로그램들의 현실 방책들은 일상에서 치명적 폭력의 사용을 허용하지 않는다. 또한 메노파들은 완전히 비폭력적인 방법으로 매일 제공되는 좋은 사회 프로그램을 지지하고 거기 참여하면서 치명적 폭력에 대해 도덕적 승인을 하지 않는다.

둘째, 메노파들은 정치적 과정을 형성하는 다양한 형태의 비폭력적 방

23_ Yoder, *For the Nations*, 36.

법을 사용할 수 있다. 총이 힘의 유일한 원천이라는 주장은 경험적으로 틀렸다.[24] 우리의 복잡한 세상에서 정치를 형성하는 많은 힘의 원천들, 곧 진리, 사상, 잘 논의된 관점들, 설득력 있는 주장, 교육, (불매 운동을 포함한) 경제적 결정들, 지역적·국가적·세계적 단위의 비정부 단체들이 존재한다. 정치학자인 칼 도이치(Karl Deutsch)는 시민 권력의 중요성을 강조한다. 정부의 협조를 거부하거나 수락하면서 대중은 거대한 비폭력적 권력을 행사한다. 도이치는 다음과 같이 말한다. "국민 대부분의 자발적 준수 또는 습관적 준수는 비가시적이지만, 그럼에도 그것은 모든 정부 권력의 매우 현실적인 기초다."[25]

최근의 역사는 국가의 권력에 맞서 비폭력적으로 저항하고 대안적 비전을 위해 고통을 견디는 자발성이 막대한 정치적 충격을 가져올 수 있다는 것을 보여준다. 간디와 마틴 루터 킹 주니어뿐 아니라, 필리핀에서 마르코스의 독재에 항거하거나 폴란드와 동유럽에서 전체주의적 공산주의에 항거한 대다수 군중은 놀라운 승리를 쟁취했다. 요더가 다음과 같이 말한 것처럼 말이다. "고통이 강력하다는 것과 약함이 승리한다는 것은 천국뿐 아니라 이 땅 위에서도 진리다."[26]

셋째, 제세례파는 전통적인 "정의로운 전쟁"(just-war)이라는 틀에서 정치적 논의를 진행하고, 전쟁은 "최후의 수단"이라는 기준을 포함해 자기들의 정의로운 전쟁 규범에 따라 살면서 비평화주의자들에게 도전하는 일관된 행동을 보여준다. 예를 들어 호전적인 이웃 국가에 대해 무력 침공을

24_ 예를 들어 다음을 보라. Jonathan Schnell, *The Unconquerable World: Power, Nonviolence and the Will of the People* (New York: Henry Holt, 2003).

25_ Karl Deutsch, *The Analysis of International Relations*, 2nd ed. (Englewood Cliffs, N.J.: Prentice Hall, 1978), 17-18. 다음에서 인용됨. Friesen, *Christian Peacemaking*, 38.

26_ Yoder, *For the Nations*, 35.

사전에 치밀하게 논의하는 것은 정당화되지 않는다. 정의로운 전쟁의 전통에서 전쟁이란 반드시 최후의 수단이자 모든 비폭력적 대안이 효과가 없을 때만 가능하기 때문이다. 이런 구체적 주장은 전적으로 모든 전쟁에 반대하는 것과 같다. 또한 군비 지출을 줄이고 경제 발전을 도모하는 것은 장기적 관점에서 국가의 이익이 될 것이라는 주장도 마찬가지다. 메노파들은 일관되게 국익을 위한 안건에 대해 여론을 형성하고자 애쓰고, 선출된 관리들에게 영향력을 행사하며, 정의로운 전쟁의 틀에 부합하는 주장을 펼친다.

다르게 이야기하자면, 이와 같은 기준은 공직 후보자들 가운데 덜 나쁜 쪽에 투표할 때에도 적용된다. 구체적으로 특정 정치인에게 투표하거나 지지를 표명하는 것이 그 사람의 모든 의견과 행동을 지지하거나 받아들이는 것을 의미하지 않는다. 그것은 단지 그 후보자의 방법과 행동들이 다른 후보자들보다는 조금 덜 파괴적일 것이라는 것을 의미한다.

우리는 이 세 번째 특징을 더 넓은 방식으로 설명할 수 있다. 실제로 모든 정부와 정치 지도자들은 선하게 일해야 하고 인류 전체와 세계의 안녕을 위해 행동할 것을 주장한다. 재세례주의자들은 정부와 정치 지도자들이 정의에 대해 제시한 비전이나 정의를 성취하기 위한 수단을 받아들이지 않으면서도, 오히려 정치가들이 수용하라고 주장하는 가장 이상적인 선에 따라서 살 것을 그들에게 도전할 수 있다.

재세례파 정치인이 주요 공직에 선출될 수 없다는 것은 사실이다. 재세례파 정치인은 자신이 모든 살상 무기의 사용에 반대한다는 사실을 투표자들에게 솔직하게 밝혀야만 할 것이다. 다수가 재세례파 정치인을 의원으로 선출하기로 했다면, 그 재세례파 의원은 군비 지출에 반대하는 표를 정기적으로 행사할 것이다. 하지만 정기적으로 군비 지출에 반대하는 재세례파 의원이 선출될 일이 거의 없다는 사실이, 재세례파가 다수가 공유하는 전제에 기반을 두고 그렇게 주장하는 정치 활동과 토론에 일관되게 참여할 수 없다는 것을 의미하지는 않는다. 그러한 전제들에 모두 동의하는 것이 아닐 때도 말이다.

메노파는 정의로운 전쟁 이론을 주장하는 사람들에게 그들이 가지고 있는 기준에 부합하는 행동을 하라고 도전하는 포괄적인 정치적 행위에 효과적으로 대처하기 위해 폭력 상황에서 새로운 비폭력 수단을 발전시켜왔다. "기독교 평화 중재 단체"(Christian Peacemaker Team)는 최근 성장하고 있는 재세례파 운동으로서 기독교 시민들이 심각한 갈등(서구) 상황에서 비폭력적으로 개입하도록 훈련하고 있다.[27] 우리가 압제, 독재, 폭력 등에 맞서는 비폭력 저항이 지난 세기 동안 다수의 놀라운 성공(간디나 마틴 루터 킹 주니어뿐 아니라, 수없이 많은 예)을 이룩했다는 사실을 깨닫기 위해 평화주의자가 될 필요는 없다.[28] 전쟁은 언제나 최후의 수단이기 때문에, 기독교 평화 중재 단체와 같은 조직을 통한 비폭력적 개입의 효과에 대한 자세한 설명은 살상 무기의 사용보다 비폭력 수단의 확장을 추구하는 정의로운 전쟁 이론을 지지하는 사람들을 격려할 것이다.

비슷한 방법으로 재세례파는 "피해자-가해자 화해 프로그램"(Victim Offender Reconciliation Program)이라는 감금에 대한 대안을 성공적으로 개발했다.[29] 피해자-가해자 화해 프로그램은 유죄 판결이 난 가해자는 피해자와의 관계를 개선하고 피해자에게 형사 보상을 부분적으로 집행하도록

27_ 새로운 많은 이야기에 대해서는 기독교 평화 중재 단체의 웹사이트 〈ctp@igc.org〉 또는 전화 (773) 277-0253으로 문의할 수 있다.

28_ 많은 사례에 대해서는 다음을 보라. Ronald J. Sider, *Nonviolence: The Invincible Weapon?* (Dallas: Word, 1989).

29_ 이 성공적인 프로그램에 대한 더 자세한 정보는 다음을 참조하라. 〈http://vorp.org〉. 성공적 프로그램에 대한 메노파 기원에 대해서는 다음을 보라. David Cayley, *The Expanding Prison* (Toronto: House of Anansi, 1998), 215-37.

한다. 이 프로그램의 궁극적 목표는 진정한 화해다.

우리가 가능하면 폭력적인 방법보다는 비폭력적인 방법을 사용해야 하는 것이 사실이고, 실제로 오늘날 우리는 초기 사회가 다툼을 통해 해결하던 많은 문제들을 비폭력적으로 해결하고 있기는 하지만, 그렇다고 모든 사회적 갈등이 비폭력적인 방식으로 해결된다고 생각하면 안 된다. 불과 몇 세기 전 신사들은 종종 한 쪽이 사망해야 끝이 나는 결투를 통해 분쟁을 해결했다. 오늘날 우리는 법적 절차를 통해 분쟁을 비폭력적으로 해결한다.[30] 우리는 인간의 이기심과 악을 뿌리 뽑을 수 없다. 그러나 역사는 몇몇 악의 형태(예를 들어 노예 제도, 결투)는 종식시킬 수 있음을 보여준다.

하나님은 정부가 무력을 사용하는 것을 원하실까? 이것은 하나님이 선한 것들을 성취하기 위해 정부의 치명적 행동을 사용하시는가와 같은 질문이 결코 아니다. 두 번째 질문에 대한 답은 분명히 그렇다이다. 일반적으로 군과 경찰은 억압을 종결시키고, 악에 맞서며, 히틀러와 같은 잔인한 독재자들을 제거하기 위해 치명적 폭력을 사용한다. 그러나 사람들이 용기를 가지고 복종했다면, 거기엔 억압의 종결과 독재자의 제거를 이루기 위한 (더 나은) 비폭력적 수단이 있을 수 있고 비록 하나님이 치명적 폭력을 허용하고 또 사용하신다고 할지라도, 그것은 그분이 진정 원하시는 것이 아닐 수 있다.

역사적으로 메노파들은 정부가 치명적인 무력을 사용해야만 하는가에 대해 두 가지 다른 입장을 수용해왔다. 일부는 그리스도인이 살상 행위를 해서는 안 되지만, 정부는 온전하신 그리스도 바깥에 있고, 하나님은 정부가 무력을 사용하는 것을 허용하셨다고 말해왔다.[31] 하지만 그러한 입장을

30_ Friesen, *Christian Peacemaking*, 183.
31_ 어느 정도, Ted Koontz는 이 입장의 복잡한 현대판 견해를 제공한다. 다음을 보라. Koontz, "Mennonites and the State," in *Essays on Peace Theology and Witness*, ed. Williard M.

취하는 경우 하나님은 모든 사람이 그리스도인이 되는 것을 원하지 않으신다는 이상한 결론으로 이어진다. 왜냐하면 만일 그렇게 한다면, 정부의 폭력이 어느 선까지 허용되는지에 대해 아무도 기준을 제시할 수 없을 것이기 때문이다.

나 자신을 포함한 또 다른 메노파들은 그러한 종류의 윤리적 이원론을 거부한다. 우리는 비록 하나님이 어떤 선한 결과들을 위해 치명적인 폭력을 종종 사용하신다고 하더라도, 하나님은 육신이 되신 예수 안에서 모든 인간을 위한 그분의 뜻을 온전하게 계시했으므로, 인간이 치명적 폭력을 사용하는 것은 결단코 하나님의 뜻이 아니라고 생각했다.

기독교 역사에서 그리스도인들은 로마서 13:1에 근거해 다음과 같이 주장했다. 하나님은 정부가 어떤 결정을 내리든지 그리스도인들은 반드시 정부의 모든 요구에 복종할 것을 원하셨다. 그러나 그것은 바울이 의도한 바가 아니다. 바울은 분명히 모든 "통치자나 권세들"이 근본적으로 하나님의 선한 창조의 일부(골 1:16)라는 것과 거기에는 정부의 권력이 포함된다는 사실을 믿었다. 그러나 동일하게 그는 그 권력이 하나님께 맞서 반역했고, 이제 하나님이 원하지 않는 방향으로 권력을 자주 사용한다는 점을 명쾌하게 설명한다. 따라서 우리는 하나님이 정부를 임명했다는 바울의 말을 하나님이 치명적인 국가 폭력을 허락했다는 의미로 받아들여서는 안 된다.

로마서 13:4에서 바울은 정부가 "악을 행하는 자에게 하나님의 진노를 집행하는" 하나님의 일꾼으로서 칼을 사용한다는 것을 말하고 있다. 명백하게 하나님은 악을 벌하고 선을 보호하기 위해 정부를 통해 그러한 치명적 행위를 사용하신다. 그러나 13:4조차도 하나님은 정부가 살생을 통해

Swartley (Elkhart: Institute of Mennonite Studies, 1988), 35-60.

악을 벌하고 선을 보호하길 **원하신다**고 해석하지 않는다. 구약에서 하나님은 확실히 이방 제국들을 사용해 이스라엘과 유다의 죄를 심판하셨다. 이사야 10장은 하나님이 이방 앗수르를 "내 진노의 몽둥이"(사 10:5)로 사용한 것을 묘사하고 있으나, 그것이 앗수르가 사용한 잔인한 파괴의 방법들에 대한 하나님의 승인을 의미하지 않는다. 이사야 45:1은 이방인 고레스를 하나님의 "메시아"("기름 부음을 받은" 자)로 부르는데, 그것은 하나님이 고레스를 사용하셔서 그분의 목적을 성취하기 때문이다. 그러나 다시 말하지만 이것이 하나님이 고레스가 취한 모든 방법을 승인함을 의미하지는 않는다.

나는 악을 제어하기 위해 치명적인 폭력보다 비폭력적 방법을 사용하는 것이 언제나 하나님의 뜻이라고 주장한다. 어떤 사회도 오랜 기간에 걸쳐 이것을 지속적으로 시도해보지 않았다. 그래서 이에 대한 역사적 증거를 제시하는 것은 불가능하다. 그러나 전체 사회가 무력을 거부한다면, 나는 그 결과 현재 우리가 경험하는 것보다 더 적은 살상 행위를 경험할 것이라고 주장한다. 우리는 비폭력이 놀랍도록 성공적이라는 증거를 가지고 있다. 알제리는 독립 운동을 위해 10년 동안 살인적인 폭력을 사용했고 그 결과 인구의 1/10이 죽었다. 간디는 인도의 독립 문제를 해결하기 위해 비폭력을 사용했고, 독립에 참여한 400,000명의 인도인 중 단 한 사람만이 죽었다.[32] 죄와 살인이 사라질 것이라고 얘기하는 것이 아니다. 이기심은 여전할 것이다. 그러나 인간의 악함이 결투와 노예 제도의 형태로 실현될 필요는 없다. 정부의 살상 행위의 형태를 취할 필요도 없다.

어떤 사회가 비폭력을 정말로 선택한다면, 그것은 분명 고통을 초래할 것이다. 국외자들은 그것으로부터 이득을 얻고자 할 것이다. 비폭력적

32_ Sider, *Nonviolence*, 76.

인 사회는 좋은 것을 공유하고 사랑으로 악에 답하며 공격자들을 용서해야만 할 것이다. 수천, 어쩌면 수백만의 사람들이 죽을지도 모른다. 그러나 정의로운 전쟁을 논하는 이론가들은 수천만 명이 죽었음에도 불구하고 제2차 세계대전을 위대한 승리로 생각한다. 전체 사회가 원수까지도 사랑하라는 예수의 가르침을 실천하기 전까지, 비폭력의 길이 전쟁보다 더 생명을 잘 보호할 수 있다는 내 주장을 반박하거나 입증하는 실질적인 경험적 증거를 찾기란 매우 어려울 것이다.

비록 정부가 치명적 폭력을 종종 사용함에도, 그래서는 안 된다고 생각하는 나와 같은 재세례파는 현대의 상황에 맞는 정치 참여를 위한 완벽하게 일관된 사고 체계를 가진다. 그들이 지닌 정의로운 전쟁의 체계는 언제든지 실행 가능한 비폭력을 요구한다는 주장과 생명을 살상하는 행위는 언제나 틀렸다는 더 급진적 주장을 상세히 소개하면서, 우리는 여론에 의해 선출된 정치인들이 더 많은 비폭력적 대안들을 채택하도록 설득하는 일을 할 수 있다. 그리고 거의 대부분의 정치 토론에서 명백하고 치명적인 폭력에 관한 안건은 의제로 다루어지지도 않는다.

교회, 국가와 "도덕의 법제화"를 분리시키기

재세례파는 국가가 명백히 어떤 특정한 종교를 설립하거나 인정하기 위해 권력을 사용해서는 안 된다고 단호하게 생각한다. 인간의 자유, 교회의 본질, 국가의 목적에 대해서 성서가 우리에게 말하고 있는 모든 것은 미국인들이 안전하게 누리고 있는 종교의 자유로 이어진다.

이것은 종교가 개인적이고 사적인 영역으로 분류되어야 한다고 주장하는 로크 전통(Lockean tradition)을 지지하는 것을 의미하지 않는다. 종교적 믿음은 우리의 정치적 견해에 깊이 영향을 미친다. 그래서 종교의 자유에 대한 진정한 존중은 신앙인들이 공공 정책에 대한 자신들의 믿음을 공적으로 상세히 표현할 수 있도록 완전한 자유를 부여한다.

물론 즉각적으로 이것은 현대의 문제 중 가장 복잡한 문제로 이어진다. 교회와 국가에 대한 우리의 비전은 정부가 종교적 믿음에 관해 중립적으로 남아 있기를 요구한다. 그러나 정부의 모든 결정과 의회의 모든 입법 결정은 결국 그것 자체가 일련의 궁극적·철학적·종교적 믿음에 자리하는 정치 철학에서 기인한다. 그러면 모두를 위한 종교의 자유를 지지하는 고도로 다원화된 사회에서 무엇을 법제화할 것인가?

가톨릭 사상이 종종 주장했던 것처럼, 모든 이성적 인간이 창조주가 자신들의 마음과 양심에 심어둔 자연법에 접근할 수 있다면, 아마도 우리는 우리의 신앙과 상관없이 법률을 제정하는 것과 관련해서 공적 논의의 토대로 자연법을 수용하고 거기서 파생된 일단의 공통 원리를 발전시킬 수 있다. 그러나 인류의 타락으로 인해 인간은 자연법에 접근하기가 어려워졌고, 인간의 도덕적 통찰력은 흐려졌다.

나는 종교적 믿음이 불가피하게 모든 사람에게 정치적 견해를 형성하는 데 영향을 미친다고 생각하고, 현대 미국이 대단히 다원주의적이라는 사실을 인정하는 접근 방법을 선호한다. 따라서 오직 단 하나의 공정한 접근은 어떤 종교이든지 사람들과 그들의 단체가 세상과 사람들에 관한 그들의 깊은 믿음으로부터 흘러나오는 구체적 법률을 포함한 공적 생활에 대한 구체적 비전을 분명히 기술할 수 있도록 권장하는 것이다. 다수가 공개 토론 과정과 민주적 절차를 따라서 통과시킨 구체적인 제안들만 법으로 제정될 것이다.

확실히 종교의 자유와 소수자들의 인권을 보호하는 헌법적 장치가 명확히 존재해야만 한다. 다른 모든 사안에서도 공정해지려면, 다수는 소수

자들이 다수의 생활 방식을 강제로 받아들이도록 하기 위해 정부를 이용해서는 안 된다(예를 들어 재세례파는 이혼, 동성애 행위, 인종 차별 등의 행위를 모두 죄라고 생각하지만, 모든 이혼과 개별적인 동성애 행위나 인종 차별 태도를 막기 위해 법을 사용하려고 하면 안 된다). 일반적으로 개별 시민들은 정부의 간섭 없이 그들 스스로에게 거리낌 없이 해를 입힐 자유가 있고 어느 정도 자기 가족들에게도 해를 입힐 자유가 있다. 반면에 개인이 사회 전 계층의 사람들에게 해를 입히는 경우, 해를 입히지 못하게 규제하는 법률의 제정은 적절하다. 예를 들어 임대 계약이나 매매에서 인종 차별을 금지하는 법들이 그러하다.

결혼의 법적 정의에 대한 오늘날의 토론은 바로 이 문제를 다룬다. 동성애 운동가들은 결혼에 대한 정의가 동성애 커플을 포함하지 않는다면, 결혼에 관한 전통적 기독교 (그리고 유대교, 이슬람교, 기타 등등) 신앙이 부적절하게 법제화가 되는 것이라고 주장한다. 나 자신을 포함해 다른 이들은 수천 년 동안 거의 모든 인류 문명에게 전해져 내려온 전통, 곧 결혼은 남자와 여자가 맺는 관계이고, 그들이 평생 결혼 관계를 유지하며, 자녀를 출산하는 것이 가능한 관계를 법으로 규정해야만 한다고 생각한다. 우리는 구체적인 종교적 믿음이 아닌 공동선과 모든 미성년자의 안녕과 행복을 위해 전통적으로 법률이 정의하는 결혼 제도의 존속을 요구한다.

재세례파는 빈민에 대한 강한 관심을 가지고 있다. 우리는 사회의 다른 기관들과 같이 정부는 경제적 정의, 특히 사회적으로 가장 빈곤한 자들에게 대안을 제시해야 하는 타당한 역할이 있다고 생각한다.[33]

33_ 다음을 보라. Ronald J. Sider, *Rich Christians in an Age of Hunger*, 5th ed. (Dallas: Word, 2005). 『가난한 시대를 사는 부유한 그리스도인』(IVP 역간); 또한 다음을 보라. Ronald J. Sider, *Just Generosity: A New Vision for Overcoming Poverty in America*, 2nd ed. (Grand Rapids: Baker, 2007).

신앙 기반 정책에 대한 평가

2000년 대통령 선거 운동 기간과 그 이후 부시 대통령이 2001년 초에 신앙 공동체 정책을 집행하기 위한 백악관 사무국을 새로이 만든 이후 현재 교회-국가에 관한 중요한 논의는 재세례파 관점에서 시작한다.[34]

이 논의는 2000년 이후 절정에 달했지만 클린턴 대통령은 실제로 1996년에 네 가지 정도의 구체적 문제(빈곤 가정에 대한 일시적 지원, 지역 사회 봉사 활동에 대한 보조금, 약물 남용과 정신 건강을 위한 프로그램, 근로 복지 연계 프로그램—편집자 주)를 해결하려는 자선 기관 지정 사업법에 서명했다. 자선 기관 지정 사업법, 특히 정부 기금을 받는 비영리 종교 단체들이 자신들의 신앙적 신념을 공유하는 직원들을 고용할 권리를 유지하기 위한 조항은 광범위한 신앙 기반 정책에 있어 가장 논란을 일으키는 요소가 되었기 때문에, 나는 자선 기관 지정 사업법에 중점을 둘 것이다.

비영리 종교 단체들은 정부 기금을 "본래 종교적" 활동을 위해 사용하지 않을지도 모른다. 이 종교적 활동이란 "각 종교의 예배, 교육, 또는 개종" 등으로서 자선 기관 지정 사업법 조항에 정의되어 있다. 하지만 비영

---

[34] 이어지는 논의는 다음 글의 요약이다. Ronald J. Sider and Heidi Rolland Unruh, "An (Ana) Baptist Theological Perspective on Church-State Cooperation: Evaluating Charitable Choice," in *Welfare Reform and Faith-Based Organizations*, ed. Derek Davis and Barry Hankins (Waco, Tex.: J. M. Dawson Institute of Church-State Studies, 1999), 89-138. 또한 다음을 보라. Ronald J. Sider and Heidi Rolland Unruh, "*Evangelism and Church-State Partnership*," *Journal of Church and State* 43 (2001): 267-95; Ronald J. Sider and Heidi Rolland Unruh, "'No Aid to Religion?' Charitable Choice and the First Amendment," in *What's God Got to Do with the American Experiment*? ed. E. J. Dionne Jr. and John J. DiIulio Jr. (Washington, D.C.: Bookings Institution Press, 2000), 128-37; Heidi Rolland Unruh and Ronald J. Sider, *Saving Souls, Serving Society: Understanding the Faith Factor in Church-Based Social Ministry* (New York: Oxford University Press, 2005).

리 종교 단체들은 그러한 종교적 활동을 위한 비용을 충당하기 위해 민간 영역에서 모금할 수도 있다. 비영리 종교 단체들은 그들의 종교적 관점만을 공유하는 직원을 고용할 자유가 있다. 다른 대리 기관을 통한 동일한 서비스를 제공하는 "세속적" 선택 사항이 요구된다면, 그것은 항상 반드시 가능해야만 하고 신앙에 근거한 프로그램에 참여하는 사람들은 특정 종교 활동에 대한 참여를 거부할 자유가 반드시 있어야만 한다.

자선 기관 지정 사업법을 거부하거나 이 법에 이의를 제기할 수 있는 가장 확실한 근거 중 하나는 국가와 교회가 반드시 분리되어야 한다는 역사적·신학적 주장에 있다. 확실히 이것은 미국의 현실에 있어 재세례파의 가장 위대한 공헌 중 하나다.

16세기 재세례파는 하나님의 본성은 우리에게 교회와 국가의 연합을 거부할 것을 강요한다고 종종 주장했다. 인간의 본성도 그 주장을 강화한다. 하나님은 자신의 형상으로 인간을 창조하셨고, 인류의 주된 특성으로 자유를 그들에게 수여하셨다.

믿음의 올바른 이해는 종교의 완전한 자유를 요구한다. 믿음은 하나님의 은혜에 자발적으로 반응해야만 참된 것이다. 충분히 성장한 누군가가 자신이 무엇을 하고 있는지 이해할 수 있다는 사실을 고려한다면, 우리는 이것을 잘 이해할 수 있다.

교회에 대한 우리의 이해는 동일한 결론으로 이어진다. 재세례파는 어떤 나라에서 태어난 모든 아이가 유아 세례를 받았다는 이유로 교회에 소속된다고 보는 영토적 교회 개념을 거부했다. 대신 그들은 믿는 사들의 교회는 하나님의 구원이라는 선물에 개인이 믿음으로 반응할 수 있는, 충분히 성숙한 사람으로 반드시 구성되어야만 한다고 믿었다. 오직 그렇게 진정한 믿음을 소유한 자만이 교회를 위한 결정들을 제대로 내릴 수 있고, 무력이 아닌 하나님의 계시된 말씀의 진리를 붙들며, 그들이 교회를 다스려야만 한다.

이러한 주장은 분명 어떤 종교든지 종교의 설립에 국가가 관여해서는 안 되고 자유로운 종교 활동을 보장해야 한다는 방향으로 흘러간다. 그러나 자선 기관 지정 사업법은 어떤 형태로든지 이 원칙을 위반하는가?

신앙 기반 정책을 통해 제공되는 프로그램에 참여하는 사람이 자유롭게 프로그램을 선택하고, "세속적" 공급자를 선택할 수 있으며, 그 프로그램에서 시행되는 특정 종교 활동에 참여하지 않을 자유가 있는 한, 그리고 어느 누구도 종교 활동에 참여하도록 강요받지 않는다면, 종교의 자유는 보장된다. 정부가 이슬람, 기독교, 철학적 자연주의 또는 "명백한 종교적 관점이 없는" 것에 상관없이 어떤 프로그램에든지 기금을 지원할 수 있는 재량이 있다면, 정부가 그런 프로그램에 지원해주는 것은 어떤 특정 종교나 종교 일반에 대해 우대를 제공하는 것을 의미하지는 않는다. 종교 기관들이 프로그램 내용과 직원 고용과 같은 중요 부분에 대해 자립성을 유지하는 한, 정부와 분리된 교회의 정체성은 온전히 유지될 것이다. 납세자는 정부의 기금이 본래 종교적이지 않은 활동에 독점적으로 주어지는 한 자신의 세금이 종교적 활동에 사용된다고 걱정할 필요가 없다. 자선 기관 지정 사업법은 사람들의 종교적 자유와 예배의 자유, 교회와 국가의 분리된 권위와 정체성을 존중한다. 자선 기관 지정 사업법이 정부와 종교 기관 사이의 상호 작용을 증진하는 효과를 가져오지만, 이러한 상호 작용 자체가 종교의 자유를 침범하지는 않는다. 정확히 말하자면 자선 기관 지정 사업법은 허용할 수 없는 복잡한 관계 또는 국교의 설립을 추구하는 국가와 교회의 상호 작용을 단념시키기 위해 고안되었다. 나는 종교의 자유에 대한 어떤 전통적 주장에서도 우리가 자선 기관 지정 사업법을 거부해야 하는지에 대한 이유를 발견하지 못했다. 확실히 말하자면, 우리의 역사는 우리가 조심해야 한다고 제안한다. 그러나 이것은 신학적인 관점에서 자선 기관 지정 사업법을 거부해야 한다는 것을 의미하는 것이 아니라, 실용적인 이익과 불이익을 고려하는 사려 깊은 판단을 요구하는 것이다.

다른 세 가지 사안은 중요하다. 역사적으로 재세례파는 개인의 회심을 특별히 강조했고, 세상과 완전히 다른 대안 공동체로서 교회의 이해를 발전시켰으며, 교회의 공동체성을 강조했다. 이러한 신학적 이해들은 자선 기관 지정 사업법에 영향을 미칠까?

회심

개인의 회심에 대한 역사적 재세례파의 강조는 사람이 복잡한 사회경제학적 기계 이상의 존재라는 성서적 이해에 근거한다. 각 사람은 공동체를 위해 몸과 영혼이라는 통일체로 창조되었다. 회심은 영혼의 구원 그 이상을 포함한다. 한 사람의 전체 인생은 회심을 통해 그리스도를 따르는 헌신을 결단한다. 헌신은 종종 그 사람을 사회 환경의 변화로 인도한다. 그것은 사람들의 신체적·물질적·경제적 측면에서의 아무리 많은 활동도 그 자체로 많은 근본적인 사회 문제들(약물 중독, 높은 비율의 결손가정, 기타 등등)을 해결하는 데 충분하지 않다는 것을 의미한다. 현대 정부 프로그램들은 사회 문제를 경감시키기 위해 애쓰고 있다. 하지만 성서적 관점이 옳다면 이러한 문제는 단순히 사회경제적 혜택에만 맞추어진 프로그램을 통해서는 해결될 수 없다.

다른 한편으로 영적이고 물질적인 인간의 양면성 모두에 영향을 끼치는 프로그램은 다른 조선이 모두 같은 경우 성공할 가능성이 매우 높다. 이와 같은 전인적인 프로그램은 복음전도와 사회 사역이 교회의 임무와 분리될 수 없다는 재세례파의 이해에 훨씬 더 잘 부합한다.

자선 기관 지정 사업법에 대한 우리의 질문에서 이 모든 것이 의미하는 바는 무엇인가? 사람들이 자유롭게 정부의 기금으로 조성된 신앙 기반 프로그램에 참여할 것을 선택하는 한—그들이 신앙적 관점으로 이끌려 왔기 때문이든, 아니면 그 프로그램이 효과적이라고 알려졌기 때문이든—그 대리 기관은, 만일 이러한 것들이 그 프로그램의 전체적인 효율성에 중요하다고 고려된다면, 영적 개종과 제자도를 강조해야 할 자유가 있어야만 한다. 어떤 형태의 강요도 피하고자 대단히 주의를 기울여야만 하지만, 신앙에 근거한 기관들은 그들의 종교적 믿음을 반드시 보여주고 능동적 신앙에 참여하기로 선택한 사람들을 인도할 자유가 있어야만 한다.[35] 자선 기관 지정 사업법은 수정헌법 제1조에 부합하는 방법을 제공하면서 정부의 기금이 신앙에 기초한 (기도와 같은 구체적인 영적 요소들이 현대 의학과 사회 과학의 최고의 기술들과 결합하는) 전인적 프로그램으로 흘러가게끔 한다. 이를 통해서 이런 전인적 프로그램들은 구체적 공공선(예를 들면 취업 알선)에 대한 정부의 요구와 기준을 발전시키는 데 그 기금을 사용한다.

둘째, 재세례파는 적어도 자신들의 신학이 재세례파다워야 한다고 제안하는 것처럼 세상과 놀라울 정도로 다른 대안 문화 공동체로서 교회를 이해한다. 그러나 이러한 생각처럼 그리스도인은 더 넓은 사회 구조들과 상호 작용하거나 협력을 최소화해야 할까?

전혀 그렇지 않다. 예수의 하나님 나라 복음은 우리가 세상에서 떠나야만 함을 반드시 의미하지 않고 반대로 성령의 능력으로 도움을 받아서 이 타락한 세상 한가운데서 예수의 방식대로 살아갈 수 있다고 주장한다. 분명히 죄, 세상, 교회에 대한 우리의 이해는 우리가 바로 지금 여기 거의 완전한 사회 질서를 세울 수 있다는 유토피아적 기대에 맞서도록 우리에게 경고한다. 그러나 그것 때문에 그리스도인들이 지금의 사회 질서를 변

---

[35] 신앙에 기초한 대리 기관들이 정부 기금을 **직접적으로** 받는다면, 그들은 반드시 정부 기금으로 조성된 다른 활동들로부터 사적인 기금으로 조성된 구체적 종교 활동을 시공간적으로 분리해야만 하며, 그것을 규정한 최근의 정부 정책은 받아들일 만하며 운용 가능한 접근이다.

화시키기 위한 노력을 게을리 해서는 안 된다. 복음전도를 도외시하도록 우리를 인도하거나, 예수의 교회와 미국 사이의 구분을 흐리게 만드는 "미국 문명"(American civilization)에 대한 맹목적 헌신을 반드시 거부해야만 하고, 이 사실은 우리에게 반드시 우리의 문화 안에 있는 선한 것들을 귀하게 여기고 강화해야 하는 과제를 안겨준다. 그리고 전인적 프로그램들(예를 들면 결손 가정 예방 또는 장기 복지 의존 감소)이 확연히 "세속적" 프로그램들만큼 시행되거나 아니면 그보다 훨씬 더 잘 시행된다면, 구체적으로 종교적인 것이 아닌 전인적 사회 프로그램들에 기금을 사용하기 위해 자선 기관 지정 사업법을 적용하지 않을 이유가 없다.

셋째, 공동체로서 교회에 대한 강력한 재세례파 관점과 자선 기관 지정 사업법 사이에 어떤 연결 고리가 있을까? 역사적으로, 교회에 대한 재세례파의 이해는 상호 책임, 지원, 교회 권징의 중요성을 강조했다. 그리스도인들은 외로운 영적 보안관이 아니다. 그들은 그들이 따라야만 하는 삶을 살기 위해 그리스도의 몸에 속한 다른 지체들의 사랑과 도전이 필요하다. 강력한 공동체의 지지는 사회에서 소외당하고 상처 입은 사람들의 변화에 필수적이다. 파괴적인 행동이 습관화되지 않은 이들이 파괴적인 행동에 익숙해진 사람들과 아주 오랫동안 동행하고, 그들에게 책임 있는 행동을 보여주며, 그들이 넘어졌을 때 건설적인 행동의 모습을 보여주면서 그들에게 도전을 불러일으키고 양육한다면, 파괴적인 행동이 몸에 밴 사람들이 변할 수 있다.

비영리 종교 단체가 운영하는 전인적인 지역 주민 센터는 변화에 필요한 모든 필수 요소에 특별히 접근할 수 있다. 지역 센터에 있는 우수한 건강 진료소나 직업 훈련 프로그램은 출발점을 제공할 것이다. 그리스도를 믿는 개인의 신앙은 새로운 방향과 내적 힘을 제공할 수 있다. 하지만 의료원에서 일하는 헌신된 직원은 (지역 교회에서 나온 자원봉사자와 함께) 깨어진 영혼의 소유자가 급격하게 재형성한 일단의 가치와 습관들을 발전시킬 수 있도록 아주 오랜 기간 그와 동행하는 것이 매우 중요하다. 자선 기관 지정 사업법은 정부 기금을 받는 비영리 종교 단체들이 직원을 채용하는 데 자주성을 유지할 권리가 있다는 것을 보장한다. 그 결과 그들은 올바른 사회복지 기술을 가지고 있을 뿐만 아니라, 하나님의 변화시키는 은혜에 대한 신앙을 공유한 직원을 선택할 수 있을 것이다.

나는 교회나 회심에 필요한 일을 위해 정부 기금을 요구하는 것이 아니다. 신앙에 기반한 공동체는 사회에서 가장 소외당하는 지체들과 함께 일하면서 그러한 깨어진 이들의 재활이 성공적으로 확대되도록 필요한 자원을 추가할 수 있다. 이것이 내가 제안하는 정부 기금의 사용에 관한 내용의 전부다. 정부는 본래 종교적이지 않은 프로그램 요소에 대해서만 자선 기관 지정 사업법을 적용하여 기금을 제공해야 한다. 그리고 정부의 기금은 사람들을 돕는 데 아주 효율성을 보여주는 종교적이거나 비종교적인 비영리 단체로 유입되어야만 한다. 이 정책은 실용적으로 국가에 이익이 될 뿐만 아니라, 재세례파 신학의 중심적 가르침에도 부합한다.

정부가 수정헌법 제1조를 공정하게 이행하는 유일한 방법은 철저히 종교적인 프로그램을 포함해서 모든 효율적인 프로그램에 정부 기금을 제공하는 것이다.

"세속적" 프로그램만을 지원하는 것은 특정한 유사 종교적 관점을 우대하는 것이다.
광범위한 사회복지 서비스에 대한 정부 기금이 확대된 현재의 환경에서, 그 대상을 정부 주도냐 아니냐를 불문하고 오로지 이른바 세속적 프로그램으로 정부 기금을 제한했던 정책은 실제로 하나의 특정한 종교적 세계관에 우선권을 주는 효과를 가져올 것이다. 사회복지에 대한 정부 기금이 광범위하게 제공되는 현재 미국의 상황에서, 정부 기금을 세속적 프로그램에만 준다면, 정부는 모든 중요한 신앙에 기초한 프로그램들에 불이익을 주는 것이다.

여기에 두 번째 문제가 존재한다. 이른바 세속적 프로그램들이 주장하는 것처럼 그것들은 실제로 중립적이지 않다. 이들 프로그램은 철학적 자연주의가 진리이고, 자연 질서 이외에는 그 어떤 것도 존재하지 않는다는 사실을 분명하게 가르치지는 않지만, 이와 같은 세계관을 **암묵적으로** 지지한다. 순전하게 "세속적" 프로그램들은 약물 중독, 낮은 직무 기술, 결손 가정, 기타 사회 문제들을 해결하는 데 필요한 모든 것은 오로지 비종교적인 전문 지식과 기술이라는 메시지를 암묵적으로 전달한다. 세속적 프로그램들은 인간이 사회 문제를 오로지 어떤 영적 차원에 대한 조언 없이 기술적·물질적·자연주의적 과정들을 통해서만 해결할 수 있다는 주장을 암묵적으로 설파한다. 이러한 주장은 현실과 인간 존재의 궁극적 본질에 대한 믿음을 포함한다. 이 믿음 체계는 종교적으로 중립적이지만, 실제로는 종교와 같은 기능을 발휘한다. 이것은 명백하든지 또는 내재적으로 제시되든지 하나의 특정한 현대의 종교적 세계관을 대표한다. 정부가 다양한 사회복지 기관에 기금을 제공하는 상황에서, 종교적 믿음이 우리 사회의 문제들을 해결하는 데 불필요하다고 암묵적으로 가르치는 세속적 프로그램들에만 정부의 재정이 투입된다면, 정부는 이른바 철학적 자연주의라는 하나의 특정한 거의 유사 종교적 관점에 심각하게 치우치는 것이다.

우리 사회와 같은 곳에서 정부가 "종교에 지원하지 않는다"는 원리를 수행하는 것은 사실상 불가능하다. 정부가 사회복지 서비스 기금에 있어서 오늘날 종교 지원 금지 원리를 지속해서 실행하려고 시도한다면, 결과적으로 정부는 철학적 자연주의라는 유사 종교만을 지원하는 셈이다. 심지어 철학적 자연주의에 해당하는 유사 종교적 세계관이 종종 암묵적이고 비언어적인 방법으로 전달된다고 할지라도 말이다. 자선 기관 지정 사업법은 모든 종교적 관점에도 공정한 대안을 더 잘 제공한다. 정부는 자선 기관 지정 사업법을 통해서 신앙에 기초한 비영리 단체들에게 동일한 유익을 제공한다. 그 기금이 종교 활동에 사용되지 않고 정부가 원하는 사회 이익에 성공적으로 제공된다면 말이다.

우리는 여전히 질문해야만 한다. 신앙에 근거한 비영리 단체들이 하나님이 부여한 임무와 정체성을 타협함 없이 유지하면서 정부의 기금을 받을 수 있을까?

모든 교회-국가의 관계는 잠재적 위험과 문제를 갖고 있다. 예를 들어, 종교 기관들에 기부금을 받는 대가로 세금 혜택을 주는 것에서 발생하는 문제들이 있다. 하지만 그런 문제들을 피할 수 없다는 사실은 우리가 교회와 국가를 완전히 분리시켜야 하고, 교회와 국가가 상호 작용하여 협력하려는 노력을 반드시 없애야 한다는 것을 의미하지 않는다. 사실 그렇게 하는 것은 불가능할 것이다. 국가는 일정한 영토에서 공적 정의를 실현시켜야 할 최종적 책임이 있고, 교회는 그리스도인들이 정의를 증진하는 그들의 활동에 그리스도가 주인이 되도록 하는 임무가 있기 때문이다.

우리에게 필요한 것은 명확한 위험들을 피하기 위해 경계하는 것이다. 특히 다음과 같은 세 가지가 중요하다.

1. **세속화하기 위한 압력들.** 종교적 대리 기관은 그들의 프로그램을 세속화하기 위한 압력들이 자선 기관 지정 사업법의 시행 후에도 계속되리라는 것과 그것을 거부하려는 방법들을 조심스럽게 찾아야만 한다는 것을 인지하고 있어야만 한다.

2. **예언자적 비판의 상실.** 연방 정부의 기금을 받는 종교 기관들은 정부에 수동적이고, 정치적 불의에 맞서 목소리를 높이는 데 주저해야

할까? 반드시 그래야만 하는 것은 아니다. 하지만 우리는 이 위험을 직시해야만 한다.

3. **종교적 생명력의 손실.** 유럽에서 기독교가 쇠퇴하고 있다는 것은 사실이다. 유럽 국가들은 오랜 역사 동안 기독교를 국교로 유지했고, 현대 유럽 국가 중에는 극히 일부 국가가 기독교를 국교로 유지하고 있다. 하지만 유럽과 미국을 비교하는 것이 도움이 될지는 의문이다. 왜냐하면 그 상황은 상당히 다르기 때문이다. 자선 기관 지정 사업법은 국가 교회를 염두에 두지 않는다. 유럽과 미국의 정부는 특정한 공적인 혜택을 성공적으로 제공하는 (종교적이든 그 반대이든) 다른 비영리 공급자와 일하기 때문이다. 미국은 독일처럼 교회를 운영하는 데 필요한 재정에 관한 권한이 정부에 있지 않다. 정부는 순전히 사회적 재화를 공급하는 특정한 프로그램들의 세속적인 활동에 기금을 제공한다.

우리는 이런 위험들 때문에 미묘한 형태의 외압들이 사적으로 조성된 기금이 신앙에 기초한 프로그램에 혼합되지는 않는지를 주의 깊게 감시하고, 단호하게 저항할 필요가 있다. 우리는 자신들의 사회를 향해 예언자적 비판의 목소리를 강하게 낼 수 있는 용기를 가진 기독교 지도자들을 지속적으로 양육할 필요가 있다. 우리는 신앙에 기초한 공적 기금으로 조성된 대리 기관들의 영적인 정체를 어떻게 예방할지, 그리고 회중의 기부가 지난 30년간 지속해서 감소하는 것을 어떻게 뒤바꿀 수 있을지 검토할 필요가 있다. 우리는 위험 요소들과 관련해서 더 정교한 이해를 발전시키고, 내부 기준을 확립하며, 정부 기금을 받는 대리 기관들을 위한 지원 절차들을 재검토할 필요가 있다. 하지만 우리는 자선 기관 지정 사업법을 통해 교회-국가가 협력하는 것을 허용하지 **않는** 것도 다음과 같은 위험을 내포한다는 사실을 명심해야만 한다. 곧 그것은 우리 사회에서 가장 절망적인 환경에 처한 사람들에게, 종교에 맞서는 법원의 편향된 판결에, 사회봉사 서비스의 세속화와 그것에 휘말리는 것에 대한 두려움 때문에 사회적 관심에 소홀해지기 시작하는 교회의 무관심에 최고의 희망을 주는 기회를 잃어버릴 수 있는 위험이다.

나는 실질적으로 자선 기관 지정 사업법을 반대하는 재세례주의자를 발견하지 못했다.[36] 자선 기관 지정 사업법에 대한 대부분의 비판은 결국 그것이 수정헌법 제1조를 위반한다는 설득력이 떨어지는 주장이거나, 교회와 국가의 분리에 대한 우리의 오랜 투쟁은 신중해야만 한다는 경고 중 하나에 불과하다. 나는 첫 번째 주장에 반대하고, 두 번째는 받아들일 수 있다. 신중해야 한다는 경고는 분명 유익이 위험보다 우세한 것처럼 보일지라도 우리가 진행하지 말아야 한다는 것을 의미하지 않는다. 나는 이 경우 유익들이 훨씬 더 많다고 생각한다. 교회와 국가 간 협력의 올바른 형태에 대한 가능성을 확장하면서, 자선 기관 지정 사업법은 중요한 사회적 욕구를 만족시키기 위한 풍부한 자원을 사회에 제공한다.

36_ 더 일반적으로 자선 기관 지정 사업법과 부시 대통령의 신앙 기반 정책에 대한 나의 지지는 부시 대통령의 다른 정책들에 대한 지지와 연결되지 않는다. 그의 감세 정책에 대한 나의 지속적이고 공개적인 비난에 대해서는 다음을 보라. Ronald J. Sider, "Compassionate Conservatism or Blatant Injustice? Evaluating the New Bush Tax Proposals," *Prism*, March-April, 2003, 36; Ronald J. Sider, "*Evangelical Leaders Not in Support of Tax Cut*," *Philadelphia Inquirer*, May 13, 2001, A.E5; Ronald J. Sider, "At a Time of Growing Poverty, New Tax Cut Plan Is an Outrage," *Philadelphia Inquirer*, February 12, 2003, C.A23.

논평
로마 가톨릭 관점

클락 E. 코크란

사이더는 재세례파가 그리는 교회의 모습과 재세례파의 평화주의 및 재세례파가 취하는 대안 문화적 입장을 서술하는데, 그가 보여주는 재세례파 관점은 이 책에 실린 글 중 가톨릭 관점과 가장 큰 차이를 보인다. 그렇지만 두 관점 간에는 교차점이 분명히 존재할 뿐 아니라 가톨릭교회가 재세례파 전통에서 배울 점도 많이 있다.[1] 이 논평에서 나는 양자의 차이점들에 주목할 것이지만, 동시에 합의가 가능한 유익한 지점도 언급하고자 한다.

가장 분명하고 중요한 차이점은 사이더의 입장이 내가 설명한 가톨릭의 입장보다 더욱 그리스도-중심적이고, 성서-기초적이며, 십자가-중심적이라는 것이다. 완전한 인간이자 완전한 하나님이신 예수가 재세례파 신학과 윤리학의 심장이다. 따라서 그리스도를 따르는 삶과 삶의 모든 영역에서 그의 규범적 모범을 따르는 것이 사이더의 정치 이론에서 중심을

---

[1] 나는 전체 논의를 위해 Sider를 기꺼이 친구로 대하고 싶다. 우리는 다양한 공공-정책 프로젝트에서 함께 일했다. "사회 참여를 위한 복음주의적 행동"(Evangelicals for Social Action)에서 그의 일과 특히 크로스로드 프로그램에서 그의 활동은 에큐메니컬인 협력과 상호 학습 활동의 모범이 되었다.

차지한다. 그리스도를 전적으로 따르는 삶에 관한 권위 있는 진술은 성서에서 발견된다. 사이더가 성서를 인용하는 빈도와 효율적인 사용은 누구나 알 수 있는 우선적인 특징 중 하나다. 메노파 전통의 대안 문화적 입장은 십자가를 통해 정당화된다. 십자가를 지지 않고는 제자의 삶을 살 수 없다. 그리스도인의 삶은 아무 탈 없이 이 세상에서 탈출하기에는 정치와 문화의 방식과 너무 많은 차이점을 가지고 있다.

재세례파 관점의 이러한 세 가지 특징은 그들의 구세주를 따르고, 믿음의 행동을 공적으로 보이며, 문화와 정치에 참여하고 또 이러한 삶을 살기 위해 어떠한 대가도 지불하겠다고 결단하며 헌신하는 신자들의 공동체로서 교회에 관한 생생한 모습을 보여준다. 메노파 전통의 엄격한 평화주의만큼 이러한 특징들이 명백히 나타나는 곳도 없다. 특히 전쟁, 사형, 낙태를 포함한 모든 형태의 폭력에 대한 거부가 그렇다. 따라서 사이더의 글은 전쟁에 반대하는 주장에 매우 긴 부문을 할애한다. 평화주의자 입장은 재세례파 정치 이론의 중요한 요소 중 하나로서 독립적이다. 그것은 일단의 대안 문화적 입장들의 모범이기도 하다.

내가 사이더의 글을 읽으면서 받은 강한 인상은 이러한 그리스도-중심적 접근, 성서-기초적 접근, 십자가-중심적인 접근 방법이 바로 가톨릭 신앙의 핵심이라는 점이다. 하지만 이러한 특징들은 가톨릭의 헌신된 삶과 예배 그리고 조직신학에서 가장 분명하게 찾아볼 수 있다. 그것들은 가톨릭 정치 이론에서는 뚜렷하게 드러나지는 않는다. 그리스도를 본받는 것(이것은 지금 고전이 된 책의 제목이다)은 가톨릭 신자 개인의 신앙에서 핵심이다. 실제로 가톨릭 경건에서 고난과 십자가는 한때 "유행"(cult)이 되기도 했다. 십자가에서 고난당하는 그리스도의 육신을 표현한 이미지들은 가톨릭 신자의 가정, 교회, 기관들에서 독보적인 역할을 한다. 가톨릭 신자는 예배를 통해 성서 전체를 주일 성서 읽기표에 따라 3년 주기로 일독한다. 성서 공부 모임들이 교구를 통해 진행되고, 가톨릭 학자들은 20세기 성서를 공부하는 학생들에게 가장 유명한 사람으로 여겨졌다.

그러나 가톨릭적인 삶의 주된 특징들이 가톨릭의 정치 이론에서 핵심이 아니었다는 사실은 분명한 역설이다. 가톨릭의 정치 이론은 자연법에 근거한다. 여기서 이 역설에 대해서는 상세히 설명하지 않겠다. 그러나 간단히 두 가지를 짚어보려고 한다. 첫째, 가톨릭 전통은 재세례파 전통의 특징을 배울 수 있고 또 그래야만 한다. 둘째, 이 배움은 이미 시작했다. 그리스도의 삶과 성서의 본문은 지난 30여 년 동안 가톨릭 사회 교리에 한층 더 현저하게 나타나기 시작했다. 교황 요한 바오로 2세와 베네딕트 16세의 정치와 사회에 대한 글들에서 분명히 나타나는 것처럼 말이다.

하지만 사이더가 설명하는 메노파 정치 사상이 가진 장점에 대한 사이더의 설명은 그에 상응하는 약점을 초래한다. 사이더는 강력하고 명확한 교회의 모습을 그리지만, 국가에 대해서는 불분명하고 모호한 그림을 보여줄 뿐이다. 국가에 대한 설명은 재세례파 전통의 비폭력적인 헌신에 대한 긴 논의의 전조로서 짧은 한 두 개의 문단에서만 다뤘다. 따라서 재세례파 전통이 국가에 대해서 무엇을 말하는지를 알기 어렵다. 사이더는 하나님이 정부를 사용하시고 심지어 정부가 무력을 행사하는 것까지도 (비록 하나님이 정부의 무력을 의도하거나 허용하지는 않을지라도) "사용하신다"고 주장한다. 그러나 정부 자체는 무엇인가? (정부가 어떤 목적을 가지고 있다면) 정부는 무슨 목적으로 창조의 질서나 은혜의 질서에 존재할까?

가톨릭 전통에서 정부의 목적은 다음과 같이 다양하다. 정부는 정치 공동체와 (보완성의 원리를 반영하는) 정부의 다양한 부처를 관리하고, (타락의 결과들을 반영하는) 죄와 죄의 영향을 제어하며, (인간의 사회적 본성과 모두의 안녕을 위한 집단적 행동의 요구를 반영하는) 정의와 공동선을 추구하고, 인간의 권리와 존엄을 보호하고 지키는 목적이 있다. 국가에 사회정의를 구현할 의무를 부과하는 것은 가톨릭 전통의 특징이라 할 수 있다. 비록 사이더의 다른 글들은 강한 어조로 정의를 실행해야 하는 의무, 특히 세상의 가난한 사람들에 대한 의무로 복음주의 그리스도인들을 독려해왔지만, 정치 생활에 대한 그의 설명은 부족하다. 이런 것들과 관련해서 나는 가톨릭 관점이 재세례파 관점보다 더 완벽하고 온전하며, 스미트가 기술한 개혁주의 전통에 더 가깝다고 생각한다.

국가 이론에 대한 부재를 고려한다면, 사이더는 그리스도인이 폭력적 수단을 종종 동원하고 교회와 맞서는 문화를 지닌 국가에서 정치에 참여해야 한다는 주장을 정당화하는 데 어려움이 있다. 다른 역동성 사이의 갈등에 대한 인식은 "윤리적 이원론"에 맞서는 사이더의 주장을 강화해줄 것이다. 사이더는 합리적으로 참여를 정당화하지만, 그의 사례는 더 완벽한 국가 이론과 함께할 때 더 강화될 것이다. 이것을 내 글에 적용하자면, 재세례파 전통의 도전과 초월에 관한 요소는 강력하다. 특히 재세례파 전통은 문화에 대한 증인으로서 폭력을 거부하고 교회에 대한 명확한 비전을 가지고 있기 때문이다. 역동적인 경쟁은 사이더의 설명에서 발견하기 힘들다. 역동적 협력은 공적 생활에 참여하는 문제에 관해 종교적인 다원주의 관점들과 함께 희미하게 반영될 뿐이다. 간단히 말하자면 그리스도인의 정치 참여에 대한 사이더의 설명은 가톨릭의 설명과 양립할 수 있지만, 더 약한 토대에 근거한다. 윤리적 이원론을 피하면서 동시에 협력, 경쟁, 도전, 초월의 긴장을 가지고 살아가는 삶은 그리스도인의 정치 참여에 관한 더 포괄적인 설명을 제공한다.

이와 관련해서 교회의 **기관적·성례적** 특징에 더 주의를 기울이는 것이 메노파 입장을 강화하는 것이다. 하지만 기관에 대해 덜 강조하는 것은 메노파 전통의 특징인 상대적으로 더 작고 더 지엽적인 기관 이해를 반영한다. 가톨릭교회는 더 크고, 복잡하며, 광범위한 기관을 설립하는 경향이 있고, 특히 의료 제도와 사회복지와 관련해서 더욱 그렇다.

마지막으로 나는 간단히 사이더의 글에서 중심을 차지하는 살상의 거부에 대해 언급하고자 한다. 전쟁과 관련해서 재세례파와 가톨릭의 관점들이 만나고 나뉘는 부문은 너무 커서 간단히 답할 수 없다. 하지만 간단히 몇 가지만 말하기로 하겠다. 첫째, 가톨릭 사회 교리는 낙태와 사형을 강력히 반대한다. 사형 제도의 거부는 지난 20여 년 동안 발전되었다. 비록 사형 집행이 완전히 중지된 것은 아니지만 말이다. 가톨릭 교리는 사형 판결이 정당화될 수 있는 극단적으로 드문 사례들을 인정한다. 둘째, 정의로운 전쟁 이론은 전쟁에 대한 가톨릭 사회 교리의 가장 중요한 접근 방식인데 우리는 이 입장을 다음과 같은 평화주의 이론에 제기되는 가장 어려운 질문에서 확인할 수 있다. 무기를 사용하지 않는 수단들이 유용하지 않거나 효과적이지 않다면, 왜 무력 사용은 자신의 생명이나 다른 이들의 생명을 위협하는 공격에 대응하는 정당한 수단이 아닌가? 구체적으로 왜 무력은 평화주의에 설득되지 않은 그리스도인이나 비그리스도인들에게 유용하지 않은가? 사이더는 이 질문에 답하려고 노력하지만, 주류 가톨릭 전통은 그의 답변이 설득력이 떨어진다고 생각한다. 이 타락한 세상에서 치명적인 무력(예를 들어 경찰 업무)이 정당화되는 빈번한 상황들이 존재하고, 심지어 엄격한 도덕적 규범에 따라 최후의 수단으로서 전쟁의 치명적 힘이 정당화될 수 있는 아주 드문 상황들이 존재한다. 정의로운 전쟁 이론은 그 상황과 조건들, 그리고 그러한 무력의 한계를 설명한다. 셋째, 지난 50여 년간 가톨릭 사회 이론은 메노파 같은 평화주의자 입장을 받아들인 가톨릭 신자들에게 경의를 표하고 존중했으며, 동시에 전쟁을 정당화하는 전 지구에 실재하는 상황들에 대해 심각하게 의문을 품어왔다. 현재는 정의로운 전쟁 이론에 대한 논의에서 다양한 가톨릭 의견들이 존재한다. 하지만 미국의 지배층과, 유럽과 바티칸의 고위층은 가장 엄격하게 제한된 상황을 제외하고는 점차 전쟁을 불의하게 여기기 시작했다. 2003년에 있었던 미국의 이라크 침공 같은 선제공격에 의한 전쟁은 대다수 가톨릭의 정의로운 전쟁 이론의 유형에서는 허용될 수 없다.

논평

고전적 분리주의 관점

데릭 H. 데이비스

나는 로날드 사이더를 정말로 존경한다. 나는 그의 진실함과 동료애, 소외 당한 이들을 돕고자 하는 연민, 역사적 기독교에 대한 헌신, 그리고 그의 학식을 동경했다. 그는 세상을 선하게 만들기 위해 노력하는 모든 사람에게 본보기가 된다.

이 책에 기고한 사이더의 글을 읽은 후, 이 존경심은 새롭게 되었고 심지어 더욱 깊어졌다. 그는 종교와 정부의 관계에 대한 역사적 재세례파의 접근에 대해 강력하고 열정적인 주장을 개진한다. 이것은 아마 교회와 국가의 분리라는 강한 원리에 근거한다. 하지만 그의 주장은—평화주의나 자선 기관 지정 사업법과 관련하여—교회나 국가의 분리에 관한 전통적인 재세례파 입장을 반영하지 않는다는 점에서 일관성을 잃고 있다. 예를 들어 그는 그리스도를 모델로 한 비폭력 윤리에 기반한 평화주의를 개진하면서, 그리스도인이 그들의 평화주의 원칙을 공적 영역에서 실천하는 것을 막을 이유가 없다는 점을 지적한다. 그리고 그 궁극적인 결말은 성경에 기반을 둔 평화주의적 정부에 대한 지지가 될 것이다. 그것이 성공할지는 불투명하지만 말이다. 이것은 미국을 종교 국가로 만들 것이다. 그런 미국은 신학적 타당성에 기초해 정책을 집행할 것이기 때문이다. 헌법은 미국이 종교 국가가 되는 것을 금지한다. 헌법은 세속적 국가 모델에 기초하고 어떤 신학적 세계관을 받아들이든 국교 폐지 조항이 그것을 분명히 금지하고 있기 때문이다. 나는 사이더가 평화주의 관점은 미국이 종교 국가라는 공식적인 사실에서 발생한 것이 아니라 정부 관료의 확신이라는 비공식적 사실에서 발생했다는 가상의 시나리오를 말하는 것 같다고 추측한다. 공식적인 사실과 비공식적인 사실의 구분은 차이점이 없는 구분이다. 그 결과는 공적 광장에서 그들의 신학을 실행할 권리를 "성취"한 관료의 종교적인 관점 위에 정부의 정책이 세워지는 일일 것이다. 아마도 그들이 다수의 관점을 대표한다는 이유에서 말이다. 어떤 종류의 세계관을 공공 정책의 기반으로 삼는 것은 국교 폐지 조항이 금지한 것이고, 연방대법원이 동의하기를 꺼리는 것이다. 다른 말로 하자면 사이더는 교회와 국가의 부드러운 분리를 원한다. 그것은 분명치 않은 경계로 이뤄져 있다.

나는 사이더가 부시의 신앙 기반 정책이나 그와 관련된 자선 기관 지정 사업법이 교회와 국가의 적절한 상호 관계를 묘사하는 것이라고 주장할 때 그가 같은 실수를 반복하는 것 같다고 생각한다. 나는 이 주제에 대해서 더욱 광범위하게 언급할 것이다.[1] 사이더는 정부가 종교 단체에 정부의 기금을 집행할 수 있도록 허용해야만 한다고 제안한다. 정부의 기금은 지나치게 종교적 성향을 띠지 않는 프로그램들에 제공되어야만 하고 (세속적 원칙), 모든 종교 단체는 그들의 세속적 상대에게서 기금을 받을 동일한 기회가 주어져야만 하며(비차별 원칙), 이는 이론상 허용되어야만 한

---

[1] 여기에 제시된 주장의 많은 부분은 다음으로부터 온 것이다. Derek H. Davis, "The U.S. Supreme Court as Moral Physician: *Mitchell v. Helms* and the Constitutional Revolution to Reduce Restrictions on Governmental Aid to Religion," *Journal of Church and State* 43 (2001): 213-33.

다. 정부는 종교적이든 비종교적이든 모든 집단에 대해 "중립적으로" 행동해야 하기 때문이다.

세속적 원칙과 관련해서 나는 종교 단체가 진행하는 몇몇 소수 프로그램은 과도하게 종교적 성향을 띠지 않는다고 말하고자 한다. 물론 그런 프로그램은 종교적 성향을 띠지 말아야 한다. 종교 단체가 이러한 프로그램들을 수행하는 것은 대부분의 경우 신학적 이유에 근거한다. 종교 단체들은 일반적으로 그들이 우리 사회에서 가난하고 소외당한 사람들을 돕는 사명을 수행하도록 부름을 받았다고 믿는다. 그들은 자신들의 프로그램이 "세속적"이라고 생각하지 않고, 오히려 종교적 사명을 확장한 것이라고 생각한다. 그럼에도 그들은 정부의 기금을 받기 위해 오직 "세속적" 프로그램만이 기금을 받을 수 있다는 정부의 수사적 표현을 받아들일 수밖에 없다. 이런 프로그램들이 세속적이면서 동시에 비세속적일 수는 없다. 종교적 동기가 정부 기금 지원 정책에 토대가 된다면, 정부는 종교적 관심을 성취하기 위한 종교적 목적과 프로그램들을 발전시키면서 본질적으로 종교 국가가 된다. 이는 헌법이 허용하지 않는 것이고, 적어도 "충분히 분파적인" 단체에 정부 기금을 지원하는 것을 헌법이 금지한 것은 부시 대통령이 집권하기 이전이었다. 따라서 사이더의 주장에 담긴 세속적 원칙은 교회와 국가의 분리를 부적절한 방식으로 존중하는 것이다.

또한 사이더의 관점은 그가 지지하는 자선 기관 지정 사업법이 고수하는 비차별 원칙을 위반한다. 역설적으로 자선 기관 지정 사업법이 요구하는 미국의 교회-국가의 대립 구조에 대한 변화는 그들이 주장한 목표, 곧 종교적 단체들에 대한 차별의 제거와 관련해 논란의 여지가 있다. 실제로 자선 기관 지정 사업법이 시행하는 프로그램에 존재하는 가장 큰 결함은 프로그램의 목적이 불분명해질 것이라는 강한 반론이 제기되는 것이다. 종교적 단체에 대한 차별을 제거하는 것에 앞서, 재새례파 관점은 단지 차별의 본질이 무엇인지를 재정리할 필요가 있다. 재세례파 관점은 종종 다수의 종교나 정부의 보조금을 받는 단체를 선호한다. 여호와의 증인의 경우를 고려해보자. 정부 활동에 대한 그들의 참여 거부와 적법한 국가의 요구에 대한 그들의 거부는 일반적으로 중립성의 원칙 아래서 허용되는 프로그램들에 대한 참여를 제한한다. 사이더와 같이 중립성을 지지하는 사람들은, 아마도 그러한 배타성은 자신이 스스로 초래한 드문 경우이며 강요되지 않은 행동들에 의한 결과라고 주장할지도 모른다. 그런데도 이러한 주장들은 쉽사리 무너지지 않는다.

국가의 합법성을 부정하고 신자들이 정부 활동에 참여하는 일을 금지하는 여호와의 증인은 중립성의 원칙에서 허용될 수 있는 프로그램에 제한해서 참여한다. 사이더 같은 중립성을 지지하는 이들은 그런 배타성은 아주 드물고, 자기들 스스로 선택한 것이며, 강제되지 않은 신념에서 비롯된 것이라고 주장할 것이다. 그럼에도 이런 주장들은 그야말로 오래 지속될 수 없다.

자선 기관 지정 사업법에 따라 계획된 광범위한 사회복지 사업들은 불가피하게 중립성의 원칙 아래 교회와 국가의 잠재적인 합작 사업을 가능하게 했다. 동방 정교회와 로마 가톨릭교회는 그런 합작 사업에 "참여도가 높은" 결과를 계속 경험한 종교 단체들이고, 반면에 주류 개신교와 여호와의 증인 같은 종교 단체들은 "참여도가 낮은" 결과를 경험했을 것이다. 분리주의 전통에서 벗어난 특정 복음주의 기독교 교단들은 이런 가설적인 연장선에서 중간에 위치할 것이다. 교회들은 의심의 여지없이 자기들의 신앙과 행동에 부합하는 정부의 프로그램들을 선택해서 참여할 것이다. 로마 가톨릭교회는 종교 교육 프로그램에는 대대적으로 참여할 것이지만 가족계획 사업에 참여하는 교회에 기금을 제공해준다는 정부 프로그램은 거부할 것이다. 여호와의 증인과 제칠일 안식교인들도 똑

같이 모든 정부 지원 프로그램을 거부할 것이다. 몇몇 복음주의 단체들은 맞벌이 부부를 위한 어린이집 운영을 위한 지원은 거부하지만, 무료 급식소를 위한 지원은 받아들일지도 모른다. 모든 종교 단체는 자신들이 설정한 중립성의 원칙에 따라 참여 계획의 연장선 가운데 어딘가에 위치할 것이며, 그러한 종교 기관들의 계획은 그들이 제공하는 서비스와 관련해서 정부 보조금의 수준이 결정될 것이다. 정부 프로그램에 폭넓은 참여를 허용하는 교리를 가진 교회들은 참여를 부정하는 신앙 공동체들보다 적어도 재정적 혜택을 받는다.

이 구조의 핵심은 중립성 원칙의 보호 아래 종교가 정부의 보조금 지원 체계에 참여하는 것이 참여자의 신앙 전통에 의해 대부분 정해지고, 이는 매우 명확하고 정해진 차별을 초래한다는 것을 보여주고 있다.

이러한 차별의 방식에는 어떤 강제적 모습도 보이지 않지만, 사실 차별은 존재한다. 종교를 포함한 미국 내의 모든 기관은 그들 나름대로 생존에 대한 강한 관심이 있다. 정부는 중립성 원칙을 따라서 보조금을 지원하면서 시민들이 정부 정책을 따르고, 종교 단체들이 자기들의 특정 교리와 대립하거나 대립하지 않는 정부의 어떤 프로그램에 참여하도록 유도하기 위해 재정적 유인책을 제안한다. 이런 프로그램들은 종교 단체들이 정부 보조금을 확보하고 다른 종교 전통들처럼 동일한 유익을 받기 위해 자신들의 기본 교리를 반대하도록 유혹하는 것처럼 보인다. 여기서 핵심은 그런 프로그램이 다루는 모든 사안은 이분법적 사고와 같은 흑백논리에 빠지지 않는다는 것이다. 예를 들어 낙태나 그와 관련된 사안들이 빠지는 것처럼 말이다. 그런 프로그램들은 종교 공동체의 믿음 체계와 관련해서 미국의 종교 전통을 침식시키거나 더 정확하게는 종교 전통들을 하나로 동화시키는 "회색 지대에 있는" 사회 문제에 더 많이 집중될 것이다.

앞서 살펴봤던 것처럼 이론적인 연장선 중간에 위치하는 복음주의 기독교 공동체를 살펴보자. 복음주의 기독교 공동체는 여성의 역할이 가정을 돌보는 데 있지 일반 직장에서 일하는 것이 아니라고 생각한다. 따라서 그들은 직장 여성을 위한 아이돌봄 프로그램에 참여하는 것을 거부한다. 하지만 이런 공동체들은 자기들보다 더 큰 사회에 영향을 받지 않을 수 없고 공동체의 지도자들은 자기 공동체에 직장 여성들이 있다는 것을 알고 있다. 또한 그들은 다른 교회들이 이런 정부 프로그램에 참여하고 또 그런 참여를 통해 정부 보조금의 혜택을 누린다는 사실도 알고 있다. 직장에서 일하는 어머니들을 위한 정부 지원 프로그램의 존재가 이 복음주의 공동체로 하여금 가정에서의 여성들의 역할에 대한 그들의 교리적 입장에서 벗어나도록 재정적으로 장려하는 것은 아닐까? 그들이 대중적 압력과 정부의 재정 지원 때문에 정부 지원 프로그램에 참여하는 것이라면, 이 프로그램에 참여한 공동체의 구성원들은 수 년이 지난 후에 여성의 역할에 대한 사안과 관련해 그들의 전통적인 입장을 기억이나 할까?

국가가 다양한 신앙 전통을 고려해서 수십 년 동안 종교 프로그램에 재정을 지원하고 있는 수십 가지 또는 수백 가지 종교 프로그램의 가능성을 생각해보자. 사람들은 미국에 있는 다양한 전통적인 종교들이 정부 프로그램의 계획으로 형성된 교리의 유연성을 장려하는 시민 종교의 형태로 동화되는 것을 쉽게 예상할 수 있을 것이다. 종교 단체들에게 기금을 지원하는 일은 사회적 유익으로 보일 수 있지만, 사실 그것은 장기적으로 지속될 때 종교를 훼손하여 종교의 자율성과 정체성을 없애는 결과를 초래한다.

공적 자금들은 불가피하게 소수의 종교들을 배제하고 다수의 시민이 대중적으로 수용하는 프로그램으로 유입될 것이다. 대중들은 특정 종교 단체들, 예를 들어 "다윗교 아동 학대 예방 센터"나 도심에서 포교 활동을 벌이는 불교에 기금을 지원하는 "비차별적" 기금 지원을 결코 수용하지 않을 것이다. 정부 기금에서 가장 큰 몫을 획득하는 프로그램은 극단에 치우치지 않고, 논란의 소지가 없으며, 대중적으로 지지를 받는 프로그램이다. 소수 종교에게만 중요한 사안들은 대중들의 관심을 받지 못하고 흐지부지되어 버릴 것이다. 그 결과 소수 종교는 무시되고 "받아들일 만한" 종교의 참여를 독려하는 실질적인 정부 기금 프로그램이 될 것이고, 이것은 본질적으로 차별적인 상황을 초래한다. 대부분의 비기독교 단체는 정부로부터 어떤 기금도 받지 않는다. 미국은 정부와 종교 기관들을 분리하는 일에 더 확실히 몰두하는 게 좋을 것이다.[2]

2_ 이 글에 대해 도움을 준 베일러 대학교의 Chuck McDaniel에게 감사를 표한다.

논평

원리적 다원주의 관점

코윈 E. 스미트

나는 이 책에서 다루는 기독교적 관점들 각각에 대해 주장하고자 하는 주요 요점들을 반복하기보다는, 독자들이 고전적 분리주의 관점에 답하는 나의 첫 문단을 읽기를 권한다(184쪽). 그 문단에서 말하는 것은 여기 재세례파 관점에도 동일하게 적용된다.

재세례파 관점은 주로 재세례파의 특정한 신학적 해석에 근거한다. 원리적 다원주의자들은 신학적인 부분에서 재세례파 관점의 지지자들과 공유하는 부분이 많지만, 그들은 분명한 다른 사안들과 관련해서 재세례파의 신학과 다르다. 4장에서 제시한 재세례파 관점의 주요 특징은 (1) 급진적 제자도, (2) 대안 문화적 교회, (3) 평화주의다. 결과적으로 이러한 특징들 각각은 원리적 다원주의 관점에서도 다루어진다.

동료 그리스도인들로서 원리적 다원주의 관점은 그리스도인들이 그리스도의 제자로서 부름을 받았다는 주장과 교회가 대안적 정치 또는 문화를 구성한다는 재세례파의 주장에 동의한다. 이러한 사안들에 대한 차이점은 주로 이 차이점들의 "급진성"과 현대 그리스도인들에게 규범이 무엇인지와 관련이 있다. 예를 들어 오늘날 미국 회중들의 삶을 살펴보자. 재세례파와 같이 원리적 다원주의자들은 그리스도를 믿는 어떤 지역의 회중이라도 그들의 신앙 공동체 안에서 도움이 필요한 사람들을 원조하는 데 자비로운 부름을 받았다는 것을 인정한다(그들의 회중 바깥에 사는 가난한 이웃들에 대해서도 마찬가지인 것처럼 말이다). 하지만 이 두 관점이 나뉘기 시작하는 지점은 다음과 같은 질문과 관련해서다. 곧 현대 그리스도인들이 자기들의 재산을 공유하는 것과 관련해서 따라야 할 규범은 무엇인가? 초기 교회의 경제적 실천들은 현대 교회가 반드시 따라야 할 규범인가?

원리적 다원주의자들은 우리의 소득과 자원들이 단순히 우리 개인이 소유한 것이 아니라 하나님의 선물이라는 사실에 동의한다. 반면에 그들은 공동체에서 사는 것과 현대 그리스도인들의 규범적 이상으로 자원을 공유하는 것을 덜 강조할 것이다.

또한 원리적 다원주의자들은 교회가 대안 문화를 구성한다(구성해야만 한다)는 재세례파의 의견에 동의한다. 하지만 바로 이것이 무엇을 포함하는지 또는 무엇을 의미하는지에 대해서 원리적 다원주의를 주장하는 사람들과 재세례파의 의견은 다를 수 있다. 확실히 원리적 다원주의자들은 최소한 기독교 예배가 핵심적인 정치적 행동임을 인정한다. 주가 되시며 구원자이신 예수 그리스도에 대한 우리의 예배는 우리의 궁극적 주권이 정부나 국가의 선택된 지도자에 있지 않고 다른 이에게 속했다는 사실을 선포하는 것이다. 우리는 다른 주권자, 다른 나라, 다른 사람들에 충성한다. 우리는 예배에서 "하나님의 백성"이라는 하나의 대안적 정치를 형성하기 위해 모인다. 그리고 우리는 예배에서 비록 완전히 실제로 드러나지 않았을지라도 새로운 정치적 질서가 존재함을 선포한다. 즉 하나님 나라가 언젠가 온전히 도래할 것이고, 그 완전함에 모든 나라와 정부가 무릎 꿇을 것이다.

이 두 관점이 구분되는 곳은 문화적·정치적 참여에 대한 전략에 관한 지점에서다. 재세례파는 "그리스도인들이 더 큰 사회를 형성하는 가장 우선되고 기본적인 방식은 그야말로 교회가 되는 것이다"(277쪽)라고 주장하는 한편, "교회는 예수의 새로운 메시아적 공동체의 신실한 모형으로 살아가면서 더 큰 사회를 섬긴다"(280쪽)고 주장한다. 이 관점이 영적인 것들에 대해서만 관심을 두고 일시적인 것들에서는 "후퇴"를 반영한다고 주장하는 것은 잘못이다. 무엇보다도 재세례파는 사회에 참여하기 위해 노력한다. 그들은 단순히 하나의 대안 사회를 창조해서 그 사회에 참여하려는 것이다. 그럼에도 하나의 대안 공동체를 만드는 행위는 특정한 대안 공동체로 그리스도인들을 이동시키면서 더 큰 문화로부터 멀어지는 경향을 띤다. 반면에 원리적 다원주의자들은 그리스도인들이 전능하신 하나님을 예배하는 대안 문화적 행위로 연합한 후에, 그들은 회중예배로부터 섬김으로 이동함으로써, 그리고 기독교적 소명을 통한 문화적 변혁을 통해 보다 광범위한 사회를 만들어간다고 주장한다. 이것은 우리가 우리의 주를 섬기고 더 큰 사회와 문화에서 우리의 다양한 전문 직종과 활동을 통해 신실한 종이 되기를 구하는 것과 같다.

이에 더해 원리적 다원주의자들은 창조-타락-구속의 이야기를 강조하기 때문에, 그들은 모든 창조물의 구속을 기다린다. 정치 영역은 인간 활동의 다른 어떤 영역보다 더도 덜도 없이 구속이 필요하다. 그리고 이것은 하나님의 구속이 정치적 활동을 통한 그리스도인들의 참여에 박차를 가하도록 지금의 세상에서 작용한다는 것을 믿는 것이다. 이 세상에서 하나님의 일은 교회의 고백에 제한되지 않는다. 그것은 하나님이 교회의 안과 바깥 모두에서 일하고 계신다는 사실을 말하고, 이것이 원리적 다원주의자들로 하여금 교회에서 세상으로 이동하도록 만든다. 이를 통해서 그들은 공적 생활과 관련된 그리스도의 새롭게 하는 영향력을 드러낼 수 있을 것이다.

그러나 재세례파 관점의 세 번째 특징인 평화주의야말로 재세례파와 원리적 다원주의가 가장 큰 차이를 보이는 지점이다. 원리적 다원주의를 다루는 3장에서 평화주의를 직접 다루지 않았다는 점이 놀라움을 불러올 수 있다. 원리적 다원주의 입장에는 평화주의 입장을 지지하는 자들을 반대하는 내용이 함축되어 있지 않기 때문에 결과적으로 원리적 다원주의의 논리는 평화주의를 허용하는 것처럼 보인다. 그럼에도 오늘날 잘 알려진 대부분의 원리적 다원주의 지지자들은, 정부는 정의로운 목적(예를 들어 공공의 안전과 무고한 시민 보호)을 위해 최후의 수단으로만 그리고 징벌하는 행위가 성공할 것이라고 판단될 때 치명적인 무력을 사용할 수 있다고 주장하는 정의로운 전쟁 이론의 지지자들로 분류될 수 있다. 이 문제는 본서의 논쟁 범위를 넘어선다. 그러나 이유야 어찌됐든, 역사적으로 이 두 관점은 국가의 올바르고 정의로운 권력 사용은 어떠해야 하는가에 관한 의견의 차이로 구분된다.

마지막으로 언급되어야 하는 것은 다른 기독교 관점들이 몇몇 중요한 쟁점에서 의견이 나뉠지도 모르지만, 그러한 차이점에도 불구하고, 그것들은 입법부가 특정한 문제를 다루는 방법과 관련해서 의견이 수렴될 수 있다는 점이다. 입법부가 문제를 다루는 방법에 대해서는 여러 가지 기능적 측면에서 고려해야 한다. 정치에 대한 다양한 기독교적 관점이 존재하지만, 우리는 단순히 두 가지 중 하나만 선택해야 하는 정치적인 삶에 대부분 직면한다. 예를 들어 특정 입법 행위를 선호하거나 반대하는 결정이나, A라는 후보자나 또는 B라는 후보자를 결정하기 위해 투표해야 하는 경우가 있다(후자의 경우 미국처럼 두 개의 정당 제도를 가지고 있는 곳에서는 특히 사실이다). 개략적으로 그리스도인들이 공공 정책의 사안을 다루는 것과 관련해 채택할 수 있는 다양한 입장이 존재한다. 그러나 입법 행위가 중요한 사안으로 대두될 때 그러한 개념들은 구체적으로 국회에 제출된 법안이나 제정된 법 테두리 안에서 해석되어야만 한다. 제출된 법안이 다양할 수 있다는 점을 고려해야 하고, 누군가는 어떤 한 측면을 선호하며, 또 다른 사람들은 반대할 수 있다. 그러나 의회 의원으로서(그리고 간접적으로 투표자로서), 그들은 그러한 법안을 통과시키거나 반대하기 위해 선출되었다. 이것은 다양한 입장을 대변하는 사람들이 동일한 법안에 대해 지지하거나 반대할 수 있다는 사실을 보여주며, "정치는 적과도 동침한다"는 말로 귀결된다.

따라서 정치적 관점에 대한 차이점에도 불구하고, 원리적 다원주의자들과 재세례파는 정치적으로 신앙 기반 정책에 관한 법안을 포함하는 수많은 정책 제안에 대해서 함께 협력할 수 있다.

논평

사회정의 관점

J. 필립 워거먼

로날드 사이더는 복음주의 기독교 공동체에서 중요한 지식인이고, 나는 그에게 동의하지 못하는 점들도 있지만 그의 공헌에 대해서는 오랫동안 존경해왔다. 이 글은 전형적인 그의 스타일이다. 이 글의 핵심은 그리스도인들에게 예수 그리스도의 중심성을 확증하는 데 있다. 나는 사이더가 표현한 것처럼 정확하게 표현할 수는 없지만 다음과 같은 사실, 곧 당신이 하나님을 알고자 원한다면 가장 분명한 계시를 예수라는 사람에게서 발견해야 한다는 사실에는 확실히 동의한다. 예수는 그의 삶에서 "급진적 사랑"을 완전하게 보여주셨고 또 이를 가르치셨다. 따라서 급진적 사랑이 그리스도인의 삶을 정의한다. 그리스도의 사랑은 너무나 원초적이고 급진적인 것이어서 그리스도인이 그것을 실천하는 것은 고사하고 이해하는 데만도 많은 난관이 있다. "유감스럽게도 수 세기 동안 그리스도인들은 예수의 모범과 도덕적 가르침을 거부하기 위한 수많은 합리화를 모색했다"는 사이더의 주장에 누가 반대할 수 있을까?(272쪽) 슬프게도 그것은 사실이다.

내가 재세례파 관점에 대해 느끼는 어려움은 여기서 표현된 것처럼 급진적 사랑이 의미하는 것에 대한 그들의 과도한 자기 확신에 있다. 사이더는 이러한 급진적 사랑을 타락한 이 세상에서 실천하기에는 불가능하다고 주장한 라인홀드 니버를 비판했는데 어쩌면 사이더가 맞을지도 모른다. 여러분은 이상적 사랑과 관용적 정의를 구분한 니버의 주장에 기초해서 그런 급진적 사랑이 실현 불가능하다는 것을 입증할 수 있다. 하지만 니버의 정의에 조금 더 자세히 관심을 기울여보면, 그가 이 타락한 세상에서 그리스도인들은 저 관용적 사랑을 성취하는 것이 급진적인 사랑을 보여주는 가장 최선의 방법이라고 답변한 것으로 볼 수는 없을까? 여기서 우리는 사이더와 요더 같은 재세례파가 취하는 평화주의에 관한 주장을 해결하려고 노력해야 한다. 확실히 평화주의자들의 입장은 관용적 정의에 대해 추천할 만한 많은 것을 가지고 있다. 특히 자기 방어나 교묘한 술수들에 대한 대안으로 산상수훈과 예수 자신이 십자가에서 죽기까지 순종한 것들이 있는 것처럼 말이다. 심지어 니버는 약간 잘난 척하는 것일 수 있지만 폭력적 악에 대한 중요한 증언으로서 평화주의를 권한다. 니버의 입장은 교회나 국가가 완전히 평화주의자가 될 수는 없지만 그럼에도 소수의 평화주의자들의 존재는 중요한 일들을 상기시키는 데 좋다는 것이다. 나는 그의 말에 동의한다. 비록 내가 그보다 그의 주장에 더 많이 동의하지만 말이다.

그리스도인들에게 있어 평화주의의 참된 대안은 중세 십자군들이 생각했던 것처럼 전쟁이나 다른 형태의 폭력을 본질적인 선으로 생각하는 것이 아니다. 실제적인 대안은 정의로운 전쟁이라는 전통이다.[1] 이 전통의 핵심은 **폭력을 선이 아닌 악으로 취급하는** 데 있다. 이런 도덕적 전통

---

[1] "정의로운 전쟁" 전통에 동의하는 많은 윤리학자는 그것을 "정당화된 전쟁"으로서 부르기를 선호한다. **정의**라는 단어는 전쟁에 대해 긍정적으로 선한 무언가가 존재한다는 것을 암시한다. 반면에 **정당화된**이라는 단어는 극단적으로 제한된 상황들 아래서 전쟁은 가장 받아들이기 쉬운 대안이라는 의미를 내포하고 있다.

에서 우리는 끔찍한 대안 중 가장 수용할 만한 대안, 좀 더 나은 표현을 사용하자면 최대한 덜 끔찍한 대안이 군사적 힘이라는 사실을 깨달을 수 있다. 하지만 이와 관련해서는 책임 있는 그리스도인들은 그것에게 입증 책임을 지운다. "정의로운 전쟁" 전통은 폭력이 반드시 통과해야만 하는 몇 가지 어려운 검증 기준을 개발했다. 이것을 급진적인 사랑에 대한 가능한 표현으로 삼기 위해 마틴 루터 킹 주니어의 "낯선 사랑"(strange love)에 호소할 필요가 있다. 폴 틸리히는 이에 대해 다음과 같이 말했다. 낯선 사랑은 "사랑을 거부하는 모든 것을 파괴하는 사랑의 낯선 작업이다."[2] 이와 관련된 실제적인 한 가지 예로 아프리카 르완다와 부룬디에서 후투 족(Hutu)이 수십만 명의 투치 족(Tutsi)을 집단 학살하는 것을 멈추기 위해서 국제 사회가 군사적으로 개입하는 것이야말로 사랑의 일이 아닐까?

하지만 사이더는 비폭력적인 형태의 장려책과 강제력에 정부의 기능을 제한한다. 물론 정의로운 전쟁 접근을 지지하는 일관된 지지자들은 모든 건설적인 방법이 무위로 끝났을 때 사용될 수 있는 최후의 수단이 무력임을 항상 주장한다.

나는 사이더가 성서적 문자주의자(biblical literalist)처럼 이 문제에 접근하지 않은 것을 고맙게 생각한다. 그가 성서적 문자주의자처럼 접근했다면, 그는 구약성서에 등장하는 대량 학살의 충돌은 말할 것도 없고, 요한계시록에 등장하는 아마겟돈 전쟁을 다뤄야 했을 것이다. 나는 사이더가 성서적 문자주의보다는 기독교 윤리학에 더욱 깊이 몰두한다고 여긴다. 의식적이든 무의식적이든, 성서를 중요하게 받아들이는 모든 그리스도인은 성서의 어떤 부분이 다른 부분보다 더 근본적인지 반드시 결정해

2_ 다음을 보라. Paul Tillich, *Love, Power, and Justice* (New York: Oxford University Press, 1954), 49.

야만 한다. 바울이 우리가 공유한 믿음에 대해 꼭 필요한 것으로 설명한 것과 관련해서도, 우리는 깊고 영원한 것과 기원후 1세기에 발생한 특정한 문제에 반응한 것(부분적으로는 1세기의 현실을 인식하고 쓴 글)을 구별해야만 한다. 우리가 이런 것을 구분할 때 우리는 완전히 달라질 수 있지만, 우리가 아주 다른 실제 상황으로 나아가려고 할 때 우리 자신을 더 깊은 믿음의 관점에 기초하는 것이 우리 시대의 그리스도인들에게 매우 중요한 것이다.

이 점을 염두에 두고, 나는 동성 결혼에 대한 사이더의 간략한 설명에는 동의할 수 없다. 그 사안은 교회에서 불화를 초래하는 것으로 알려졌다. 주류 교단과 세속 사회를 포함해서 사이더가 이 사안에 대한 긴 역사를 피력할 때, 우리 중 일부는 사이더보다 더 나은 대안 문화를 우리가 갖고 있음을 발견할지도 모른다! 어느 정도 이 사안은 결국 아직 완전히 해결되지 않은 질문, 곧 왜 어떤 이들은 이성애 성향보다 동성애 성향을 보이는지와 같은 질문에 도달한다. 사실에 대한 불일치가 지속되고 있고, 성적 성향은 실제로 선택의 문제가 아니라는 사실이 종종 증거로 제시되는 경우가 점점 증가하고 있지만, 성적 성향을 선택하는 문제는 중요한 쟁점 중 하나다. 어떤 경우에도 동성애 성향의 사람들이 존재하고 또 앞으로도 그럴 것이라는 사실을 고려한다면, 그들에게 난잡한 생활 방식을 택하기보다 한 배우자에게 헌신된 관계들을 선택하도록 권장하는 것이 더 낫지 않을까? 나는 그러한 관점을 언제나 고수하지는 않는다. 하지만 나는 이런 삶을 살아가면서도 공동체에 오래 헌신한 동성애자를 알게 되면서 내 생각을 바꾸었다. 오늘날 교회와 교회 너머에 있는 많은 이들은 동성애자에게 특정한 오명을 붙였다, 그리고 나는 우리의 주님이 낙인이 찍힌 사람들과 어울리는 데에 주저하지 않았음을 되새겼다.

나는 재세례파 교회론에서 매력적인 많은 것들을 발견했다. 재세례파 교회론은 기독교 신앙과 삶이 세상 문화에 거대한 개선점을 가진 방식을 보여주면서 기독교 공동체 전체가 세상 사람들에게 아름다운 모범이 되는 것으로 성장하는 데 관심을 가진다. 재세례파 전통에 속해 있는 공동체들이 자신들의 고유한 전통을 실천하며 살아간다면, 우리는 그들을 정말로 존중할 수 있다. 이와 관련된 견해 중 몇 가지에 대해 질문할 것이 있지만, 나는 예수 그리스도의 은혜로 형성되고 이 깨어진 세상에서 예수 그리스도의 은혜를 증언하는 믿음의 공동체는 모두 확실히 기독교 공동체라고 생각한다. 나는 사이더가 재세례파 전통을 묘사하면서 교회에 관한 다른 관점들을 비기독교적인 것으로 판단했다고는 생각하지 않는다. 에른스트 트뢸치는 지금 고전이 된 그의 책 『기독교회의 사회적 가르침』(Social Teachings of the Christian Churches)에서 "교회 유형"과 "소종파 유형"을 구분한다.[3] 교회 유형은 교회가 전체 문명을 포함하는 이상적인 상태다. 소종파 유형은 타락한 세상을 완전히 거부하는 삶을 살아가는 진정한 그리스도인들이 세상에서 철수하는 것에 기초한다. 둘 다 완벽한 예는 존재하지 않지만, 이러한 구분은 우리가 교회를 바라보는 시선에 관한 성향들이다. 사이더는 소종파 유형에 더 가까울 것이다. 비록 내가 그의 글에서 교회 바깥의 세상에 대한 완전한 거부를 발견하지 못했지만 말이다.

그러나 재세례파 전통이 가진 위험 요소는 믿음의 공동체에 있는 그리스도인들의 신실함을 과장해서 말한다는 점이다. 이 전통에 의하면 하나님이 교회 너머의 세상에서도 여전히 일하고 계신다고 이해하지만, 그 공동체는 여전히 죄인들로 구성되어 있다. 간디의 예를 보라. 그는 죽음의 순간까지 힌두교인으로 남아 있었다. 그러나 그는 신약성서를 읽으며 깊

---

[3] Ernst Troeltsch, *The Social Teaching of the Christian Churches*, trans. Olive Wyon (New York: Macmillan, 1931). 두 권으로 구성된 이 책은 Westminster John Knox Press가 영어로 출간했다.

이 영향을 받았고, 간접적으로 19세기 뉴잉글랜드의 퀘이커교도들에게서 영향을 받았다. 폭력에 대한 그의 관점은 실제 사이더가 서술한 것들과 크게 구별되지 않는다. 교회의 분파적 관점이 가지고 있는 위험 요소는 트뢸치의 "교회 유형"이 복음과 세상을 희석하면서도 교회에 대해서는 너무 비판적이라는 것이다.

트뢸치의 통찰은 전체로서 사회에 대한 우리의 개념이 이미 교회에 대한 우리의 견해에 포함되어 있다는 사실을 보여주었다. 교회 밖의 사회가 그저 악한 사회라고 한다면, 그렇다면 소종파적 접근이 이치에 맞는 설명이다. 만약 그렇지 않다면, 우리는 교회가 일부분을 차지하고 있는 더 큰 사회—세속 사회를 포함해서—에 대해 더 많이 긍정해야만 한다. 주류 교회와 대부분의 복음주의자들은 후자의 견해를 지지한다. 실제로 사이더도 정부의 역할에 대해 긍정적으로 서술한다. 국가는 우리 모두를 포함한다. 우리는 세상에 대한 하나님의 자애로우신 목적과 양립할 수 있는 정치적 결정들에 참여해야 할 시민으로서의 책임을 인정한다. 그리고 우리는 우리를 반대하는 사람들의 권리를 존중한다.

5

사회정의 관점

_J. 필립 워거먼

나는 교회가 공공 정책을 통해 사회정의를 실현해야만 한다고 주장하는 전형적인 주류 교회와 교회 회의들의 태도를 설명해달라는 부탁을 받았다. 나는 이런 일을 기쁘게 수행하려고 한다. 나는 성년기 대부분을 이런 형태의 사역에 참여했고 공부했기 때문이다. 그럼에도 우리는 공공 정책과 교회의 관계에 관해 고정 관념과 일반화를 경계해야만 한다. 각각의 교회 공동체들은 대단히 다양한 시각들을 보여준다. 종종 특정한 사안은 교단 내부와 교단들 사이에서 뜨거운 논란을 일으키고, 많은 주류 교회들이 공공 정책은 교회와 상관없는 일이라고 생각한다. 심지어 **주류**(mainline)라는 용어조차 논란의 소지가 많이 있고, 특히 우리 사회에서 그리스도인들이 다른 교회보다 몇몇 교회들이 더 수용할 만하거나 존중받을 만한 가치가 있다는 가치 판단으로서 그 용어를 사용한다는 점에서 문제가 많다. 나는 현재의 목적들을 위해서 이 용어를 오직 전국교회위원회(National Council of Churches), 세계교회협의회(World Council of Churches)에 소속된 교회들, 즉 연합감리교회, 미국장로교회, 성공회, 제자회, 미국침례교회, 전국침례교회, 연합그리스도교회, 미국복음주의루터교회, 미국개혁교회 등에만 한정해서 사용할 것이다. 이 두 단체에 소속되지는 않았지만 사회정의 관점에 광범위하게 헌신하고 있는 로마 가톨릭교회는 분명 주류 교회에 해당한다.

    나는 이런 해석의 모델이 많은 이들이 수용하는 해석의 모델과 같지 않고 매우 다른 이해를 갖고 있음을 미리 밝힌다. 나는 이 해석이 다른 사람들을 해당 주제에 대해 더 깊이 생각하게끔 이끌 것이라고 기대한다. 비록 다른 이들이 내 해석 방식을 의심할지라도 말이다.

전체 공동체로서의 한 국가

사회정의 관점은 국가에 나름의 역할이 있다고 믿기 때문에, 우리는 국가가 무엇인지 이해할 필요가 있다. 다른 글에서 나는 국가를 "전체로서 행동하는 사회"로 정의했다.[1] 그러나 국가라는 표현이 사회에서 일어나는 모든 사안을 의미하는 것은 아니다. 대부분의 경우 사회는 "전체로서 행동"하지 않기 때문이다. 또한 그것은 사회의 구성원 전부가 국가의 행동에 동의한다는 사실을 의미하지도 않는다. 나의 핵심 주장은 모든 사람이 국가에 동의하든지 안 하든지 그들은 국가의 행동에 참여한 이들이라는 것이다. 나는 연방 예산과 관련해서 동의할 수도 있고, 반대할 수도 있다. 또한 세금은 내가 비난할 만한 활동에 사용되기도 한다. 나는 최근에 (기독교에서 말하는 정의로운 전쟁 전통에 대한 나의 이해에 근거해서) 많은 국가의 재정이 투입되는 미국의 군수 산업에 심각하게 의문을 제기하는 글을 쓴 적이 있지만, 그럼에도 여전히 (그 글을 기고하고 받은 적은 원고료를 포함해) 내 세금은 미국의 군수 산업을 운용하는 데 재정적 도움을 주고 있을 것이다. 확실히

---

[1] J. Philip Wogaman, *Christian Perspectives on Politics*, rev. ed. (Louisville: Westminster John Knox Press, 2000), 15. 여기에 나는 다음 표현, 곧 "국가의 소유한 사법권을 준수하도록 강제하는 궁극적 힘을 가진"을 추가했다. Martin Luther와 사회 이론가 Max Weber를 포함한 많은 사상가가 권력의 사용에 대한 국가의 독점을 강조한다. 하지만 우리는 국가란 권력을 사용하는 것으로 최종 정의하는 것과 관련해서 조심해야만 한다. 권력의 사용이 국가에 항상 함축되어 있지만, 어떤 국가도 법에 자발적인 복종 없이는 오랫동안 존속할 수 없다.

해둘 것은 내가 그 정책을 좋아하지 않는다는 점이다. 그러나 좋든 나쁘든 정부는 군사 행위를 지속했고 나는 그것을 지원했다. 그것은 심지어 내 소득이 너무 적어서 세금을 낼 수 없을 때조차도 마찬가지다. 왜 그런가? 내가 국내 경제에 보태는 모든 것이 국가가 수행하는 행위들의 자원적 기초를 제공하기 때문이다. 그것은 경제적 개념이 아니더라도 사실일 것이다. 교회를 포함한 국가의 기관을 유지하는 데 도움을 주는 나의 행동은 사회문화적 구조에 기여하고, 적어도 간접적으로는 국가가 수행하는 행위들의 효율성에 기여한다.

그리스도인들은 국가를 다음과 같이 넓은 의미로 이해한다. 곧 그리스도인들은 국가가 벌이는 악이라고 우리가 이해하는 것에 참여하는 것을 피하려고 도망갈 수 있는 영역, 곧 죄가 없는 순수한 특별 영역이 없다는 관점에서 국가를 이해한다. 나는 국가의 악한 정책에 참여하지 않는 두 가지 예외적 방법이 있다고 생각한다. 하나는 자기 고국을 떠나거나 혹은 감옥에 가는 것이다(또는 국가의 권위자가 되는 방법이 있다).

그래서 우리들 대부분은 국가가 하는 일에 수동적 참여자가 되든지 기독교적 양심을 가지고 정책들의 방향을 형성하기 위해 능동적으로 노력하든지 둘 중 하나에 이른다. 민주주의 국가의 장점은 국가가 어떤 결점을 가지고 있더라도 시민들이 단순히 수동적 주체로 머무르지 않고 국가 정책에 적극적으로 참여할 수 있는 기회가 있다는 것이다.[2] 그리스도인들과 교회는 이런 기회와 관련해서 무엇을 할 수 있을까? 그리스도인들과 그들의 교회는 이러한 기회가 생겼을 때 무엇을 성취해야만 할까?

2_ 전체주의 국가의 비극은 국민이 의견이나 투표 없이 국가 사무를 담당한다는 점이다. 그럼에도 여전히 전체주의 사회에서도 폭군이든 엘리트이든 최소한 **어느 정도** 대중적 지지를 받아야만 한다는 점은 흥미롭다. 대중적 지지는 일반적으로 두려움과 지지를 교묘하게 조장해서 확립된다.

가치관과 공공 정책 형성

가치관은 정책의 형성 과정에서 변화를 가져오는가? 분명히 가치관은 정책 형성에 변화를 가져온다. 그러나 이런 핵심은 좀 더 신중히 이해되어야만 한다. 순전히 우연을 제외하고 국가의 행위는 의사 결정권자들의 가치관을 반영하는 목적을 보여준다. 때때로 제시된 정책이나 법률은 다양한 사람들이 제시하는 매우 다른 가치관들의 수렴을 나타낸다. 이런 가치관들은 정책이나 법률 집행으로 발전되기 때문이다. 정치권력은 사람들이 고수하는 가치관에서 흘러나온다.[3]

다름 아닌 니콜로 마키아벨리(Niccolo Machiavelli)가 정곡을 찔렀다. 마키아벨리는 『군주론』에서 정치 지도자는 무엇보다도 **종교를 지니고 있는 것처럼 보여야 한다**고 조언한다. 그렇다면 그는 왜 종교를 가장 먼저 얘기했을까? 사람들은 종교에 관심이 있고, 당신이 사람들에게 영향을 끼치길 원한다면 **그들의** 가치관과 관련해서 최소한 입에 발린 말이라도 해주어야만 하기 때문이다! 가끔 정치 이론가들이 말하길, 대부분의 정치적 행동은 경제에 의해 결정된다고 주장했다. 예를 들면 사람들은 그들의 이상향이라고 알려진 것과는 관계없이 그들의 지갑 사정에 따라 원하는 후보에게 항상 투표한다. 그러나 냉소주의에 관한 권위자로서 충분한 명성을 얻을 자격이 있다고 보이는 마키아벨리는 사람이 개인의 물질적 이득보다 그들의 종교적 믿음에 의해 더 영향받을 수도 있음을 잘 알고 있었다.

내가 강조하길 원하는 정치적 진실은 다음과 같다. **사람들이 실제로 가치 있게 여기는 것은 잠재적인 영향력의 원천이고, 또한 정치권력의**

---

[3] 사람들의 의지에 영향을 끼치는 정치권력에 대한 논의로 다음을 보라. Franz Neumann, *The Democratic and the Authoritarian State* (New York: Free Press, 1957), 3.

원천이다. 따라서 전형적인 미국 대선 운동은 대중 가운데 특정 계층, 곧 기업가, 노동자, 농장주, 퇴역 군인, 교육자, 소수 인종, 고령자들, 기타 등등의 계층을 겨냥해서 정책 공약을 펼친다. 이들 중 어떤 이들은 다른 이들보다 자신들의 경제적 이득을 보장해줄 것을 요구하지만 모든 이들이 다 그런 것은 아니다. 예를 들어, 낙태 문제와 관련해서 가장 깊게 관심을 보인 낙태 지지자들이나 반대자들은 경제적 자기 이익과는 전혀 상관없이 개인 후보자나 정당이 낙태라는 사안에 어떤 입장을 보이는지에 영향을 받을 것이다. 전미총기협회(NRA, National Rifle Association)에 의해 영향을 받는 사람들도 비슷한 현상을 보일 것이다. 동시에 이것은 한 사안을 중심으로 모인 단체가 매우 제한된 가치를 열정적으로 지지할 수 있음을 다시금 깨우쳐준다.[4]

그렇다면 우리는 어떻게 정치권력에 대한 이런 이해(사람들이 고수하는 가치관에 대한 호소)를 국가가 전체로서 활동하는 사회라는 우리의 이해에 연결할 수 있을까? 나는 또 다른 매우 중요한 정치적 개념, 곧 **합법성**이라는 개념을 통해 그것들을 연결할 수 있다고 생각한다. 합법성이란 개념은 대부분의 사람이 국가가 제시한 도덕적 가치를 받아들이지 **못하는** 억압적 분위기가 팽배한 국가에서는 더욱 엄격하게 검증된다. 그런 국가에서조차도 안전과 조화의 가치들은 다른 모든 것을 대체한다. 사람들은 안전과 조화의 가치를 위해 구체적인 행동을 함께 할 것이다. 사람들은 아무것도 하지 않아서 발생하는 결과들이 너무나 암울하다고 느끼기 때문이다. 그것

---

[4] 나는 1968년도 대통령 선거 운동 기간에 어떻게 각 정당이 특정 계층을 "겨냥하는지"를 직접 관찰할 수 있는 훌륭한 기회가 있었다. 그해 나는 Humphrey-Muskie 운동 본부의 "종교" 부문 관리자 중 한 사람으로 참여했는데, 내 주변에는 농부, 노동자, 사업가, 퇴역 군인들을 포함해서 당시 캠페인에서 각 부분을 담당하는 매우 다른 계층의 사람들이 앉아 있었다. 실질적인 대선 운동에 활발한 참여자는 아니었지만, 나는 이것이 전형적인 공화-민주 양 당의 대선 운동 본부들의 모든 부분이라고 생각하고 관찰했다.

은 매우 약한 종류의 합법성이지만, 제한된 기간에 "전체로서 활동하는 사회"를 유지하기에는 충분하다.

합법성 개념은 2천 년에 이르는 기독교 역사를 통틀어 다양하게 존재해왔다. 토마스 아퀴나스나 마르틴 루터는 왕이나 군주가 권위 있게 통치하는 것 이외의 다른 어떤 정치 형태도 상상할 수 없었고, 중세 시대의 평범한 사람들은 민주주의라는 대안을 생각해볼 수도 없었다. 그들은 하나님이 은혜로 왕을 주셨음에 감사할 뿐이었고, 왕에 대한 복종은 하나님께 복종하는 것을 내포했다. 물론 왕은 하나님의 통치 대상이었고 만일 그가 권력을 부당하게 사용한다면, 그 왕은 하나님의 끔찍한 심판에 대해 책임을 져야 했다. 그러나 그것이 그의 통치의 합법성을 무효화하지는 않았다. 우리는 오직 칼뱅의 몇몇 글에서만 압제적 군주는 권력에 의해 추방될 수 있다는 가능성에 대한 암시를 얻을 수 있을 뿐이다. 대부분 칼뱅주의에 영향을 받은 대다수 국가에서 합법성과 관련된 민주적 개념들이 더 풍성하게 꽃피기 시작했다.[5]

사회정의에 대한 신학적 기초

아리스토텔레스는 정의에 대해 "각자에게 그의 몫을 주는 것"이라는 유명한 말을 했다. 물론 이 간단한 정의는 의문을 불러일으킨다. 그것은 우리에게 무엇이 각 사람의 몫인지를 말하지 않기 때문이다. 정의에 관한 징벌적 이론들은 가장 간단한 답들을 제공한다. 사람들은 그들이 응당 받아야 할 것을 받아야만 한다. "눈에는 눈" 그리고 "이에는 이"(출 21:23-24)라는 성서적 개념은 그러한 생각을 담고 있다. 당신이 누군가의 눈을 훼손

---

[5] 다음을 보라. James Hastings Nicholas, *Democracy and the Churches* (Philadelphia: Westminster Press, 1951).

했다면, 당신은 당신의 시력을 잃는 것이 마땅하다. 치아에 대해서도 그렇고, 살인의 경우도 마찬가지다. 당신이 누군가를 살해했다면 당신은 죽어 마땅하다.[6] (살아남은 사랑하는 사람들을 포함한) 범죄의 피해자들이 정의를 요구할 때, 정의의 일반적인 의미는 방금 설명한 것들을 의미한다. 우리는 아주 완벽하게 정의에 관한 이론을 이해할 수 있다. 그리스도인들은 다음과 같은 예수의 답변을 따르는 것을 배워야 한다. "또 눈은 눈으로, 이는 이로 갚으라 하였다는 것을 너희가 들었으나, 나는 너희에게 이르노니 악한 자를 대적하지 말라"(마 5:38-39). 예수는 이렇게 말하는 동시에 하나님이 악인과 의인에게 동일하게 해와 비를 주심을 상기시키면서, 사람들은 반드시 받아야 할 것을 받아야만 한다는 생각을 수정하는 것처럼 보인다.

받을 것을 받는다는 개념은 경제적 태도에 아주 큰 영향을 미쳤다. 존 로크 시대 이후부터 종종 재산이라는 것은 사람들이 그것을 형성했기 때문에 소유하게 된 것으로, 혹은 그것을 형성한 사람이 양도해주었기 때문에 소유하게 된 것으로 이해되었다. 로크는 『통치론』(*Second Treatise on Civil Government*, 타임기획 역간)에서 재산을 사람이 자연 상태에 노동을 더하여 자연 상태로부터 어떤 생산물을 추출해냄으로써 무언가를 만들어낸 사람에게 속하는 것으로 올바르게 이해했다. 로크는 17세기 영국의 식민지였던 북미에서 아주 많은 영향을 받았으며, 그래서 땅을 개간하고 농장을 만드는 식민지 사람의 고된 육체노동을 마음속에 그렸다. 식민지 사람이 농장의 권리를 갖고 있다. 그가 농장을 개간했기 때문이다. 그는 타인에게

---

[6] 철학자 Walter Berns는 다음과 같이 직설적으로 말한다. "정의로운 사회는 모든 사람이 각자 마땅히 받아야 할 것을 받는 곳이다. 그러므로 악인은 응당 처벌을 받아야만 한다. 그들은 시편기자가 말한 것처럼 '많은 슬픔'을 받아야 마땅하다." (*For Capital Punishment: Crime and the Morality of the Death Penalty* [New York: Basic Books, 1979], 147).

농장을 팔거나 자녀에게 상속할 권리도 갖고 있어야 한다. 그렇다면 그는 그 토지를 정당하게 소유한다. 아인 랜드(Ayn Rand)와 로버트 노직(Robert Nozick) 같은 경제적 자유주의자들은 기본적으로 이러한 경제 정의 이론에 의존하고 있다. 그들은 정부는 일하지 않은 사람들에게 주기 위해 일한 사람의 것을 빼앗을 권리가 없다고 생각한다. 물론 실제적으로 말하자면 현대의 발명품과 생산의 제반 조건을 누가 어떻게 만들어왔는지를 추적하기란 점점 어려워지고 있다. 심지어 북미의 척박한 땅에 대한 로크의 묘사도 점점 의미를 잃어가고 있다. 그곳이 북미 원주민들이 최소한 "소유한" 곳으로서 그들이 사냥하고 낚시하며, 간단한 농사를 짓던 곳이라는 점을 기억한다면 말이다. 대부분의 현대 생산은 전 세계적으로 설계된 복잡한 노동의 구분과 함께 너무나 완전하게 사회적이기 때문에, 로크의 이론에 부합하는 원시적인 재산에 대한 "권리"는 극단적으로 찾기 힘들다. 심지어 지적 재산이나 예술적 재산도 알려지지 않은 자원들과 영향들에 굉장히 의존적일 수 있다.

그러나 정의에 대한 이런 간단한 이해들은 신학적으로 더 깊은 도전에 직면한다. 기독교 신학의 관점에서는 무엇이 모두의 "몫"인가? 우리가 모두 죄인이라는 성서적 이해를 고려할 때, 그 질문에 대한 대답은 아마도 우리 모두는 최후의 심판을 마땅히 **받을 만하다**'라는 것이리라! 사도 바울이 이것에 대해 가장 잘 인식하고 있다. 그는 그리스도인들을 박해했고 심지어 스데반을 죽이는 데 참여했다. 비록 그는 죄인이었지만, 하나님의 충만한 은혜를 받았다. 그가 하나님의 은혜를 "받을 만했을까"? 거의 그렇지 않다. 그러나 그리스도를 통해 그를 하나님과 다른 사람들과의 올바른 관계로 인도하는 것이 하나님의 의지였다. 그것은 **은혜**였다.

포도원 주인이 사람들을 고용하는 예수의 이야기는 은혜에 관한 비유의 한 형태로 이해할 수 있다. 이 비유(마 20:1-16)에서 주인은 서로 다른 사람들을 하루 중 각각 다른 시간에 고용했다. 그러나 누구는 종일 일하고 또 다른 누구는 한 시간만 일했음에도 불구하고, 그는 모두에게 정확히 똑같은 임금을 주었다. 그 비유는 아마도 어떻게 이방인들이 유대인들보다 하나님의 언약 안에 훨씬 늦게 들어왔음에도 불구하고 여전히 같은 방식으로 하나님의 언약에 포함되는가를 묘사하려는 의도를 반영했을 것이다. 그러나 그것은 마땅히 받을 것을 받는 것에 기초한 신학이 아니라 하나님의 은혜를 드러낸다.

이런 설명은 사회정의 이론에 적합한가? 그것은 매우 기초적인 의미에서 사회정의 이론에 분명하게 적합하다. 모든 사람에게 마땅히 "주어질" 것, 곧 하나님이 소유하신 과분한 선물은 하나님이 원하시는 언약 공동체에 포함되어 있다. **포함되어 있다**는 것은 **속해 있다**는 것을 의미한다. 우리는 가족이라는 용어와 관련해서 이것을 쉽게 이해할 수 있다. 우리가 "가족"일 때, 우리는 다른 사람들에 의해 받아들여지는데, 여기에는 그것을 가능케 하는 조건들이 수반된다. 이것은 다음과 같은 로버트 프로스트의 유명한 말로 이해될 수 있다. "가정이란 당신이 돌아가야 할 때 언제든지 가족들이 당신을 반갑게 받아주는 곳이다." 이것은 하나님의 의도하신 공동체의 모습과 같지 않은가?

실제로 우리는 원죄로 인해 하나님에게서 멀어진 죄인이기 때문에, 우리가 하나님을 받아들이기 전까지 우리는 하나님께 받아들여질 수 없다고 반대할 수도 있다. 즉 우리가 회개하고 그다음에 대가 없이 주어질 용서의 은혜를 구하기 전까지 말이다. 게다가 모든 사람이 하나님이 세우신 공동체나 인류의 "가족"에 포함된 구성원이라고 생각하는 것은 미성숙한 생각이라고 주장할 수 있다. 어떤 이들은 하나님이나 그 공동체를 받아들이지 않았기 때문이다. 무엇보다도 사람들은 평범한 사람이 가족으로부터 멀어졌다는 이야기를 전혀 들어보지 못한 것은 아니다. 가정이란 당신이 돌아가야 할 때 언제든지 갈 수 있는 곳이지만, 먼저 당신이 가정으로 돌아가길 원해야 한다.

그러나 성서에는 하나님이 주도권을 가지고 먼저 일하고 계심을 강조하는 구절들이 셀 수 없이 많다. 예수는 지속해서 성부 하나님을 "아버지"로 말하며, 그러한 친밀하고 보살피는 관계는 근원적인 실재라고 얘기한다. 우리는 그러한 관계로부터 달아날 수 있지만, **하나님은 우리를 결코 떠나지 않으신다!** 탕자의 비유는 하나님이 사랑하기를 절대 멈추지 않으시고, 심지어 탕자가 정신을 차리기 전에 하나님이 먼저 사랑하셨다고 말한다. 이와 비슷하게, 잃어버린 양에 대한 비유도 하나님의 사랑이 너무나 크기에 잃어버린 그 양 한 마리를 찾아서 회복하기 전까지 하나님은 사랑을 멈추지 않으신다는 내용을 담고 있다. 나는 이러한 예수의 가르침과 바울의 은혜에 대한 강조가 하나님의 사랑을 제한한다고 생각하지 않는다. 우리는 하나님을 거절할 수 있는 자유를 가졌지만, 우리는 하나님이 "천국의 사냥개"처럼 끊임없이 우리를 쫓아오기를 기대할 수 있다.

이러한 신학적 주장들이 사회정의의 모든 어려운 질문을 해결하지는 못하지만, 사회정의의 난제들을 더 깊은 관점으로 바라보게 한다. 사회정의는 단순히 하나의 "사회학적" 개념이 아니다. 그것은 우리의 믿음의 가장 근본적인 것들에 기초한다.

참여로서의 사회정의

그리스도인들에게 **정의**라는 명사는 **사회**(social)라는 형용사 뒤에 위치해야 할까? "정의"와 "사회정의" 사이에 어떠한 차이점이라도 있는 것일까?

아마 그렇지 않을 것이다. 하지만 정의는 좀 더 좁은 의미로, 곧 사람들이 일을 해서 수입을 얻거나 마땅히 받아야만 하는 것을 갖는 개인적인 의미로 이해되고 있는 반면, **사회적**이라는 형용사는 그 정의가 공동체와 관련된 것이라는 사실을 우리에게 상기시켜준다. 그 단어는 우리가 권력과 부, 그리고 명예를 위해 끊임없이 경쟁하는 데 참여하는 단순한 개인들이 아니라는 사실을 우리에게 끊임없이 상기시켜준다. 우리는 진정 다른 이에게 속해 있다. 우선 우리는 하나님께 속해 있다. 아리스토텔레스가 인간을 "사회적" 또는 "정치적" 동물이라고 말한 것은 맞다. 고립된 개인은 온전한 인간이 될 수 없다. 이에 더하여 사회적 동물은 온전한 개인을 의미하는데, 이는 아리스토텔레스 철학의 자연스러운 전제였다. 우리는 본성상 개인적이며 사회적이다. 우리의 개체성이 사회 전부를 아우르는 하나의 구성 단위로 축소된다면, 그것은 참다운 뜻에서 사회적인 것이 아니다. 이와 유사하게 사회가 개인의 집합체에 불과하다면, 우리는 온전한 개인이 아니다. 따라서 진정한 인간이 되기 위해서는 개인적이고 사회적이어야 한다. 나는 이것이 바로 아리스토텔레스의 윤리학과 사회론이 의미하는 바라고 생각한다. 그렇지 않다면 반드시 그래야만 한다! 아리스토텔레스가 더 깊은 신학적 용어를 가지고 이 의미를 모두 이해하지 못했다는 점이 매우 아쉽다.

그럼에도 우리가 본성상 사회적 존재라는 사실의 이해는 우리의 "몫"을 우리 각자에게 주는 것으로 정의를 이야기하는 것의 실제 의미가 무엇인지를 이해하도록 우리를 도와준다. 각자의 몫이라는 것은 우리가 온전하게 그리고 적극적으로 사회적 존재, 곧 공동체의 구성원이 될 때 가능하다. 미국 가톨릭 주교 회의(National Conference of Catholic Bishops)는 1986년 교서에서 통찰력 있게 이 문제를 다음과 같은 방식으로 표현했다. "사회정의는 다음과 같은 것을 포함한다. 곧 각 사람은 사회생활에서 적극적으로 생산적 참여자가 되어야 할 의무가 있고, 사회는 각 사람이 이런 방식으로 참여할 수 있도록 도와주어야 할 의무가 있다."⁷ 미국 가톨릭 주교회의는 그 핵심을 강조하면서 다음과 같은 것을 추가한다.

> 가장 기본적인 정의는 모든 사람이 인간 공동체의 삶에 최소한의 차원에서 참여할 수 있도록 제도를 확립하는 것이다. 가장 근본적인 불의는 어떤 개인이나 집단이 마치 인류 공동체의 일원이 아닌 것처럼 적극적으로 취급하거나 소극적으로 버리는 것이다. 이런 방식으로 사람을 취급하는 것은 사실 그들을 인간으로 생각하지 않는다고 말하는 것이다. 이것은 사람들을 소외시키거나, 사회생활에서 사람들을 배척하는 것과 같은 다양한 모습으로 나타날 수 있다. 이런 배척은 정치의 영역에서도 발생할 수 있다. 언론의 자유를 제한하거나 소수의 사람이 권력을 독점하거나 국가가 거리낌 없이 시민들을 탄압하는 형태로 말이다. 또한 그런 배척은 사람들에게 동일한 해를 끼치면서 경제적 영역에서도 발생할 수 있다.…빈민, 장애인, 실업자들은 사람들에게 매우 자주 버림을 받는다.⁸

교단과 교회 위원회가 상세히 기술한 것처럼 대다수 사회정의 모델은 이런 종류의 이해에 기초한다.

세계 교회 협의회의 첫 번째 총회(1948년 암스테르담)는 이런 흥미로운 표현 중 하나를 선언했다. 칼 바르트(Karl Barth)와 라인홀드 니버, M. M. 토마스(M. M. Thomas), 헨드릭 크래머(Hendrik Kraemer) 같은 20세기 위대한 신학자들이 그 총회에 참여했다. 그 총회는 세계 교회를 향해 다음과 같은 메시지를 선포했다.

7_ *Economic Justice for All: Pastoral Letter on Catholic Social Teaching and the U.S. Economy* (Washington, D.C.: National Conference of Catholic Bishops, 1986), 36.
8_ Ibid., 39.

우리는 하나님이 힘 있는 자들을 그들의 자리에서 낮추시고 겸손하고 약한 자들을 높이신다는 것을 우리 자신과 모든 인류에게 상기시켜야만 한다. 우리는 공포와 잔인함과 인종 차별에 맞서고 버림받은 죄수들과 난민들 곁에 서 있기 위해 용감하게 그리스도의 이름으로 힘 있는 자들에게 말하는 것을 새롭게 배워야만 한다. 우리는 교회가 어디에서나 목소리를 내지 못하는 자들을 위한 대변자가 되고, 모든 사람이 머물 수 있는 집이 되도록 해야만 한다.…우리는 진리를 긍정하고 진리가 아닌 것은 부정할 수 있도록 하나님께서 우리를 가르치시기를 구해야만 한다. 우리는 그리스도의 사랑을 소통하는 자, 인간을 책임성 없는 사물이나 이익의 수단으로 간주하는 모든 체제나 프로그램이나 사람, 질서라는 명목 하에 불의를 옹호하는 자, 전쟁의 씨앗을 뿌리거나 전쟁이 불가피하다고 부추기는 자들에 대해 "아니오"라고 말해야 하고, 그리스도의 사랑을 따르는 자와, 정의를 구하는 모든 자, 평화 중재자, 인류를 위해 희망하고 싸우고 고통받는 모든 자, 그리고 공의가 머무는 새 하늘과 새 땅을 바라는—심지어 그것을 알지 못할지라도—모든 이들에게 "예"라고 말해야 한다.[9]

이 메시지를 마무리 지으면서, 그 첫 번째 총회는 "죄와 죽음을 제거하는 것이 인간의 힘에 있지 않고" 이 타락한 세상에서 완벽한 정의와 공의를 기대할 수 없다는 것을 확실히 하고 있다. 그럼에도 하나님은 "부활을 통해 우리에게 그분의 목적이 성취될 것이라는 확실성을 부여하셨다." 그리고 "우리는 우리의 순종과 믿음의 행동 때문에 다가오는 승리를 가리키는 징표들을 이 땅 위에 세울 수 있다." "목소리를 내지 못하는 자들을 위

9_ World Council of Churches, *Man's Disorder and God's Design: The Amsterdam Assembly Series* (New York: Harper & Brothers, 1948). 번호 표시가 되어 있지 않은 "메시지"는 이 책의 마지막에 있다.

한 대변자가 되고, 모든 사람이 머물 수 있는 집이 되도록 해야만 한다"라는 교회를 향한 외침은 사회정의에 관한 지지와 교회가 직접 원조를 제공하려는 노력 사이에서 방황할 필요가 없음을 상기시켜준다. 또한 그것은 교회가 소외된 사람들을 가르치려는 듯 행동해서는 안 되고 인간의 존엄을 존중해야만 한다는 것을 일찌감치 상기시켜주었다. 소외된 이들은 인간 공동체 구조 안에서 하나님이 주신 정당한 자리에 있어야 한다.

사회정의, 해방신학, 마르크스주의

해방신학의 다양한 형태들은 1960년대 말부터 시작하여 20여 년간 주류 교회들과 사회정의 안건에 참여해왔던 에큐메니컬 운동에서 많은 사람의 주목을 받았다. 이 운동은 대부분 남미에 그 기원을 두고 있었지만,[10] 해방의 주제는 빠르게 다양한 형태의 흑인 신학(제임스 콘[James Cone]의 글에 의해 묘사되는 것처럼)과 페미니즘 신학(그것의 주요 신학적 주장은 아마도 로즈마리 류터[Rosemary Radford Ruether]였을 것이다)과 연관되었다. 이들 신학은 다양한 방식으로 지배적인 비인간적 제도에 억압된 자들과 억눌린 자들의 해방을 위해 인류에 참여하신 하나님에 관한 비유를 담은 출애굽기를 본문으로 사용했다. 남미에서 해방은 경제적인 노예 상황에서의 자유를 의미했고, 동시에 미국에서 해방은 인종적 탄압의 계속된 현실에서 흑인의 자유와 남성 지배적인 사회·문화적 제도에서 여성의 자유를 의미했다.

10_ Gustavo Gutiérrez, *A Theology of Liberation: History, Politics and Salvation* (Maryknoll, N.Y.: Orbis, 1973). 『해방신학』(분도출판사 역간). 이 책은 아마도 해방신학 운동의 초기 중요한 기여를 했던 Juan Luis Segundo, José Miguez Bonino, 그리고 Hugo Assman의 글은 다른 남미 신학자의 글 중 가장 중요하다. 많은 남미 국가에서의 지속되고 있는 경제적·정치적 억압은 이 신학자들이 보여주는 급진적인 사회정치적 해석에 토대를 제공했다.

해방신학이 의심의 여지없이 주류 교회와 에큐메니컬 운동에 어느 정도 영향을 끼쳤지만, (내 판단에 의하면) 그것은 결코 교회가 가르쳤고 행동하는 데 사용했던 지배적인 신학적 틀은 아니었다. 일반적으로 교회들은 경제적으로 수탈당한 사람들, 인종적으로 억압받는 사람들, 그리고 남성의 지배에 억눌리고 학대받는 사람들을 포함해 모든 고통받는 사람을 해방해야 한다는 긴급한 주제를 강조했다. 더욱이 최근의 교회들은 성적인 성향에서 발생한 사회문화적 제약에 대해 관심을 기울이기 시작했다.

그러나 시간이 흐르면서 주류 교회들은 해방신학의 더욱 급진적인 유형들이 지닌 사각지대들을 인식하기 시작했다. 예를 들어 악이 제도적인 문제로 그려지면서 억압받고 있는 구조들이 완전하게 극복된 것으로 이해되는 곳에서는 죄가 대부분 영적인 상태라는 것을 쉽사리 잊게 된다. 개인주의적 경건주의가 가지고 있는 결함은 구조적 악을 간과해온 것이었으나, 인간의 내재적 악함이 숨어 있는 지점의 반대편에도 그에 상응하는 결함이 존재할 수 있다. 역설적으로 그 두 반대되는 결함들은 서로가 지닌 악의 성향을 강화할 수 있다. 구조적 악은 영적인 영향들을 가져올 수 있고, 개인적 악은 사회 개혁에 대한 노력을 더 어렵게 만든다.

따라서 해방신학은 혁명적 언어의 과장된 문구들을 가지고 아주 쉽사리 혁명가 자신의 악함을 간과할 수 있다. 그래서 혁명 후, 혹은 해방 후에 누가 다스릴 것인지에 대한 질문이 제시되어야만 한다. 해방자들 자신이 악함에도 불구하고 그들 자신들은 억압자가 될 수 없을 것이라고 자연스레 생각할 수 있을까? 구티에레즈와 보니노(José Miquez Bonino)의 초기 글들은 이러한 질문들을 등한시했다. 수많은 해방신학자들이 이기적인 경제적 이익을 발생시키는 커다란 요인으로 민주주의를 지목하면서, 민주주의를 추구하는 기관들의 위선들을 폭로하기 위해 애썼다. 물론 혁명가들도 자신들이 엘리트 계층이 되려는 권력욕을 분출한 것일 수 있다. 이러한 위험에 대한 특별히 끔찍한 예 중 하나가 이오시프 스탈린(Joseph Stalin)이다. 그로 인해 해방신학은 어떻게 해방 이후의 세상이 건설되어야만 할 것인가라는 질문을 정면으로 마주할 필요가 있었다. 그러한 질문을 등한시하는 것은 인간 죄악의 본질에 대한 부적절한 이해에 기초한다. 구티에레즈와 보니노의 후기 저서들은 이 질문들을 훨씬 직접 다루고 있다.

때때로 사회 개혁을 위한 교회의 노력은 마르크스주의자나 사회주의자 같은 특징을 지닌 것으로 묘사되었다. 또한 몇몇 교회 지도자들은 명백히 사회주의 이론의 요소들에 영향을 받았다. 하지만 주류 교회의 사회 활동을 사회주의에 헌신한 것으로 묘사하는 것은 정확하지 않다. 경제적 선언들은 매우 빈번하게 사업과 산업에 제재를 가하고, 시장 경제 질서 아래서 학교, 공원, 고속도로와 같은 사회 간접 자본에 의해 창출된 부의 일부분에 세금을 부과하며, 소외당한 사람들을 지원하기 위한 정부 활동들을 요구하는 동시에 대부분 자본주의적 경제 구조를 가정한다. 이것은 완전하게 진행된 사회주의가 아니며 마르크스주의도 확실히 아니다. 전체적으로 봤을 때, 마르크스주의의 무신론과 악의 근원에 대한 부적절한 이해 때문에 교회들과 에큐메니컬 운동은 마르크스주의와 거리를 뒀다. 균형 잡힌 견해는 해방신학의 억압적인 시스템과 제도를 극복하는 일의 중요성에 대한 기독교적 인식을 증진시키는 것은 사실이지만, 그것이 사회정의와 관련된 쟁점들에 대한 모든 기독교 사상을 아우르는 기초로 간주되어서는 안 된다는 것이다.[11] 창조 교리를 포함하는 다른 신학적 경향도 억압적인 시스템과 제도를 극복하는 중요한 역할을 수행해왔다.

11_ 나는 나의 다른 글들에서 해방신학과 마르크스주의에 대해 광범위하게 다뤘다. 특별히 다음을 보라. J. Philip Wogaman, *Christian Perspectives on Politics*, 79-101.

사회정의와 창조 교리

기독교 사회 교리에서 지속되는 어려운 문제 중 하나는 법과 기관들 및 물질적 재화와 같은 외부적 요인들을 어떻게 취급할 것인가 하는 점이다. 기독교 사회 교리들은 이런 외부 요인들이 궁극적으로 중요하다는 것을 종종 내포하지만, 이것은 유물론의 형태나 다른 형태가 영적 복음을 대체했다는 비판을 제기한다. 외부 요인들이 궁극적 지위를 갖는 한 그런 비판은 공정한 비판이다. 외부 요인들이 궁극적 지위를 갖는 것은 최소한 간접적으로 우상 숭배의 모습을 띠는 것이다. 즉 그것은 하나님보다 못한 어떤 것을 신으로 만드는 것이다.

한편 신학자들과 교회는 복음이 단순히 "영적인" 것만은 아니라는 사실을 오랫동안 인정했다. 더욱이 초기 기독교가 이단으로 간주한 것 중 하나가 신령주의(spiritualism)다. 신령주의의 초기 형태는 예수 그리스도가 실제로 인간의 몸에서 태어나 인간의 몸으로 살았고, 육체적 고통을 당하고 죽었다는 것을 부정한 **가현설**(docetism)이다. 가현설은 그리스어 어근이 설명하는 것처럼 그리스도가 육체를 가진 것처럼 "보인다"고 가르쳤다. 이런 신령주의의 초기 형태는 전체 물질 세계가 "하나님 우리 주 예수 그리스도의 아버지가" 창조하신 것이 아니라 어떤 열등한 신인 데미우르고스(demiurge)가 만든 것이라고 가르쳤다. 그래서 물질 세계는 그 자체가 죄의 원천이고, 그리스도에 대한 신실한 반응은 이런 악한 물질 세계에서 우리 자신을 분리하는 것이다. 몇몇 성서적인 수사법은 2세기 마르키온(Marcion)처럼 극단적으로 부정적인 용어로 세상에 대해 가르쳤던 자들에게 그런 인상을 전해줬다. 비록 이런 인상이 확실히 틀린 해석이지만 말이다. 그리스도인들은 성서를 고찰하면서 창세기를 폐기하지 않았고, "땅과 거기에 충만한 것과 세계와 그 가운데에 사는 자들은 다 여호와의 것이로다"라는 시편 24:1의 말씀을 거부하지 않았다.

20세기 두 명의 신학자가 영적인 것과 물질적인 것을 어떻게 연결시킬지에 대한 문제를 해결하는 데 특별히 도움을 주었다. 첫 번째 인물은 칼 바르트다. 그는 그의 방대한 책 『교회교의학』(Church Dogmatics)에서 기독교 창조 교리를 탐구했다. 그는 **창조물**이란 하나님께 그 궁극적 기원을 두고 있는 모든 형태의 물질을 뜻하고 **언약**은 우리가 하나님과 맺고 있는 관계라고 말하면서 다음과 같이 주장한다.

창조는 언약의 유일한 외적 기초다. 창조는 엄밀히 말하자면 언약의 내용과 역사가 생성되는 영역을 준비하고 언약의 체결을 가능하게 만들었다. 창조는 역사에서 언약 체결의 주체가 하나님의 파트너가 될 수 있게 만들어준 것이다. 간략히 말하자면 그것은 하나님이 선택하신 은혜의 본질이고 역사는 본질을 향해 나아간다.[12]

그의 전체 창조 교리를 간략히 요약하면서 바르트는 "창조는 언약의 외적 기초"이고 "언약은 창조의 내적 기초"라고 말한다. 우리가 하나님의 창조물이라고 이해하는 존재의 모든 유형은 선하다. 그러나 그것들의 선함은 목적을 위한 수단이지, 창조물 자체가 목적은 아니다. 창조의 외적 요인들이 사용하는 본질적인 선이 언약이다. 물질적 또는 제도적 실재들은 궁극적 선(the ultimate good)으로 **사용된다**. 그것들 자체는 궁극적이지 않다.

우리가 영적인 것과 물질적인 것의 관계를 이해할 수 있도록 도움을 주는 또 다른 신학자는 디트리히 본회퍼(Dietrich Bonhoeffer)다. 그는 나치에 의해 사형당하기 전에 감옥에서 그의 『윤리학』(Ethics)을 대부분 저술했

---

[12] Karl Barth, *Church Dogmatics*, III/1 (Edinburgh: T&T Clark, 1957), 97. 『창조에 관한 교의 제1권』(대한기독교서회 역간).

고 이 책에서 "궁극적"(ultimate)인 것과 "궁극 이전"(penultimate)의 것의 관계에 관해 서술했다.

> 궁극 이전의 것은 무엇인가? 그것은 궁극에 선행하는 모든 것, 오직 은혜에 의한 죄인의 의로움에 선행하는 모든 것, 그 마지막 것이 발견되었을 때 이 마지막으로 인도하는 것으로 간주된 모든 것이다.…궁극적인 것을 위해서, 궁극 이전의 것은 반드시 보존되어야만 한다. 궁극 이전의 것에 대한 임의적인 파괴도 궁극적인 것에 심각한 손상을 입힐 것이다. 예를 들어 적합한 삶의 조건들이 인간의 삶에서 제거된다면, 은혜와 믿음에 따르는 의로운 삶은 적어도 심각하게 방해를 받는다. 불가능한 것으로 허용되지 않는다면 말이다.…굶주린 자는 빵이 필요하고, 집이 없는 자는 거처가 필요하며, 권리를 빼앗긴 자는 정의가 필요하고, 고독한 자는 사귐이 필요하다. 규율이 없는 자에게는 질서가 필요하고, 노예는 자유가 필요하다. 굶주린 자를 내버려 두는 것은 하나님과 이웃에 대한 모독이다.[13]

따라서 이 두 사상가 모두 왜 물질에 관한 질문이 끔찍하게도 중요한지를 우리가 이해하도록 도와준다. 물질적인 것들은 하나님께서 의도하신 것처럼 인간 삶에 도움을 주거나 방해가 될 수 있다. 곧 그것들은 인간에게 도움을 주거나 방해가 될 수 있다. 외부 환경의 조성이나 조작이 영적인 삶을 풍요롭게 할 수 있다는 것은 아니다. 사람들은 최상의 조건 아래서도 계속해서 하나님을 거부할 수 있고, 변함없이 악한 채로 남아 있을 수 있다. 그와 반대로, 영웅적인 영혼들은 매우 나쁜 조건들 아래서도

13_ Dietrich Bonhoeffer, *Ethics* (New York: Macmillan, 1955), 134, 137. 『윤리학』(대한기독교서회 역간).

하나님과 동료 인간들에 대한 믿음을 지키는 것이 가능하다. 그럼에도 여전히 외부 조건들로 인한 차이가 발생할 수 있고, 사회정의에 관한 교회의 많은 가르침들은 삶의 결과들에 영향을 미친다.

도덕적 가르침과 현실의 관계

사회정의를 고려하는 실질적 교회의 가르침에 관심을 기울이기 전에 나는 종종 오해하는 또 다른 관계를 명확히 하고자 한다. 교회 가르침을 반대하는 사회학이나 다른 어떤 과학 이론들이 복음을 대체할 것이라는 주장이 때때로 제기되었다. 물론 과학이 우리의 삶에 궁극적 가치들을 제공하고 종교의 자리를 빼앗는다면, 이런 주장은 언제나 가능하다. 이와 같은 과학의 사용은 "과학 만능주의"(scientism)라고 불린다. 과학 만능주의는 실재에 관한 규정된 지식과 관련해 적합한 탐구를 궁극적으로 좋음과 사실과 관련된 이론의 탐구로 변화시킨다. 윤리학의 역사에서 이것은 G. E. 무어가 "자연주의적 오류"[14]라고 묘사한 것이다. 자연주의적 오류는 존재하는 것(존재 진술)을 반드시 좋은 것(당위 진술)으로 생각하는 오류다. 사회 과학이 정확하고 정밀하게 묘사하는 사회적 행동과 기관들은 나쁠(다시 말해 좋지 않을) 수도 있다. 좋은 것과 올바른 것에 대한 "규범적 진술"과 실제로 존재하는 것의 "경험적 진술"은 실제로 다를 수 있다. 인간이 지구에서 일상적으로 마주치는 존재와 당위 사이의 격차가 있지 않을까?

하지만 이것은 규범적 진술이 지식에 대한 경험적 자료를 배제할 수

14_ G. E. Moore, *Principia Ethica* (Cambridge: Cambridge University Press, 1902). 다음 책에서 이에 대해 더 광범위하게 다뤘다. J. Philip Wogaman, *Christian Moral Judgement* (Louisville: Westminster John Knox Press, 1989), 11-17.

있다는 것을 의미하지 않는다. 만일 복음이 실제 세상과 관계가 있다면, 그것은 세상에 대한 것을 무시하지 않는다. 지식에 대한 우리의 자료들은 많고 다양하다. 개인적 경험에서 얻을 수 있고 여러 시대 동안 모인 지혜를 통해서도 얻을 수 있으며, 조직적인 연구를 통해서도 얻을 수 있다. 과학 만능주의라는 부당한 주장과 연관되지 않는다면, 과학들은 조직적인 연구에 해당한다. 그것들은 가능한 정보들을 조직적으로 조사하는 것이다. 우리는 과학을 통해 지구가 평평하지 않고 수백 조의 별들이 존재한다는 것을 포함해 우리의 선조가 우주에 대해 알던 것보다 훨씬 더 많은 것들을 알고 있다. 또한 우리는 물질과 에너지에 대해서도 더 잘 알고 있다. 그러한 사실들은 우리가 모르는 것들이 훨씬 더 많이 존재할 수 있음을 알려주기에 충분하다. 비인간적 생명 형태들과 모든 생명의 유전적 구성 요소에 대한 우리의 이해는 우리에게 통찰력과 경이로움 모두를 제공한다. 사회학, 인류학, 경제학, 사회심리학 같은 사회 과학은 사람들이 어떻게 행동하는가에 대해 큰 통찰을 제공한다. 사회 과학은 우리의 자유에 대한 감각과 초월적인 인간 의식의 경이로움을 축소하지 않는다. 우리는 사회 과학을 통해 우리가 살고 인간으로서 행동하는 사회적·물질적 환경을 더 잘 이해할 수 있다.

예화: 많은 기독교 사상가들은 시민 전쟁 이후에도 수십 년간 "흑인"이 백인에 비해 지적으로 열등하다고 생각했다. 흑인은 사랑을 받고 보살핌을 받아야만 하지만, 그들에 대해서 동일한 기대를 갖는 것은 그들에 대한 호의가 아니었다. 그들은 백인처럼 동일한 능력을 부여받지 않았기 때문이다. 사람들은 흑인에게 최선의 유익은 그들이 자신을 위해 사회적으로 분리되는 것이라고 생각했다. 나는 1936년 개최된 한 컨퍼런스에서 많은 존경을 받는 감리교 신학자가 하나님이 구별된 인종들을 창조하고 인종을

분리한 이유는 그들을 지키기 원하셨기 때문이라고 말한 것을 기억한다. 또한 그 기간 동안 한 개인이 쓴 편지에서 "흑인"을 "아담-이전"의 존재로서 생각한다는 한 감리교 감독의 의견도 들었다. 그 감리교 신학자는 아담과 함께 백인들을 창조하셨고, 유색 인종들은 참된 인류가 창조되기 전에 비인간적인 생명의 형태에서 진화한 것이라는 소름끼치는 생각을 하고 있었다. 인정하건대 그의 생각은 원리적 인종 차별의 극단적 형태였다. 그러나 그것은 오랜 기간에 걸쳐, 심지어 존경받는 지도자들조차도 다른 인종의 사람들을 불가피하게 열등한 존재로 여겼다는 점을 보여준다.

그러나 그러한 인종 차별적 생각은 그들의 오랜 역사에도 불구하고 사려 깊은 사회적·생물학적 연구에 의해 20세기 초에 산산조각이 났다. 유전자 연구와 문화적 영향에 대한 조직적 연구는 백인이 아닌 인종을 지적으로 불평등한 존재로 인식하게 만드는 것이 부당한 대우라는 사실을 명확히 보여줬다. 평등하게 교육을 받을 권리를 빼앗기면, 사람들은 교육적으로 균등하게 행동할 수 없다! 가장 흥미로운 것은 이러한 논란 너머를 보여주는 것으로서, 심지어 유전자의 생물학적 해석은 인종 자체의 개념이 생물학적 지지를 별로 갖지 않는다는 점을 보여준다. 인종은 사회적으로 고안된 신체적 특징들에 근거해서 사회적 구조를 형성하지만, 그러한 선별된 특징들에 대한 유전적 배경은 다른 어떤 유전적 특질과 연관성을 갖지 않는다. 예를 들어 인도 아대륙에 기원을 둔 많은 사람이 아프리카 사람들보다 더 검은 피부색을 갖고 있지만, 그들은 다른 유전적인 측면에서는 아프리카 사람들과 전혀 다르다. 그러한 연구와 그 이외의 연구들은 인종에 대해 우리 선조들이 생각한 것처럼 더 이상 생각할 수 없으며, 또한 중대한 윤리적 결론들이 있음을 보여준다.

또 다른 예화: 사회 심리학자인 솔로몬 애쉬(Solomon Asch)는 사람들이 의사 결정에 있어서 집단의 의사 결정을 따르는지 관심을 가졌다. 그래

서 그는 실험을 계획했는데, 그 실험에서는 오직 피실험 주체만을 제외하고 다른 모든 사람에게 막대기의 길이를 맞추는 것과 같은 질문에 틀린 답을 하도록 준비했다. 그 피실험자는 몹시 당혹해 했지만, 결국 일반적으로 잘못된 답에 동의하고 말았다. 하지만 그 집단에서 한 명이라도 옳은 답을 하면, 그 피실험자는 자유롭게 그 한 사람과 같은 대답을 했다.[15] 이러한 사회학적 연구는 사람들에게 거절할 자유가 결여되어 있음을 의미하지 않으나, 그것은 우리가 소중히 생각하는 사람들이 승인하고 용납하는 것과 다른 대답을 해야 할 때 느끼게 되는 엄청난 압박을 이해하게끔 도와준다. 그리고 그것은 실제 우리는 동의할 수 있으나 어느 정도의 가시적인 인간적 지지 없이 자신의 의견을 표현하는 것에 두려움을 갖는 사람들을 자유롭게 하는데, "공개적으로 반대의 뜻을 밝히는 것"의 중요성을 이해하도록 도와준다.

반복: 과학을 포함한 경험적인 연구들은 우리가 무엇에 의해 살아가는지에 관한 궁극적 가치들을 제공하지 않는다. 하지만 그것들은 우리가 복음의 의미를 따라 살아가야 하는 실제 세상을 이해하도록 도움을 준다. 따라서 사회정의에 대한 교회의 가르침은 그런 정보의 자료에 관심을 기울여야만 한다. 비록 교회의 가르침이 신학에 기초하고 있을지라도 말이다.

15_ Solomon E. Asch, "Effects of Group Pressure upon the Modification and Distortion of Judgments," in *Readings in Social Psychology*, ed. Eleanor E. Maccoby et. al., 3rd ed. (New York: Henry Holt, 1958).

누가 교회를 대변할까?

윤리학자인 폴 램지(Paul Ramsey)는 『누가 교회를 대변할까?』라는 책에서 세계교회협의회가 1966년 제네바에서 열렸던 교회와 사회에 관한 세계 회의(The World Conference on Church and Society)에서 구체적인 윤리 사상을 제시한 것을 비판했다.[16] 램지는 베트남 전쟁을 반대하는 것에 대부분의 내용을 할애하면서 심각한 질문들을 던졌다. 그 질문들은 (성명들을 작성하고 공표하기 위해 누가 참석하며 참석하지 않았는지) 선언문을 작성하는 과정에서 교회 공동체들의 구성에 관한 것과 교회 공동체에서 정부의 의사 결정권자들이 결정한 특정 정책들을 지지하거나 비판하는 것이 적절한가에 대한 것이었다. 램지가 교회의 모든 성명에 반대한 것은 아니다. 그의 비판은 의사 결정권자들이 맞닥뜨리는 도덕적 딜레마에 대한 인식이 너무 부족하고, 대안적인 선택 사항들에 대해 무지하며, 도덕의 실천에 관한 전문 지식을 가진 사람들이 의사 형성 참여 과정에서 너무나 자주 소외되었다는 사실을 지적했다. 이러한 요점들은 하찮지 않다. 사회정의 안건이 어떤 것이어야 하는가를 선포하는 만큼, 의사 결정 과정에서 결정권자가 인식하는 사실적 기초는 반드시 정확해야만 하고, 사실적 상황과 기독교 신앙 사이의 관계는 반드시 명확하게 규명되어야만 한다. 또한 관련된 실천적 전문 지식을 사용하려는 교회의 필요에 대한 램지의 지적은 타당하다. 큰 교단들과 그들의 교회 위원회들은 자신들의 구성원들을 포함해 예상할 수 있는 질문들에 대한 실천적 전문 지식을 가진 사람들을 많이 활용하고 있다.

물론 교회의 구성원이 실제로 경쟁력이 높다는 사실이 그 사람이 실천

16_ Paul Ramsey, *Who Speaks for the Church? A Critique of the 1966 Geneva Conference on Church and Society* (Nashville: Abingdon, 1967).

적 경험과 기독교 신앙 사이의 연결 고리를 반드시 만들어야 하는 것을 의미하지는 않는다. 사람들은 의식적으로든 무의식적으로든 자신의 교회 생활과 세속적 경험이 서로 영향을 주지 않도록 구분 짓는 것에 꽤 능숙하다. 신학자가 사실들을 무시하고 오롯이 신학적 기반들 위에서 사회적 안건을 적법하게 다룰 수 없는 것과 같이, 사실에 관한 전문가는 신앙에 대한 고려 없이 온전히 사실에만 기초해서 기독교적 도덕 판단을 적절하게 제공할 수 없다. 이 두 사람이 깊이 조화를 이룰 때 놀라운 일이 발생할 수 있다.[17]

교회 지도자가 상당히 많은 수의 교인이 받아들이고 있는 사안과 관련해서 다른 의견을 갖고 있고, 그래서 교회 지도자들이 교회를 대변하지 않는다고 주장될 때, 우리는 (일반 대중들에게 뿌리내린) 교회 구성원들이 언제나 그들이 고백하는 신앙에 기초해서 그런 사안들을 다루는 것은 아니라는 사실을 때때로 잊어버린다. 대부분의 주류 개신교 교단들은 교회 지도자들과 대변인들을 선택할 때 주로 민주적 절차를 거친다. 그러나 항상 그 이면에는 신실한 지도자들이 교회의 깊은 신앙을 어떻게 나타내고 분명히 설명하는가에 대한 질문이 내재해 있다. 그 누구도 이런 질문과 관련해서 완벽하지 않고, 모두가 그 시대의 세속적 관점과 문화적 편견들에 영향을 받는다. 그러나 교회를 대표하도록 선택을 받은 사람들은 교회 구성원들이 행한 피상적인 설문 조사들을 단순하게 수집하는 것만으로 그에 대한

---

[17] 이 예화는 1989년 케냐의 나이로비에서 열렸던 세계감리교협의회에서 일어났다. 그 해 그 협의회는 남아프리카 공화국의 인종 차별 정책인 아파르트헤이트의 실체들에 대해 공표했다. 그것은 남아공 정부가 인종 차별 정책들을 폐지하는 데 국제 사회의 경제 제재가 압력을 가져왔음을 주장하는 신중한 성명을 만들었다. 남아공에 막대한 투자를 하는 미국 회사의 대표 간부는 그 제안된 성명에 반대 주장하는 것을 삼갔을 뿐만 아니라, 실제로 그것에 투표했다. 나중에 그의 표에 관해 설명하면서 이 기독교 평신도이자 회사 간부는 다음과 같이 말했다. "나는 _____ 회사의 대표로서 이 자리에 오지 않았다."

책임을 다했다고 할 수 없다. 그들은 교회 구성원들만을 대표하는 것이 아니다. 더 근본적으로 그들은 그리스도의 마음과 하나님의 뜻을 대표하기 위해 애쓴다. 일반적으로 완벽하게 실천하지 못한다는 사실이 시도조차 할 책임도 없다는 사실을 의미하지 않는다. 대부분 인간의 노력은, 심지어 가장 신실한 그리스도인들이 보여주는 노력들조차도 목표에 도달하지 못한다. 그러나 교회의 대표들은 하나님의 은혜와 교회 내에서 이어지는 세대들을 통해 하나님이 정의를 바로 세우시는 일을 신뢰하면서 사역을 진행할 수 있다.

실패를 통한 배움

시간이 지나면서 교회는 실패를 통해서도 배움을 얻는다. 실패의 중요한 예는 금주 운동이 될 수 있을 것이다. 몇몇 개신교 교단들이 알코올 음료의 판매를 금지하는 수정헌법과 법률을 지지한 것은 소외된 미국인들이 경험했던 진정성 있는 결과물이었다. 교회들은 알코올 중독과, 만취해서 학대받고 버림받은 가족들, 술집 안팎에서 벌어지는 폭력들, 그리고 기타 여러 가지 문제들에 의해 깨진 삶의 비극들을 마주했다. 이런 악을 단 한 번에 제거하려는 욕구는 엄청난 비극에 사로잡힌 사람들을 향한 너무나 인간적인 연민에서 발생한 것이었다. 돌이켜 생각해보면 우리는 알코올 중독이 인간 삶의 비극의 원인만큼이나 개인적·사회적 문제의 징후였다는 것을 쉽게 알 수 있다. 비록 우리 시대의 약물 중독이 서부 개척 시대에 있었던 알코올 중독에 필적하는 문제들이지만 말이다. 금주 운동은 수정헌법 제18조와 적절한 법안의 이행과 함께 거둔 놀라운 정치적 성공이었다. 그러나 그것은 광범위한 법 위반 및 조직적 범죄로 이어지고 법에 대한 경멸에 기여할 뿐 아니라 금주법을 배후에서 지지하던 교회를 경멸하게 만든 놀라운 사회적 실패이기도 했다. 교회들은 법의 강제력을 추구하려는 열정에 사로잡혀 금주 운동을 초래했던 도덕적 충동을 잊어버렸다. 도덕적 이유로 시작했던 것이 대부분 율법주의적인 운동(legalistic crusade)으로 퇴보했다. 수정헌법 제18조가 폐지될 즈음(수정헌법 제21조에 의해), 금주 운동은 선보다는 해악을 남겼다.[18]

낙태 수술을 불법으로 규정하려고 애쓰는, 낙태 반대 운동을 지지하는 미국 그리스도인들은 앞선 실패의 사례를 되돌아보아야 할지도 모른다. 폭넓은 대중적 동의가 부족한 상태에서 낙태 반대 운동의 성공은 낙태가 가끔 도덕적으로 책임 있는 선택일 수도 있다고 믿는 수백만의 시민들에게 괴로움과 환멸을 가져다줄지도 모른다. 때때로 우리는 열정에 사로잡혀 인간 행위와 관련된 도덕 규범과, 그 행위를 금지할 목적으로 만들어진 강제성을 띤 법을 구분하는 것을 소홀히 한다. 종종 법과 도덕 사이에는 밀접한 관계가 있고 또 그래야만 한다. 그러나 법이 항상 악으로 인식된 도덕적 문제를 다루는 데 있어서 제일 좋은 수단은 아니다. 가끔은 다른 방법으로 문화와 개인들의 행동에 영향을 주기 위해 노력하는 것이 더 나을 수도 있다.

기념할 만한 성공 사례

하지만 그리스도인들이 공적 지지를 통해 해결하려고 애써왔던 중요한 사회정의 문제들이 있어 왔고, 때로는 지속적인 성공을 거두기도 했다. 18세

18_ Paul A. Carter는 금주 운동의 인간적 무관심과 도덕주의는 그것의 승리 후 1920년대와 1930년대에 미국 문화에 세속주의의 증가에 막대한 영향을 끼쳤다는 설득력 있는 주장을 했다. Paul A. Carter, *The Decline and Revival of the Social Gospel: Social and Political Liberalism in American Protestant Churches* (Ithaca, N.Y.: Cornell University Press, 1954). 또한 Carter는 두 번의 세계 대전 사이의 세속주의는 부분적으로 제1차 세계대전 중에 일어난 다양한 학살이 미국 교회들의 무관심에서 기인했다고 생각한다. 그 분쟁에 대한 설교단의 무비판적인 지지는 열정적으로 적을 악마로 묘사하고 전쟁에 대한 참여는 악을 몰아내기 위한 위대한 십자군 전쟁으로 묘사했다. 시려 깊지만 환멸을 느낀 문화 지도자들은 교회들로부터 점점 등을 돌렸다.

기와 19세기의 노예 제도 반대 운동은 이것의 가장 주목할 만한 성공 사례일 것이다. 오늘날 아무도 노예 소유가 악하다는 것에 이의를 제기하지 않는다. 그것은 미국 역사에서 어두운 그림자로, 오늘날에도 우리의 문화를 왜곡하는 비극적 전통을 만들어낸다. 노예 제도 폐지 운동은 노예 소유자들이 그들의 노예들을 자유롭게 할 것을 (단순한 권유가 아닌) **강제하는** 법을 통해 노예 제도를 종식시키고자 계획했다. 그 자체로 놀라운 악들과 비극들을 가진 시민 전쟁이 결국 연방을 유지하고 노예 제도에 종말을 가져오는 데 반드시 필요했는지 또는 전쟁이 아닌 다른 대안으로도 납득할 만한 기간 내에 성공을 가져올 수 있었을지에 대해 논란의 여지가 있을 수 있다. 노예 제도 그 자체가 본질적으로 악이라는 것과 역설적으로 노예 소유주 자신들을 포함한 많은 이들의 삶을 엉망으로 만들었음에는 반론이 있을 수 없다. 또한 노예 제도가 조만간에 —가급적이면 빨리— 불법으로 규정되어야 한다는 점에도 이론의 여지가 없다. 돌이켜보면 기독교 노예 제도 폐지 운동 진영의 주장들은 신학적 설득력이 있었다. 동시에 그들을 반대하는 자들의 주장은 억지스러웠고 설득력이 떨어졌다. 많은 그리스도인이 노예 제도를 종식시키기 위해 노력했고 그들의 노력이 궁극적으로 승리의 월계관을 썼다는 것은 좋은 일이다.

비슷한 것들로는 시민 인권 운동이 있다. 인종 차별을 강제하는 법들을 인종 차별을 금지하는 법들로 대체하려고 고안된 이 운동은 교회 내부와 교회 외부에서 커다란 논란을 일으켰다. 남부의 교회들이 그 운동에 반대한다고 전해졌을 때 남부 **백인** 교회들은 일반적으로 침묵했지만, 그들에게 대응하는 흑인들은 깊은 침묵에 대항해 이 운동에 활발하게 참여하거나 소극적으로 참여했다. 미국흑인지위향상협회(National Association for the Advancement of Colored People; NAACP), 남부기독교지도자회의, 인종평등회의(CORE, Congress Of Racial Equility) 같은 운동 단체들은 상당한 수의 그리스도인과 유대인의 참여를 독려했다. 1960년대에 기독교교회협의회(National Council of Churches)와 수많은 교단의 사회 활동 기관들이 상당히 참여하면서 시민 인권 운동의 입법적 주장은 인권을 위한 지도자회의(Leadership Conference on Civil Rights)에 힘을 실어주었다. 그러한 참여는 정치적으로 중요했지만, 또한 비폭력과 인종 간 화합에 그 운동이 초점을 맞추는 것을 유지하도록 돕기도 했다. 특히 마틴 루터 킹 주니어, 랠프 애버내시(Ralph Abernathy), 앤드루 영 목사(Rev. Andrew Young) 같은 그 운동의 주요 지도자들은 개신교 사역자들이었다. 어떤 점에서 인권 운동의 중요한 순간은 1955년 3월 앨라배마의 셀마에서 열린 몽고메리 행진이었다. 셀마 몽고메리 행진은 투표권법(Voting Rights Act)의 통과를 촉발했기 때문에 특히 중요했고, 투표권은 다른 모든 권리를 확증하는 데 도움을 주었다.

20세기 초반 사회복음 운동(Social Gospel movement)으로 불리는 것에 영감을 받은 교회들은 미성년자 노동 착취와 노동조합의 필요성에 관심을 기울이는 데 도움을 주었다. 인권 운동과 같이 경제적 관계들에서 공정성에 대한 압박은 교회가 정치 권력의 문제에 대해 현실적이 될 것을 요구했다. 교회들이 항상 성공했던 것은 아니었다. 그리고 그들이 항상 현명했던 것도 아니었다. 그러나 전체적으로 그들은 이 나라를 사회정의가 구현될 위대한 땅으로 만들기 위해 협력했다.

교회의 관심을 호소하는 사안들

850페이지에 달하는 『연합감리교회 결의안 2000』[19]은 무척 포괄적인 범

19_ *Book of Resolutions of the United Methodist Church* (Nashville: United Methodist

위의 사회 주제들에 대해 목소리를 내려는 현대 주류 교단들의 경향을 보여주는 좋은 예다. 이 책에 실린 338개의 성명과 결의안들은 완성도 면에서 차등이 있는 사실적 지식과 정치적 통찰력 및 신학적 지혜를 반영한다. 명확하게 이 결의안의 모든 내용을 한 사람이나 하나의 특정 그룹이 작성한 것은 아니다. 대총회의 모든 대표가 전체 회의에서 그런 엄청난 내용에 세심한 주의를 기울여 그런 문건을 작성할 수 있었으리라고는 상상하기 어렵다. 그럼에도 여전히 대부분의 성명은 사려 깊게 발전되었고, 그것들은 교회가 우리 시대의 사안과 연관되도록 만들고자 하는 총체적인 노력을 보여준다. 이 글에서는 감리교 교단이 받아들인 모든 결의안과 성명들을 분명하게 분석할 수 없고, 하나의 예를 살펴보는 것이 이 커다란 결의안에 포함된 관점들과 방식을 보여주는 데 도움이 될 것이다.

미성년자 노동에 대한 결의안은 "복음서에는, 하나님을 향한 제자들의 자세는 아이들을 향한 그들의 자세와 '작은 아이와 같이 되기' 위한 그들의 능력에 의해 측정된다"는 성서적 내용으로 시작하고, 그러므로 "유년기 아이들의 보호와 양육은 우리의 가장 신성한 책임들 가운데 있다"라는 주장이 계속된다. 그 결의안은 많은 나라에서 아이들이, 그리고 "학대적이고 파괴적인 조건들 아래 노동으로 몰려가는 그들의 존재"가 맞닥뜨리는 비인간적 행위에 관한 사실적 관찰들이 계속된다. 또한 그것은 "미성년자 노동과 관련한 국제노동기구조약(ILC)의 비준과 시행"에 대한 요구와 "미성년자들의 노동으로 만들어진 재화의 국제 불법 밀수에 대한 금지를 시행하기 위한 입법적·행정적 수단"에 대한 지지를 호소한다. 그것은 "단독적이고 다각적인 원조와 기초 교육의 결여, 계급에 대한 편견, 특정 사람에

Publishing House, 2000). 이 책은 연합감리교회의 "사회 원칙들"과 4년마다 열리는 교회의 대총회에 의한 공식 선언들을 담고 있다.

게 불이익을 주는 불균형 발전 계획과 같은 미성년자 노동의 근본적인 발생 원인들을 제거하는 개발 정책들을 지원하기 위한" 요청을 포함한다.[20]

컬럼비아 특별구(워싱턴 D.C.[District of Columbia])의 사람들을 위한 투표 대표제(voting representation, 워싱턴 D.C.에서도 의회 투표권을 가지는 의회 의석을 배분하는 법안을 말함-역자 주)에 대한 결의안은 "이 연방 특별구의 거주자들을 위한 연방 의회 내의 투표 대표제는 헌법에 규정되어 있지 않고, 그 이후 어느 때에도 만들어지지 않았다"는 사실에 주의를 환기시킨다. 이것이 "지독한 도덕적 실수"가 될 수 있음을 고려하면서, 그 결의안은 "특별구의 시민들은 양 의회 내의 투표 대표제를 포함해 다른 미국인과 동일한 정치적 권리를 부여받았음"을 확증한다. 그리고 그 결의안은 "그들은 무엇이든 알맞고 타당한 수단을 찾아서" 그러한 투표 대표제를 제공하기 위한 행동을 취할 것을 대통령과 의회에 요청한다.[21] 결의안은 이 입장을 주장하면서 국가적 전통과 컬럼비아 특별구의 사람들(정치인들)이 국가의 안녕을 위해 공헌해야 한다는 주장과 같은 실천적 고려 사항에도 호소한다. 이 결의안에는 특별히 신학적인 논증이 약간 포함되어 있지만, 이는 민주주의를 고려하는 연합감리교회 사회 원칙에 포함되는 광범위한 성명서들을 염두에 둔 것이다.

낙태에 관한 질문은 특별히 미국 사회 전체에서 교회들이 직면한 도전이었다. 이 사안에 대해서 여론의 대립 상태를 반영하는 연합감리교회 사회 원칙의 낙태에 관한 성명은, 낙태의 몇몇 상황은 정당화될 수 있다는 인식과 법이 허용하는 범위 내에서만 인정되어야 한다는 인식 사이에서 머뭇거리며 자신들의 방식을 형성한다. 그러나 동시에 "태어나지 않은 인

20_ Ibid., 179-80.
21_ Ibid., 64a6.

간 생명의 고귀함에 대한 우리의 믿음은 낙태를 허용하는 것에 대해 망설이도록 만든다"고 덧붙인다.[22]

이와 마찬가지로 논란이 많은 주제인 사형 제도에 대한 교회의 입장은 훨씬 직접적이다. "연합감리교회는 사형 제도의 유지와 사형 집행에 대해 반대를 선언하고, 그것의 폐지를 요구한다." 이 입장은 부분적으로 "사형 제도는 수감 제도보다 더 효과적으로 살인을 억제한다는 주장을 뒷받침하는 데 압도적으로 실패해왔다"는 경험적 연구들에 근거한다.[23] 그러나 더 기초적인 신학적 차원에서 그 성명은 "사형은…모든 인간을 변화시키고 회복시키는 그리스도의 힘을 거부하는 것이다"라고 주장한다. 우리가 상기하는 것은 그리스도가 "우리 가운데 오셨고 죽기까지 고통받으셨다는 사실이다. 그리스도는 모두를 위해 새 생명으로 부활하셨다. 그의 고통, 죽음, 부활은 인간의 생명에 새로운 차원을 가져왔고 회개를 통한 하나님과 화해의 가능성을 가져왔다. 이 선물은 예외 없이 모두에게 제공된다."[24] 이 결의안에 대해 "연합감리교회는 사람의 생명을 취하는 근거로 응징이나 사회적 복수를 받아들일 수 없다. 그것은 인류의 창조주이자 구원자로서 하나님에 대한 우리의 가장 깊은 믿음을 위반하는 것이기 때문이다." 이 성명은 연합감리교인들에게 "사형 제도의 폐지를 위해 다른 에큐메니컬 단체들 및 폐지론자 단체들과 함께 일하고 사형 제도에 맞서 주지사와 주 의원 그리고 연방 대표들에게 목소리를 높여 반대하는" 행동을 촉구하는 것으로 마친다.

동성애 사안은 특이하게도 주류 교회 내에서 의견의 일치를 보지 못

22_ Ibid., 44.

23_ Ibid., 595.

24_ Ibid., 594. 놀랍게도 (미국인들의 설문조사에서 사형 제도에 대한 다수의 지지를 고려할 때), 연합감리교는 2000년 대총회에서 98% 대 2%의 비율로 사형제 폐지를 다시 확증했다.

하고 있다. 이 사안과 관련해 연합감리교회는 꽤 전형적인 입장을 취한다. 30여 년간 이 교단은 사회 원칙을 통해 "우리는 동성애 행위의 실천을 용납하지 않으며 이러한 행위는 기독교 가르침과 양립할 수 없다고 여긴다"라고 주장해왔다.[25] 1984년 대총회는 "동성애 행위를 한다고 인정한 사람들"에 대한 안수 또는 임명을 금지했다. 1996년에 성직자들은 동성애자 연합 예배를 주재하는 것이 금지됐다. 여전히 감리교회는 게이와 레즈비언들을 향한 사역의 중요성과 그들이 교회 생활에 포함되야 함을 강조해왔다. 가장 최근에는 그러한 점이 다음의 선언과 함께 강조되었다. "우리는 가족과 교회들에게 그들의 레즈비언과 게이 구성원들, 그리고 그들의 친구를 거부하거나 비난하지 말 것을 간청한다." 공공 정책과 관련해서 감리교의 사회 원칙은 성적 기호와 관계없이 모두에게 적용되어야만 하는 "기본적 권리와 시민의 자유"의 전면적인 확증을 포함한다. 감리교회는 동성애를 지향하는 사람들의 기본권이 반드시 보호되어야만 한다는 "단순한 정의에 관한 명확한 사안"은 원칙이 되어야 함을 고려한다. 이 기본권에는 "그들의 정당한 요구들을 포함하여 물질적 자원들, 연금, 후견인 제도, 소송 대리권, 기부금 제도, 계약 책임, 법 앞에 평등한 보호를 포함하는 계약 관계에 일반적으로 수반되는 다른 법적 요구들을 공유하는 것도 포함된다."[26] 비록 교회가 다른 곳에서 결혼을 남자와 여자 사이의 관계로 정의함에도 불구하고, 이러한 장황한 목록은 결혼 관계에 관한 법적 상태와 매우 유사하다. 계속되는 결의안에서 감리교회는 "미군은 성적인 성향에 기초하여 병역에서 사람들을 배제해서는 안 된다"고 단호히 선언했다.[27]

25_ Ibid., 43.
26_ Ibid., 49. 이 표현은 1992년 대총회에 의해 받아들여졌다.
27_ Ibid., 160.

전쟁과 평화의 사안들, 그리스도인들이 군 복무에 관련하는 문제들은 주류 교회들 안에서도 많은 관심을 받아왔다. 몇몇 주류 교단들은 광범위하게 평화주의 성향을 보이고, 다른 사람들은 기독교의 정의로운 전쟁 전통에 동의하며, 여전히 다른 사람들은 평화주의와 정의로운 전쟁 전통을 모두 받아들인다. 모든 교회가 전쟁을 기독교의 양심에 대한 문제로 고려하는 점은 타당하고, 긍정적인 선으로서 전쟁을 미화하는 교회의 어떠한 성명도 찾기 어려울 것이다. 연합감리교단은 서로 다른 신조를 가진 그룹들을 포함한다. 물론 이 교회가 (메노파 또는 프렌즈[Friends]와 같은) 평화 교회들과 같은 부류로 간주될 수는 없겠지만, 감리교회는 양심적인 반대자가 될 것을 선택하는 그 구성원들을 힘써 지지해왔다. 2000년 대총회 이전에, 감리교회의 입장은 "전쟁은 그리스도의 가르침과 예시에 부합하지 않는다"라는 분명한 선언과 양심적인 참여자들에 대한 지지를 담은 준평화주의적인 언어로 묘사될 수 있을 것이다. 2000년 대총회는 결의안과 관련해서 평화주의자들과 정의로운 전쟁 관점에 대한 언급을 포함하는 더 미묘한 언어로 조정했다. 그것은 "우리는 전쟁을 개탄하고 나라들 가운데 있는 모든 분쟁이 평화롭게 해결될 것을 촉구한다"고 말하고, 그리스도인들은 오랫동안 "폭력과 전쟁의 냉혹한 현실들과 함께 투쟁해왔다. 이러한 악들은 명백하게 인류에 대한 하나님의 사랑의 목적들을 방해하기 때문이다"라고 시작한다. 그리고 그것은 대부분의 다른 그리스도인들은 "평화적인 대안들이 실패했을 때 무력의 사용이 걷잡을 수 없는 공격, 압제, 학살보다 더 나은 것일지도 모름을 후회스럽게 깨닫는" 반면, "우리 중 일부는 전쟁과 다른 폭력 행위들이 그리스도인들에게 절대 받아들여질 수 없는 것"임을 말함으로써 기본적인 기독교 시각 둘 다를 포함한다.[28]

28_ Ibid., 62-63.

이렇게 어떤 한 대표적 교단이 취한 몇몇 입장의 예를 간략하게 설명하면서 최근의 사회정의에 대한 교회 증언의 복잡성을 독자들에게 소개할 수 있었다. 이 성명들과 그들 옆에 나란히 놓이는 다른 수백 개의 성명은 공적인 의사 결정의 무대에서 믿음의 결과를 증언하기 위한 교회의 헌신을 보여준다. 변함없이 그 성명들은 다수의 저자와 가끔 충돌하는 시각들을 수용하기 위한 명백한 노력을 반영한다. 그것이 모두 나쁜 것은 아니다. 우리 중 아무도 인류가 직면한 사안들에 대해 최종적 발언권을 가지고 있다고 주장할 수 없기 때문이다. 아마도 하나님의 음성은 그것을 이해하기 위한 많은 사람의 신실하고 사려 깊고 구도적인 투쟁을 통해 가장 잘 들릴 수 있을지도 모른다.

사회정의에 대한 교회의 증언이 얼마나 효과적인가?

이러한 예들에서 알 수 있는 명백한 사실은 교회는 행동 없이 가르칠 수 없다는 것이다. 일반적으로 다양한 결의안과 선언들은 그리스도인과 교회 및 공공 관리들에게 제안된 행동을 실천해줄 것을 요청한다. 그것이 정말 일어날까?

때때로, 매우 놀랍게도 그런 실천은 **일어난다!** 우리는 어떻게 교회들이 시민 혁명과 그 이전에 금주 운동에 기여했는지 이미 검토했다. 나는 워싱턴 D.C.에 있을 때 교회 대표들이 공공 정책에 영향을 끼친 수많은 예를 알게 됐다. 심지어 공공 관리들이 전국적·지역적 차원에서 일어나는 다양한 교단의 수천 가지 성명에 전혀 관심을 기울이지 않을 때도, 결의안들은 한 가지 유익한 목적을 제공한다. 그것들은 교회 공동체들이 가지고 있는 심각한 논쟁에 대한 기회를 제공하면서, 세상에 대한 복음의 적절성에 대해 더욱 명확하게 **생각하도록** 모든 사람을 자극한다. 심지어 심한 언쟁들도, 비록 그리스도인들이 공통으로 지니고 있는 모든 것에 대한 시야를 잃는다는 것은 슬픈 일이지만, 그러한 기능을 담당한다.

    나는 교회들이 공적 성명을 발전시키는 데 더 많은 시간을 사용한다면, 교회가 복음에 더 효과적이고 더 신실하게 반응할 수 있다고 생각한다. 몇몇 교회 문서들은 성서적·신학적 토대들과 사실적 질문들에 대해 진지한 주의를 기울임과 동시에 책임 있는 연구를 통해 치밀하게 기술될 필요가 있다. 그러한 문서들은 일반적으로 내용이 많다. 종종 그것들은 발전시키는 데 더 많은 시간이 걸리고 더 많은 사람이 필요하다. 반대로 몇몇 교회 성명들은—아마 그것들의 대부분은—너무 재빠르게 작성되고 또 진술된 결론에 만족하는 것처럼 보인다. 나는 그것이 사회적 증언을 저버리는 것에 대한 변명이 된다고 생각하지 않는다. 그러나 우리는 현재 우리가 일하는 방식을 분명히 개선할 수 있다.

논평

로마 가톨릭 관점

클락 E. 코크란

비록 워거먼이 이 책에서 설명한 관점이 대부분의 주류 개신교와 관련이 있는 것일지라도, 그의 설명은 굉장히 에큐메니컬적이고 또한 로마 가톨릭의 자료를 종종 사용한다. 이것은 내가 1장에서 설명한 가톨릭 관점과 공통점이 많다는 것을 의미한다. 사회정의 관점의 이러한 에큐메니컬적인 성향은 대단히 설득력이 있다. 하지만 한 주제에 좁게 집중하는 워거먼의 견해는 포괄적인 재세례파 관점, 개혁주의 관점, 가톨릭 관점보다 더 취약한 토대를 제공한다.

가톨릭의 설명과 비슷하게 아리스토텔레스에 기초한 자연법 때문에 워거먼은 전체 공동체를 대변하고 행동하는 국가의 역할, 특히 국가의 사회정의를 실현해야 할 책임에 대해 설명한다. 더욱이 그는 정의란 각자의 몫을 분배하는 것이라는 아리스토텔레스의 주장을 언급하면서 자연법에 준하는 사회정의를 기술한다. 이러한 자연법적 목적을 신학적인 것으로 수정한 것에 따르면, 하나님의 통치 아래서 모든 징벌은 정당한 것이다. 하지만 하나님은 그분의 자비와 정의에 따라 모두에게 공동체의 문을 여신다.

따라서 정의는 공동체에 있는 모든 이를 포함한다. 워거먼은 이것을 사회생활에 참여하는 것으로 해석한다. 사회정의 관점이 제시하는 예들은 바로 그 같은 방향을 가리킨다. 낙태와 시민 인권 운동은 미국이라는 공동체의 온전한 구성원으로서 아프리카계 미국인들 및 배척받은 다른 집단들을 대상으로 삼았고, 그들이 공동체에 참여하는 결과를 가져왔다. 워거먼이 제시하는 구체적인 예 중 두 가지는 참여와 포함, 곧 컬럼비아 특별구에 대한 투표 대표제와 동성애자들이 시민의 권리와 책임을 갖는 것에 중점을 둔다.

사회정의 관점은 가톨릭 사회 교리를 아주 많이 상기시킨다. 가톨릭 사회 교리는 인간이 사회적 동물이라고 함축적으로 설명하는 워거먼의 공동체적 성향을 받아들인다. 그것은 정부가 사회정의를 조성하는 데 있어 기본적인 토대가 되고, 근본적인 역할을 한다는 것에 동의한다. 또한 가톨릭 신학은 포함이라는 그의 특별한 예를 지지한다. 더욱이 워거먼의 창조에 대한 설명은 가톨릭 관점처럼 그리스도인의 삶에서 성육신적 토대를 강조하고, 하나님이 인간 삶의 물질적 조건에 관심을 가진다는 그의 설명은 가톨릭 사회 교리가 주장하는 성육신적 주제와 입장이 같다.

마지막으로 워거먼이 사회학에서 강조하는 경험적 지식의 중요성과 목회 현장에서 경험의 중요성(예를 들어 가톨릭 병원이나 감리교 병원)을 환기하고 새롭게 설명하는 것은 가톨릭교회에서 가르치는 자연법, 합리성, 기관들과 관련한 주제와 입장이 같다.

그런에도 불구하고 가톨릭 관점은 워거먼이 지지하는 사회정의 관점에 대해 반대할 것이 있을까? 사실 이론적 차원과 정치적 차원에서 반대할 부분이 있다.

이론적인 차원에서 볼 때, 공동체의 근본적이고 합법적인 가치를 설명하기 위해 정부와 사회의 정의가 시민의 참여로부터 도출된다고 주장하는 것은, 상당히 매력적인 것이기는 하지만 지극히 편협한 생각이다. 워거먼의 설명에 따르면 국가가 사람들이 갖고 있는 근본적인 가치들을 적절하게 반영해서 행동한다면, 국가는 움직인다. 이런 설명은 죄가 대중들의 가치를 왜곡했고 또 각 시대마다 다른 방식으로 대중들의 가치를 왜곡한다는 반대에 부닥친다. 노예 제도는 과거에 합법적이었다. 하지만 지금 노예 제도는 불법이다. 제1차 세계대전 동안 교회가 국수주의적 태도를 무비판적으로 지지한 잘못을 보여주는 각주 18은 합법적으로 표현된 대중의 가치들이 사회와 교회에서 어떻게 심각하게 잘못될 수 있는지를 보여준다. 궁극적으로 시민들이 받아들이는 가치와 그들의 사회 참여에 기초한 정부와 사회정의에 대한 설명은 **과정**에 대한 설명이다. 적절한 과정이 정말로 사회정의의 기본적 구성 요소가 될 수도 있기는 하지만, 또한 과정은 정의롭지 못한 방향으로 이어질 수도 있다. 비록 합법적인 과정이 사회정의의 근본적인 요소라 할지라도, 과정은 그것이 공동선, 인간 생명과 존엄성의 보호, 그리고 가난한 자들을 위한 특혜적 선택 사항 등과 같은 실질적인 기준들로부터 이탈할 때, 정의롭지 못한 방향들로 이어질 수 있다. 가톨릭 전통이 제시하는 더 객관적인 도덕적·정치적 기준들은 대중적인 가치들을 효과적으로 비판하고, 도전하며 초월할 수 있다. 가톨릭 전통은 대중적 가치들에 의존하지 않기 때문이다.[1] 워거먼의 사회정의 관점은 바로 이런 이론적인 기초가 부족하다.

그의 다른 실천적 정책의 예들도 동일하게 문제의 소지가 있고, 특히 다음과 같은 두 가지 이유에서 그러하다. 그것들은 잘못된 방향으로 움직이거나 분명한 태도를 보이지 않고 모호하다. 예를 들어 도덕과 법을 너무 가깝게 연결하려고 시도하다 보면 임신 중절 합법화에 반대하는 운동

---

[1] 이것은 가톨릭교회가 항상 성공적으로 일한다는 것을 의미하지 않는다. 단지 그것은 이런 임무에 필요한 이론적이고 신학적 수단을 가지고 있다는 것을 의미한다.

에 대한 워거먼의 비판은 무고한 생명의 보호에 대한 가톨릭 사회 교리의 헌신—태중의 생명까지 확장되는 실질적 도덕 원칙—과 함께하지 못할 것이다. 비록 가톨릭 전통이 워거먼의 일반적 요점, 곧 모든 도덕은 법적으로 강요되면 안 된다는 점에는 동의하지만, 생명을 보호하려는 완강한 의지와, 다른 모든 권리에 앞서는 생명권의 근본적인 중요성을 천명하는 가톨릭교회의 입장은 태어나지 않은 생명을 보호하는 일에 법의 역할이 얼마나 중요한지 강조한다.

가톨릭교회는 미성년자 노동과 노동조합의 결성과 가입을 방해하는 법들을 공격했던 20세기 초반 주류 사회정의 교회들과 행동을 같이했다. 이 두 종교적 전통은 후에 시민 인권 운동을 지지하기 위해 함께했다. 그들은 이제 사형 제도에 대한 반대를 함께 주장한다. 이들의 명확한 도덕 기준들을 고려할 때, 가톨릭교회의 입장에서는 어떻게 워거먼의 기술처럼 사회정의 관점이 낙태에 대해서 "자신들의 입장을 표명하기를 망설이는지" 이해하기 어렵다.

분명하게 태도를 밝히지 않는 똑같은 입장은 동성애와 전쟁, 그리고 평화에 대한 감리교 견해에 대한 워거만의 간결한 설명의 특징을 보여주는 것 같다. 내가 4장에서 사이더의 글을 논평하면서 제시한 전쟁에 관한 가톨릭의 입장은 워거먼의 논문에서 나오는 이중적 태도를 공유하지만, 나는 사회정의 관점의 지지자인 워거먼이 이러한 문제들에 대해 더 명확하게 말하는 것을 듣고 싶었다. 마지막으로 나는 워거먼이 교회와 국가의 관계와, 신앙 기반 정책에 기초한 건강 사회복지 프로그램에 국가 기금을 제공하는 것과 관련된 사안에 대해 사회정의 관점을 설명해주길 원했다. 그러한 논의가 없다면, 가톨릭의 관점과 사회정의 관점이 공공 정책에 대해 얼마나 일치하는지 알기 어렵다.

논평

고전적 분리주의 관점

데릭 H. 데이비스

필립 워거먼은 오늘날 많은 주류 교회가 따르는 사회정의 모델을 그가 어떻게 이해하는지에 대해 전형적으로 학문적인 간결한 글을 썼다. 나는 그가 말한 것에서 논박할 수 있는 것을 발견할 수 없었다. 그럼에도 이 책이 교회와 국가 관계의 모델을 설명하려는 목적을 가진 것이기 때문에, 나는 내가 왜 사회정의 관점이 미국 역사에서 실제로 실현된 교회와 국가의 틀에 어울린다고 생각하는지 논평하고자 한다. 왜냐하면 교회의 정치적 주장이 교회와 국가의 분리를 위반하지 말아야 하는 이유를 많은 미국 시민이 이해하지 못하고 있기 때문이다. 내가 보기에 주류 교단과 다른 교단들이 행하는 사회정의 관점에 대한 논의는 교회와 국가라는 틀에 대한 모델이 어떻게 작동해야 하는지를 설명하기보다는 미국에 있는 교회와 국가의 틀 안에서 무엇을 지지해야 하는지를 묘사하고 있다.

이 책 2장에서 설명했던 것처럼 교회와 국가의 분리는 미국적 삶의 방식에 정말로 중요하다. 하지만 그것은 종교와 국가의 상호 관계와 관련된 모든 측면을 거의 설명할 수 없었다. 이것은 미국적 삶의 방식이 정치 과정에서 종교적 의견들의 참여를 격려하는 방식에서 쉽게 볼 수 있다. 미국적 삶의 방식이 **완전한** 분리의 방식이라면, 그것은 공동체가 그들 자신의 고유한 관점이 법과 공적 정책에 반영되도록 정부 관리들을 설득하려는 공적 정책 과정에 참여하는 것을 지지하지 않을 것이다.

정치적 주장을 옹호하는 일에 참여하는 종교 공동체들의 권리는 미국 전체 역사에서 인정된 것이다. 예를 들어 미국 독립 전쟁 시기까지 교회는 식민지 주들이 모국인 영국과 전쟁을 벌여야 하는지에 대한 질문과 관련해 정치적 논의에서 중요한 역할을 감당했다. 19세기에 기독교와 다른 종교 단체들이 정치적 행동을 벌인 중요한 사안들은 주일 우편배달, 노예제도, 금주, 종파성 없는 교육이었다.

20세기에 종교 단체들이 정치적 집단에 참여해 다룬 사안들은 사회 정의와 전쟁, 평화, 동성애, 낙태, 시민 인권, 빈곤 등을 포함하는 것으로 확대되었다. 오늘날 백 개 이상의 종교 단체들은 유권자로서의 영향력을 행사하기 위해 미국의 수도인 워싱턴에 홍보실을 운영하고 있다. 그 단체들은 법과 공적 정책을 입안할 때 종교 문제를 중심에 위치시키는 데 상당한 영향력을 행사하고 있다. 워거먼의 글은 이 점과 관련해서 확실히 설득력이 있다.

우리가 종교 기관들이 미국의 정치 과정에 적극적인 참여자가 되도록 하는 오래된 종교의 권리를 고려한다면, 미국 연방대법원이 이런 기본권에 이의를 제기하지 않고 있는 점은 전혀 놀랍지 않다. 예를 들어 왈즈 대 국제심사위원회 판결(1970)에서 연방대법원은 다음과 같이 판결했다. "특정한 믿음의 지지자들과 개별적인 교회들은 법과 헌법의 지위에 대한 적극적인 지지를…포함해 공적 사안에 대한 확실한 입장을 갖고 있다. 물론 세속적 기관들과 개별 시민들뿐만 아니라 교회들도 그런 권리가 있다."

그럼에도 종교 기관들은 과도한 정치 후원금의 지출이나 정치 후보를 지지하는 것으로 인해 자신들의 세금 감면 혜택을 상실하기 쉽다. 만약 그들이 세금 감면 혜택을 상실하지 않는다면, 그들은 세속 기관들이 정치 과정에 참여하는 것처럼 동일한 권리를 향유할 수 있다. 많은 미국 시민은 정치적 담론에서 종교 단체들이 적극적으로 역할을 감당하는 것에 대해 불평한다. 비록 종교 단체들이 빈곤, 세금, 복지, 인종, 전쟁과 평화, 그리고 그와 유사한 일들과 같은 세속적인 일들에 대해 주장하는 것일지라도 말이다.

민주주의 원칙은 다음과 같은 정도로 미국 사회에서 지배적이다. 곧 민주 정부에 기여하기를 바라는 미국 사회에 있는 모든 개인과 기관은, 종교적이든지 혹은 세속적이든지 상관없이, 그렇게 할 자유가 있고 심지어 그렇게 하도록 권장된다. 그러한 참여가 교회-국가 분리의 원칙에 관한 위반을 포함하고 있을지라도 말이다. **완전한 분리**는 주류 교회의 활동과 종교 단체들의 로비 활동, 예를 들어 종교적 영감을 받은 관점에 따라서 법률을 형성하고 공공 정책에 영향을 끼치는 활동을 금지한 것을 의미한다.

시민들은 여러 곳에서 자신들이 중요하다고 생각하는 가치를 얻는다. 종교를 가진 시민들은 종교적 세계관에서 나온 가치들을 가졌고, 그래서 그들이 정치에 참여하는 것을 금지할 수 있는 타당한 이유가 없다.

불행하게도 종교 단체들의 많은 로비 활동이 조언보다는 명령을 내리고, 설득력 있는 주장보다는 일방적인 주장을 제시하려고 하지만, 대부분의 종교 단체들은 미국이 다양한 견해로 형성된 민주주의 국가이지 소수 의견으로 형성된 신정주의 국가가 아니라는 사실을 배우면서, 어느 정도 겸손함을 가지고 자신들의 관점을 제안할 수 있게 되었다.

종교적 **주장**이 정치적 담론에 허용되고 있지만, 일반적으로 종교적 목적을 증진하려는 **입법 행위**는 사법적 요구 조건으로 인해 **레몬** 심사 기준에 따라 허용되지 않는다(Lemon v. Kurtzman [1970]). 레몬 심사 기준에 따르면, 정부는 세속적 목적을 반영하고, 종교를 증진하거나 강요하는 것과 같은 일차 효과를 갖지 않으며, 종교와 정부가 서로 지나치게 연루되어서도 안 된다.

정치 이론과 관련해서 (비록 1971년 이후 약간의 수정이 있지만) **레몬** 심사 기준은 연방대법원의 이해, 곧 미국은 **종교** 국가이기보다는 **자유** 국가라는 이해를 반영한다. 하지만 자유 국가에 대한 대부분의 학문적 설명에 따르면, 자유 국가라는 이름은 레몬 심사 기준 이외에도 다른 요구 조건을 필요로 한다. 가장 중요한 것으로, 자유 민주주의 국가에서 공적 담론에 참여한 이들은 다른 대화자들이 이해할 수 있도록 대화해야 한다. 많은 시민이 종교적 언어를 이해할 수 없기 때문에, 종교적 언어는 모든 사람이 접근할 수 있는 세속적 언어로 번역되어야만 한다. 종교적 동기가 어떤 입법 행위라는 허울 아래 감추어져 있을 수 있지만, 입법 행위 자체는 반드시 세속적인 언어로 표현되어야만 한다. 대부분의 사례를 통해 볼 때, 이런 요구 조건은 공적 담론의 최종 결과물, 곧 입법 행위가 세속적 경향을 띠어야 한다는 레몬 심사 기준에 논리적으로 선행한다.

물론 존 롤스(John Rawls)의 연구가 자유주의 정치 사상의 전통에서 대단히 중요하다는 것은 사실이다. 그는 『정의론』에서 자유 국가를 위해 세속적 토대를 지지하면서 매우 기본적인 요소들을 나열했다. 롤스의 연구는 미국에서 대단히 큰 영향력을 끼쳤고, 정치 이론가들이 그의 연구를 폭넓게 받아들이고 있다. 비록 받아들이는 정도가 다양할 수 있지만 말이다. 하지만 최근 들어 다수의 공동체주의 사상가들이 자유주의적 정치 이론에 이의를 제기하는데, 그들은 한목소리로 롤스의 자유론이 공익과 관련해 오직 종교적 관점만이 제공할 수 있는 뚜렷한 공헌을 불가피하게 폄하한다고 불평한다.

이러한 비판가 중 한 사람인 스티븐 카터(Stephen Carter)는 『불신의 문화』(The Culture of Disbelief, 1994)에서 종교적 주장과 심지어 종교에 기초한 입법 행위도 자유 민주주의 틀 안에서 받아들여져야 한다고 주장했다.

나는 공적 담론에서 종교적 **주장들**이 일반적으로 허용되어야 한다고 생각한다. 이런 생각은 존 롤스의 입장에 반대하고 카터의 입장에는 동의하는 것이다. 이 점과 관련해서 나는 정치적 담론에 주류 교회가 참여하는 것이 문제가 없다고 생각한다. 이것은 워거먼이 확실히 5장 전체에 걸쳐서 지속적으로 설명한 것이다. 주류 교회들이 정치적 목적들을 성취하려고 신학적 수단들을 사용하지 않는다는 전제 하에(이것은 마치 종교 국가를 수립하려는 것과 유사한 것이지만), 그들은 정치적 논의와 관련된 여러 사안과 관련해 다른 이들과 타협하면서 자신들의 입장을 알리기 위해 충분하고 완전한 기회를 가져야 한다.

상식적으로 볼때, 종교적 주장을 개진하는 사람이 자신의 주장을 보다 납득 가능하고 설득력 있는 것으로 만들고자 한다면, 그는 자신의 주장을 세속적인 언어로 풀어 써야 할 것이다. 하지만 이것은 그 주장을 개진하는 사람이 결정할 문제다. 그럼에도 5장에서는 카터의 입장을 반대하고 롤스의 입장에 동의해서 다음과 같이 주장한다. 어떤 특정 사안과 관련해 공적 논의가 완료되고 그에 대한 법률을 제정해야 할 때, 미국의 자유 민주주의가 생각할 수 있는 모든 관점(종교적 관점과 세속적 관점)을 고려해서 상대적으로 모든 이가 참여할 수 있는 토론이 되려면 레몬 심사 기준에 일치해서 **제정된 법률**은 **세속적** 목적과 결과를 본질적으로 반영하는 것이 좋다는 것이다.

미국의 헌법 제정자들이 하나님의 이름을 헌법에 의도적으로 반영하지 않았으며 미국이 일반적으로 오늘날 자유 국가로 불리는 것을 원했다는 사실을 보여주는 많은 증거가 있다. 인간의 정부는 신적 권위의 지배를 받아야 한다는 전통적인 정치 이론과 결별한 헌법 제정자들의 결정은 그들의 다음과 같은 믿음의 결과였다. 곧 새로운 정부를 구성하는 권력은 하늘에서 유래한 것이 아니라 미국인에게서 유래했다. 헌법 제정자들은 "국민의, 국민에 의한, 국민을 위한" 정부를 수립했다. 이것은 어떤 점에서도 헌법 제정자들이 자신들의 종교적(대부분 기독교) 확신을 부정했다는 것을 의미하지 않는다. 오히려 그것은 새로운 연방 정부는 하나님이 아닌 사람들이 책임을 지고 운영하는 정부라는 것을 의미했다. 공적 담론의 생산물은 인간의 법이지, 거룩한 법이 아니다. 이것은 자유 국가의 본질이었고 지금도 그렇게 남아 있다. 주류 교회가 사회정의를 옹호하면서 자신들 이외의 다른 세속적 혹은 비세속적 단체들에게도 미국의 정치 질서에 공헌할 권리가 있다는 사실을 인정하는 일은 미국의 민주주의가 유지되기 위해 꼭 필요하다.

사실 나는 워거먼이 쓴 모든 것에 동의한다. 그가 나의 글에서도 비슷한 점을 찾기를 희망한다.

논평
원리적 다원주의 관점
코윈 E. 스미트

나는 이 책이 다루고 있는 각각의 기독교 관점에 대해 내가 강조하고 싶은 어떤 주요 요점을 반복하기 보다는 고전적 분리주의 관점에 관한 내 논평이 시작하는 첫 문단을 먼저 읽을 것을 독자들에게 권한다(184쪽). 거기서 설명한 것은 사회정의 관점에도 적용된다.

사회정의 관점을 지지하는 사람들처럼 원리적 다원주의자들은 국가는 단순히 악을 제어하는 것(예를 들어 미국 헌법 서문에 "공동의 방위를 도모하고" "국내의 안녕을 보장하며"라고 기록된 것)을 뛰어넘어 보다 적극적인 역할을 수행한다고(예를 들어 미국 헌법 서문에 "국민 복지를 증진하고" 그리고 "자유의 축복을 보장하기 위해"라고 기록된 것) 주장한다. 마찬가지로, 원리적 다원주의 관점에서도 사회정의 관점에서처럼 국가의 주요한 역할이 정의를 보장하는 것이라고 주장한다.

하지만 사회정의 관점과 원리적 다원주의 관점은 정의를 보장하는 국가의 책임과 관련해 몇 가지 중요한 방식에서 서로 의견이 다르다. 첫째, 우리가 워거먼의 마지막 분석에서 볼 수 있는 것처럼, 사회정의 관점의 지지자들은 사회 문제를 해결하기 위해 법률을 제정할 수 있도록 국가에 더 많은 권한과 책임을 주는 것처럼 보인다. 마치 원리적 다원주의 관점이 영역 주권이라는 개념을 사용하면서 어떤 특정한 종류의 사회 문제를 해결하기 위해 "시민 사회"의 역할에 더 많은 기반을 제공하는 것처럼 말이다. 시민 사회는 시민들이 자발적으로 행동하는 영역을 가리킨다. 하지만 시민들은 법이라는 울타리에서 자발적으로 행동하지만, 법률이 시민들의 자발적 행동을 강요할 수는 없다. 시민 사회는 소셜 네트워크, 교회, 자원봉사 단체, 비영리기구가 활동하는 영역을 의미한다. 하지만 이 책에서 설명하는 사회정의 관점은 시민 사회의 역할과 시민 사회와 정부의 역할의 관계에 대해 설명하지 않고 있는데 그것은 교훈적이다. 따라서 5장은 사회정의 관점의 지지자들이 신앙 기반 정책의 정부 기금과 관련해 어떤 입장인지를 보여주지 않고 있어서, 그들은 그런 정책을 지지하는 문제와 관련해서 의견이 나뉠 수 있다. 우리는 원리적 다원주의 관점이 시민 사회가 모든 사회 문제를 개진하는 영역이라고 주장하지 않는다는 점에 주목해야 한다. 국가는 정의를 보장하는 데 합법적이고 중요한 역할을 한다. 하지만 원리적 다원주의 관점은 시민 사회가 사회 문제를 해결하는 데 어떤 역할을 할 수 있고 해야만 한다는 사실을 인정한다. 원리적 다원주의자들은 영역 주권이라는 이해를 통해서 시민 사회가 그런 역할을 할 수 있는 철학적 토대를 제시한다.

둘째, 원리적 다원주의 관점은 정의를 보장하는 국가의 개념과 관련해 사회정의 관점보다 더 넓은 개념을 가지고 있다. 사회정의 관점에 따르면, 정의를 보장하는 일은 공동체 안에서 일어난다. 그럼에도 정의에 대한 그들의 개념은 일차적으로 (경제적 자원, 건강 복지 또는 법적 권리 등과 관련한 어떤 것이든지) 자기의 몫을 갖는 개인과 관련이 있다. 원리적 다원주의 관점에서 정의는 본성상 보다 광범위한 것이어서 단순히 개인 간의 정의에 대한 책임을 넘어선다. 게다가 우리가 영역 주권이라는 개념과 관련해서 다른 영역에도 권위자가 있다는 것을 고려한다면, 원리적 다원주의 관점은 정의를 수호하는 국가의 임무 중 하나는 권위의 각 영역이 그 권위를 행사함에 있어 합법적인 경계를 넘어서지 않도록 지키는 것이라고 주장한다.

사회정의 관점과 원리적 다원주의 관점 사이에는 또 다른 수렴점과 구분점이 존재한다. 원리적 다원주의자들도 "과학 만능주의"를 거부하고, 경험적 지식 자료의 역할을 인정하며, 존재와 당위 간의 간극을 지적하는 일에 정보와 인간 이성을 사용해야 한다고 주장한다. 하지만 원리적 다원주의자들은 도출되는 결과 또는 개선된 처방에 대해서도 사회정의 관점의 옹호자들보다 더 회의적이거나 신중하게 생각하는 것 같다.

이것은 두 가지 다른 요인에서 기인한다. 첫째, 원리적 다원주의자들이 개혁주의에서 기원한다는 사실을 고려한다면, 그들은 죄가 법률을 수정하는 인간의 반응뿐만 아니라 우리의 사고와 인식을 형성하는 데 중요한 역할을 한다는 것을 훨씬 더 강조하는 것 같다. 따라서 특정한 개혁들과 입법 행위가 특정 사회 문제를 다루는 데 도움을 줄지도 모르지만, 우리는 특정한 개혁들과 입법 행위들이 그러한 문제들을 해결할 것이라고 주장하는 것에 반드시 신중해야만 한다. 입법적 노력은 문제의 다양한 측면들을 완화시킬지도 모르지만, 그러한 노력들이 문제를 완전히 없앨 수는 없다. 게다가 새롭게 제정된 법률과 관련해서 새로운 문제가 발생할 여지도 있다.

둘째, 원리적 다원주의자들은 그들이 서로 다른 세계관들의 존재를 인정하고, "진리"의 본질이 특정 세계관에 따라 가변적이라는 사실을 인정한다는 점에서 다원주의자다. 따라서 원리적 다원주의자들은 사회 문제들과 관련한 근본 원인과 그 문제들을 해결하는 방안과 관련해서 여러 세계관이 대략적으로 합의에 이를 가능성에 대해 사회정의 관점의 지지자들보다 덜 낙관적인 것처럼 보인다.

논평
재세례파 관점

로날드 J. 사이더

나는 정의가 무엇인지를 설명하는 워거먼의 신학적 논의가 별로 도움을 준다고 생각하지 않는다. 워거먼은 하나님이 그리스도를 믿는 이들에게 넘치는 은혜를 주신다는 사실을 가르치는 성서의 가르침이 중요하고, 그런 가르침이 사회에 있는 모든 사람이 마땅히 가져야만 하는 몫은 무엇이냐는 질문에 적절한 답변이 된다고 주장하려는 것 같다. 또한 그는 얼마나 오래 일했는지는 관계없이 동일한 임금을 지급하는 포도원 주인의 이야기가 적절하다고 생각한다(우리는 워거먼이 한 시간 동안 집을 수리한 목수가 10시간 일한 목수와 같은 급여를 받아야 하는 것으로 생각하는 것은 아닌지 의심한다).

워거먼은 하나님이 받을 자격이 없는 자에게 주시는 구원의 은혜에 대한 성서적 내용이 모든 사람의 몫은 "하나님이 원하시는 언약 공동체에 포함되어 있다"는 것을 의미한다고 말한다(355쪽). 이 주장은 모호하다. 여기서 말하고 있는 공동체란 구속된 그리스도인들의 공동체인가 아니면 일반적인 인간의 공동체인가? 그것이 명확하지 않다. 하지만 이후에 워거먼은 "인류 공동체"를 이야기한다. 그렇다면 우리는 (공동체가 일반적인 인간 사회를 의미한다면, 어쨌든) 하나님의 은혜, 곧 하나님이 그리스도를 믿는 이들에게 자유롭게 주시는 구원의 행위가 사회 질서 속에서 살아가는 각 개인이 받아야 마땅한 몫에 대한 답변의 근본적인 실마리가 되는지를 질문해야만 한다.

나는 워거먼이 창조와 구속의 차이를 분명하게 이해하기보다는 혼동하는 것 같다고 생각한다. 하나님이 우리를 구원하시면서 우리가 어떤 공로를 가졌는지와 상관없이 우리를 자유롭게 용서하신다는 사실은 다음과 같은 것을 의미하지 않는다. 곧 사회정의는 사회의 다양한 구성원이 기여해서 얻은 일정 재화(예를 들면 급여)를 그런 기여에 어떤 관심도 기울이지 않은 사람에게 공평하게 배분해야 한다는 것을 의미하지 않는다.

내가 4장에서 주장했던 것처럼, 나는 교회 공동체와 더 큰 사회가 반드시 해야 하는 것에는 중요한 유사점이 있다고 생각한다. 나는 창조와 구속 사이에 어떤 연결 고리가 있다는 것을 (심지어 정의의 의미에 대해서도) 확실히 부정하지 않는다. 하지만 우리는 그 연결 고리가 무엇인지에 대해 정확하게 진술해야만 한다. 모호한 일반화는 우리에게 계몽보다 오해를 불러일으킨다.

인명 색인

A

Abernathy, Ralph (애버내시, 랠프) 375
Adam (아담) 206, 207, 368
Adams, John (애덤스, 존) 150, 150n.35, 158, 158n.54, 158n.55, 160
Aristotle (아리스토텔레스) 74, 352, 357, 384
Asch, Solomon (애쉬, 솔로몬) 368, 369n.15
Assman, Hugo 360n.10
Audi, Robert(아우디, 로버트) 53, 54n.70, 55
Augustine (아우구스티누스) 270

B

Backus, Issac (배커스, 아이작) 152-154, 154n.44
Bacon, Leonard (베이컨, 레너드) 24-25, 24n.17, 26n.19
Barnes, Albert (반즈, 알버트) 26, 26n.20
Barth, Karl (바르트, 칼) 278, 358, 364, 364n.12
Bellah, Robert (벨라, 로버트) 171-172, 172n.77
Benedict XVI (베네딕트 16세) 77, 102n.47, 320
Berger, Peter 49n.64, 224n.41

Berns, Walter (번즈, 월터) 157, 158n.52, 163n.62, 353n.6
Bhaktivedanda, Swami A. C. (박티베단타, 스와미) 39
Black, Hugo (블랙, 휴고) 36, 134, 187
Bonhoeffer, Dietrich (본회퍼, 디트리히) 364, 365n.13
Bonino, José Miguez (보니노, 호세 미구에즈) 360n.10, 361-362
Bradley, Gerrad (브래들리, 제라드) 142, 142n.22
Bush, George W. (부시, 조지) 15-17, 16nn.2,3, 17nn.5,6, 48, 98, 98n.44, 190, 238, 238n.67, 240, 306, 316n.36, 325

C

Caesar (가이사) 177, 228, 249
Calvin, John (칼뱅, 장) 156, 203, 214-216, 217n.24, 248, 251, 352
Carlson-Theis, Stanley 238n.67
Carter, Jimmy (카터, 지미) 43
Carter, Paul A 373n.18
Carter, Stephen (카터, 스티븐) 46n.55, 54-55, 55n.72, 56n.73, 391-392

Casanova, José (카사노바, 조제) 49, 49n.64, 51, 67n.11, 73n.20
Clinton, William J. (클린턴) 16, 16n.3, 197, 306
Cobb, Sanford (콥, 샌포드) 129, 129n.1
Cochran, Clarke (코크란, 클락) 13, 19-20, 62n.2, 63n.5, 65n.10, 73n.20, 77n.27, 81n.33, 96n.42, 104-105, 114-117, 122-125
Cone, James (콘, 제임스) 360
Constantine (콘스탄티누스) 92, 104, 214, 269, 288
Cotton, John (코튼, 존) 157, 157n.50

D

Davis, Derek (데이비스, 데릭) 13, 19, 26n.19, 31n.26, 106n.2, 140n.17, 160n.58, 166n.67, 167n.69, 180-183, 186-187, 190-198, 195n.2, 250n.1, 306n.34, 325n.1
Dawson, J. M. (도슨) 106n.2, 154n.43, 155n.46, 156, 156n.48, 166n.67, 306n.34
Day, Dorothy (데이, 도로시) 71
Deutsch, Karl (도이치, 칼) 297, 297n.25
DiIulio, John, Jr. (딜룰리오, 존) 16, 17n.4, 306n.34
Dobson, Ed (돕슨, 에드) 46, 47n.57, 47n.59
Durkheim, Émile (뒤르켐, 에밀) 173, 173n.79

E

Eck, Diana L. (엑, 다이애나) 38n.40, 39, 39n.44, 56n.73
Edwards, Jonathan 26n.21, 231n.56
Elshtain, Jean Bethke (엘쉬타인, 진) 46n.55, 54, 54n.71
Eve (하와) 206-207

F

Falwel, Jerry (파웰, 제리) 41, 43, 46, 48, 48n.60
Farmer, Paul (파머, 폴) 71
Franklin, Benjamin (프랭클린, 벤저민) 167, 167n.68
Friesen, Duane 277n.9, 278n.11, 297n.25, 300n.30
Frost, Robert (프로스트, 로버트) 355

G

Gandhi (간디) 297, 299, 302, 342
Greenawalt, Kent 54n.70
Griswold, Stanley (그리스월드, 스탠리) 152, 152n.40
Grounds, Vernon (그라운즈, 버논) 42

H

Handy, Robert T. (핸디, 로버트) 23, 23n.12, 28n.24, 29n.25, 31, 32n.27, 33n.30
Hengel, Martin (헹엘, 마르틴) 283, 283n.17
Henry, Carl F. H. (헨리, 칼) 41-42, 41n.46
Herod the Great (헤롯 왕) 282
Hitler, Adolf (히틀러, 아돌프) 291, 300
Hodge, Charles (하지, 찰스) 26, 26n.21

Hudson, Winthrop (허드슨, 윈스롭) 32, 33n.29
Hunter, James Davison (헌터, 제임스) 44-45, 44n.51
Husserl, Edmund (후설, 에드문트) 75

J

Jackson, Andrew (잭슨, 앤드루) 161
Jefferson, Thomas (제퍼슨, 토마스) 31n.26, 36, 134-135, 151, 151n.35, 155, 161, 161n.61, 196n.3
John Paul II (요한 바오로 2세) 75, 77, 80, 80n.30, 84n.35, 198, 320
John XXIII (요한 23세) 77, 124n.3
John, the apostle (사도 요한) 212
Jones, Jim (존스, 짐) 39
Josephus (요세푸스) 286

K

Kennedy, John F. (케네디, 존) 33, 120
King, Martin Luther, Jr. (킹, 마틴 루터) 297, 299, 340, 375
Knox, John (녹스, 존) 203
Kraemer, Hendrik (크래머, 헨드릭) 358
Kuyper, Abraham (카이퍼, 아브라함) 46n.55, 215-217, 216n.20, 219, 222, 223nn.38,39, 245, 248, 257

L

Laycock, Douglas (레이콕, 더글라스) 141, 142n.21
Leland, John (릴랜드, 존) 152, 154-156, 155n.45
Levy, Leonard (레비, 레너드) 134, 134n.5, 141, 141n.20, 143n.25, 144, 163n.62
Lincoln, Abraham (링컨, 에이브러햄) 26n.21, 27
Livermore, Samuel (리버모어, 새뮤얼) 140
Locke, John (로크, 존) 131n.2, 133, 133n.3, 303, 353-354
Luther, Martin (루터, 마르틴) 156, 214, 269, 284-285, 288, 291, 348n.1, 352
Lynn, Barry (린, 배리) 17, 17n.6

M

Machiavelli, Niccolo (마키아벨리, 니콜로) 350
Madison, James (매디슨, 제임스) 135, 138-140, 139nn.15,16, 144, 150-151, 151n.36, 154-156, 160, 161n.59
Marcion (마르키온) 363
McGraw, Barbara 131n.2
Mecklin, John (멕클린, 존) 154, 154n.43
Meeter, H. Henry 211n.11, 215n.19, 226n.44
Melton, J. Gordon (멜톤, 고든) 39, 39n.43
Miller, Timothy (밀러, 티모시) 39, 39n.43
Monsma, Stephen 106n.1, 203n.1, 222n.37, 223n.40, 230n.54, 233nn.57,58, 236n.64, 238n.67, 240n.70
Moore, G. E. (무어) 366, 366n.14
Murray, John Courtney (머레이, 존 코트니) 177, 177n.87, 196, 260, 260n.1

N

Neuhaus, Richard John (노이하우스, 리처드 존) 15, 15n.1, 51, 51n.66, 56n.73, 224n.41, 234n.60
Niebuhr, H. Richard (니버, 리처드) 276, 276n.7
Niebuhr, Reinhold (니버, 라인홀드) 272, 272n.4, 289, 339, 358
Noll, Mark A. (놀, 마크) 26n.21, 27, 28n.23, 31n.26, 136n.9
North, Gary 222n.36
Nozick, Robert (노직, 로버트) 354

P

Paine, Thomas (페인, 토마스) 150, 150n.33
Paul VI (바오로 6세) 77
Paul, the apostle (사도 바울) 212, 227, 261, 274-275, 293, 301, 341, 354, 356
Perry, Michael J. (페리, 마이클) 51, 52n.67
Peter (베드로) 178, 282
Piper, John (파이퍼, 존) 283, 284n.18
Pius XI (비오 11세) 63, 90, 120

R

Ramsey, Paul (램지, 폴) 370, 370n.16
Rand, Ayn (랜드, 아인) 354
Rauschenbusch, Walter (라우센부쉬, 월터) 34, 35n.35, 125, 125n.4
Rawls, John (롤스, 존) 52-53, 53n.69, 55, 391-392
Riley, William Bell (라일리, 윌리엄) 35, 35n.36
Robertson, Pat (로버슨, 팻) 43, 47n.59
Rorty, Richard (로티, 리처드) 52, 52n.68
Ruether, Rosemary Radford (류터, 로즈마리) 360
Rutledge, Wiley (러트리지, 와일리) 168

S

Schweizer, Eduard (슈바이처, 에두아르트) 285, 285n.20
Scott, Robert C. (스캇, 로버트) 17, 17n.5
Segundo, Juan Luis 360n.10
Sherman, Amy (셔먼, 에이미) 18, 18n.8
Sider, Ronald J. (사이더, 로날드) 13, 19, 42, 43n.48, 116, 190, 273n.6, 281n.14, 282n.16, 299n.28, 302n.32, 305n.33, 306n.34, 316n.36, 318-322, 318n.1, 324-328, 338-343, 387
Simons, Menno (시몬스, 메노) 270
Skillen, James (스킬렌, 제임스) 17-18, 18n.7, 77n.27, 95n.41, 219n.30, 220n.33, 222n.36, 228n.48, 233, 234n.59, 238n.67
Smidt, Corwin (스미트, 코윈) 13, 19, 233n.57, 244-248, 245n.2, 251, 256, 258-265, 321, 332, 394
Smith, Christian (스미스, 크리스천) 45, 45n.53, 50n.65
Smith, Timothy L. (스미스, 티모시) 23, 23n.14
Stalin, Joseph (스탈린, 이오시프) 362
Stephen (스데반) 354

T

Theodosius (테오도시우스) 177
Thomas Aquinas (토마스 아퀴나스) 67, 74, 120, 257, 352
Thomas, Cal (토마스, 칼) 47, 47n.57
Thomas, M. M. (토마스) 358
Thornwell, James Henry (손웰, 제임스) 26, 27n.22
Turner, John (터너, 존) 158, 158n.53

W

Wallis, Jim (월리스, 짐) 42
Walzer, Michael (왈저, 마이클) 22, 23n.11
Washington, George (워싱턴, 조지) 159
Weber, Max 348n.1
Weyrich, Paul (웨이리치, 폴) 46, 46n.56
Williams, Abraham (윌리엄스, 에이브러햄) 151, 151nn.38,39
Williams, Peter W. (윌리엄스, 피터) 37, 37n.39
Williams, Roger (윌리엄스, 로저) 147n.28, 152, 153
Wills, Gary (윌스, 개리) 48, 48n.61
Wilson, John F. 37n.38, 136n.9, 147n.28
Wogaman, J. Philip (워거먼, 필립) 13, 19, 120, 194, 194n.1, 197nn.4,5, 260, 338, 348n.1, 362n.11, 366n.14, 384-389, 392-394, 398-399
Wolters, Albert (월터스, 알버트) 207, 213, 213n.14
Wolterstorff, Nicholas (월터스토프, 니콜라스) 21n.10, 55-56, 56n.73
Wood, James E., Jr. (우드, 제임스) 134n.5, 138n.12, 157, 157n.51
Wuthnow, Robert (우스노, 로버트) 43, 44n.50

Y

Yoder, John Howard (요더, 존 하워드) 272, 272n.3, 272n.5, 276nn.7,8, 278, 278nn.10-12, 295n.22, 296-297, 296n.23, 297n.26, 339
Young, Andrew (영, 앤드루) 375

Z

Zechariah (스가랴) 282
Zwingli, Ulrich (츠빙글리, 울리히) 203, 269

교회, 국가, 공적 정의 논쟁

Copyright ⓒ 새물결플러스 2017

1쇄발행_ 2017년 4월 20일

지은이_ 클락 E. 코크란·데릭 H. 데이비스·코윈 E. 스미트·로날드 J. 사이더·J. 필립 워거먼
옮긴이_ 김희준
펴낸이_ 김요한
펴낸곳_ 새물결플러스
편　집_ 왕희광·정인철·최율리·박규준·노재현·한바울·유진·신준호
　　　　신안나·정혜인·김태윤
디자인_ 서린나·송미현·이지훈·이재희·김민영
마케팅_ 임성배·박성민
총　무_ 김명화·최혜영
영　상_ 최정호·조용석·곽상원
아카데미_ 유영성·최경환·이윤범

홈페이지 www.hwpbooks.com
이메일 hwpbooks@hwpbooks.com
출판등록 2008년 8월 21일 제2008-24호
주소 (우) 07214 서울특별시 영등포구 양평로11, 4층 (당산동5가)
전화 02) 2652-3161
팩스 02) 2652-3191

ISBN 979-11-6129-007-2　93230

책값은 뒤표지에 있습니다.

이 도서의 국립중앙도서관 출판예정도서목록(CIP)은 서지정보유통지원시스템 홈페이지(http://seoji.nl.go.kr)와 국가자료공동목록시스템(http://www.nl.go.kr/kolisnet)에서 이용하실 수 있습니다(CIP제어번호: CIP2017008752).